FINANZBUCHHALTUNG: PRAXIS AM PC

Sage New Classic 2015 Finanzbuchhaltung

Powered by MySQL.

nep@newearthpublishing.de
www.newearthpublishing.de
Druck: KNV PoD

Coverabbildung: © Luis Francisco Cordero - Fotolia.com

Autor:
Jörg Merk

ISBN 978-3-945827-10-9
EAN 9783945827109

VORWORT:

Dieses Schulungshandbuch wurde geschrieben mit der Absicht, dem Anwender der Sage New Classic 2015 auf anschauliche Weise mit praxisnahen Übungen zu zeigen, wie das Tagesgeschäft eines Buchhalters in der Sage New Classic umgesetzt werden kann. Dabei werden buchhalterische Kenntnisse vorausgesetzt.

Ziel ist es, einen Überblick über die wichtigsten Funktionen der Software zu bekommen, seine eigene Firma anzulegen und möglichst schnell den Echtbetrieb aufzunehmen. Natürlich weise ich dabei auch auf Neuerungen zu Vorversionen hin.

Dieses Schulungsbuch beantwortet buchhalterische Fragen/Aufgabenstellungen und deren praktische Umsetzung im Programm. Das ganze wird illustriert mit Screenshots, Aufgaben, Belegen, praktischen Übungen und Fragen zur Selbstkontrolle. Da in diesem Buch systematisch der komplette Aufbau einer Buchhaltung in der Sage New Classic erarbeitet wird, setze ich die im jeweiligen Kapitel erklärten Funktionen in der Folge voraus und gehe nur noch auf Änderungen und neue Funktionalitäten ein. Dadurch wird es möglich, auf laufende Wiederholungen zu verzichten und die Lektüre spannender zu gestalten.
Für die Übungen habe mich für die Firma Musikladen GmbH entschieden, eine Firma, die Boxen baut und Musik CDs, Videos, Musikinstrumente und Elektrogeräte verkauft. Neu hinzugekommen sind die Konfektionierung und der Verkauf von Computern. Das ist eine Materie, mit der sich jeder sehr leicht identifizieren kann und mit umso mehr Freude an die Arbeit geht.

Um eine bessere Kontrolle zu bieten, gibt es einen Datenbestand mit den erfassten Stammdaten und Belegen, der es Ihnen ermöglicht, Ihre Ergebnisse abzugleichen. Den Datenbestand können Sie per Mail an nep@newearthpublishing.de direkt beim Verlag anfordern.

Zu Beginn wird die eigene Firma als Mandant angelegt und Sie machen sich mit der grundlegenden Funktionalität des Programms vertraut. Anschließend wird eine einfache Buchhaltung eingerichtet und der komplette Ablauf der buchhalterischen Aufgaben durchgespielt.

Im nächsten Teil geht es dann um alle erforderlichen Auswertungen und die Möglichkeiten der Abstimmung und Korrektur.

Nach einem Exkurs in die Bereiche Mahnwesen und Zahlungsverkehr gibt es einen Periodenabschluss und einen Jahresabschluss.
Tipps und Tricks und ein Übungsteil mit Fragen zur Vertiefung und praktischen Übungen runden unser Handbuch ab.

Zielsetzung dieses Buches ist die einfache, praxisnahe Buchhaltung mit der Sage New Classic 2015 im Standard. Für andere Bereiche der Sage New Classic 2015 gibt es eigene Schulungshandbücher. Eine Übersicht über alle verfügbaren Schulungsunterlagen zur Sage New Classic finden Sie am Ende dieses Schulungshandbuchs. Gerne können Sie auch individuelle Schulungsunterlagen, Fernwartung und professionellen Support bestellen. Ab sofort können Sie unsere Schulungsunterlagen alternativ auch als E-Book (PDF) erwerben.

Viel Spaß bei der Lektüre.

Jörg Merk

Inhaltsverzeichnis

Vorbereitende Arbeiten

Bevor Sie in der Sage New Classic eine neue Firma anlegen, sind einige nützliche Vorarbeiten zu erledigen.

Erstellen Sie eine Checkliste mit den Unterlagen und Informationen, die Sie für die Einrichtung Ihrer Buchhaltung benötigen. Die folgende Übersicht mag dabei als Vorlage zur Orientierung dienen, wird aber sicherlich im Einzelfall um weitere Punkte zu ergänzen sein.

Mit welchem Kontenrahmen soll gearbeitet werden (SKR 03 oder SKR 04)? Fragen Sie im Zweifel Ihren Steuerberater.

Mit welchem Geschäftsjahr wollen Sie anfangen?

Handelt es sich um ein abweichendes Geschäftsjahr (z.B. 01.04. - 31.03.)?

Welche Buchhaltungswährung wollen Sie verwenden?

Wollen Sie mit Fremdwährungen und Fremdsprachen arbeiten? Wenn ja, mit welchen?

Werden in der Sage New Classic auch andere Module genutzt (z.B. Auftrag, Anlagenbuchhaltung, Bestellwesen, Produktion oder Lohn & Gehalt)?

Wie viele Stellen sollen die Kontonummern haben (möglich von 5-10)?

Sollen externe Programme (z.B. DATEV) mit Daten versorgt werden?

Welche Daten aus anderen Programmen wollen Sie importieren?

Woher bekommen Sie die Unterlagen, die Sie für den Start benötigen (Eröffnungsbilanz, Summen- und Saldenliste, Offene Posten Debitoren/Kreditoren)?

Wichtig

Datensicherung: Gibt es ein Sicherungskonzept? Eine regelmäßige Datensicherung auf ein externes Medium ist **zwingend** erforderlich; eine Sicherung auf der Festplatte ist **keinesfalls** ausreichend.

Praxistipp

Identifizieren Sie sich mit der Firma, für die Sie die Buchhaltung machen. Gehen Sie durch, was diese Firma für ein Geschäft betreibt, welche Waren und Leistungen verkauft werden und welcher Wareneinsatz dafür erforderlich ist. Je besser Sie die Geschäftsabläufe des Betriebes kennen, desto leichter fällt es Ihnen, die einzelnen Belege richtig zuzuordnen und korrekt zu Buchen.

So ist z.B. Kopierpapier für ein Autohaus Bürobedarf, für einen Kopierladen dagegen Wareneinsatz.

Einleitung

Für die Sage New Classic 2015 gibt es eine Reihe von Änderungen/Neuerungen, von denen ich hier nur die interessantesten herausgreife.

- Druck der Belegnummer in Mahnungen und Kontoauszügen
- Suchen einer Buchung über den Buchungstext
- Vorzeichentausch in der Kostenrechnung
- Budgeterfassung alternativ in TEUR
- Erinnerung an erneuten Jahresabschluss bei Buchungen im Vorjahr
- SEPA-Girostar
- Unterstützung des neuen CAMT-Verfahrens im Zahlungsverkehr
- Druck von Bildschirminfos
- Individuelles Datum bei SEPA-Lastschriften

Wichtige Neuerungen

Seit dem 01.02.2014 wird der Zahlungsverkehr in Deutschland überwiegend im neuen SEPA Format ausgeführt. Es gibt die Möglichkeit, bei den Zahlungszielen zusätzliche Varianten auszuwählen. Dadurch ist es möglich, bei SEPA Zahlungen Gutschriften automatisch zu verrechnen.

Wenn Sie die Buchhaltung vollständig in der Sage New Classic machen, können Sie auch die E-Bilanz direkt aus dem Programm heraus erstellen und in elektronischer Form an das Finanzamt übermitteln.

Wichtige steuerliche Änderungen gibt es zum 01.01.2015 bei der Besteuerung von Downloads wie Musik, E-Books und ähnlichen Produkten. Hier gilt ab sofort die Besteuerung in dem Land, in dem das Produkt gekauft wird. Wenn Sie also beispielsweise in Deutschland ein E-Book veröffentlichen und über Ihren eigenen Internetshop anbieten, dann müssen Sie ab dem 01.01.2015 beim Verkauf an einen Österreicher eine Rechnung mit 20% MwSt. (dem in Österreich gültigen Satz) schreiben. Die MwSt. kann dann wahlweise über eine Anmeldung in Österreich abgeführt werden oder via MOSS[1] über Elster. Um das in der Buchhaltung abbilden zu können, sind entsprechende Steuersätze anzulegen.

---

[1] Damit Unternehmen sich nicht in jedem einzelnen EU-Mitgliedstaat einzeln zu Umsatzsteuer anmelden müssen, soll das sogenannte "**M**ini-**O**ne-**S**top-**S**hop-Verfahren" (**MOSS**) die Besteuerung erleichtern. In Deutschland lautet die offizielle Abkürzung für die zentrale Anlaufstelle KEA ("Kleine einzige Anmeldestelle"). Die Anmeldestelle ist dem Bundeszentralamt für Steuern (BzSt) angegliedert. Bei dieser Stelle registrieren sich Unternehmen, die elektronische Dienstleistungen für Privatpersonen im EU-Ausland erbringen. Der MOSS (die KEA in Deutschland) führt für den Unternehmer die Steuer im Empfängerland ab.

Kapitel 1

Allgemeines zur Sage New Classic

Vorab einige grundlegende Informationen zur Bedienung der Sage New Classic, der Einrichtung von Druckern und zur Datensicherung.

Zum Start der Sage New Classic machen Sie einen Doppelklick auf das entsprechende Symbol auf Ihrem Arbeitsplatz. Hier fällt sofort auf, dass sich der Name des Programms geändert hat. Statt Classic Line 2014 steht jetzt unter dem Programmicon: Sage New Classic 2015.

PROGRAMMICON. Die Programmbezeichnung wurde geändert in Sage New Classic 2015.

Nach dem Programmaufruf kommt zunächst eine Versionsanzeige mit dem Lizenzeintrag der vorhandenen Installation.

SAGE NEW CLASSIC 2015. Die interne Bezeichnung hat sich geändert auf 5.3.3 (Sage New Classic 2015). Unter dem Versionseintrag wird der Lizenzeintrag der Programmversion angezeigt, z.B. New Earth Publishing, Sauerlach.

Bei einer Standardinstallation[2] reicht es, in der jetzt geöffneten Maske auf OK klicken und schon geht's los. Bei einer individuellen Installation müssen Sie Ihre Benutzerkennung und Ihr Passwort eingeben.

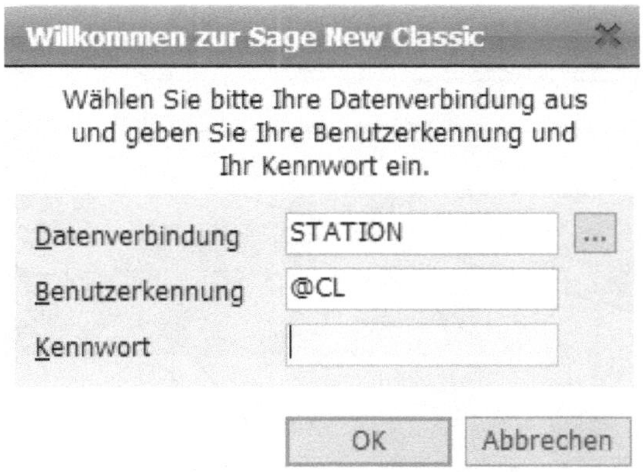

STARTBILD DER SAGE NEW CLASSIC. Wählen Sie die Datenverbindung für Ihren Arbeitsplatz aus und geben Sie Ihre Benutzerkennung und Ihr Kennwort ein. Die Version wird im Anmeldedialog nicht mehr angezeigt.

Bevor Sie jetzt mit der Arbeit beginnen, wollen wir gemeinsam einen Mandanten auswählen, einen Drucker einrichten und Sie mit den wichtigsten Einstellungen und Funktionstasten vertraut machen.

Praxistipp

Selbstverständlich finden Sie auf der Sage New Classic DVD auch alle Handbücher als PDF-Datei und können hier bei Bedarf nachlesen oder einzelne Kapitel ausdrucken.

Nach einer Neuinstallation der Sage New Classic finden Sie sich beim ersten Start des Programms im Mandant 001, dem Demomandant der Sage New Classic wieder.

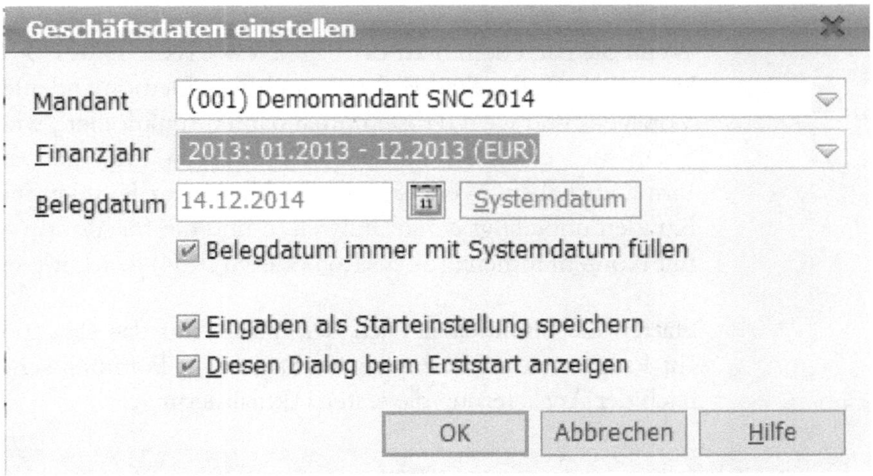

GESCHÄFTSDATEN EINSTELLEN. Beim ersten Programmaufruf landen Sie im Demomandanten (001), der das Geschäftsjahr 2013 bzw. 2014 enthält, je nachdem, wann Sie neu installieren.

[2] Bitte beachten Sie, dass für die Arbeit mit einer Demoversion eine ganze Reihe von Einschränkungen gültig ist. Eine genaue Übersicht finden Sie auf der CD in der Dokumentation für die Demoversion.

🗁 Wichtig

Der Mandant 001 enthält Musterdaten und ist zum Arbeiten nicht geeignet. Er dient lediglich dazu, sich mit dem Programm vertraut zu machen und einzelne Funktionen zu testen. Für den Echtbetrieb ist die Anlage eines neuen Mandanten (bzw. die Übernahme Ihres bestehenden Mandanten) erforderlich.

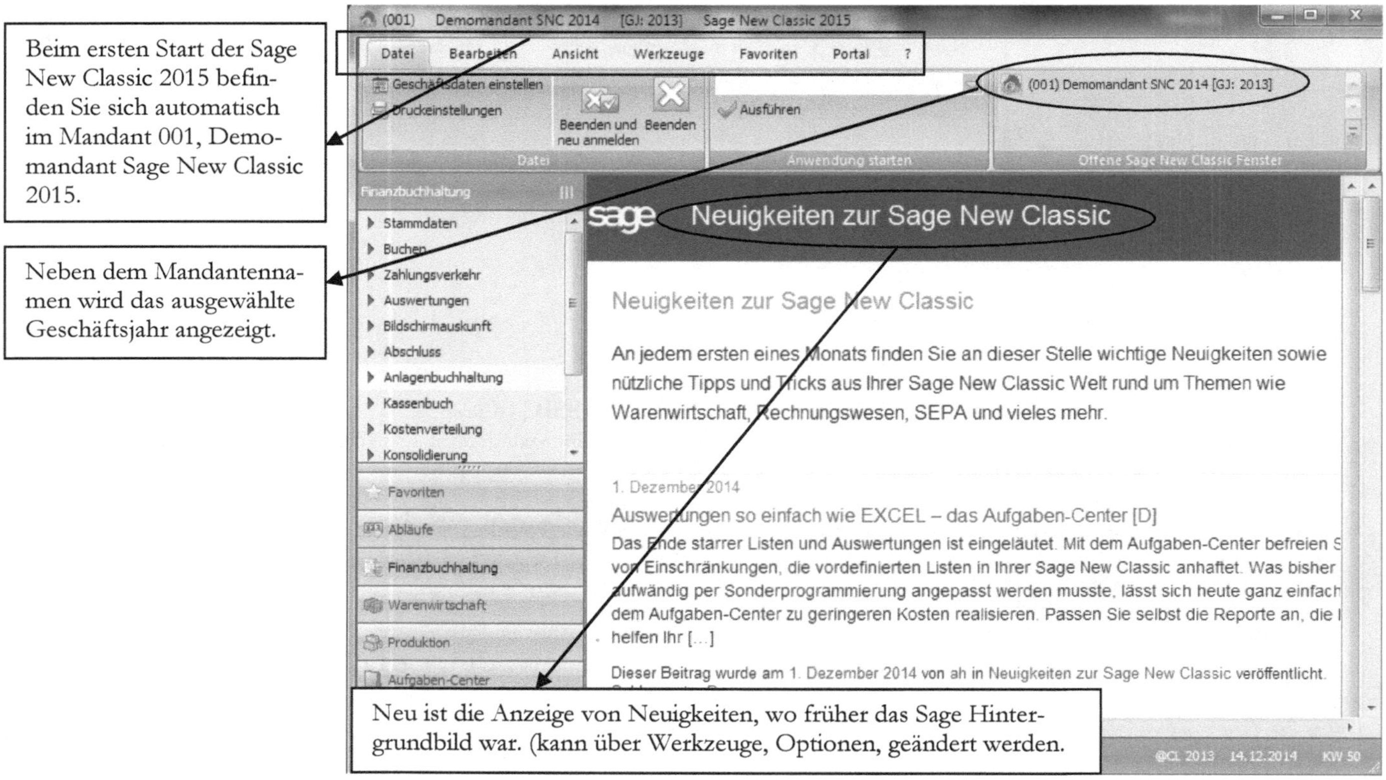

GRUNDMENÜ IN DER SAGE NEW CLASSIC. Prüfen Sie, in welchem Mandanten und in welchem Geschäftsjahr Sie sich befinden. Das ist besonders wichtig, wenn Sie mit unterschiedlichen Firmen/Mandanten arbeiten. Unten rechts sehen Sie den angemeldeten Benutzer (@CL), das ausgewählte Finanzjahr (2013), das aktuelle Tagesdatum (14.12.2014) und die aktuelle Kalenderwoche (KW 50).

Wenn Sie nach dem Start der Sage New Classic **Datei → Geschäftsdaten** auswählen, haben Sie im Standard nur noch den Demomandanten 1. Die Einrichtung der Vorlagen- und weiterer Demomandanten funktioniert, wie in der Classic Line 2014. Sie müssen einen neuen Mandanten anlegen, um einen eine Vorlage für die eigene Firma zu haben. Wenn Sie als Händler beim Kunden installieren, sollten Sie Ihre Kunden unbedingt darauf hinweisen und die Installation eines Vorlagenmandanten mit Kontenrahmen (z.B. SKR03 oder SKR04) gleich mit erledigen.

🕮 Praxistipp

Starten Sie unmittelbar nach der Installation das Liveupdate und aktualisieren Sie Ihr Programm auf den neuesten Stand. Oft kommen schon wenige Tage/Wochen nach der Auslieferung die ersten Aktualisierungen.

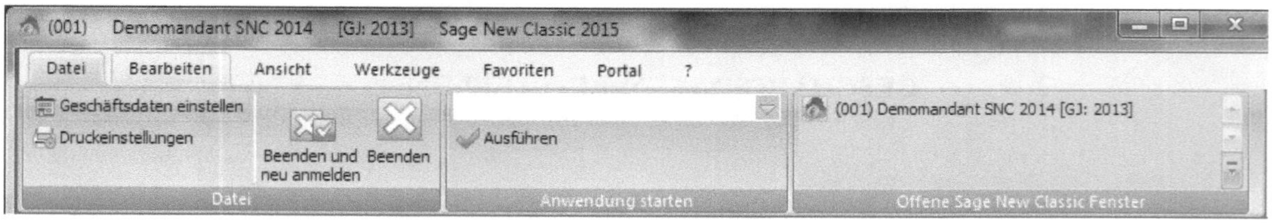

DIE KOPFZEILE. In der Kopfzeile finden Sie jetzt die Unterpunkte des ausgewählten Pulldown Menüs, in meinem Beispiel die Menüpunkte unter Datei, angefangen mit Geschäftsdaten einstellen und Druckereinstellungen.

Nach der Installation ist nur der Demomandant vorhanden.

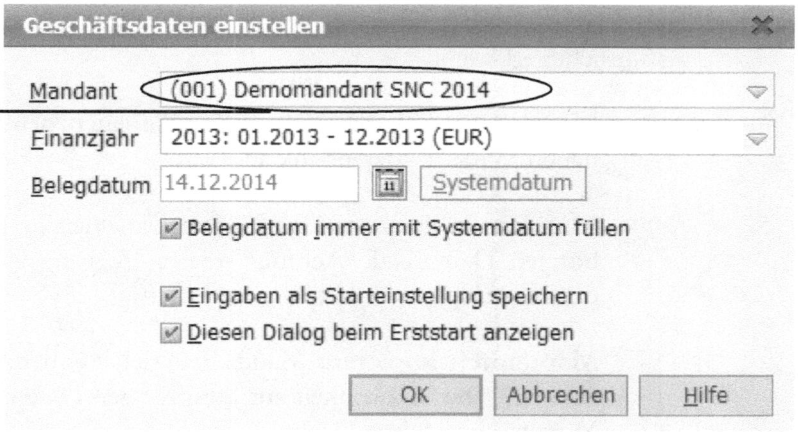

GESCHÄFTSDATEN EINSTELLEN. Die Auswahl beschränkt sich nach der Erstinstallation auf den Demomandanten der Sage New Classic.

Unter **Administration → Verwaltung Datenbank → Mandanten anlegen** haben Sie die Möglichkeit, einen neuen Mandanten anzulegen und dabei auf einen Vorlagenmandanten zuzugreifen oder die Sicherung eines vorhandenen Mandanten einzuspielen.

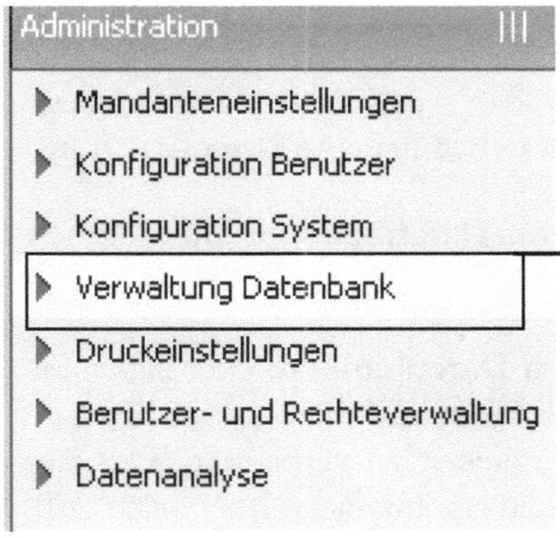

Unter Verwaltung Datenbank können Sie einen neuen Mandanten anlegen oder einen bestehenden Mandanten sichern oder rücksichern.

ADMINISTRATION. Die Auswahl der Menüpunkte unter Administration hat sich in der Version 2015 nicht geändert.

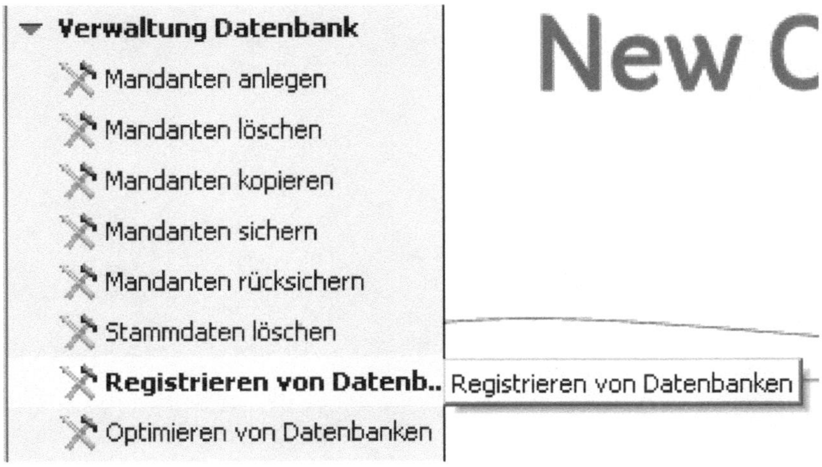

VERWALTUNG DATENBANK. Hier legen Sie einen neuen Mandanten an.

Zum besseren Verständnis der Datenpflege werde ich die einzelnen Menüpunkte ausführlicher erklären.

- **Mandanten anlegen:** Hier legen Sie einen neuen Mandanten inkl. einer neuen MYSQL Datenbank an.

- **Mandanten löschen:** Hier löschen Sie einen Mandanten inkl. der dazugehörigen Datenbank. Achtung: dieser Vorgang kann nicht rückgängig gemacht werden.

- **Mandanten kopieren:** Mandant und Datenbank werden kopiert. Das ist eine einfache Möglichkeit zur kurzfristigen Datensicherung, z.B. vor einem Monats- oder Jahresabschluss.

- **Mandanten sichern:** Hier können Sie einen beliebigen Mandanten (es muss nicht der aktuell geöffnete sein) sichern. Dabei steht Ihnen eine Reihe von auswählbaren Optionen für die Datensicherung zur Verfügung.

- **Mandanten rücksichern:** Über diesen Menüpunkt können Sie eine zuvor erstellte Mandantensicherung wieder einspielen (rücksichern).

- **Stammdaten löschen:** In diesem Menüpunkt haben Sie die Möglichkeit, Stammdaten zu löschen, die noch nicht älter als 10 Jahre sind und zu denen noch Bewegungsdaten existieren. Bitte erstellen und archivieren Sie vor einer Löschaktion unbedingt eine Datensicherung.

- **Registrieren von Datenbanken:** Hier können Sie eine neue Datenbank registrieren.

- **Optimieren von Datenbanken:** Hier haben Sie die Möglichkeit, eine oder mehrere Datenbanken zu optimieren, d.h. zu reorganisieren und damit die Zugriffsgeschwindigkeit zu verbessern. Das ist vor allem bei sehr großen Datenbeständen in regelmäßigen Intervallen (z.B. monatlich) zu empfehlen.

Symbole und Funktionstasten

Um Ihnen den Einstieg zu erleichtern, werden wir in der folgenden Übersicht die Funktionen aller neuen Symbole auflisten. Dabei gehen wir von oben nach unten und von links nach rechts durch das Menü und anschließend in die einzelne Anwendung. In vielen Fällen können Sie mit der Maus ein Symbol anklicken oder alternativ eine Funktionstaste nutzen. Die Menüpunkte Anlagenbuchhaltung und Bestellwesen wurden integriert; die Anlagenbuchhaltung in die Finanzbuchhaltung und das Bestellwesen als Menüpunkt Einkauf in die Warenwirtschaft.

Im Hauptmenü:

 Favoriten

 Abläufe

 Finanzbuchhaltung

 Warenwirtschaft

 Produktion

 **B**usiness **I**ntelligence (**BI**)

 Dienstprogramme

 Grundlagen

 Administration

 Daten / Tabelle

 Auswertung / Bericht / Listendruck

 Stammdaten erfassen

In der Menüleiste (Kopfbereich)

 **F2** → Kalender (bei der Auswahl der Geschäftsdaten)

 Geschäftsdaten auswählen

 Druckeinstellungen

 **ESC** →Verlassen, schließen

 Beenden und neu starten

 Ausschneiden

 **STRG+C** → Kopieren

 **STRG+V** → Einfügen

 **F4** → Löschen

 Ansicht speichern

 STRG+Umschalt+K → Kalender

 **STRG+Umschalt+R** → Taschenrechner

 **STRG+Umschalt+T** → Telefonanwahl (setzt voraus, dass die Tapischnitt stelle zur Telefonanlage eingerichtet ist).

 Optionen

 Programmaufruf im Portal

 **F1** → Hilfe, oder **STRG+F1** → Inhalt

Softwaresupport (Sage)

Tipps und Tricks

Systeminfo

In der Erfassungsmaske (z.B. im Kundenstamm):

F2 → Suche; **Umschalt+F2** → erweiterte Suche

F12 → Eingabehistorie

Bild nach oben → Blättern (zurück)

Bild nach unten → Blättern (vorwärts)

F10 → Neue Nummer, neuer Vorgang

F9 → Details

F11 → Auswahl öffnen

F7 → Website öffnen

ENTER → Bestätigen, speichern

ESC / Verlassen

Statt **J** können Sie auch **+** eingeben und statt **N** ein **-**, das ermöglicht Ihnen an dieser Stelle in Feld Aktion (früher OK-Abfrage) die Arbeit mit dem Ziffernblock. Wie bisher, werden in der Fußzeile jeweils im gerade geöffneten Programm unterstützte Funktionstasten angezeigt.

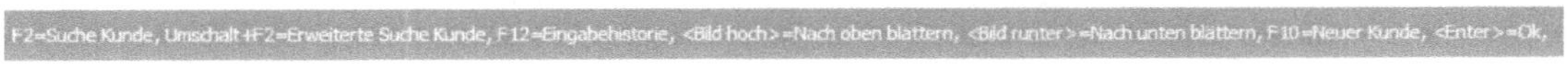

Auf die ein oder andere wichtige Funktion werde ich im Rahmen unserer Übungen noch genauer eingehen. Jetzt noch schnell einen Drucker mit Druckvorschau einrichten und schon geht's los mit der eigenen Firma.

Praxistipp

Die Handbücher zur Sage Sage New Classic 2015 werden bei der Installation automatisch auf der Festplatte abgelegt und sind über einen eigenen Menüeintrag unter Programme sehr leicht zu finden.

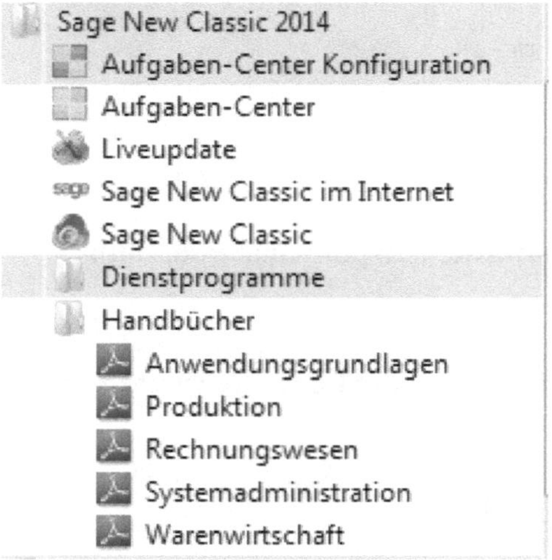

HANDBÜCHER. In der Sage New Classic finden Sie die Handbücher unter Start → alle Programme → Sage New Classic → Handbücher.

Die Druckereinrichtung

Unter dem Menüpunkt **Administration → Druckeinstellungen → Druckerzuweisung** können Sie in der Sage New Classic einen Drucker zuweisen. Wichtig dabei: Sie können nur Drucker einrichten, die auf Ihrem Arbeitsplatz im Windows bereits installiert sind.

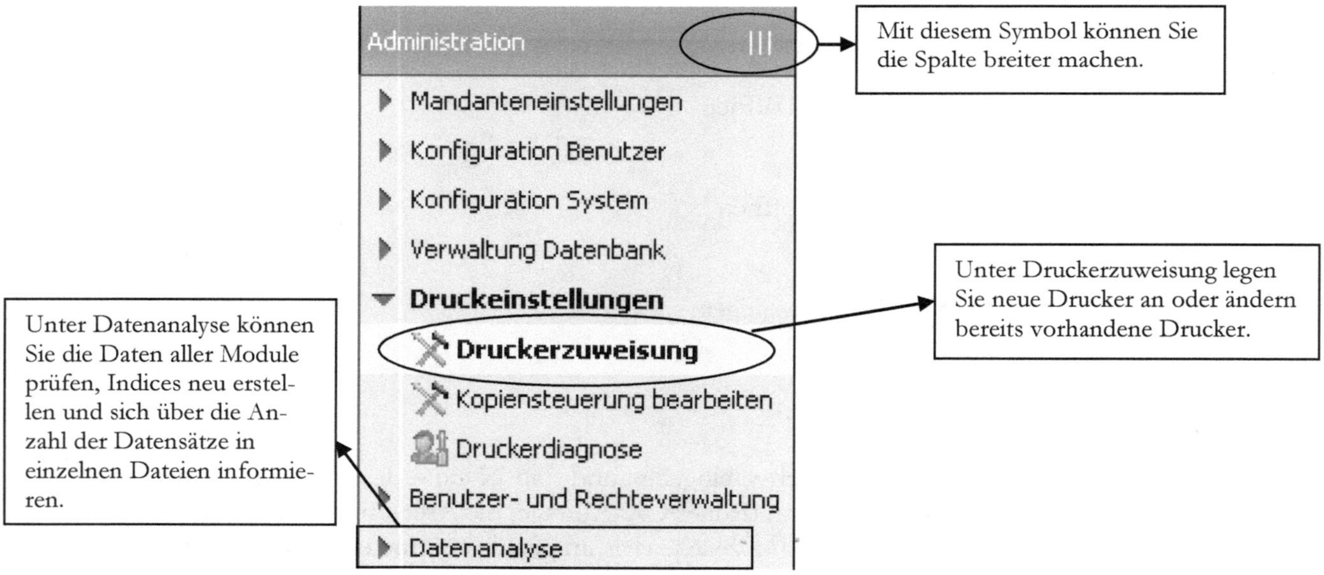

DRUCKERZUWEISUNG. Hier können Sie für die Sage New Classic beliebige Drucker zuordnen.

Dabei können Sie die Drucker lokal einrichten oder auch im Netz für andere Benutzer in der Sage New Classic freigeben. Das funktioniert allerdings nur, wenn der ausgewählte Drucker an jedem Arbeitsplatz identisch eingerichtet ist und die Einrichtung durch den Benutzer **@CL** erfolgt.

Sie können als CL-Drucker-bezeichnung einen beliebigen Namen eintragen.

Das Programm ordnet automatisch den Windows Drucker zu, der als Standard definiert ist.

Sie können auch jeden Drucker als PDF-Drucker definieren. Wichtig ist dabei, den Font (die Schriftart) im Dokument zu speichern.

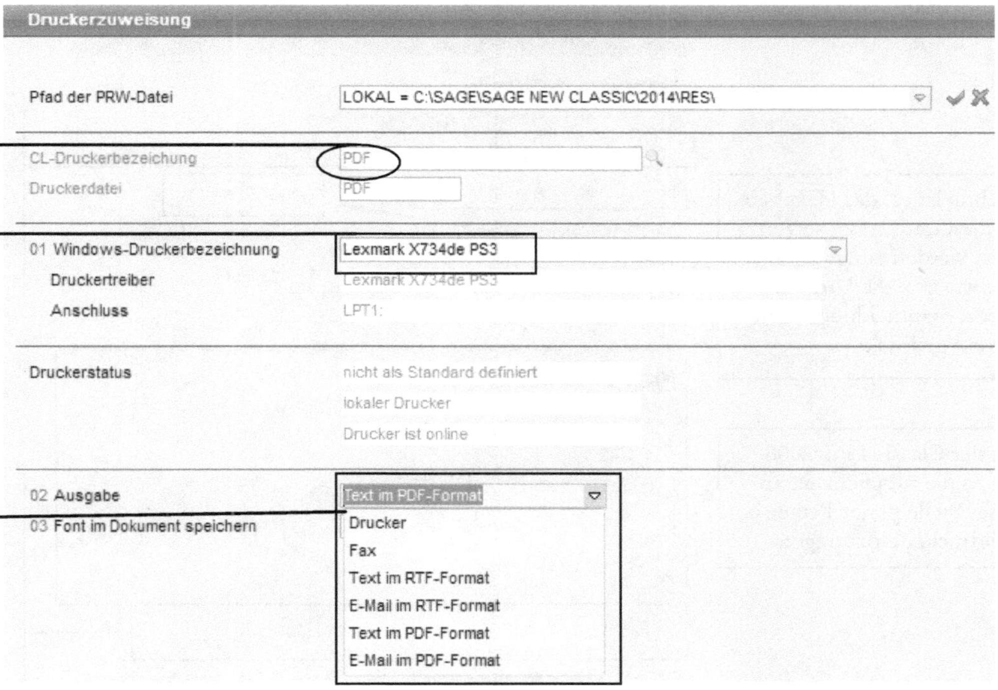

DRUCKERZUWEISUNG. Vergeben Sie im Feld CL-Druckerbezeichnung einen beliebigen Namen. Das System bindet automatisch den Standarddrucker ein. Wenn Sie in der Sage New Classic einen anderen Drucker verwenden möchten, dann geben Sie in der OK-Abfrage ein **E** für Drucker einrichten ein. Es werden dann alle an diesem Arbeitsplatz installierten Drucker zur Auswahl angeboten.

Darüber hinaus haben Sie in der OK-Abfrage noch die Möglichkeit über **F2** die Randeinstellungen zu verändern oder eigene Schriften für diesen Druckertreiber zu hinterlegen. Im **Feld 02** Ausgabe ist es auch möglich, einen Faxdrucker einzurichten. Voraussetzung dafür ist allerdings, dass der Faxdrucker (z.B. Tobit Faxware) unter Windows bereits verfügbar ist.

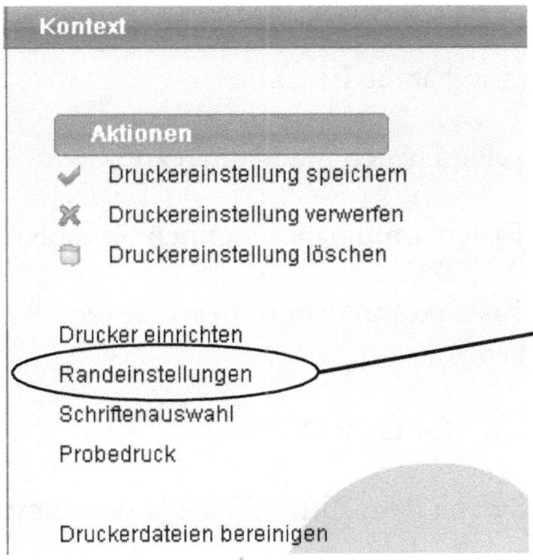

Mit Hilfe der Randeinstellungen können Sie die Seitenränder anpassen. Dabei ist es möglich, ein und denselben Drucker mehrfach anzulegen, z.B. mit und ohne linken Seitenrand.

AKTION (FRÜHER OK-ABFRAGE. Unter Aktion können Sie für den ausgewählten Drucker noch individuelle Einstellungen vornehmen. Die mögliche Auswahl wird jetzt unter Kontext rechts neben dem Fenster Druckerzuweisung angezeigt.

Sobald Sie alle gewünschten Anpassungen vorgenommen haben, wählen Sie das grüne Häkchen oder geben **J oder +** ein und speichern Ihre Druckeinstellung. Unter **Datei → Druckeinstellungen** können Sie den soeben angelegten Drucker jetzt auswählen.

Wichtig ist es, das Häkchen für die Grafiken zu setzen, sonst werden einige Formulare, wie z.B. die Umsatzsteuervoranmeldung, nicht korrekt gedruckt.

Seit der Classic Line 2008 gibt es die Möglichkeit, an dieser Stelle parallel einen Maildrucker einzutragen.

Bei einem PDF-Drucker steht die Option Druckvorschau nicht zur Verfügung, da eine Datei erzeugt und automatisch am Bildschirm angezeigt wird.

Wenn Sie in der Sage New Classic mehrere Drucker angelegt haben, können Sie mit Hilfe dieser Option einen Drucker als Standarddrucker festlegen (hat nichts zu tun mit dem Windows Standard Drucker).

DRUCKEINSTELLUNGEN. Hier können Sie einen in der Sage New Classic angelegten Drucker für den aktuellen Ausdruck auswählen oder als Starteinstellung speichern.

In der Druckauswahl stehen Ihnen weitere Optionen für den aktuellen Druck zur Verfügung. Diese sind in der Hilfe (**F1**) recht ausführlich erklärt.

Lernzielkontrolle:

☺ **Testen Sie Ihr Wissen**

1) Wie legen Sie einen neuen Drucker an?
2) Welche Funktion hat die **F1**-Taste?
3) Wie legen Sie einen neuen Mandanten an?
4) Mit welcher Tastenkombination können Sie einen Feldinhalt kopieren?
5) Mit welcher Tastenkombination fügen Sie die Daten aus der Zwischenablage in ein Feld ein?
6) Welche Funktion hat die **F10**-Taste?
7) Wie können Sie mit dem Ziffernblock **ja** oder **nein** eingeben?
8) Wie speichern Sie in der Sage New Classic einen Drucker als Standarddrucker?

Praktische Übungen:

Tastaturübungen

1) Öffnen Sie den Demomandant.
2) Legen Sie einen neuen Drucker PDF an.

3) Legen Sie einen neuen Drucker PDF-List an; geben Sie für den linken Seitenrand 7mm ein.

So sieht die Druckerauswahl mit dem 2. Drucker, PDF-List, aus.

Setzen Sie das Häkchen, um den ausgewählten Drucker als generelle Starteinstellung in der Sage New Classic zu speichern.

DRUCKEINSTELLUNGEN. So sieht die Auswahl nach der Anlage eines 2. Druckers aus.

Kapitel 2

Anlage eines eigenen Mandanten

Hier lernen Sie, einen eigenen Mandanten einzurichten, mit allen für die Finanzbuchhaltung wichtigen Grundlagen.

Zur Neuanlage eines Mandanten[3] in der Sage New Classic 2015 wählen Sie bitte einen leeren Kontenrahmen als Vorlage (z.B. SKR03) und legen diesen auf die gewünschte Nummer an. Anschließend bauen Sie in dieser Vorlage Ihre eigene Firma auf.

Wählen Sie im Menü unter **Administration → Mandantenverwaltung → Mandanten anlegen.** Geben Sie die von Ihnen gewünschte Nummer ein (in unserem Beispiel die 002) und wählen Sie die Vorlage SKR03.

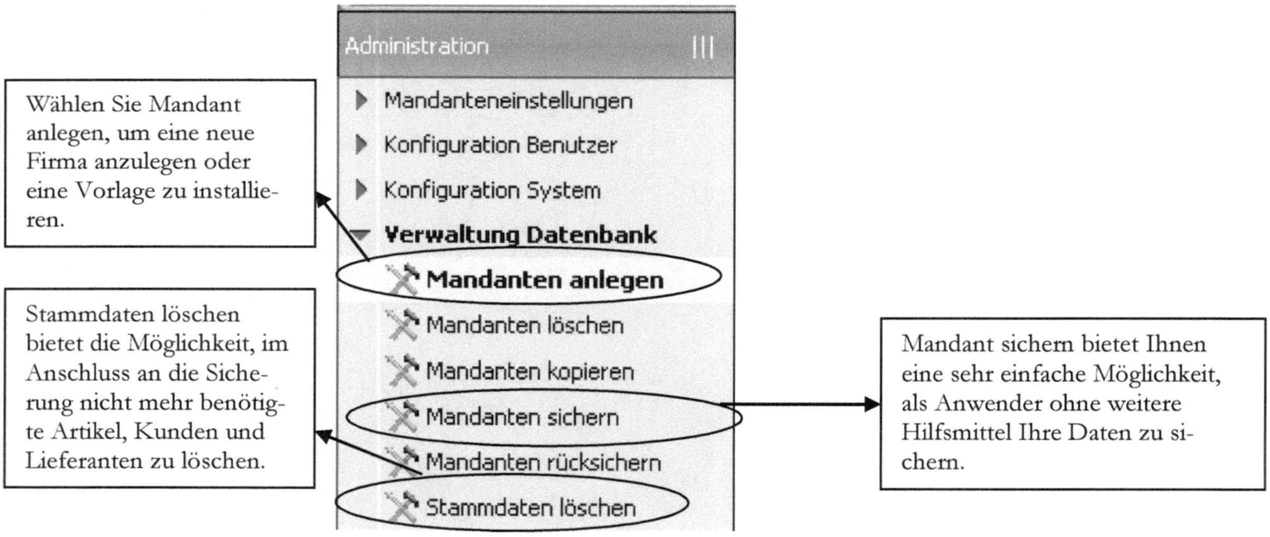

MANDANTEN ANLEGEN. Mit Mandant anlegen können Sie sowohl einen Demomandanten des Herstellers installieren, als auch einen Vorlagenmandanten für die eigene Firma.

---

[3] Der Mandant ist unsere eigene Firma. Der Begriff kommt von dem Wort Mandat. Ihr Steuerberater bekommt von Ihnen das Mandat (den Auftrag) Ihre Buchhaltung und Ihre Steuererklärungen zu machen. Aus seiner Sicht ist Ihre Firma ein Mandant, eine in sich abgeschlossene Firma mit eigenem Kontenrahmen, Kunden und Lieferanten.

In der Mandantenverwaltung werden nicht nur neue Firmen angelegt, sondern auch bestehende kopiert, gelöscht oder gesichert.

Geben Sie die gewünschte Nummer und Vorlage ein und bestätigen Sie. Den Datenbanknamen vergibt das Programm automatisch.

Wählen Sie in unserem Beispiel den SKR03.

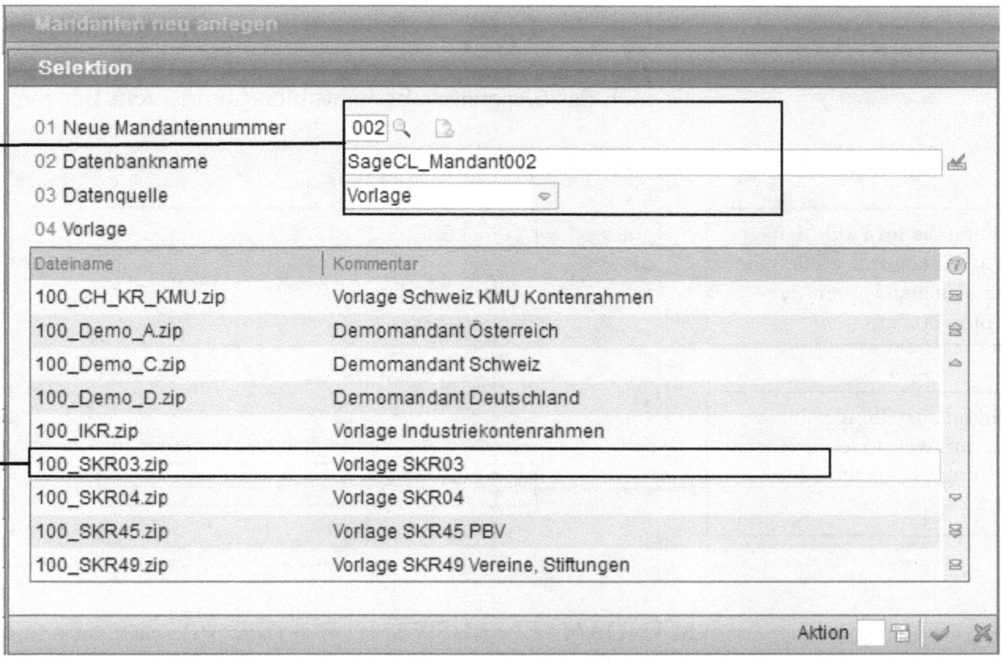

MANDANTEN ANLEGEN. Geben Sie jetzt ein, welchen Mandanten Sie als Vorlage (Quellmandant) nehmen wollen.

Es gibt keine Unterscheidung mehr zwischen Einzelfirma und Kapitalgesellschaft und es gibt weitere Vorlagen für Vereine und Stiftungen (SKR49).

Wichtig

Achtung: wenn Sie als Vorlage einen bereits bestehenden Mandanten wählen, werden nur die Grundeinstellungen des Mandanten übernommen, nicht aber der Kontenrahmen. D.h. Sie haben eine leere Hülle, mit der Sie nicht arbeiten können.

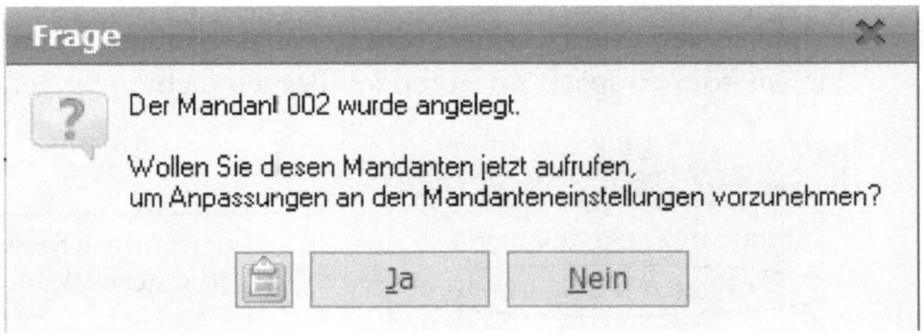

HINWEIS. Die Meldung zeigt Ihnen, dass der neue Mandant richtig angelegt wurde. Wählen Sie an dieser Stelle nein, damit ich Ihnen den Mandantenwechsel Schritt für Schritt erklären kann.

Wichtig

Bei der Anlage eines neuen Mandanten[4] darf der Zielmandant noch nicht vorhanden sein. Sie können mit der Funktion "Mandant anlegen" also nicht einen bereits bestehenden Mandanten überschreiben.

[4] Je nach eingesetzter Hardware kann es sein, dass die Neuanlage eines Mandanten ein wenig mehr Zeit in Anspruch nimmt.

Mandant einrichten

Wählen Sie **Datei → Geschäftsdaten einstellen**, um in den neu angelegten Mandanten 002 zu wechseln. In dieser Maske können Sie sowohl den Mandanten, als auch das Geschäftsjahr auswählen (in unserem Beispiel gibt es das Jahr 2014).

Geben Sie im Feld Mandant **F2** ein und wählen Sie den neu angelegten Mandanten 002 aus.

Diese Einstellung wählen Sie nur, wenn Sie die Buchhaltung für verschiedene Firmen machen.

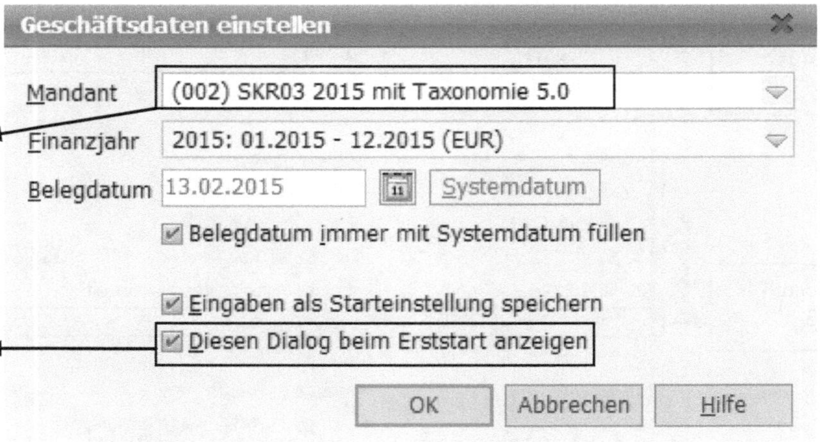

MANDANTEN AUSWAHL. Über **Datei → Geschäftsdaten einstellen** können Sie jetzt in der Zeile Mandant Ihre Firma mit der Nummer 002 auswählen, die jetzt noch die Bezeichnung SKR03 trägt.

Mit der Möglichkeit, Belegdatum immer mit Systemdatum füllen, schlägt das System generell für alle Buchungen und sonstigen Vorgänge das Tagesdatum vor. Beim Buchen im Vorjahr ist es einfacher, das Datum manuell vorzugeben. Die Option "Diesen Dialog beim Erststart anzeigen" bietet sich an, wenn Sie mit unterschiedlichen Mandanten arbeiten, die Buchhaltung für mehrere Firmen machen.
Nachdem Sie in Ihren neu angelegten Mandanten gewechselt haben, werden als Erstes unter **Administration → Mandanteneinstellungen → Mandant bearbeiten**, alle für diesen Mandanten wichtigen Grundlagen eingestellt. Im Mandantenstamm werden für die Firma allgemein gültige Grundeinstellungen vorgenommen, die auf verschiedene Programmteile Einfluss haben. Manche dieser Einstellungen können später im laufenden Betrieb nicht mehr geändert werden.

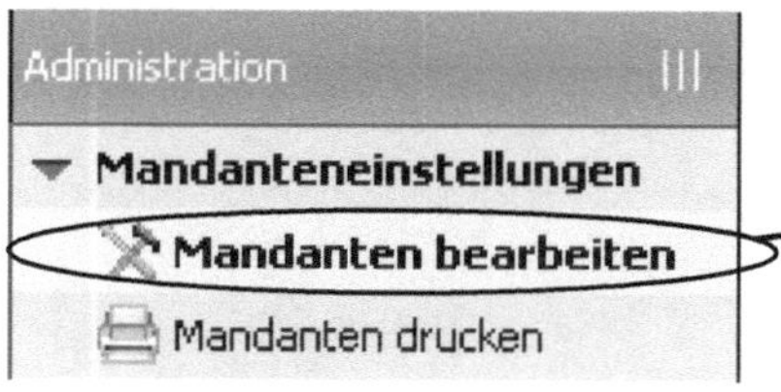

Hier öffnen Sie den Mandantenstamm zur Bearbeitung.

MANDANTENSTAMM BEARBEITEN. Öffnen Sie den Mandantenstamm zur Bearbeitung.

Praxistipp

Es ist wichtig, diese Eingaben systematisch und mit großer Sorgfalt vorzunehmen. Bei Unsicherheit über die Bedeutung oder die Auswirkung einzelner Eingaben empfiehlt es sich, mit **F1** die Hilfe zu Rate zu ziehen und das Ein oder Andere in Ruhe nachzulesen.

Änderungen im Mandantenstamm bitte nur machen, wenn sonst niemand im Programm arbeitet und die Sage New Classic kein weiteres Mal geöffnet ist. Im Echtbetrieb bitte vor solchen Änderungen eine Datensicherung erstellen.

Die Reiter dienen zum wechseln der Eingabemasken.

Tragen Sie im Feld Bezeichnung Ihren Firmennamen ein. In unserem Beispiel Musikladen GmbH.

Wenn Sie ohne eigenes Briefpapier arbeiten, können Sie hier die Daten für Ihren Briefkopf eingeben. Zeilenwechsel mit dem Tabulator.

Besonders wichtig ist der Eintrag der Jahreszahl. Beim meinem Vorlagenmandanten ist das Jahr 2014 angelegt.

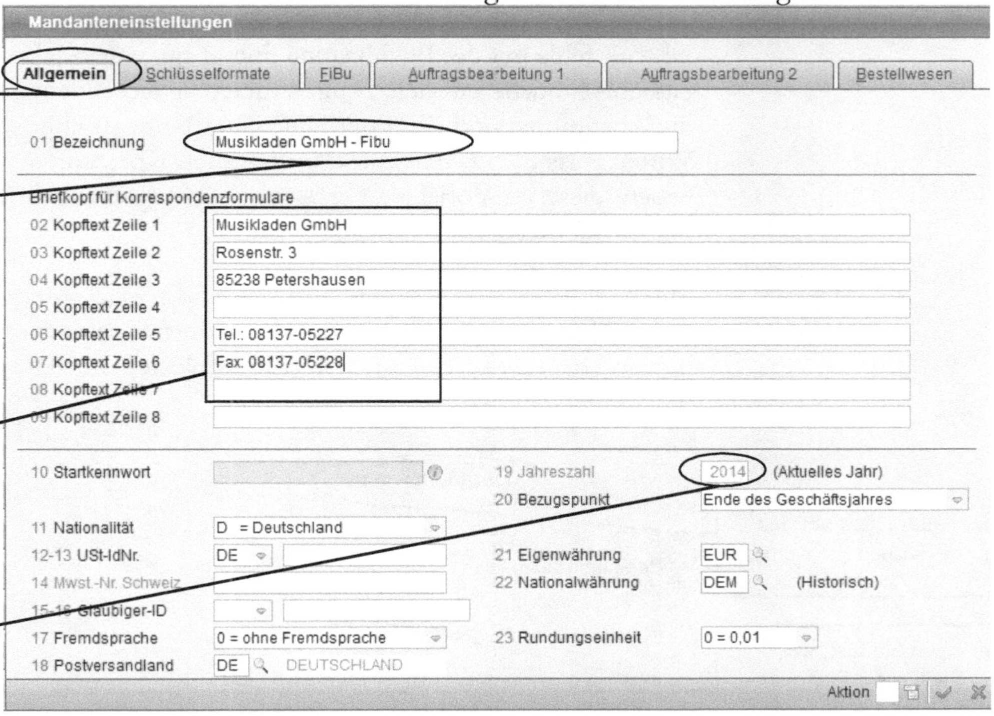

MANDANTENSTAMM .Wie in allen Masken der Sage New Classic kann man aus der OK-Abfrage heraus jedes Feld durch Eingabe der Feldnummer und drücken der **ENTER-Taste** erreichen. Natürlich könnte man auch die Maus benutzen, aber mit der Tastatur bzw. dem Ziffernblock geht es einfach schneller.

Nachdem im Systemhandbuch bereits jedes Feld im Mandantenstamm genau erklärt wird, will ich hier nur auf die wichtigsten Eingaben für die Buchhaltung eingehen. Der Name des Mandanten erscheint nicht nur am Bildschirm, wenn man den Mandanten aufgerufen hat, er wird auch in den meisten Listen und Auswertungen mit angedruckt. Da ich bei meinen Schulungsunterlagen für jedes Modul einen eigenen Mandanten verwende, habe ich hinter der Mandantenbezeichnung Fibu ergänzt, um die Unterscheidung der einzelnen Mandanten zu erleichtern.

Unter Briefkopf für Korrespondenzformulare können Sie Ihre vollständige Anschrift erfassen. Die einzelnen Felder stehen in allen Korrespondenzformularen zur Verfügung. Auf diese Weise können Sie Ihren Briefkopf z.B. für Mahnungen und Kontoauszüge mit andrucken, wenn Sie Ihre Mahnung gleich per Fax verschicken und nicht erst auf Briefpapier ausdrucken wollen.[5]

🗁 **Wichtig**

Zentrale Bedeutung kommt in dieser Maske dem Geschäftsjahr zu. Einmal eingegeben, darf es nach der ersten Buchung nicht mehr verändert werden[6]. D.h. wenn Sie nach dem Erfassen von Buchungen feststellen, dass Sie ein falsches Geschäfts-

[5] Alternativ können Sie die Daten auch im Reportdesigner erfassen oder in der Faxsoftware entsprechend Ihr Briefpapier hinterlegen.

[6] Wenn Sie in einer laufenden Buchhaltung die Jahreszahl ändern, passen hinterher die ganzen Auswertungen nicht mehr. In der gerade installierten Version der Sage New Classic lässt sich die Jahreszahl vom Anwender nicht mehr ändern.

jahr eröffnet haben, bleibt nur die Möglichkeit, alle Bewegungsdaten in der Finanzbuchhaltung zu löschen, die Jahreszahl zu ändern und die Buchungen neu zu erfassen.

Ich empfehle mit der Buchhaltung immer mit einem Jahr früher anzufangen, als Sie tatsächlich buchen wollen. Dann können Sie die Saldenvorträge im Vorjahr erfassen und abstimmen und dann mit Hilfe eines Jahresabschlusses vortragen. Das hat den Vorteil, dass Sie im Fall von erforderlichen Korrekturen auch hier die Möglichkeit haben, diese im Vorjahr zu erfassen und in jedem Fall Ihre aktuelle Buchhaltung sauber mit den Saldenvorträgen beginnt.

Mit **J** für **Ja** im Feld Aktion (früher OK-Abfrage) können Sie Ihre Eingabe speichern. Wenn Sie mit dem Ziffernblock arbeiten, können Sie hier auch ein **+** eingeben und die **ENTER**-Taste vom Ziffernblock benutzen[7].

Über einen Klick auf den Reiter kommen Sie weiter.

Hier legen Sie fest, wie viele Stellen die Personenkonten haben sollen. In der Regel sind fünf Stellen ausreichend, es sei denn, Ihre Firma hat mehr als 70.000 Kunden.

Sie können auch die Nummern für die Sachkonten erweitern. In der Regel reichen Ihnen aber 5-stellige Konten.

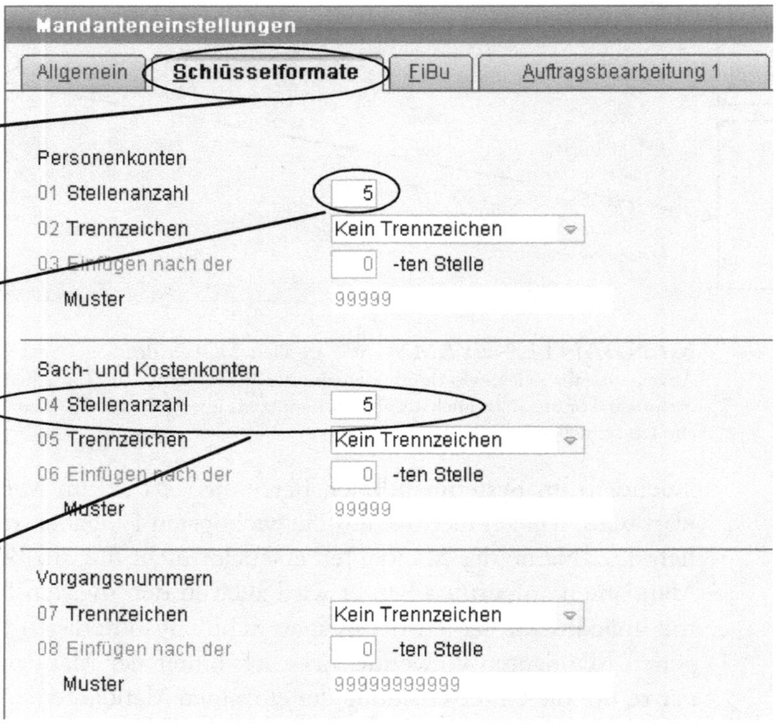

MANDANTENSTAMM SCHLÜSSELFORMATE. Bei der Einstellung der Nummernkreise empfiehlt es sich, die Standardeinstellungen zu übernehmen.

🕮 **Praxistipp**

Sie können die Schlüsselformate zu einem späteren Zeitpunkt immer noch erweitern; nur eine Verkürzung ist nicht mehr möglich, d.h. es empfiehlt sich vor solchen Änderungen grundsätzlich eine Datensicherung.

Interessant für die Finanzbuchhaltung ist noch die Seite Fibu. Alle hier gemachten Eingaben wirken sich direkt in der Buchhaltung aus. Ich werde diese Eingaben deshalb ausführlich behandeln.

[7]Seit der Umstellung auf Karteikartenreiter zum direkten Anwählen der einzelnen Seiten haben sich die Kurzbefehle zum Teil geändert. Mit alt und dem jeweils unterstrichen Buchstaben wechseln Sie auf die betreffende Seite. Das **B** für **B**lättern gibt es nicht mehr.

Beginn des Geschäftsjahres ist in unserem Beispiel der Januar; d.h. unser Geschäftsjahr geht von Januar bis Dezember.

Den Buchhaltungsbeginn können Sie ändern, wenn Sie im laufenden Jahr die Firma gründen und z.B. erst zum 01.10. mit der Buchhaltung anfangen.

Im Feld 10 legen Sie fest, ob Buchungen gelöscht werden können oder nicht. Alternativ können Sie bei Mehrplatzinstallationen festlegen, ob Sie alle Buchungen löschen können oder nur selbst erfasste Buchungen.

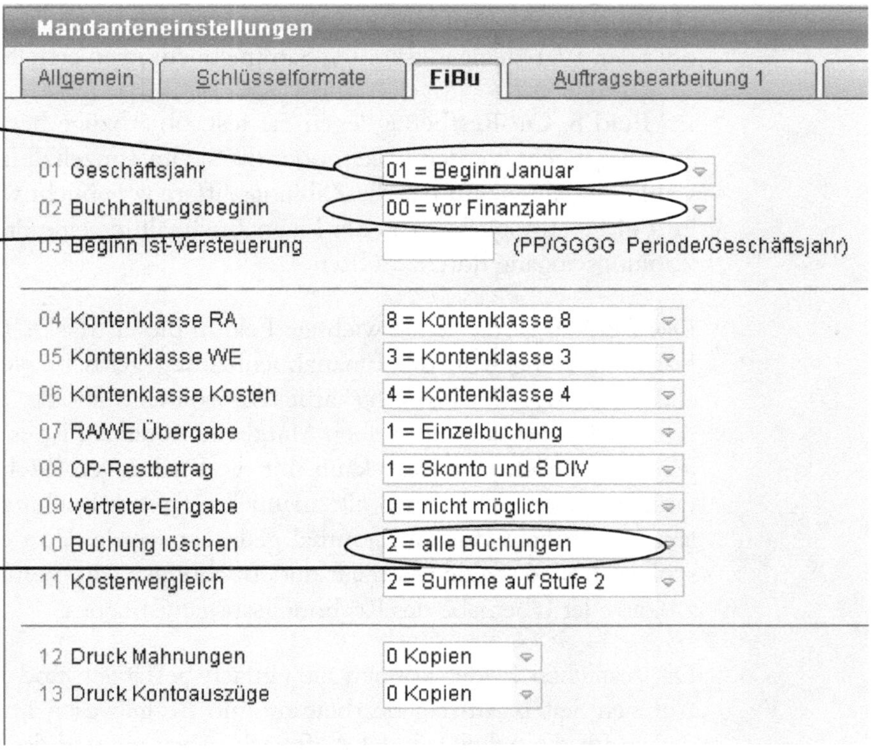

MANDANTENSTAMM SEITE 5. Hier finden Sie die Einstellungen zur Finanzbuchhaltung.

Im **Feld 1** geben Sie den Beginn des Geschäftsjahres ein, d.h. wenn Sie hier den Januar eingeben, haben Sie ein normales Geschäftsjahr von Januar bis Dezember. Geben Sie hier einen anderen Monat an, erhalten Sie automatisch ein abweichendes Geschäftsjahr, z.B. von April bis März.

Wenn Sie eine neue Firma z.B. zum 1.10. eines Jahres gründen, aber ein ganz normales Geschäftsjahr haben wollen, dann tragen Sie im Feld 1 den Januar ein. Im **Feld 2**, Beginn Classic Line, können Sie eine abweichende Periode eingeben, wenn Sie die Firma neu gegründet haben und deshalb im ersten Jahr ein so genanntes Rumpfjahr haben. Das bedeutet dann, dass für die Monate vor Buchhaltungsbeginn im laufenden Jahr keine Buchungen erfasst werden, d.h. es ist für diese Perioden kein separater Periodenabschluss erforderlich.

Bei Beginn Ist-Versteuerung ist nur eine Eingabe erforderlich, wenn Sie eine Einnahmen- Überschussrechnung (4.3 – Rechnung) machen wollen. [8]

Die **Felder 4, 5 und 6** sind durch die Wahl des Kontenrahmens vorgegeben und werden nicht verändert. Im **Feld 7** legen Sie fest, ob bei der Übergabe von Bu-

[8] Anmerkung: Sollversteuerung bedeutet, die Mehrwertsteuer ist fällig im Monat der Rechnungsstellung, Ist-Versteuerung heißt, die Steuer wird erst mit der Zahlung fällig. Bei der Einnahmen- Überschussrechnung ist die Steuerschuld also rein vom Zahlungsfluss abhängig. Sie müssen in diesem Fall die MwSt. erst zu dem Zeitpunkt an das Finanzamt abführen, zu dem Ihr Kunde seine Rechnung bezahlt, egal, wann die Rechnung geschrieben wurde. Der Begriff 4.3 – Rechnung leitet sich aus den rechtlichen Grundlagen ab, vom Einkommenssteuergesetz, Paragraph 4, Absatz 3.

chungen aus der Auftragsbearbeitung oder dem Bestellwesen auf den Erlöskonten oder den Wareneingangskonten Sammelbuchungen erstellt werden sollen.[9]

Im **Feld 8**, OP-Restbetrag legen Sie fest, ob Abzüge bei der Zahlung generell auf Skonti gebucht werden sollen, oder ob Sie im Einzelfall individuell ein Konto auswählen möchten, auf das die Zahlungsdifferenz gebucht wird. Die Vertretereingabe im **Feld 9** ermöglicht es, in der Finanzbuchhaltung eine Provisionsabrechnung nach Zahlungseingang durchzuführen.[10]

Das **Feld 10** ist das letzte wichtige Feld in dieser Maske. Hier legen Sie fest, ob erfasste Buchungen in der Finanzbuchhaltung gelöscht werden können. Wenn Sie alleine in der Buchhaltung arbeiten, sollten Sie alle auswählen; wenn unterschiedliche Personen im selben Mandanten buchen, ist es sinnvoll, eigene Buchungen einzustellen, d.h. jeder kann nur die Buchungen löschen, die er auch selbst erfasst hat. Generell können alle manuell erfassten Buchungen gelöscht werden, solange noch kein Buchungsjournal gedruckt wurde. Von dieser Möglichkeit ausgeschlossen sind: Saldenvorträge und Buchungen, die vom System erzeugt wurden, z.B. aus der Übergabe des Rechnungsausgangsbuches.

Die restlichen Felder können Sie einfach bestätigen und Ihre Eingaben speichern. Auf den Seiten Auftragsbearbeitung und Bestellwesen finden Sie Angaben, die lediglich für die Arbeit mit der Auftragsbearbeitung und das Bestellwesen von Bedeutung sind und auf die Finanzbuchhaltung keinen unmittelbaren Einfluss haben. **Ausnahme: Die Einstellung, ob die Ausgangsrechnungen und die Eingangsrechnungen automatisch in die Finanzbuchhaltung übertragen werden sollen[11].**

Lernzielkontrolle

☺ **Testen Sie Ihr Wissen**

1) Welchen Kontenrahmen wählen Sie als Vorlage für Ihre eigene Firma und warum?

2) Was versteht man unter dem Begriff "Abweichendes Geschäftsjahr"?

3) Was ist der Unterschied zwischen Soll- und Ist-Versteuerung?

4) Wie rufen Sie im Programm die Hilfe auf?

5) Wie können Sie in einer Maske ein bestimmtes Feld ändern?

6) Welche Funktion hat die **F2**-Taste?

7) Warum ist es besser, mit der Tastatur statt mit der Maus zu arbeiten?

[9] Das ist sinnvoll, denn sonst haben Sie für jede einzelne Ausgangsrechnung die übergeben wird, ein oder mehrere Erlösbuchungen.

[10] Eine in der Praxis sehr hilfreiche Möglichkeit, denn bekommt ein Verkäufer seine Provision erst bei Zahlungseingang, so wird er dazu erzogen, die Bonität seines Kunden besser zu prüfen und sich aktiv darum zu kümmern, dass sein Kunde pünktlich bezahlt.

[11] Eine ausführlichere Erklärung zur automatischen Übergabe von Rechungsausgangsbuch und Rechnungseingangsbuch finden Sie in unseren Schulungshandbüchern für diese Module.

Praktische Übungen:

Tastaturübungen

1) Legen Sie den Mandant Musikladen GmbH an auf der Nummer 002; verwenden Sie als Vorlage den SKR 03 für Kapitalgesellschaften.
Erfassen Sie unter Briefkopf für Korrespondenzformulare auf der Seite 1 im Mandantenstamm die Adressdaten aus unserem Beispiel:

Musikladen GmbH
Rosenstr. 3
85238 Petershausen
Tel.: 08137-05227
Fax: 08137-05228

Beginnen Sie mit dem Geschäftsjahr 2014; Ihr Geschäftsjahr geht von Januar bis Dezember, die Buchhaltung wird in Euro geführt und Sie beginnen im Dezember 2014 mit den Saldenvorträgen.

Richten Sie Ihren Mandanten so ein, dass eine Vertreterabrechnung nicht möglich ist, Sie Skonti auf Skontokonten oder S-Diverse buchen und alle Buchungen gelöscht werden können.

Praxistipp

Sollten Sie beim Erfassen der Saldenvorträge sehr viele Korrekturen haben, können Sie für den Echtbetrieb in der Finanzbuchhaltung die Bewegungsdaten löschen und neu anfangen. Dann haben Sie zu Beginn Ihrer Buchhaltung nicht schon Korrekturbuchungen im System.

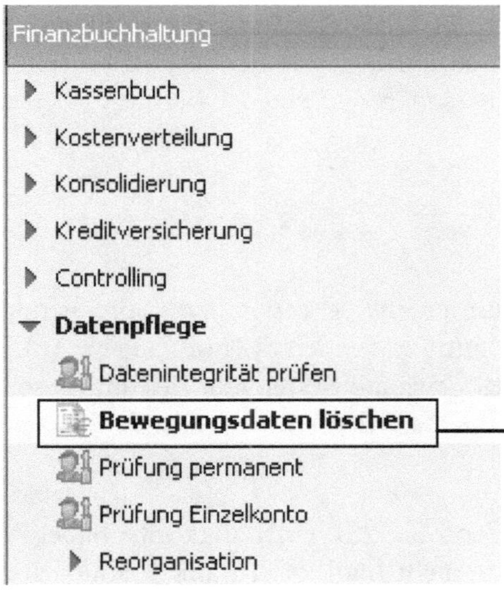

Mit diesem Programmaufruf löschen Sie alle Bewegungsdaten der Finanzbuchhaltung. Andere Module der Sage New Classic, wie Warenwirtschaft, Lohn und Produktion sind davon nicht betroffen.

BEWEGUNGSDATEN LÖSCHEN. Hier löschen Sie **alle** Bewegungsdaten und Geschäftsjahre. Übrig bleibt nur das aktuelle Geschäftsjahr.

Kapitel

3

Anlage der Stammdaten

Wie Sie Ihre Stammdaten richtig und rationell erfassen.

Eine gute Vorbereitung erleichtert die rationelle Anlage der individuellen Stammdaten und vermeidet aufwendiges Nacharbeiten. Aus diesem Grund ist es wichtig, für jeden Bereich der Stammdaten im Vorfeld der Datenerfassung einige Fragen klären. Dafür mache ich eine kurze, praxisgerechte Einführung.

An erster Stelle steht die Frage: Fange ich eine neue Buchhaltung an (z.B. wegen Neugründung einer Firma), oder übernehme ich eine bestehende Buchhaltung (z.B. wegen Umstellung der Buchhaltung auf ein neues System). Wir werden uns im Folgenden mit Übernahme einer laufenden Buchhaltung vom Steuerberater zum **01.01.2010** beschäftigen. Der Vollständigkeit halber sei an dieser Stelle kurz auf einen wichtigen Punkt der **GoB (Grundsätze ordnungsgemäßer Buchführung)** hingewiesen: Eine Buchführung muss so beschaffen sein, dass ein außen stehender Dritter sich in angemessener Zeit einen Überblick über die Buchhaltung verschaffen kann.

Anmerkung:

Arbeiten Sie immer mit so genannten "Sprechenden Texten und Bezeichnungen" und verwenden Sie nur gängige Abkürzungen. Behalten Sie eine einmal gewählte Systematik bei und beschränken Sie gravierende Änderungen auf den Jahreswechsel[12].

Das heißt für Sie: Wenn Sie z.B. ein Bankkonto haben, dann heißt das in der Finanzbuchhaltung bitte nicht Bank oder Bank 1, sondern z.B. Deutsche Bank, Kto. 4711. Und wenn Sie der Meinung sind, dass einzelne Konten zusammengefasst werden sollen, dann bereinigen Sie Ihren Kontenplan, sofern bereits Buchungen erfasst sind, am Besten zum Jahreswechsel, das erleichtert die Abstimmung der Konten.

Beim Buchen, verwenden Sie als Buchungstext z.B. statt "Zahlungseingang" besser "ZE Müller, Rg. 2563"; das gibt zusätzliche Informationen und unterstützt die

[12] Da haben Sie dann die Möglichkeit, im Sachkontenstamm ein abweichendes Jahresabschlusskonto zu hinterlegen, so dass bei einer Zusammenfassung von Sachkonten auch nachträglich erfasste Korrekturen bei einem erneuten Jahresabschluss wieder automatisch auf das neue Konto übertragen werden.

Konzentration auf die Tätigkeit. Sie geben die Buchung bewusster ein und machen weniger Fehler, weil Sie bei der Eingabe des Textes die Buchung automatisch noch einmal kontrollieren. Auch wenn das am Anfang aufwendiger erscheinen mag, so erleichtert es später vielfach die Arbeit, z.B. beim Abstimmen der Konten und bei einer Betriebsprüfung.

Der Sachkontenstamm

Im Sachkontenstamm sind neben den Angaben für die Finanzbuchhaltung auch die Zuordnungen eines Kontos für die Kostenrechnung zu erfassen. Wenn Sie mit der Kostenrechnung arbeiten möchten, bietet es sich daher an, den Aufbau der Kostenrechnung vor der Überarbeitung des Kontenplans festzulegen. Auf diese Weise können Sie gleich alle Änderungen auf einmal machen. Unter **Finanzbuchhaltung → Stammdaten → Sachkonten → Sachkontenstamm** können Sie neue Konten anlegen und bestehende ändern.

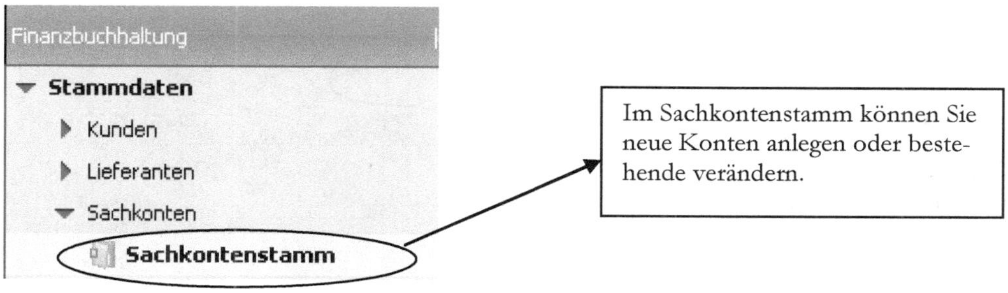

SACHKONTENSTAMM. Hier öffnen Sie den Sachkontenstamm.

Gehen wir den Aufbau eines Sachkontos am Beispiel der Bank (S12000) durch:

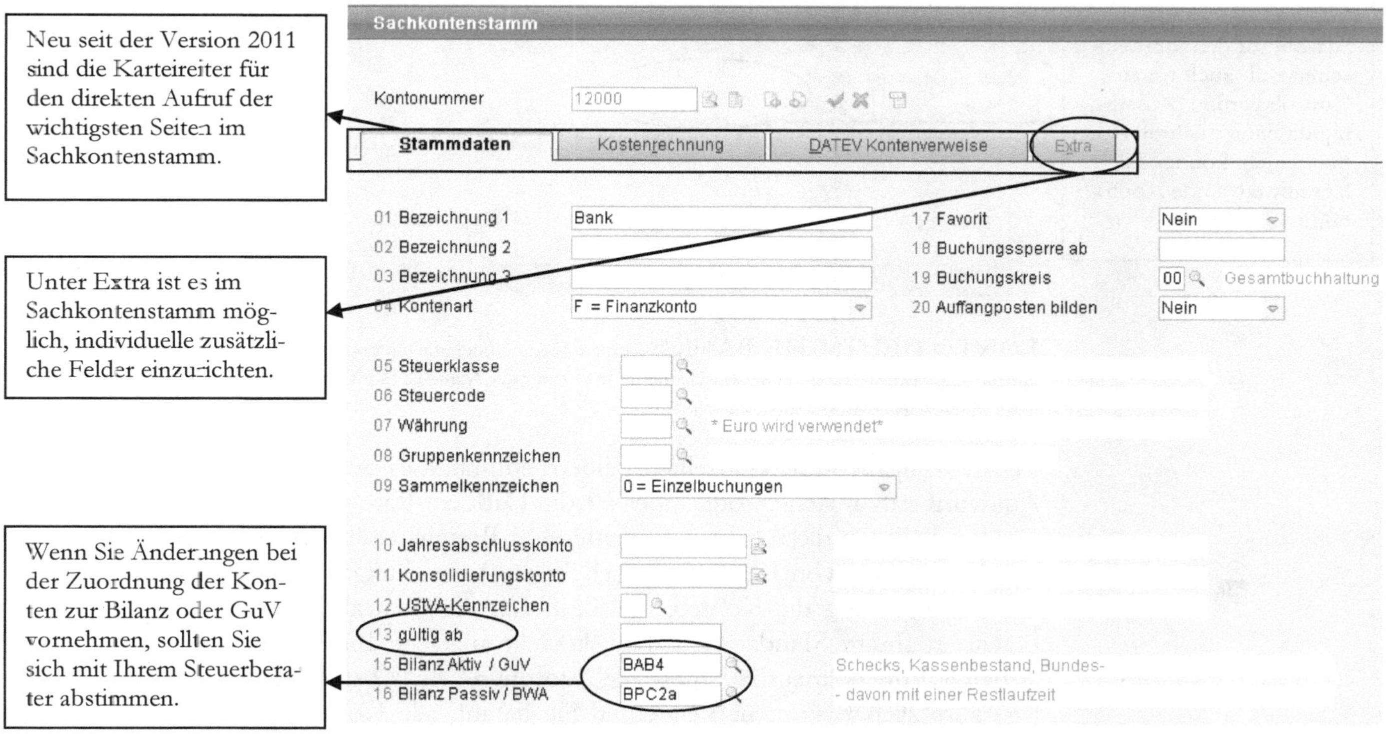

SACHKONTO BANK. Hier werden alle erforderlichen Kennzeichen eingegeben und das Konto wird den gewünschten Auswertungen zugeordnet.

Die Fülle der möglichen Eingaben mag zunächst verwirrend erscheinen, aber wenn Sie einmal ein paar Konten geändert haben, bekommen Sie sehr schnell ein Gefühl dafür. Um Ihnen die Arbeit zu erleichtern, empfehle ich Ihnen generell für die Neuanlage eines Kontos ein bestehendes Konto zu kopieren. Um die Kontenbezeichnung für das ausgewählte Konto zu ändern, geben Sie in der **OK-Abfrage** eine **1** ein und drücken anschließend die **ENTER-Taste**.

Jetzt können Sie die Bezeichnung von Bank in Deutsche Bank, Kto. 2471125 ändern, bestätigen und sind sofort wieder in der OK-Abfrage. Jetzt noch die Änderungen abspeichern, mit **J** und bestätigen oder mit **+** und **ENTER**.

Praxistipp

Am schnellsten kommen Sie voran, wenn Sie sich gleich am Anfang angewöhnen, möglichst viel mit dem Ziffernblock zu arbeiten und auf den Einsatz der Maus für den Wechsel einzelner Felder oder die Bestätigung von Meldungen ganz zu verzichten. Sie sind mit der Tastatur einfach wesentlich schneller.

Kontonummer; im Vergleich zur DATEV einfach am Ende eine Null zusätzlich.

Bitte nur bei Fremdwährungskonten einen Eintrag machen. Wird nichts eingetragen, verwendet das Programm automatisch die Währung, die im Mandantenstamm eingetragen ist.

Sowohl für den Jahresabschluss, als auch für eine Konsolidierung (Zusammenfassung) mehrerer Mandanten können Sie hier abweichende Kontonummern eintragen.

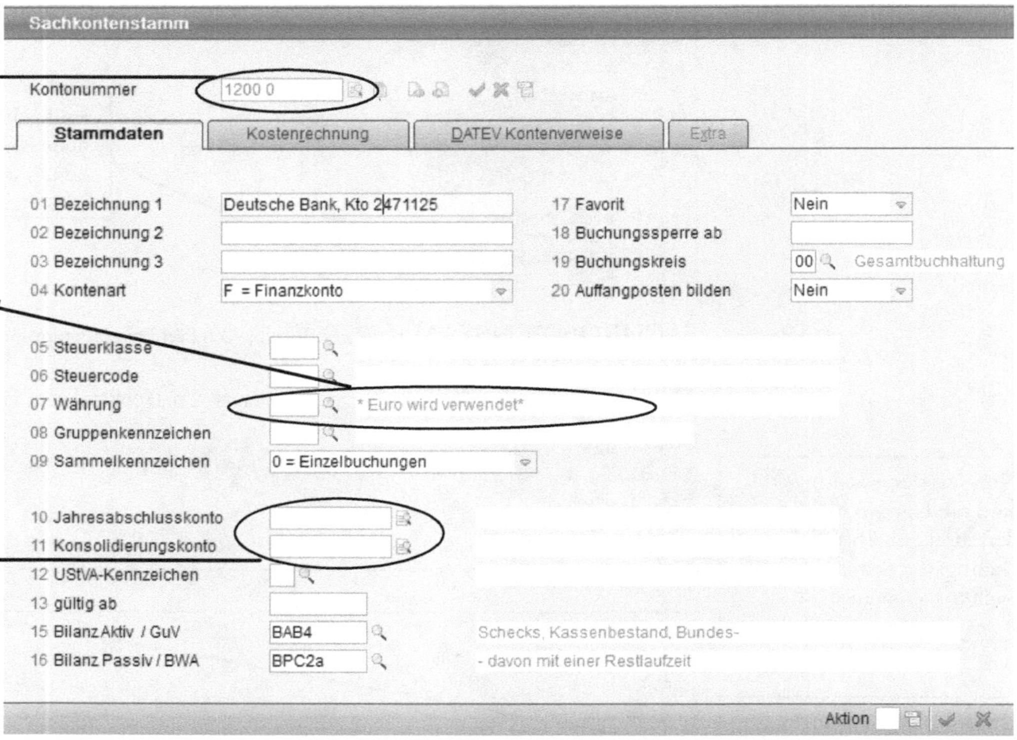

KONTO DEUTSCHE BANK. Wenn Sie Konten überarbeiten oder neue Konten anlegen, achten Sie bitte auf die Formulierung bei der Bezeichnung: Je präziser der Name eines Kontos ist, desto leichter ist es später beim Buchen, das richtige Konto anzusprechen.

Für die Eingabe in den einzelnen Feldern empfiehlt es sich, wahlweise über **F2** die **Auswahl** aufzumachen, oder über **F1** die **Hilfe** zu Rate zu ziehen. Im Folgenden werde ich Ihnen diese beiden Varianten am Beispiel erläutern. Bitte bedenken Sie bei Änderungen von Konten die vielfältigen Auswirkungen auf Ihre Buchhaltung. In der Regel sind die Konten, die Sie durch die Auswahl Ihres Kontenrahmens bereits in Ihrem Mandanten haben, korrekt angelegt. Bitte beschränken Sie Ihre Arbeit auf die Namensänderung, die Zuordnung zur Kostenrechnung und die Anlage zusätzlicher Konten. Verzichten Sie darauf, alle Konten zu löschen, die Sie vielleicht nicht brauchen. Viele Konten haben besondere Eigenschaften und Funktionen, die Ihnen erst im Laufe der Arbeit mit diesem Programm bewusst werden.

Selbstverständlich können Sie bei allen Auswertungen einstellen "leere Kontenzeilen weglassen".

Auffangposten sind nur von Bedeutung, wenn Sie eine Konsolidierung mit mehreren verbundenen Firmen machen wollen.

Wählen Sie hier die Kontenart aus. Finanzkonten haben andere Funktionen, als die übrigen Bilanzkonten. So ist es z.B. beim Jahresabschluss möglich, für Finanzkonten einen getrennten Saldenvortrag zu machen.

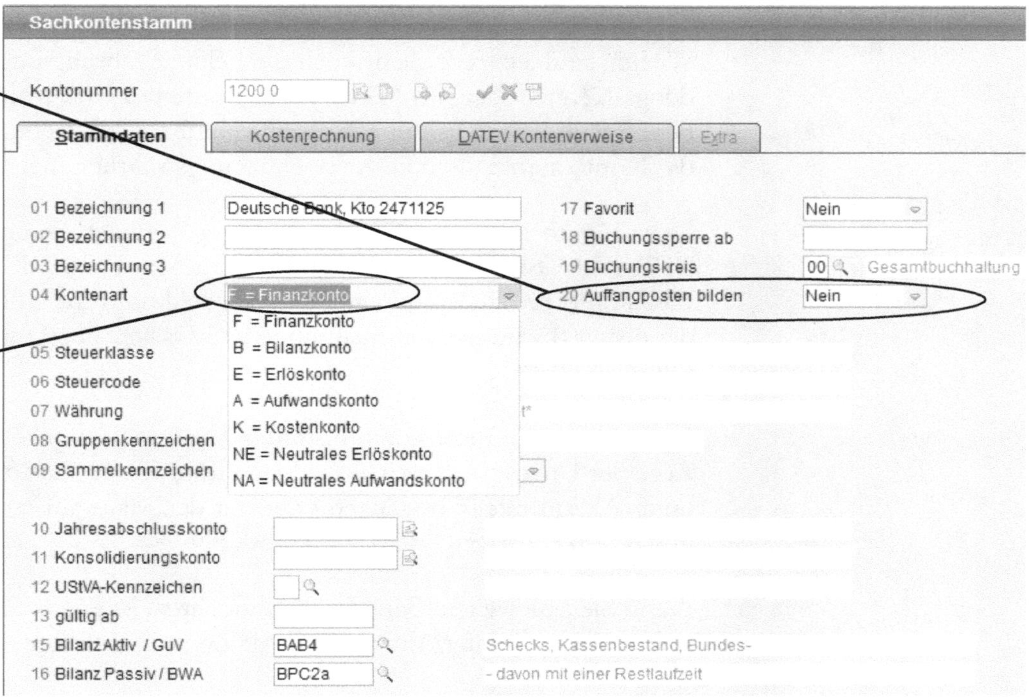

ARBEITEN MIT F2 IM SACHKONTENSTAMM. Die **F2-Taste** bietet Ihnen in jedem Feld die vom Programm unterstützte Auswahl an. In unserem Beispiel können Sie mit Hilfe von **F2** die Kontenart auswählen.

Um Ihre Frage gleich an dieser Stelle zu beantworten, kurz die Bedeutung der einzelnen Kontenarten:

- **Finanzkonto:** eine Teilmenge der Bilanzkonten, die dem Zahlungsverkehr dienen; Sie wurden separat gekennzeichnet, damit man Ihnen besondere Funktionen zuordnen kann, z.B. für den Ausgleich offener Posten.

- **Bilanzkonto:** alle Konten, die der Bilanz zugeordnet sind (sog. Bestandskonten); Sie können einen Anfangssaldo haben.

- **Erlöskonto:** alle Konten, die Umsatzerlöse aus unserem tatsächlichen Geschäftszweck aufnehmen, z.B. Erlöse Dienstleistung.

- **Aufwandskonto:** Alle Aufwendungen, die dem Wareneinsatz zuzuordnen sind, z.B. Wareneinkauf, Eingangsfrachten, ...

- **Kostenkonto:** Alle Aufwendungen, die erforderlich sind, um unseren Betrieb aufrecht zu erhalten, z.B. Miete, Personalkosten, Büromaterial,....

- **Neutrale Aufwendungen und Erträge:** Sie haben mit unserem eigentlichen Geschäft nichts zu tun, verändern aber unser steuerliches Ergebnis; z.B. Erlöse aus dem Verkauf von Anlagevermögen.

- **Favoriten:** Hier können Sie Ihre Favoriten definieren, also die Konten, mit denen Sie tatsächlich arbeiten wollen. Sie haben dann bei jeder Auswahl die Möglichkeit, die angezeigten Konten auf Ihre Favoriten zu begrenzen.

Wichtig sind jetzt vor allem noch die Felder Währung und Umsatzsteuervoranmeldungs-Kennzeichen: im Feld Währung bitte nur eine Währung eingeben, wenn das betreffende Konto in Fremdwährung geführt wird; wenn das Feld leer bleibt, wird das Konto automatisch in der Buchhaltungswährung (bei uns Euro) geführt.

🗁 **Wichtig**

Jedes Konto kann nur in einer Währung gebucht werden, d.h. Mischkonten mit EUR und USD sind nicht möglich; in diesem Fall sind 2 Konten anzulegen. Ein Bankkonto für EUR und ein weiteres Bankkonto für USD. Die Währung ist nach der ersten Buchung nicht mehr änderbar. Das gilt auch für Debitoren und Kreditoren.

Im Feld Umsatzsteuervoranmeldungs-Kennzeichen geben Sie an, ob und welcher Zeile der Umsatzsteuervoranmeldung dieses Konto zugeordnet wird. Abschließend unter Aktion mit Ja bestätigen oder mit der Maus auf das grüne Häkchen klicken und schon haben Sie Ihr Konto geändert.[13]

Wenn Sie eine weitere Bank anlegen möchten, ist es am einfachsten, ein Bankkonto aufzurufen und unter Aktion ein **Z** für **Zwischenablage** einzugeben.

Einfach in der OK-Abfrage ein **Z** für **Z**wischenablage eingeben und schon steht Ihnen das Konto als Vorlage zur Verfügung.

Mit **U** für **U**msätze können Sie sich anzeigen lassen, welche Umsätze auf diesem Konto in den einzelnen Monaten gebucht wurden.

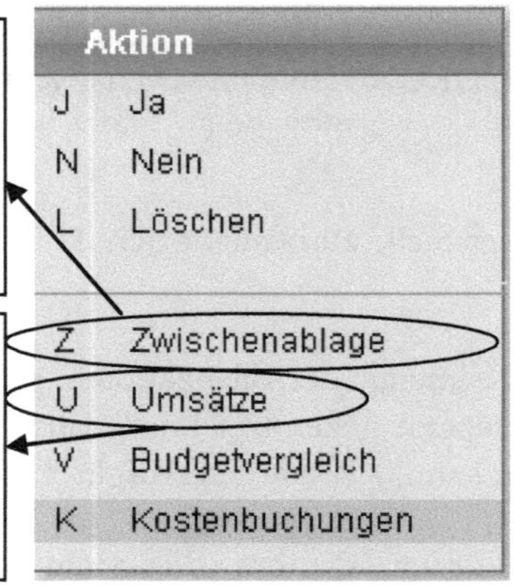

ARBEITEN MIT DER ZWISCHENABLAGE. Die F2-Taste bietet Ihnen in jedem Feld die vom Programm unterstützte Auswahl an. In unserem Beispiel können Sie mit Hilfe von F2 **Z** für **Zwischenablage** auswählen.

Nach der Bestätigung erscheint die Meldung: Sachkonto in Zwischenablage übernommen. Die Meldung bestätigen und das Konto wieder verlassen (mit + oder – und bestätigen). Jetzt einfach die neue Kontonummer (z.B. **12400**) eingeben und es kommt die Abfrage: "Sollen die Werte aus der Zwischenablage übernommen werden?". Nach Bestätigung dieser Meldung mit ja brauchen Sie jetzt nur noch eine neue Kontenbezeichnung (Sparkasse München, Kto. 0815) und alle anderen Felder können wir bestätigen. So leicht haben Sie ein neues Konto angelegt.

[13] Wenn Sie bei Ihren Konten Kennzeichen für die Steuer oder Zuordnungen zur Bilanz und GuV verändern, ist es sinnvoll, die gewünschte Zuordnung/Kennzeichnung mit Ihrem Steuerberater abzustimmen. Bitte achten Sie bei Änderungen im Steuerformular oder bei Änderungen der Steuersätze darauf, alle betroffenen Konten zu ändern.

Ein DATEV Sachkontenverweis ist nur erforderlich, wenn Sie Ihre Buchhaltungsdaten monatlich oder am Jahresende elektronisch in die DATEV[14] für Ihren Steuerberater übertragen wollen. Die heute verwendeten Kontenrahmen orientieren Sich am Standard der DATEV; deshalb auch der Name: DATEV SKR03. Trotz alledem hat Ihr Steuerberater vor allem im Bereich der Umsatzerlöse andere Konten. In diesem Fall können Sie im DATEV Sachkontenverweis ein anderes Konto zuordnen.

Lernzielkontrolle:

☺ **Testen Sie Ihr Wissen**

1) Mit wie vielen unterschiedlichen Währungen können Sie auf einem Sachkonto buchen?
2) Was ist die einfachste Möglichkeit, ein neues Konto anzulegen?
3) Welche Kontenarten werden in der Sage New Classic unterschieden und welche Bedeutung haben Sie?
4) Wie können Sie direkt im Programm nachlesen, welche Bedeutung die einzelnen Felder haben?
5) Wie rufen Sie z.B. im Feld Kontenart die Auswahl auf?

Praktische Übungen:

Tastaturübungen

1) Ändern Sie das Konto 12000 Bank in Deutsche Bank, Kto. 2471125.
2) Legen Sie ein weiteres Bankkonto mit der Nummer 12100 an; Bezeichnung: Sparkasse München, Kto. 10736.
3) Ändern Sie die Bezeichnung von Konto 13600 auf Geldtransit Deutsche Bank.
4) Kopieren Sie das Konto 13600 in die Zwischenablage (im Feld Aktion ein **Z** für **Z**wischenablage eingeben.
5) Legen Sie das Konto 13610 an, Geldtransit Sparkasse München. Verwenden Sie als Vorlage das Konto 13600.

[14] Die **DATEV eG** heißt ausgeschrieben "Datenverarbeitung und Dienstleistung für den steuerberatenden Beruf eG". Entstanden aus dem Bedürfnis der Steuerberaterschaft heraus, für den Beruf Unterstützung durch die EDV bei der Erledigung der Mandantenbuchführung zu erlangen. Am 14. Februar 1966 von 65 Steuerberatern gegründet. Initiator war Heinz Sebiger, der 1997 Ehrenbürger von Nürnberg wurde. Der Hintergrund für die Gründung per se waren die damals neuen Einsatzmöglichkeiten der EDV, die Arbeitskräfteknappheit und die für 1968 bevorstehende Einführung der Mehrwertsteuer. Zunächst voll rechenzentrumsbasierte Dienstleistungen, d.h. Eingabe der Daten in Datenerfassungsgeräten vor Ort, Versand der Lochstreifen per Post zum Rechenzentrum (zunächst von IBM, dann 1969 eigenes Rechenzentrum), Rücksendung der Auswertungen per Post an die Kanzlei. Ab 1974 Möglichkeit des Datenversands per DFÜ zum Rechenzentrum, der Rückversand der Auswertungen (Lohnabrechnungen, Buchhaltungsauswertungen, Steuererklärungen oder Bilanzen) blieb postalisch. Erst ab 1984 beginnende Umstellung auf Im-Haus-Verarbeitung, d.h. Ausdruck vor Ort. Ab 1989 erste Anwendungen zur kompletten Im-Haus-Verarbeitung ohne Nutzung des Rechenzentrums. Erst ca. 1998 stellte DATEV die komplette Anwendungspalette von DOS auf Windows um, nachdem sich herausgestellt hatte, dass die ursprünglich in Richtung OS/2 von IBM betriebene Entwicklung aufgrund des absehbaren Scheiterns dieses Betriebssystems ein Irrweg war. Ab 1998 mit zunehmender Tendenz Verlagerung des Geschäftsfelds auf Software-Dienstleistungen, Consultancy und Schulungen, da die Berater die Auswertungen und Ausdrucke aufgrund der stark gestiegenen PC-Performance und der Verfügbarkeit hochwertiger (Duplex- DIN A4/A3)Drucker vor Ort vornehmen, um flexibler und schneller zu sein. (aus www.lexikonia.de)

Anlage von Personenkonten

Für die praktische Buchhaltung empfiehlt es sich generell, mit Personenkonten, sprich Debitoren (Kunden) und Kreditoren (Lieferanten) zu arbeiten. Wenn Sie eine bestehende Buchhaltung übernehmen, behalten Sie bestehende Kunden- und Lieferantennummern bei. Das erleichtert den Vergleich mit Vorjahreszahlen und erspart den Kunden und Lieferanten, Ihre Unterlagen ebenfalls zu ändern.

Wenn Sie neu anfangen, lehnen Sie sich bei der Einrichtung der Personenkonten an die Systematik der DATEV an und nummerieren die Konten, wie folgt:

Debitoren 10000 – 69999 **Kreditoren 70000 – 99999**[15]

Wenn mehrere Personen in der Buchhaltung arbeiten, bitte eine kurze Arbeitsanweisung erstellen, welche Informationen in den Stammdaten gepflegt werden und wie. Es darf bei der Eingabe keine Rolle spielen, wer einen Datensatz angelegt hat. Die Systematik sollte immer gleich sein. Wir wollen das hier nur kurz am Beispiel des Ansprechpartners verdeutlichen: Nehmen wir an, als Ansprechpartner haben wir eine Susanne Meier. Es gibt nun eine Vielzahl von Möglichkeiten, diese Frau anzulegen:

S. Meier, Susanne Meier, Frau Meier, Fr. Meier, Frau Susanne Meier,......

Nachdem der Ansprechpartner häufig auch als Suchkriterium verwendet wird, ist es einfacher, einen Datensatz zu finden, wenn alle Mitarbeiter Ihre Ansprechpartner nach dem gleichen Schema anlegen, z.B. immer Susanne Meier.

In Abhängigkeit von der Anzahl der Datensätze kann es sich lohnen, um Arbeit zu sparen, Kunden und Lieferanten über den Datenimport einzulesen. Lassen Sie sich hier von Ihrem Fachhändler beraten oder bitten Sie den Autor dieses Buches[16], Ihnen ein entsprechendes Angebot zu erstellen.

Ich werde mich in der folgenden Erläuterung zur Anlage der Personenkonten auf die für die Buchhaltung relevanten Felder konzentrieren und bitte Sie, bei allen Feldern, die Ihnen nicht auf den ersten Blick verständlich sind, mit Hilfe von **F2** die Auswahl aufzurufen oder über **F1** in der Hilfe nachzulesen. Bitte gewöhnen Sie sich an, vor allem in der Anfangsphase mit einem neuen Programm, nicht einfach alle Felder blind mit der **ENTER**-Taste zu bestätigen, sondern machen Sie sich mit den Funktionen und den möglichen Eingaben vertraut. Was hier auf den ersten Blick nach Arbeit aussieht, erspart Ihnen im Nachhinein Fehler und oft mühsames Ändern und Nacharbeiten. Fangen Sie an, **bewusst** mit dem Programm zu arbeiten und vorhandene Möglichkeiten auch auszuschöpfen.

[15] Ist die Entscheidung für die Arbeit mit Personenkonten einmal gefallen, dürfen die Forderungs- und Verbindlichkeitssammelkonten nicht mehr manuell bebucht werden. D.h. wenn Sie dann Einmalkunden haben, ist es erforderlich, diese Umsätze ebenfalls über einen Debitor (Einmaldebitor) zu buchen. Man kann aber durchaus Umsätze mehrerer Einmalkunden auf einer Kundennummer zusammenfassen. Das gilt für die natürlich für die Lieferanten analog.

[16] Den Autor erreichen Sie per Mail an jm@newearthpublishing.de .

Der Kundenstamm

Unter **Finanzbuchhaltung → Stammdaten → Kunden → Kundenstamm** können wir unsere Kunden anlegen.

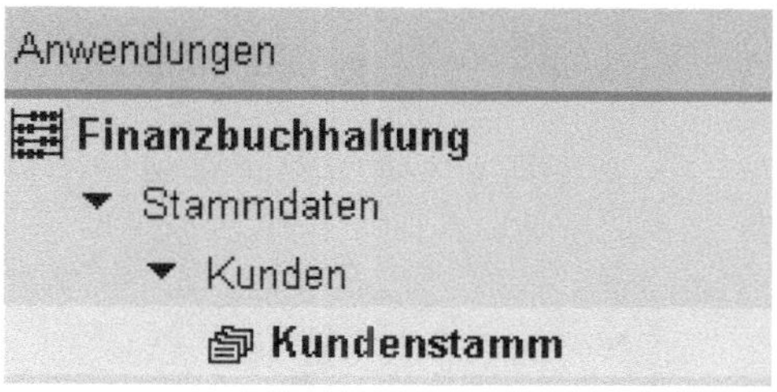

KUNDENSTAMM. Hier rufen Sie den Kundenstamm auf. Alternativ können Sie sich den Programmaufruf auch als Favoriten anlegen. Wie das geht, erfahren Sie im Kapitel Tipps und Tricks am Ende dieses Buches.

Ich fange in Anlehnung an die DATEV mit der Kundennummer **10000** an und zähle chronologisch weiter.[17] Bei der Eingabe der Kundendaten werden an manchen Stellen Abfragen aufgehen, z.B. für Tour oder Vertreter. Am Besten ist es, gleich beim Ersten Mal eine Eingabe zu machen, weil Sie sonst nicht weiterkommen, bzw. diese Abfrage jedes Mal wieder aufgeht und Sie damit wertvolle Zeit verlieren. Wenn Sie diese Felder später aktiv nutzen, können Sie die hinterlegten Werte jederzeit individuell einzeln oder Blockweise mit Hilfe einer Schnelländerung ändern.

Wichtig

Die Kundennummer ist ein Schlüsselfeld und kann in der Sage New Classic nachträglich nicht mehr geändert werden; d.h. Sie sollten vor dem Beginn der Erfassung klären, nach welchem System die Nummern vergeben werden. Außerdem gilt es zu beachten, dass eine einmal vergebene Kundennummer frühestens nach einem Jahr Pause wieder für einen neuen Kunden verwendet werden darf[18]. Auch im Kundenstamm gilt: eine Kundennummer, eine Währung, d.h. wenn Sie Kunden abwechselnd in EUR und USD berechnen, dann müssen Sie 2 Kundennummern vergeben.

Einmal mit einer Kundennummer angefangen, kann im Feld Kundennummer mit **F10** die nächste freie Kundennummer vergeben werden (als Basis wird dann die höchste bereits vorhandene Kundennummer verwendet). Sind bereits Kunden mit höheren Kundennummern vorhanden, können Sie im Feld Kundennummer eine 1 eingeben und dann F10 drücken für die nächste freie Nummer. Bei der Erstanlage eines Kunden geht das System automatisch einmalig durch alle Felder durch, so dass Sie keine für die Buchhaltung wichtige Eingabe übersehen können.

[17] Die bei DATEV früher mal verwendete Systematik, immer bestimmte Nummernkreise für bestimmte Buchstaben zu reservieren, ist heute nicht mehr erforderlich. Sie stammt noch aus einer Zeit, als es nicht möglich war, die Listen in alphabetischer Reihenfolge auszugeben. Auf Grund der knappen Ressourcen für den Festplattenspeicher gab es nur einen Index nach Nummer und keinen nach Namen. In der heutigen Zeit ist der Festplattenspeicher so günstig, dass die meisten Programme verschiedene Indices anbieten, nach Name, Nummer, PLZ, Ort, Telefon und mehr. So können wir heute alle Listen wahlweise alphabetisch oder nach Nummer sortieren. Da ist es einfacher, die Nummern fortlaufend zu vergeben ohne dabei auf die Anfangsbuchstaben Rücksicht zu nehmen.

[18] In manchen Firmen gibt es die Unsitte, bestehende Kundennummern einfach mit neuen Kunden zu überschreiben. Das ist aus Gründen der Transparenz und Nachvollziehbarkeit weder sinnvoll, noch zulässig. Bitte in so einem Fall die alte Kundennummer auf inaktiv setzen und eine neue Nummer vergeben.

Die Kundennummer kann nachträglich nicht mehr geändert werden. Wenn Sie eine bestehende Finanzbuchhaltung übernehmen, können Sie vorhandene Kundennummern beibehalten. Sonst fangen Sie mit **10000** an und dann automatisch mit 1 und **F10** die nächste freie Nummer vergeben.

Die Kurzbezeichnung bitte immer prüfen und diesem Fall bitte ändern auf **Cinema Filmtheater – München**.

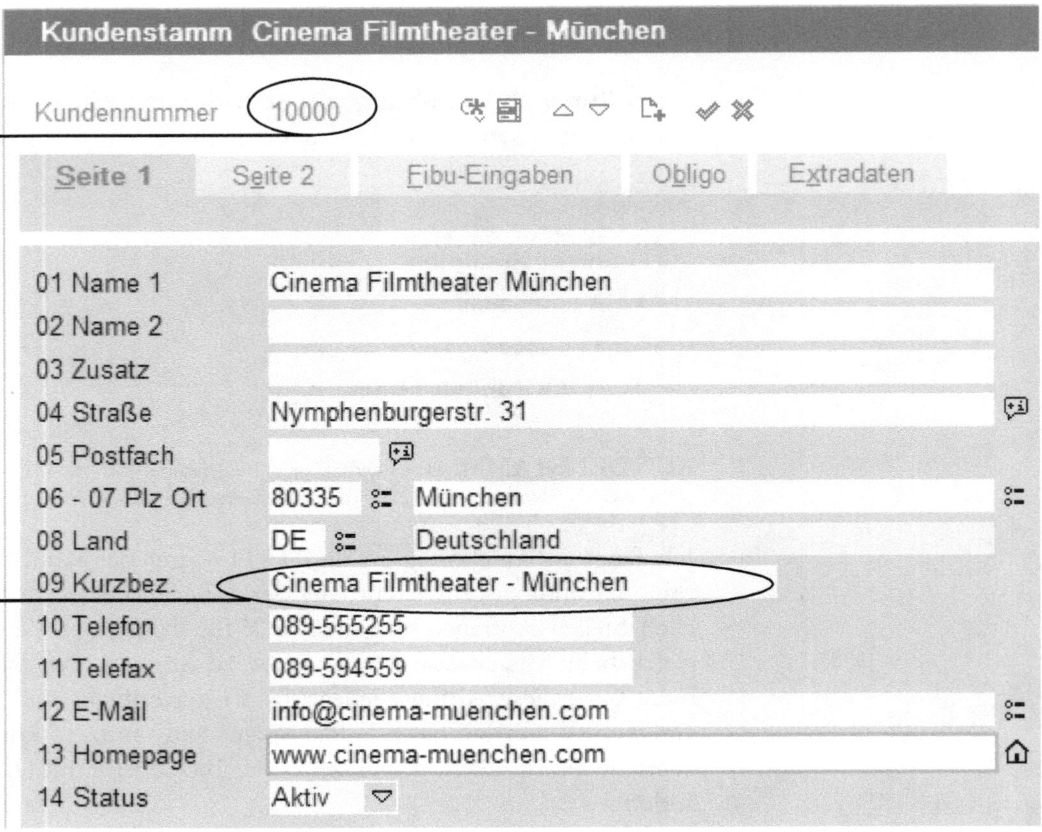

NEUANLAGE EINES KUNDEN. Die erste Kundennummer haben wir manuell vergeben; in Zukunft wird jetzt im Feld Kundennummer mit **F10** immer die nächste Nummer vergeben.

Wichtig

Die vollständige Anschrift des Kunden benötigen wir in der Buchhaltung in erster Linie für unser Mahnwesen. Das **Feld Kurzbezeichnung** wird vom System automatisch vorbelegt mit dem **2. Wort aus Name 1 und dem Ort**. Bitte immer prüfen, ob sich daraus auch ein eindeutiger Suchbegriff bildet. **Diese Kurzbezeichnung ist in der Buchungserfassung die einzige Information zur Kontonummer und deshalb sollte Sie die Identifizierung des Kunden ermöglichen.**

Nach der Eingabe der Telefonnummer wird die Faxnummer automatisch mit der Telefonnummer vorbelegt; bitte entsprechend ändern. Die Telefonnummer wird im System für einen Doublettenabgleich verwendet und dient auch als Suchkriterium; daher ist es sehr wichtig, die Nummer immer im gleichen Format inkl. Vorwahl einzugeben.[19]

[19] Beispielsweise immer 089–3154752; oder immer ++49 89 3154752; .... aber dann immer im selben Format. Vielleicht möchten Sie ja später einmal Ihre Daten auch einem anderen Programm zur Verfügung stellen oder Ihre Mahnungen gleich automatisch per Fax versenden; das ist nur möglich, wenn die Faxnummern ein einheitliches Format besitzen. Bitte verzichten Sie bei der Eingabe der Telefonnummer auf unnötige Leerstellen zwischen den einzelnen Ziffern, da Sie bei längeren Telefonnummern sonst Probleme mit der zur Verfügung stehenden Größe des Eingabefeldes bekommen.

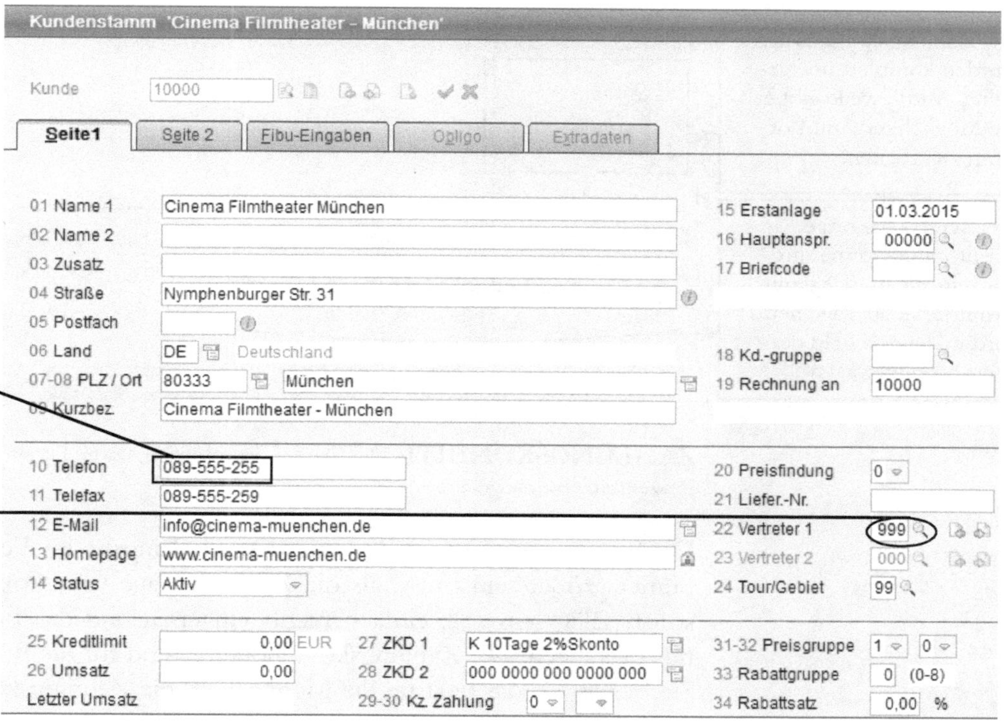

Hier die korrigierte Faxnummer.

Sie können auch für die Arbeit mit der Buchhaltung einen Vertreter im Kundenstamm anlegen und die Provisionen beim Zahlungseingang in der Buchungserfassung eingeben.

KUNDENSTAMM SEITE 1. Die Erfassung bitte bei Mehrplatzinstallationen mit Hilfe einer Checkliste oder Arbeitsanweisung dokumentieren, damit Sie einheitlich erfolgt.

Die **Felder 15 – 26** sind in erster Linie für die Auftragsbearbeitung von Interesse und können einfach bestätigt werden. Die **Felder 16 und 17**, Hauptansprechpartner und Briefcode, können erst ganz am Ende gepflegt werden, wenn Sie für den Kunden auch einen Ansprechpartner erfasst haben. Bei der Anlage des ersten Kunden sind für die **Felder 22** (Vertreter 1) und **24** (Tour) die Werte 999 bzw. 99 vorbelegt.

Jetzt mögen Sie denken: "Aber das Kreditlimit....", ja auch das. Die Rechnungen werden ja in der Auftragsbearbeitung geschrieben, wo auch die Lieferung veranlasst wird. Das Kreditlimit ist also nur von Interesse, bevor die Ware geliefert wird. Obwohl die Pflege des Kreditlimits in der Regel in der Buchhaltung angesiedelt ist, ist dieses Feld für eine reine Finanzbuchhaltung nicht von Bedeutung und kann bei Bedarf zu einem späteren Zeitpunkt nachgepflegt werden.

Nachträgliche Änderungen

Sie können diese Eingaben später jederzeit ändern, wenn Sie eine Provisionsabrechnung oder eine Tourenplanung einführen wollen.

Interessant wird es für die Buchhaltung bei den Zahlungskonditionen. Sie geben an, wann eine Rechnung zur Zahlung fällig wird und ob sich der Kunde bei der Zahlung seiner Rechnung Skonto abziehen darf. Hierbei handelt es sich um einen reinen Vorschlagswert, der sowohl in der Faktura, als auch in der Buchhaltung von Rechnung zu Rechnung verändert werden kann. Neu an dieser Stelle seit der Version 2008: Sie können nur mit **F2** wählen, wenn bereits Zahlungskonditionen hinterlegt sind. Sonst wählen Sie **F9 – Details**, um eine neue Zahlungskondition anzulegen.

Die Zahlungskonditionen wurden komplett überarbeitet. Mittlerweile gibt es die Möglichkeit, mit Formeln zu arbeiten.

Der Wert Tage ohne Skonto muss immer größer sein, als die Tage mit Skonto. Bei 30 Tage netto wird im letzten Feld der Wert 30 eingetragen.

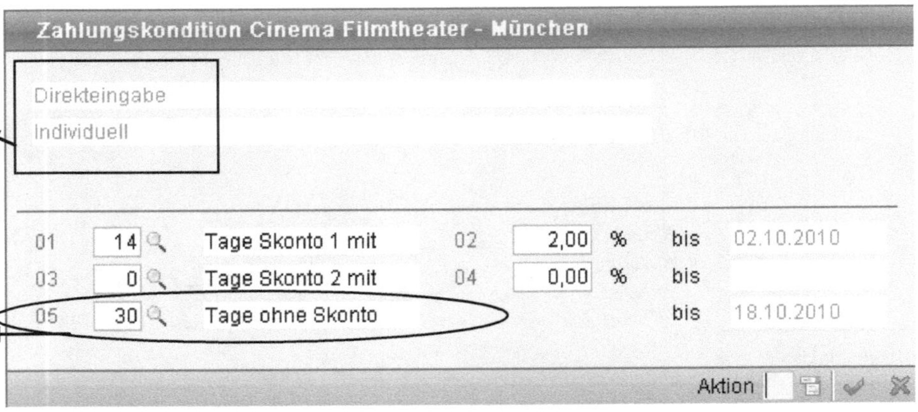

ZAHLUNGSKONDITIONEN Es ist möglich, zwei Skontofristen mit unterschiedlichen Prozentsätzen einzugeben.[20]

Die Skontierung ist so aufgebaut, dass die Eingabe im **Feld 5**, Tage ohne Skonto, immer größer sein muss, als die Zahl der Tage mit Skonto. Wenn die Rechnung sofort fällig sein soll, einfach nichts eingeben und das Feld Zahlungskonditionen nur bestätigen. Die Zahlungskonditionen 2 sind für die Buchhaltung nicht relevant. Sie bieten für die Faktura die Möglichkeit, die Zahlungskonditionen mit einzelnen Artikeln zu verknüpfen, so dass beispielsweise auf Handelsware 2% Skonto gewährt werden, bei Dienstleistung aber nicht.

Skonti in der Buchhaltung

Skonti sind ein Nachlass auf die Rechnung, der gewährt wird für pünktliche Bezahlung. Skonti sind grundsätzlich immer erst bei Bezahlung der Rechnung zu buchen.

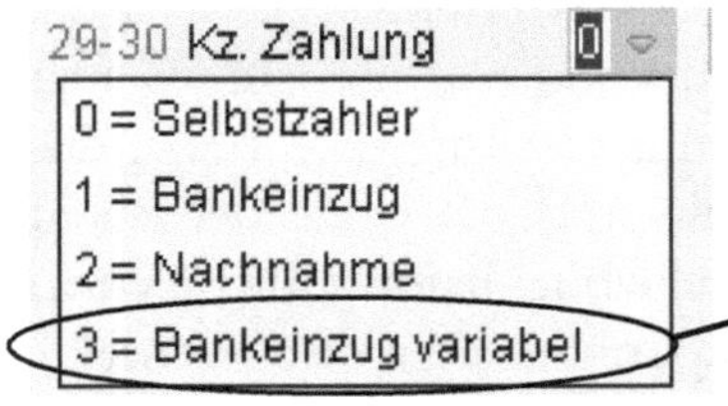

Bei Bankeinzug variabel kann der Kunde wahlweise als Selbstzahler oder mit Bankeinzug behandelt werden.

KENNZEICHEN ZAHLUNG. Hier legen Sie fest, welche Zahlungsart mit dem Kunden vereinbart ist. Wenn Sie Bankeinzug auswählen, kommt später automatisch noch ein Fenster für die Erfassung der Bankverbindung.

Um die Anlage unseres ersten Kunden möglichst einfach zu gestalten, gehen wir davon aus, unser Kunde bezahlt nach Erhalt der Rechnung, d.h. wir wählen hier **0 = Selbstzahler**. Die **Felder 31 – 34** können Sie einfach bestätigen und schon landen Sie auf der Seite 2.

[20] Eine zweite Zahlungskondition im Kundenstamm zu hinterlegen ist nur für die Auftragsbearbeitung interessant; auf diese Weise können Sie später die Zahlungskonditionen in Abhängigkeit der gekauften Artikel ansteuern. Für die Finanzbuchhaltung handelt es sich bei den Zahlungskonditionen um einen Vorschlagswert, der in der Buchungserfassung jederzeit geändert werden kann. Die neuen Möglichkeiten der Arbeit mit Formeln in den Zahlungskonditionen werden wir in unseren Schulungshandbüchern zur Auftragsbearbeitung und zum Bestellwesen ausführlich erklären.

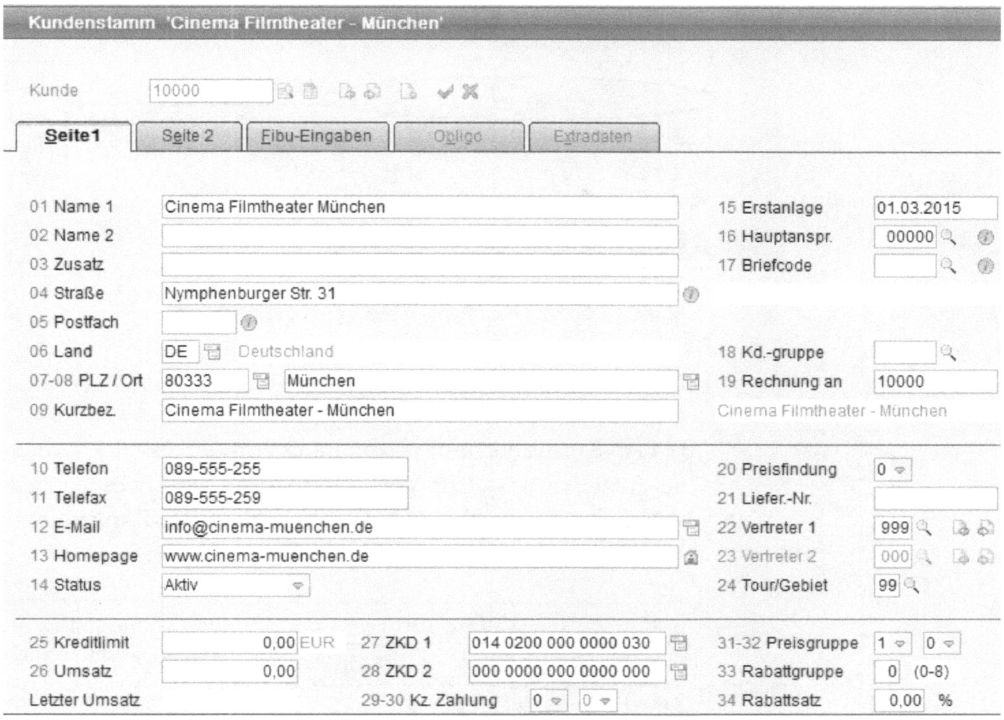

KUNDENSTAMM SEITE 1. So sieht die komplette Seite 1 unseres Kunden Cinema aus.

Auf Seite 2 interessieren für die Buchhaltung insbesondere folgende Felder:

02 Währung: Hier kann eine Fremdwährung eingetragen werden; wichtig zu wissen ist, dass die Währung nicht mehr geändert werden kann, sobald Sie die erste Buchung für diesen Kunden erfasst haben. Ein Kunde, eine Währung;[21] Mischkonten sind nicht möglich, d.h. wenn ein Kunde abwechselnd Rechnungen in EUR oder USD bekommt, ist es erforderlich, eine zweite Kundennummer zu vergeben. In diesem Fall sollte die Währung in der Kurzbezeichnung eingetragen werden, um in der Buchungserfassung eine Unterscheidung der Konten zu ermöglichen.

06 Umsatzsteuerschlüssel: Die Wahl des Steuerschlüssels hängt vom Kunden ab. Der gewählte Steuersatz beim Kunden entscheidet bei der Faktura darüber, ob mit oder ohne Mehrwertsteuer fakturiert wird und auf welches Erlöskonto in der Finanzbuchhaltung die Umsätze gebucht werden.[22] Einen Hinweis auf die Steuergebiete, Ihre Anlage und Anwendung finden Sie in der Hilfe über **F1**.

---

[21] Die Eingabe einer Alternativwährung (z.B. DEM) ist heute nicht mehr erforderlich, es sei denn, Sie wollen noch in der Zeit vor der Euroumstellung buchen.

[22] Wichtig ist bei der Arbeit mit Kunden im EU-Ausland, dass hier die Steuerschlüssel 2 und 3 verwendet werden, steuerpflichtig EU mit oder ohne Ust.-Id. Wird jetzt beim Kunden keine gültige Umsatzsteuer Identnummer hinterlegt, rechnet das System automatisch mit 19% Steuer. Das ist korrekt so, denn wenn Ihnen die Steuernummer des Kunden nicht bekannt ist und Sie fakturieren ohne Steuer, dann haftet Ihr Betrieb im Falle einer Steuerprüfung für die nicht abgeführte USt.

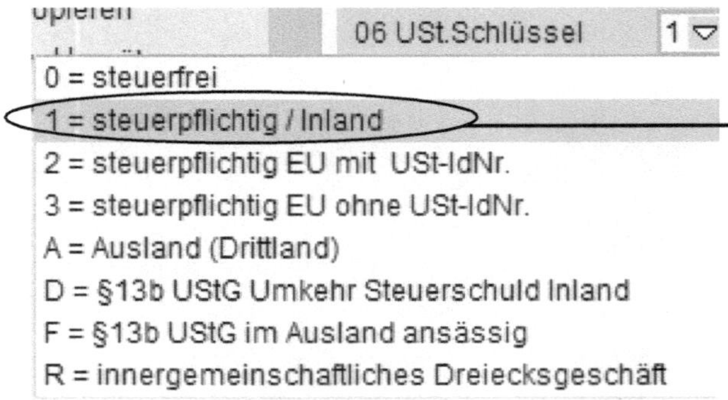

In unserem Beispiel handelt es sich um einen steuerpflichtigen Inländer.

STEUERSCHLÜSSEL[23]**.** Legt fest, mit welcher Steuer dieser Kunde fakturiert wird.

07 OP-Kennzeichen: unabhängig von der Art der Zahlung treffen Sie hier generell die Auswahl 1 = OP-Verwaltung und Mahnwesen, auch wenn Bankeinzug oder Nachnahme vereinbart ist. Geht nämlich der Bankeinzug zurück, ist es hilfreich, in der OP-Liste auch einen offenen Posten zu finden.

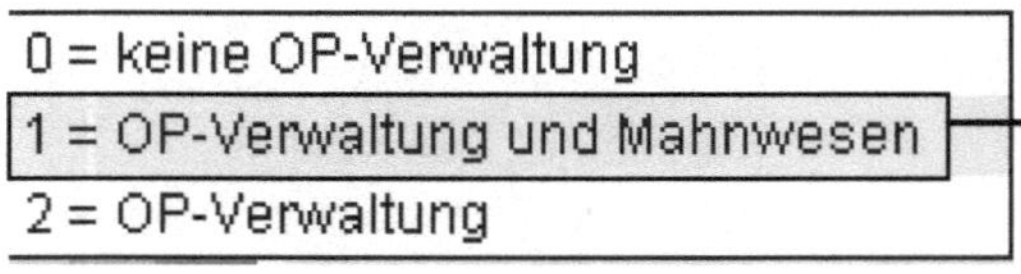

Sie sollten die OP-Verwaltung grundsätzlich aktivieren, inkl. Mahnwesen.

OP-VERWALTUNG. Ohne OP-Verwaltung werden für diesen Kunden keine offenen Posten mitgeführt, d.h. eine Abstimmung des Kontensaldos mit den offenen Posten ist nicht möglich und dieser Kunde nimmt nicht am automatischen Mahnwesen teil.

Alle weiteren Felder auf der Seite 2 im Kundenstamm können Sie bis zum Ende bestätigen. Für den Ansprechpartner werden die Daten des Hauptansprechpartners angezeigt, sobald dieser angelegt und entsprechend auf der Seite 1 im Kundenstamm als Hauptansprechpartner zugeordnet worden ist. Dazu kommen wir noch, sobald alle anderen Daten im Kundenstamm erfasst sind.

Hier die Seite 2 mit allen Feldern im Überblick:

[23] Seit dem 01.01.2004 gibt es in Deutschland zusätzlich für die Besteuerung sogenannte Steuergebiete. Dafür haben wir am Ende dieses Schulungshandbuches ein eigenes Kapitel vorgesehen, um an dieser Stelle den roten Faden nicht zu verlieren.

Sie können pro Kunde nur eine Währung zuordnen, d.h. wenn Sie einen Kunden in unterschiedlichen Währungen fakturieren wollen, müssen für jede zusätzliche Währung eine neue Kundennummer vergeben.

Hier tragen Sie ein, ob der Kunde steuerpflichtig ist, oder nicht.

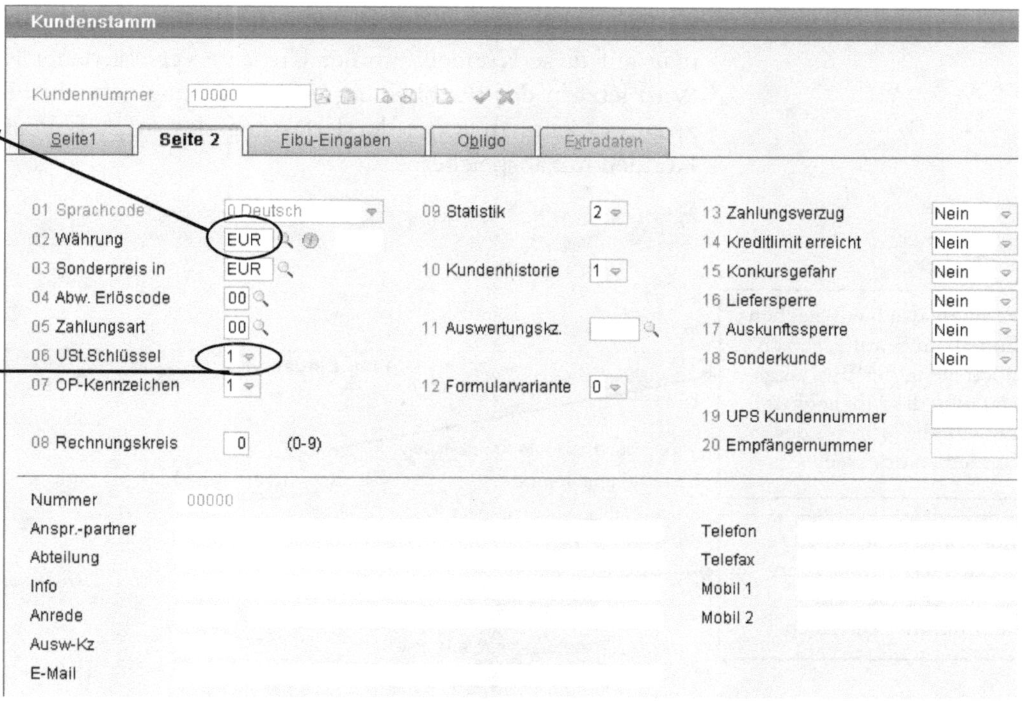

KUNDENSTAMM SEITE 2. Auf der 2. Seite sind in erster Linie die Felder Währung, USt.-Schlüssel und OP-Kennzeichen für die Finanzbuchhaltung von Bedeutung.

Im Anschluss kommt noch eine Maske mit für die Finanzbuchhaltung wichtigen Feldern, die wir kurz erläutern wollen:

01 Sammelkonto-Kennzeichen: In der Buchhaltung werden die einzelnen Kunden auf sog. Forderungssammelkonten (z.B. S14000) zusammengefasst. Man unterscheidet hier in der Regel "Inland", "EU" und Drittland. Wird jetzt für einen Kunden eine Rechnung gebucht (Debitor an Erlöse) dann wird im Hintergrund automatisch das zugeordnete Sammelkonto mit gebucht. In unserem Fall das Konto S14000, Forderungen aus Lieferungen und Leistungen gegenüber Inländern.

Bei der Erstanlage eines Kunden geht das Programm automatisch weiter in die Fibu-Eingaben.

Für die Buchhaltung wird der Bereich der Forderungen aufgeteilt, nach Inland, EU, sonstiges Ausland, da diese Forderungen in der Bilanz unterschiedlich bewertet werden.

SAMMELKONTO. Auf dem Sammelkonto werden die Forderungen an die Kunden zusammengefasst.

02 Einmal-Kunde: Wird der Kunde als Einmal-Kunde gekennzeichnet, so kann man auf diese Kundennummer Umsätze verschiedener Kunden zusammenfassen. Wird jetzt in der Buchhaltung eine Rechnung gebucht und ein offener Posten erzeugt, so kann man bei der Erfassung des offenen Postens die Adressdaten des Kunden mit abspeichern.

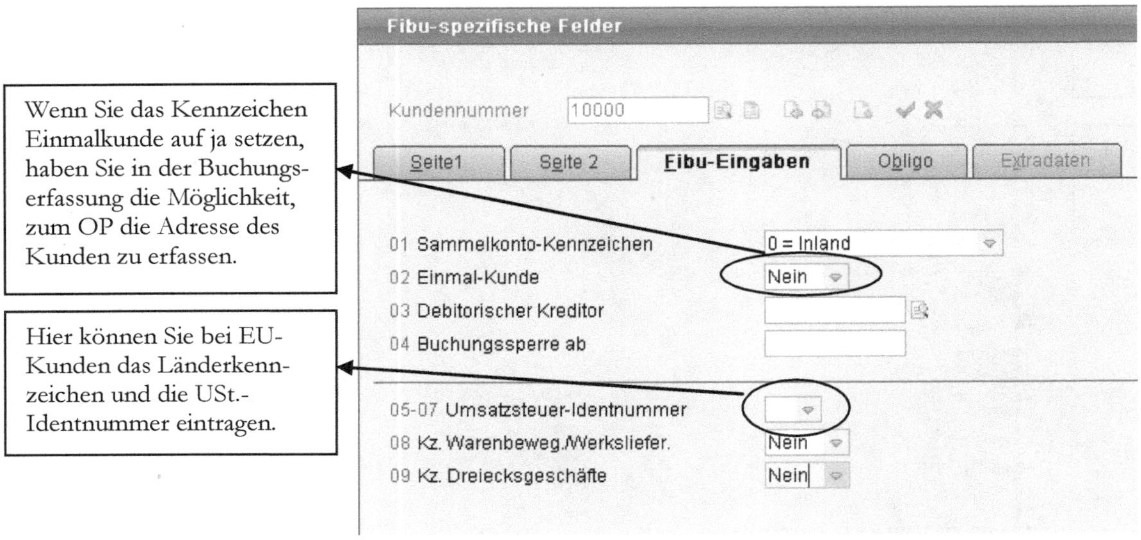

FIBU-EINGABEN IM ÜBERBLICK

03 Debitorischer Kreditor: oft gibt es die Situation, dass einer unserer Kunden gleichzeitig auch Lieferant für uns ist. Durch die Zuordnung der entsprechenden Kreditorennummer in diesem Feld, erfolgt eine Verknüpfung im System. Jetzt ist es bei Mahnungen möglich, offene Verbindlichkeiten beim dazugehörigen Lieferanten mit anzuzeigen. Umgekehrt sieht man beim Zahlungslauf der Lieferanten, wenn auf dem dazugehörigen Debitor noch Rechnungen offen sind. Auf diese Weise wird man auf Verrechnungsmöglichkeiten hingewiesen.[24]

04 Buchungssperre: Hier handelt es sich um eine Erweiterung, die wir der neuen Abgabenordnung verdanken. Ein einmal bebuchter Debitor darf die nächsten 10 Jahre nicht gelöscht werden. Damit er trotzdem nicht bebucht werden kann, haben Sie die Möglichkeit, ab einem bestimmten Datum eine Buchungssperre zu hinterlegen. Jetzt ist eine Buchung auf diesem Konto nicht mehr möglich.

05-07 Umsatzsteuer-Identnummer: Hier ist die Ust.Id. des Kunden einzutragen, sofern es sich um einen EU-Kunden handelt. Wenn diese nicht bekannt ist, bitte zumindest die Länderkennung eintragen, damit die Zusammenfassende Meldung korrekt erfolgt. Denken Sie daran, dass Sie nur ohne Mehrwertsteuer buchen / fakturieren dürfen, wenn die Ust.Id. bekannt ist, ansonsten ist der Kunde steuerlich wie ein Inländer zu behandeln und mit 19% MwSt. zu buchen.

Jetzt noch + und **ENTER** und wir sind wieder im Kundenstamm; hier auch noch einmal + und **ENTER** und unser erster Kunde ist gespeichert.

[24] Eine automatische Verrechnung zwischen Debitoren und Kreditoren ist derzeit nicht möglich, d.h. Sie müssen entsprechende Umbuchungen manuell über ein Zwischenkonto vornehmen. Nicht vergessen: Buchungsbeleg für die Umbuchung schreiben.

Alternativ können Sie jetzt noch einen Ansprechpartner erfassen und den Briefcode pflegen, damit Sie auch für den Schriftverkehr alle erforderlichen Daten automatisch abgreifen können. Wenn Sie im Feld Aktion **F2** drücken, öffnet sich ein Fenster mit zahlreichen Möglichkeiten. Wählen Sie hier **P** für Ansprechpartner, um einen oder mehrere Ansprechpartner zu erfassen.

Die Ansprechpartner werden ebenfalls mit Nummern gekennzeichnet. Vergeben Sie mit **F10** eine neue Nummer, um die Ansprechpartner von 1 bis ... automatisch zu nummerieren. Wenn Sie auf die Idee kommen, den Ansprechpartner mit derselben Nummer anzulegen, wie den Kunden, dann vergessen Sie das ganz schnell wieder. Spätestens, wenn Sie bei einem Kunden mehr als einen Ansprechpartner haben, ist Ihr System geplatzt.

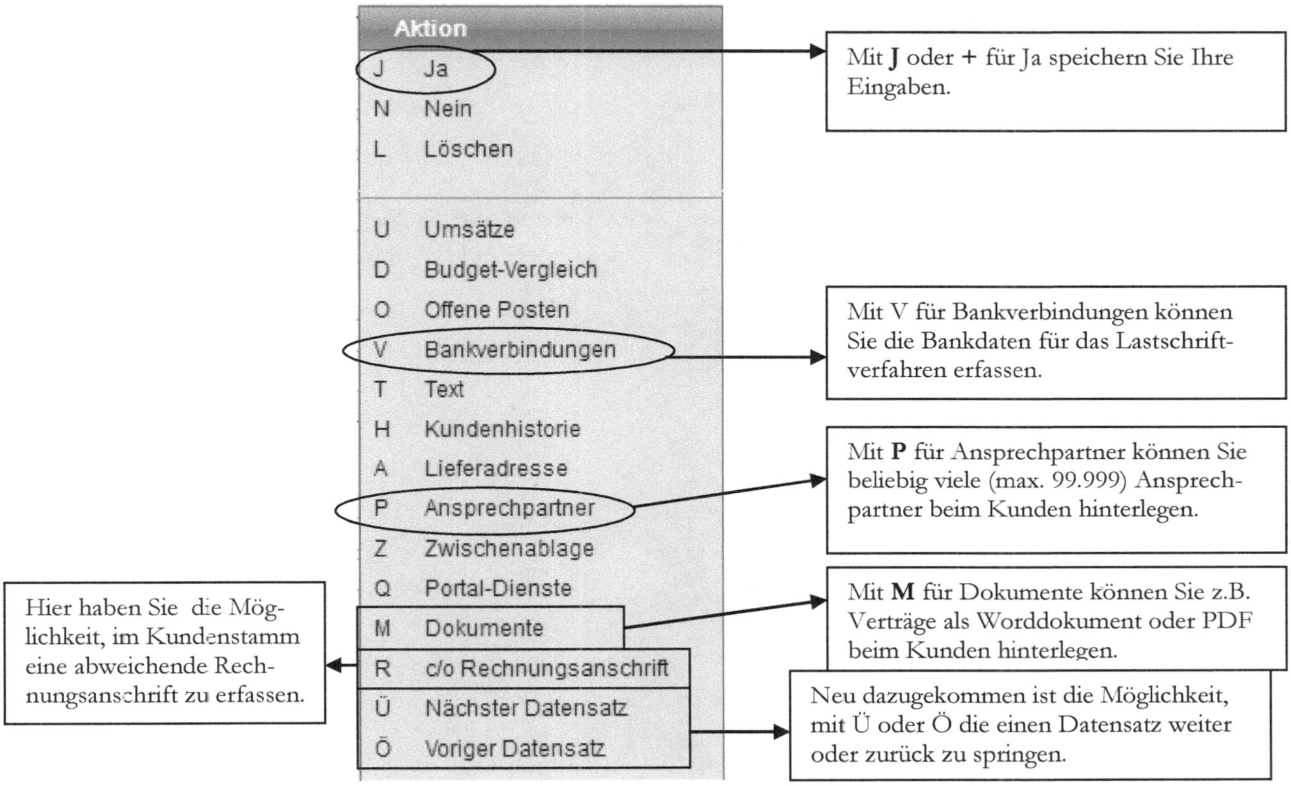

OK-ABFRAGE. Mit **F2** öffnen Sie die Auswahl. Wenn Sie das Programm schon besser kennen, können Sie auch direkt den gewünschten Buchstaben eingeben und bestätigen.

Neben der Anlage der Ansprechpartner, können Sie für den Kunden auch beliebige Textinformationen hinterlegen oder eine Bankverbindung erfassen zum Einzug von Lastschriften, abweichende Lieferadressen anlegen oder Dokumente zuordnen. Aber diese Funktionen sind in erster Linie für die Arbeit mit der Auftragsbearbeitung interessant.

Wählen Sie **P** für Ansprechpartner und vergeben Sie mit **F10** automatisch die nächste freie Nummer. Achten Sie darauf, bei der Erfassung des Ansprechpartners auch die Anrede korrekt zu pflegen, damit Sie die Daten auch für die Textverarbeitung nutzen können. Mit Erfassung einer gültigen E-Mail Adresse schaffen Sie darüber hinaus die Möglichkeit, Dokumente, wie z.B. einen Kontoauszug, automatisch aus der Sage New Classic per Mail an Ihren Kunden zu verschicken.

Die Anrede wird als 4-stelliger Nummerncode eingegeben, mit dessen Hilfe die gewünschten Informationen aus bestehenden Feldern geholt werden. Drücken Sie **F2**, um mit der Auswahl zu beginnen.

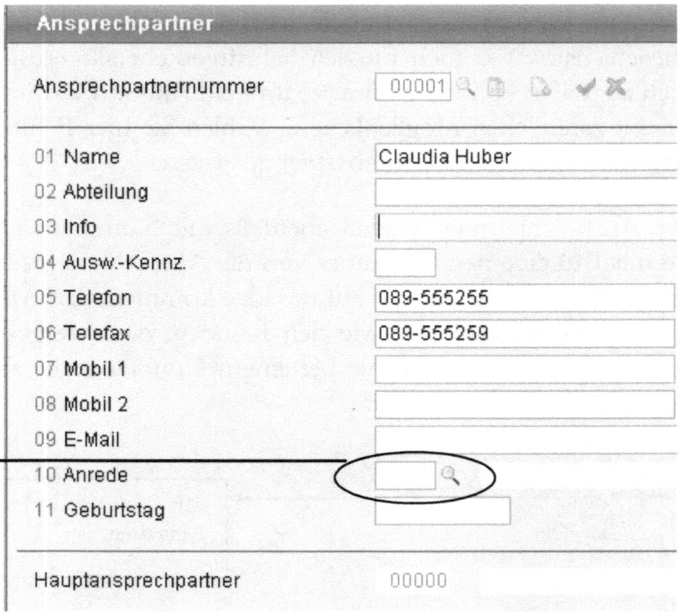

ANSPRECHPARTNER. Geben Sie die Anrede als 4-stelligen Nummerncode ein. Wählen Sie jeweils mit F2 die Auswahl für die nächste Stelle.

Der erste Schritt ist die Auswahl der Anrede mit **F2**. In unserem Beispiel wählen Sie Sehr geehrte Frau. Bei Bedarf können Sie weitere Anredeformeln hinterlegen.

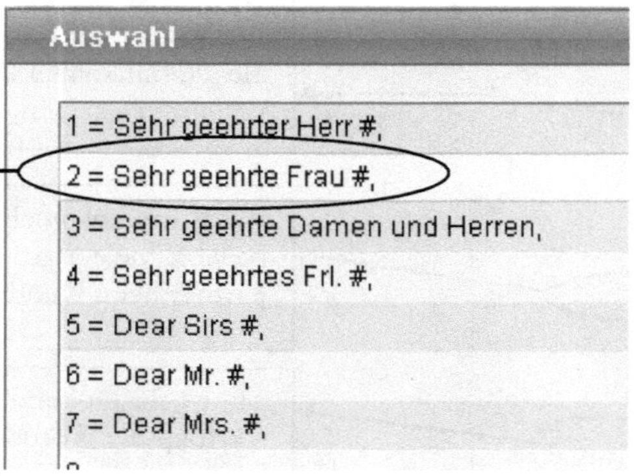

AUSWAHL ANREDE. Wählen Sie zuerst die gewünschte Anrede.

Einfach die gewünschte Anrede[25] bestätigen und es geht automatisch weiter ins nächste Auswahlfenster. Als nächstes legen Sie fest, aus welchem Feld Sie den Namen des Ansprechpartners abgreifen wollen. Bei Firmen wird das in aller Regel der Name des zusätzlichen Ansprechpartners sein, den Sie gerade erfasst haben.

Da noch kein Hauptansprechpartner definiert ist, können Sie an dieser Stelle nur die Auswahl 4 verwenden.

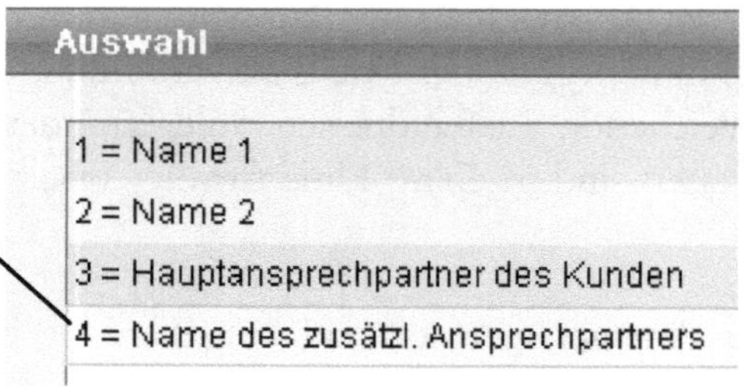

AUSWAHL NAME. Wählen Sie in unserem Fall 4 = Name des zusätzlichen Ansprechpartners.

[25] Bei Bedarf können Sie unter **Dienstprogramme → Textverarbeitung → Stammdaten → Anredeformeln** beliebige weitere Anredeformeln ergänzen.

Zum Schluss können Sie jetzt noch festlegen, welchen Teil des Namens Sie nehmen wollen.

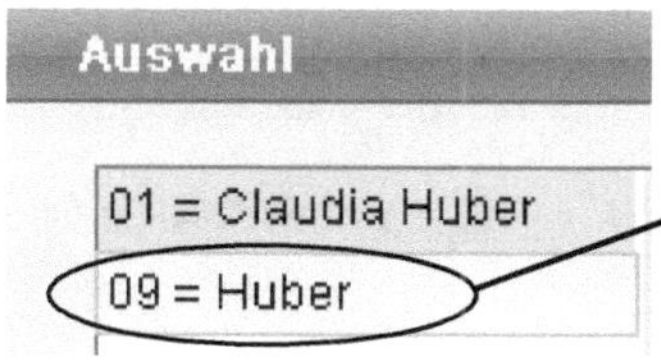

Wählen Sie den Nachnamen aus. Die 09 vor dem Namen sagt dem Programm: Nimm den Inhalt des Feldes Name ab dem 9. Zeichen.

AUSWAHL NAMENSTEIL. Nachdem es sich um die Briefanrede handelt, wählen Sie bitte nur den Nachnamen aus.

Bitte prüfen Sie, ob die Anrede auch Ihren Wünschen entspricht.

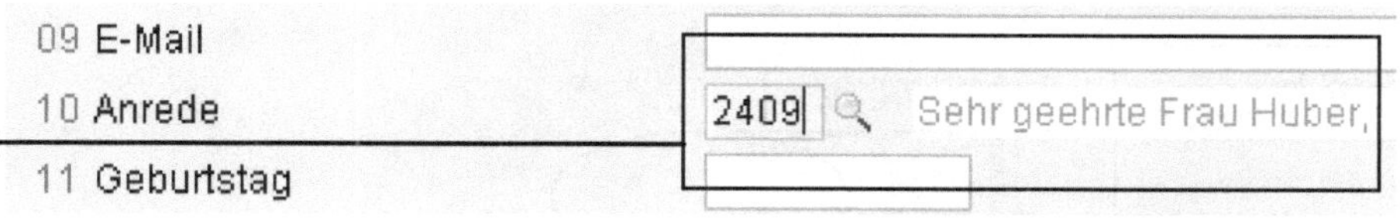

ANREDE. Neben der Anredeformel wird jetzt zur Kontrolle die Anrede im Klartext angezeigt. Bitte überprüfen Sie Ihre Eingabe.

Erst jetzt können Sie auf der Seite 1 im Kundenstamm (mit B für Blättern kommen Sie zurück) die **Felder 16 und 17** ergänzen.

Der Hinweis dient vor allem dazu, dass Sie bei einer Änderung des Hauptansprechpartners auch den Briefcode überprüfen und, falls erforderlich, anpassen.

Ordnen Sie jetzt im Feld 16 den Hauptansprechpartner zu und ergänzen Sie im Feld 17 den Briefcode.

HINWEIS. Überprüfen Sie die Anrede.

In diesem Fall wählen Sie als Namensfeld bitte 3 = Hauptansprechpartner.

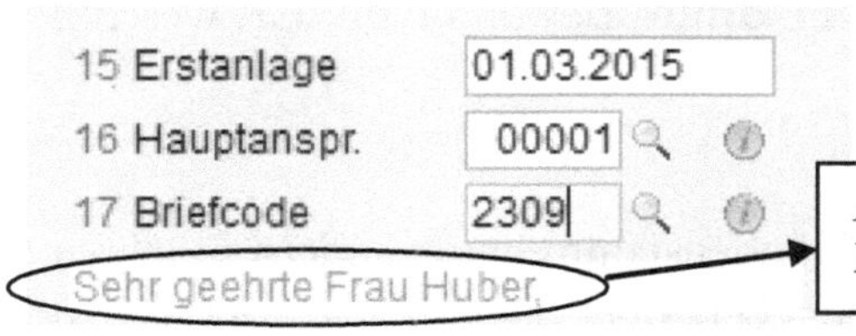

An dieser Stelle wählen Sie das Feld Hauptansprechpartner.

AUSWAHL. Wählen Sie: Hauptansprechpartner.

Wichtig bei der Arbeit mit Ansprechpartnern ist die korrekte Pflege der Briefcodes, die für die gesamte Korrespondenz, einschließlich der Mahnungen, verwendet werden.

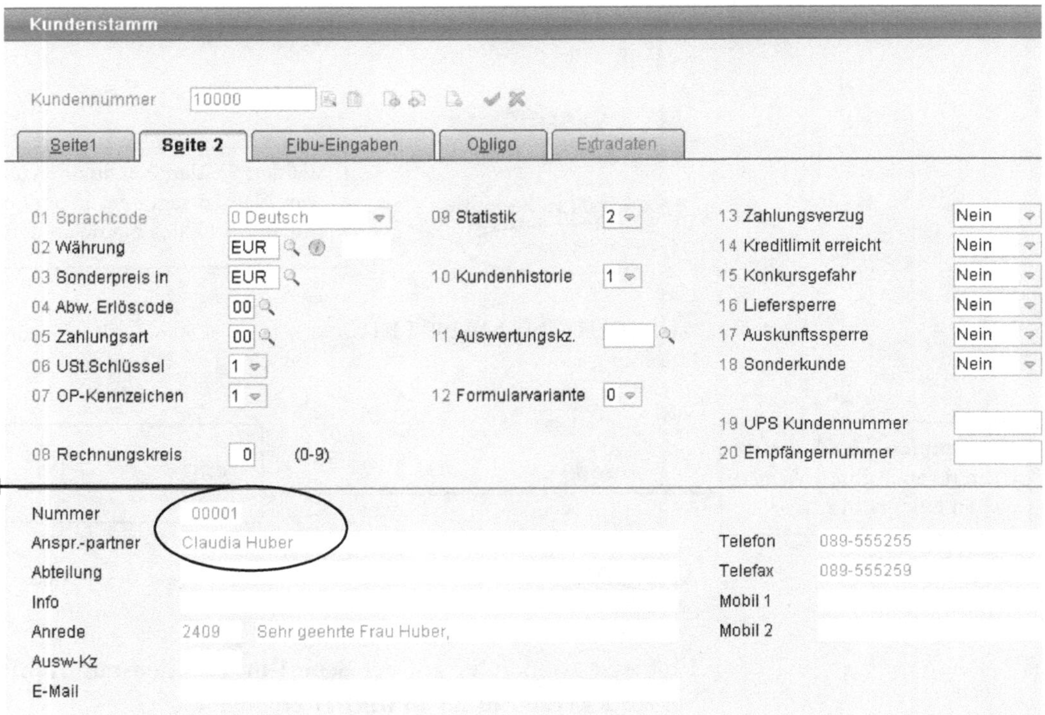

Nur die Daten des Hauptansprechpartners werden hier angezeigt.

KUNDENSTAMM SEITE 2. Mit den Daten des Hauptansprechpartners.

Mit der Erfassung des Ansprechpartners und der Ergänzung von Hauptansprechpartner und Briefcode auf der Seite 1 im Kundenstamm haben Sie Ihren ersten Kunden erfolgreich angelegt.

Arbeiten mit dem Ziffernblock

Sie haben bei den letzten Eingaben bestimmt schon gemerkt, wie einfach und angenehm es ist, mit dem Ziffernblock zu arbeiten. Auch, wenn Sie nachträglich einmal ein Feld ändern möchten, sind Sie mit Eingabe der **Feldnummer** und **ENTER** wesentlich schneller, als mit der Maus.

Wenn Sie jetzt im Kundenstamm etwas ändern möchten, können Sie entweder die Kundennummer eingeben, oder über **F2** nach der Kurzbezeichnung suchen. Wenn Sie im Suchfenster nur die ENTER-Taste drücken, werden alle Kunden angezeigt. Mit **Shift-F2** bekommen Sie eine Auswahl aller möglichen Suchkriterien und können z.B. auch nach der Telefonnummer suchen. Im richtigen Kunden angekommen, entweder die Nummer des Feldes eingeben, das geändert werden soll oder die 2. Seite des Kundenstamms oder eine der weiteren Eingabemasken (Bankverbindung, Ansprechpartner,...) auswählen, um dort eine Änderung vorzunehmen.

Praxistipp

Alternativ können Sie seit der Classic Line 3.4 auch direkt im Feld Kundennummer den die ersten Buchstaben der Kurzbezeichnung eingeben und bestätigen. Wenn es nur einen Treffer gibt, wird sofort der entsprechende Datensatz geöffnet, sonst landen Sie in der Auswahl und bekommen alle Treffer für die eingegebene Buchstabenkombination angezeigt.

☺ Testen Sie Ihr Wissen

Lernzielkontrolle

1) Welche Systematik verwendet die DATEV bei der Vergabe von Kundennummern?
2) Wie baut das System die Kurzbezeichnung im Kundenstamm auf?
3) Warum ist es so wichtig, die Kurzbezeichnung möglichst exakt und eindeutig zu vergeben?
4) Wie viele Währungen kann man im Kundenstamm einem Kunden zuordnen?
5) Wann tragen Sie im Kundenstamm eine Buchungssperre ein?
6) Was verstehen Sie unter einem debitorischen Kreditor?
7) Warum sollten Sie generell bei allen Kunden OP-Verwaltung und Mahnwesen zu führen?
8) Wofür braucht man für die Finanzbuchhaltung die Zuordnung eines Sammelkontos im Kundenstamm?
9) Können Sie, nachdem Sie für einen Kunden bereits Buchungen erfasst haben, die Kundennummer oder die Währung ändern?
10) Warum ist besser, im Kundenstamm mit der Tastatur zu arbeiten?
11) Wie viele Ansprechpartner können Sie bei einem Kunden maximal zuordnen?
12) Was ist der Unterschied zwischen Ansprechpartner und Hauptansprechpartner?
13) Wie können Sie im Kundenstamm direkt eine abweichende Rechnungsanschrift mit c/o erfassen?

Praktische Übungen

Tastaturübungen

1) Legen Sie mit der Kundennummer **10000** folgenden Kunden an:

   Cinema Filmtheater München
   Nymphenburger Straße 31
   80335 München
   Tel.: 089-555255
   Fax: 089-594559
   Mail: info@cinema-muenchen.com
   Internet: www.cinema-muenchen.com
   Zahlungskonditionen: 14 Tage 2%, 30 Tage netto
   Ansprechpartner: Claudia Huber

2) Legen Sie mit der Kundennummer **10001** folgenden Kunden an:
Deutsches Theater
Schwanthaler Str. 13
80336 München
Tel.: 089 -55234-0
Fax: 089 -55234-234
Mail: kasse@deutsches-theater.de
Internet: www.deutsches-theater.de
Zahlungskonditionen: 30 Tage netto
Ansprechpartner: Helga Ott.

3) Legen Sie folgenden Kunden mit der Nummer **10002** an:

Bela Kosmetik GmbH
Birnauerstr. 12
80809 München
Tel.: 089 -35652223
Fax: 089 -35652525
Mail: webmaster@bela-kosmetik.de
Internet: www.bela-kosmetik.de
Ansprechpartner: Catherine Weidenbach
Zahlungskonditionen: 14 Tage 2%, 30 Tage netto

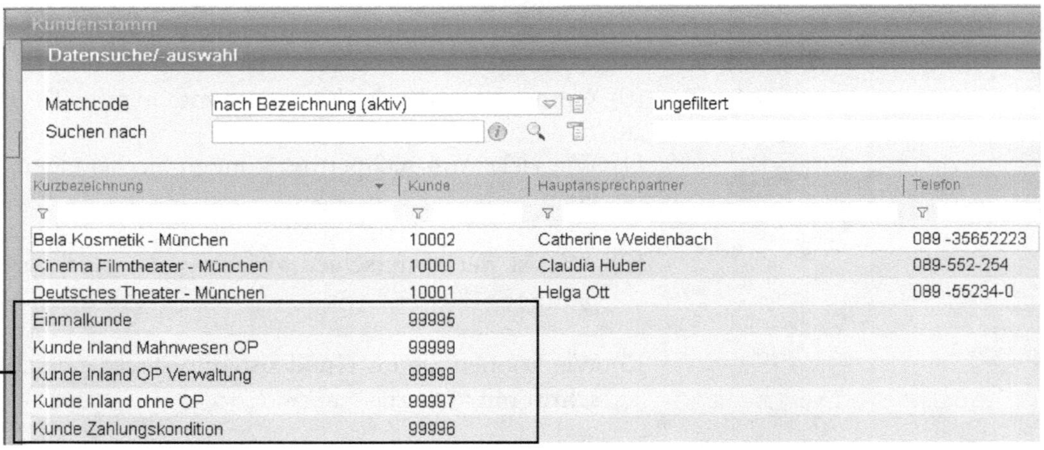

Die Kopiervorlagen im Kundenstamm wurden vom Hersteller angelegt.

KUNDENSTAMM AUSWAHL. Hier die Übersicht mit allen neu erfassten Kunden.

Neben den von Ihnen selbst erfassten Kunden finden Sie im Kundenstamm auch einige vom Hersteller angelegte Kopiervorlagen. Sie können sich auch jederzeit eigene Kopiervorlagen[26] mit für Ihre Firma wichtigen Kennzeichen anlegen oder ganz auf die Arbeit mit Kopiervorlagen verzichten und die vorhandenen Vorlagen löschen. Das Problem mit den Kopiervorlagen liegt darin, dass zum Einen die automatische Nummernvergabe mit F10 für neue Kundennummer nicht mehr funktioniert, zum Anderen, Sie sich mit Kundennummern von 99995 und höher außerhalb der DATEV Norm (Kunden von 10000 – 69999) bewegen, was bei einem späteren DATEV-Export zu Problemen führen kann.

---

[26] Die Arbeit mit Kopiervorlagen im Kundenstamm und in anderen Bereichen der Sage Classic Line werde ich im Kapitel Tipps und Tricks am Ende dieses Schulungshandbuchs noch genauer erklären.

Der Lieferantenstamm

Für den Lieferantenstamm gelten ähnliche Vorgaben, wie für den Kundenstamm. Wenn Sie eine laufende Buchhaltung übernehmen, übernehmen Sie, soweit möglich, bestehende Nummern. In diesem Schulungshandbuch übernehmen wir mit der Buchhaltung vom Steuerberater, DATEV konform, mit der Nummer 70000 für unseren ersten Lieferanten. Auch hier gilt: die Lieferantennummer ist nachträglich nicht mehr änderbar; wenn Sie die Systematik der Nummernkreise ändern und neue Nummern vergeben wollen, dann bitte immer nur zum Jahreswechsel.

Unter **Finanzbuchhaltung → Stammdaten → Lieferanten → Lieferantenstamm** können Sie Ihre erste Lieferantennummer eintragen und den Datensatz anlegen.

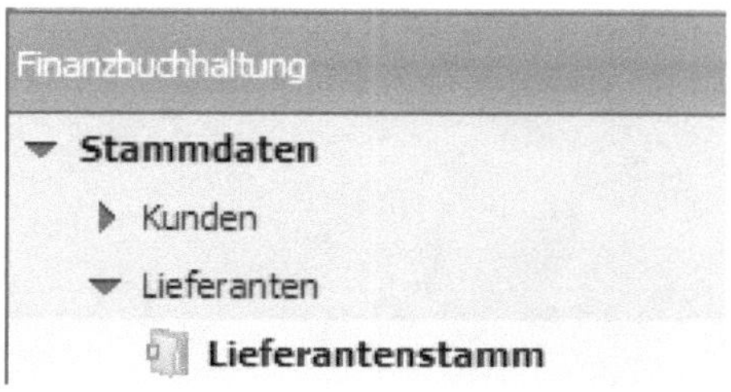

LIEFERANTENSTAMM. Hier legen Sie neue Lieferanten an und ändern bestehende.

Wir beginnen mit der Nummer **70000** und zählen dann mit **F10** chronologisch weiter. Hier kommt als erster wichtiger Punkt die Kurzbezeichnung.

Bei der Anlage des ersten Lieferanten wird die **70000** manuell vorgegeben. Danach geht es mit **F10** automatisch weiter.

In diesem Beispiel ergibt sich automatisch keine sinnvolle Kurzbezeichnung. Bitte ändern auf Conrad Electronic – Hirschau.

KURZBEZEICHUNG IM LIEFERANTENSTAMM. Die automatische Vorbelegung der Kurzbezeichnung führt nicht immer zu brauchbaren Ergebnissen.

In unserem Fall ändern wir die Kurzbezeichnung auf Conrad Electronic - Hirschau, weil wir sonst in der Buchungserfassung und bei der Suche nach Kurzbezeichnung keine optimalen Ergebnisse erzielen. Weiter geht's mit Telefon und Fax. Auch hier ist eine Korrektur erforderlich, denn die Faxnummer wird vom System automatisch mit der Telefonnummer vorbelegt.

Alle anderen Felder bis zu den Zahlungskonditionen können wir einfach bestätigen; Sie sind für die reine Buchhaltung nicht zwingend erforderlich. An dieser Stelle sei noch einmal auf das Handbuch (ist auf der Sage New Classic CD als PDF abgelegt) und auf die Funktionen **F1 = Hilfe** und **F2 = Auswahl** hingewiesen. So ist es Ihnen jederzeit möglich, die Auswahlmöglichkeiten einzelner Felder und ihre Funktion nachzulesen.

Mit **F9** können Sie die Eingabemaske für die Zahlungskonditionen öffnen. Mit **F2** könnten Sie nach bereits angelegten Zahlungskonditionen suchen. Einfach die gewünschten Zahlungskonditionen eingeben und bestätigen. Sobald Sie an einer bereits bestehenden Zahlungskondition eine Änderung vornehmen, erhalten Sie automatisch das individuelle Eingabeformat angezeigt. Nun noch die Zahlungskondition 2 bestätigen (sind nur für das Bestellwesen von Bedeutung) und schon sind wir auf der Seite 2 gelandet.

Bei öffnen der Maske mit **F2** landen Sie immer automatisch in der Auswahl der bereits angelegten Zahlungskonditionen.

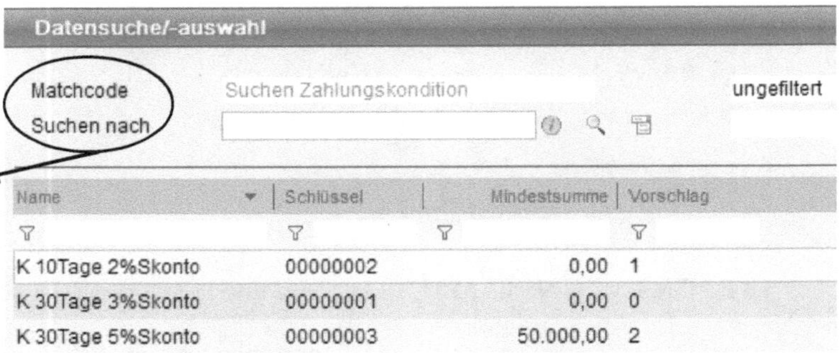

ZAHLUNGSKONDITIONEN. Die Zahlungskonditionen sind wie im Kundenstamm.

Wie im Kundenstamm, können Sie den Hauptanprechpartner erst eintragen, nachdem Sie einen Ansprechpartner angelegt haben.

Wichtig ist die Korrektur der Kurzbezeichnung, damit Sie den Lieferanten auch wieder finden.

Unsere Kundennummer beim Lieferanten ist für den Zahlungsverkehr wichtig.

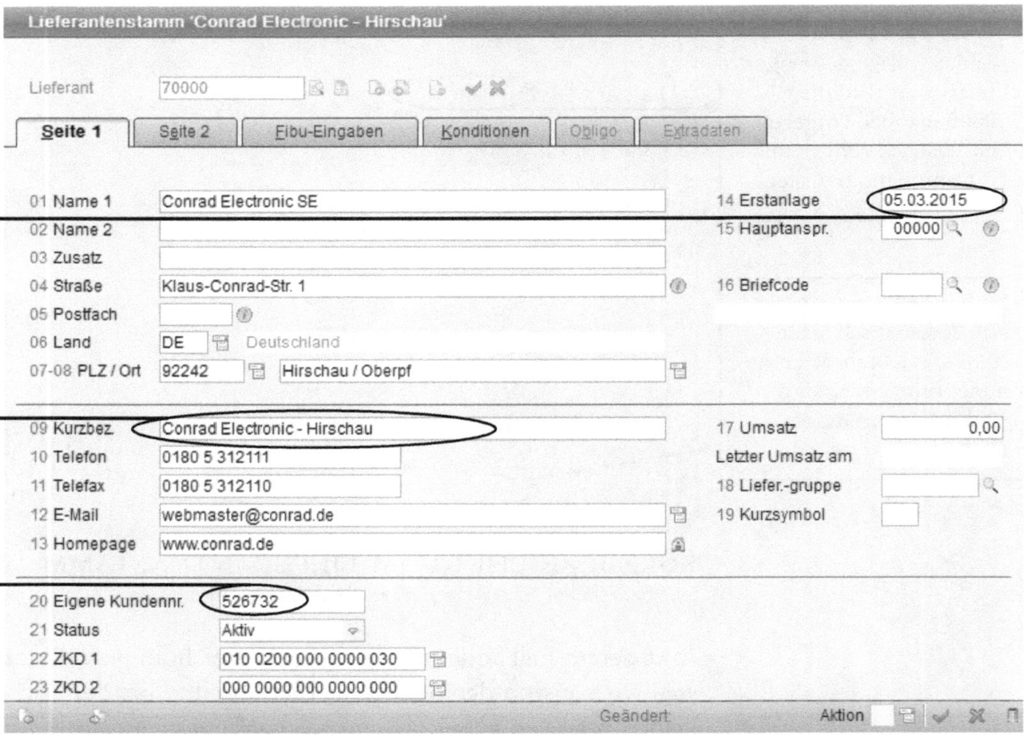

LIEFERANTENSTAMM SEITE 1. Hier die Seite 1 mit unseren Eingaben im Überblick.

Auf der Seite 2 sind für uns noch die Felder 2 – 6 wichtig und deshalb werden wir Sie ausführlich behandeln:

02 Währung: In der Regel EUR, bei abweichenden Währungen bitte im Vorfeld klären, in welchen Intervallen die Kurse gepflegt werden sollen (monatlich oder 1x. im Jahr). Die Eingabe einer Alternativ-Währung ist nur möglich, wenn es sich bei beiden Währungen um EU-Währungen handelt (z.B. EUR/DEM).

04 Kennzeichen Zahlung: Hier sind die häufigsten Varianten Bankeinzug und Zahlungsverkehr. Bankeinzug bedeutet, unser Lieferant bucht die fälligen Rechnungen von unserem Konto ab, wir müssen also aktiv keine Zahlungen leisten. Zahlungsverkehr heißt: wir leisten die Zahlung per Scheck oder Überweisung; der Lieferant wird bei der Erstellung von Zahlungsvorschlägen automatisch berücksichtigt.

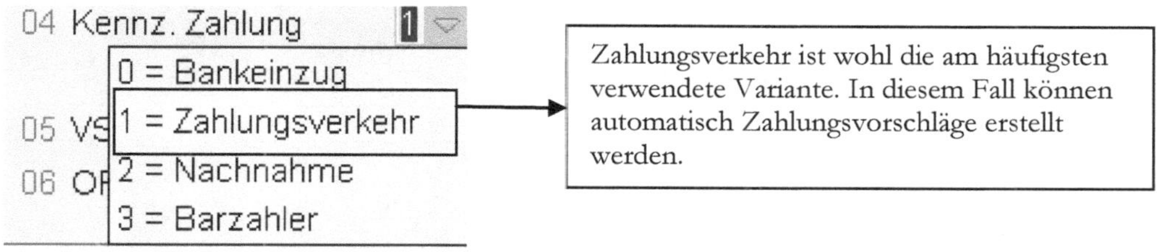

KENNZEICHEN ZAHLUNG. Dieses Kennzeichen steuert die Teilnahme am Zahlungsverkehr, d.h. mit Kennzeichen 1 wird der Lieferant bei der Erstellung von Zahlungsvorschlägen automatisch mit berücksichtigt.

05 Vorsteuer Schlüssel: Hier legen Sie fest, ob der Lieferant in seinen Rechnungen MwSt. ausweist oder nicht. Bitte denken Sie daran, dass es auch im Inland eine Reihe von Lieferanten gibt, die keine MwSt. ausweisen, also hier als steuerfrei zu markieren sind (z.B. Versicherungen, Privatpersonen, Gemeinden,....).

06 OP-Kennzeichen: In der Regel führen Sie grundsätzlich für alle Lieferantenkonten eine OP-Verwaltung mit; zum einen ist es hilfreich für die Planung der eigenen Liquidität, zum anderen haben Sie beim Buchen eine bessere Kontrolle, wenn OPs mitgeführt werden. In der Historie der OPs kann man später noch genau nachvollziehen, wann einzelne Rechnungen mit welcher Zahlung ausgeglichen worden sind.

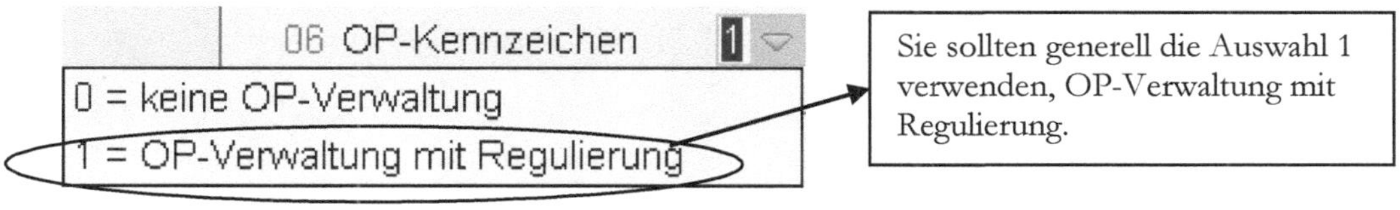

LIEFERANTENSTAMM OP-KENNZEICHEN. Selbst wenn mit dem Lieferanten Bankeinzug vereinbart ist, ist es sinnvoll, eine OP-Verwaltung mitzuführen. Häufig wird die Rechnung nicht sofort abgebucht, sondern es sind Zahlungsziele vereinbart; ohne OP-Verwaltung wird es dann schwierig, eine Liquiditätsplanung zu machen.

Alle weiteren Felder können Sie einfach bestätigen, bis Sie am Ende in das Fenster zur Erfassung der Bankverbindung kommen. Hier gibt es die Auswahl zwischen Bankverbindung Inland und Bankverbindung Ausland[27].

[27] Die geänderten Erfassungsmöglichkeiten für die Bankverbindung gelten genauso für den Kundenstamm, wo Sie die Bankverbindungen ebenfalls benötigen, sofern Sie Bankeinzug vereinbart haben.

Die Erfassungsmaske ist komplett neu. Neben Bankleitzahl und Kontonummer können Sie jetzt auch für jede Bank BIC und IBAN erfassen[28].

Wählen Sie das +, um eine neue Bankverbindung anzulegen.

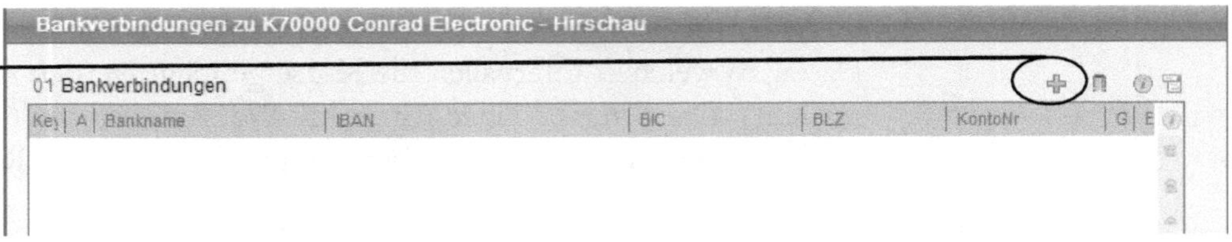

LIEFERANTENSTAMM BANKVERBINDUNG. Die Erfassungsmaske für die Bankverbindungen wurde geändert, da mittlerweile mehr als 3 Bankverbindungen je Lieferant erfasst werden können.

Sobald Sie die IBAN eingeben, werden alle anderen Felder automatisch angezeigt. Die BIC würde ich noch kurz prüfen.

Geben Sie die IBAN ein und bestätigen Sie. Alle anderen Felder werden automatisch gefüllt.

Prüfen Sie, ob die Bank mit den Angaben auf der Lieferantenrechnung übereinstimmt.

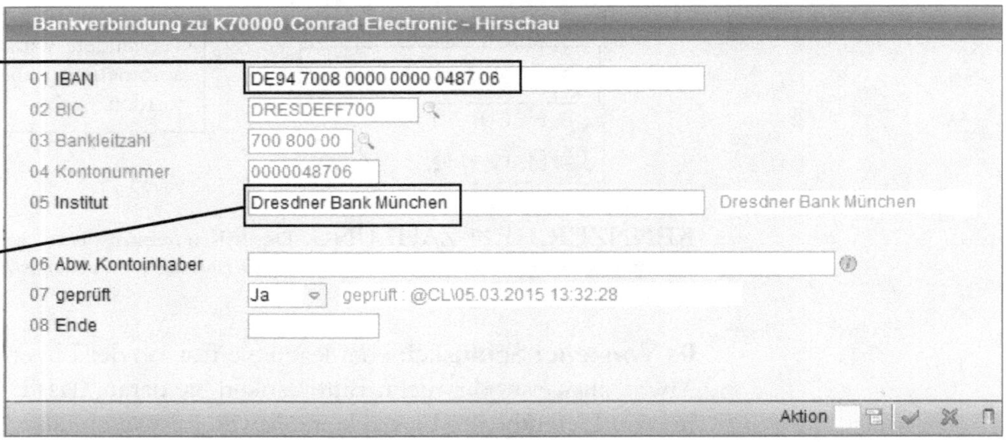

LIEFERANTENSTAMM BANKVERBINDUNG. Bitte grundsätzlich BIC und IBAN erfassen, damit die Teilnahme am automatischen Zahlungsverkehr (SEPA) möglich ist. Wenn Sie den Bankenstamm importiert haben, wird die Bank automatisch aus dem Bankenstamm übernommen.

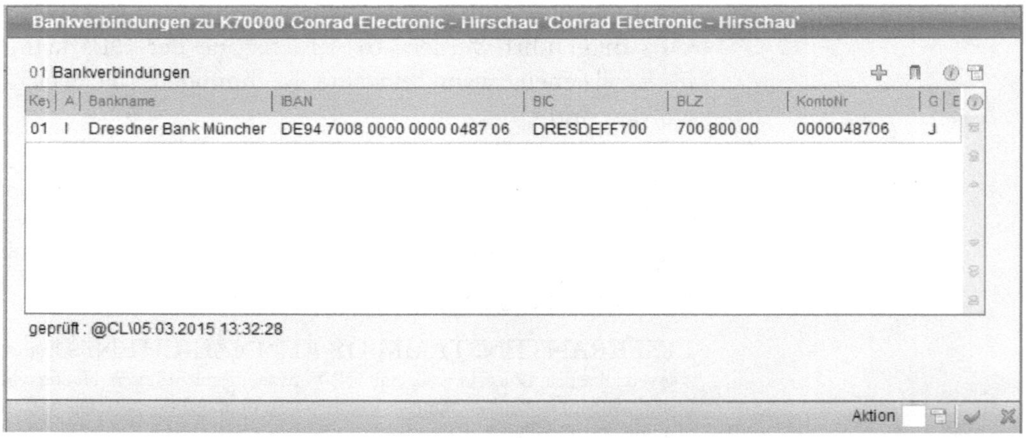

ÜBERSICHT BANKVERBINDUNGEN. Hier werden jetzt alle für diesen Lieferanten erfassten Bankverbindungen angezeigt.

Bestätigen Sie die Meldung mit OK und speichern Sie Ihre Eingaben.

---

[28] **IBAN I**nternational **B**ank **A**ccount **N**umber; weitere Infos dazu unter www.iban.de.
BIC Bank **I**dentifier **C**ode, siehe auch www .zahlungsverkehrsfragen.de/swift.html.

Jetzt bleibt noch die Seite mit den **Fibu-Eingaben**:

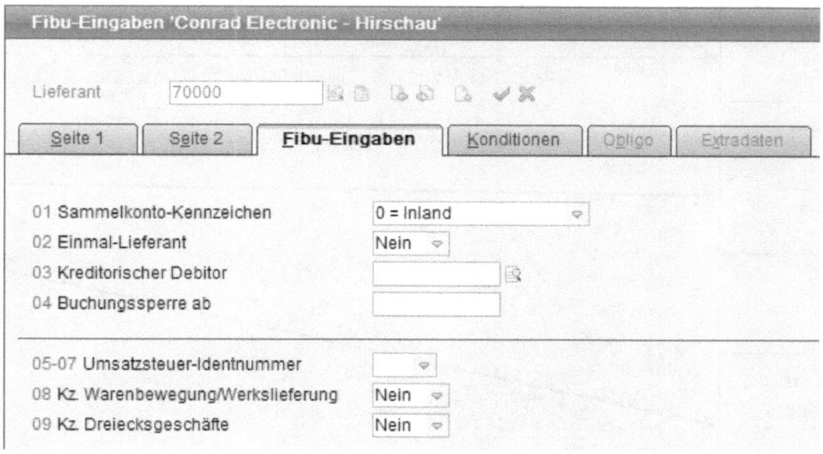

FIBUANGABEN. Erfassen Sie hier zusätzliche Informationen, soweit erforderlich.

01 Sammelkonto: Jeder Lieferant wird für die Bilanz einem Sammelkonto Verbindlichkeiten a. LL. zugeordnet. Dieses Sammelkonto wird im Hintergrund bei jeder Buchung auf dem Kreditor automatisch mit gebucht.

02 Einmallieferant: Hier haben Sie die Möglichkeit, einen Kreditor "Diverse" anzulegen,[29] auf dem verschiedene Einmallieferanten zusammengefasst werden. Durch das Kennzeichen ja wird erreicht, dass in der Buchungserfassung bei der Erfassung des Offenen Postens ein Fenster geöffnet wird, in dem man jetzt die Adressdaten und die Bankverbindung des Lieferanten erfassen kann. Diese Informationen können auch in der OP-Liste mit angedruckt werden.

03 Debitorischer Kreditor: Ist der Lieferant gleichzeitig auch Kunde bei uns, kann hier durch Eingabe seiner Kundennummer eine Verknüpfung der beiden Datensätze erfolgen. (z.Z. nur informativ; eine automatische Verrechnung ist derzeit noch nicht möglich).

04 Buchungssperre: Hier können Sie ein Datum eintragen, ab dem dieses Konto in der Buchhaltung nicht mehr angesprochen werden soll. Auf diese Weise wird verhindert, dass abgeschlossene Konten versehentlich wieder bebucht werden.

05 – 07 Ust.-Id.: Hier ist die Umsatzsteuer Identnummer von Lieferanten aus der EU einzutragen[30].

Wenn Sie alle Eingaben gemacht haben, geben Sie in der OK-Abfrage ein **P** für **Ansprechpartner** ein und erfassen Herrn Klaus Conrad als Ansprechpartner. Die Vorgehensweise ist identisch mit der Anlage im Kundenstamm, so dass wir hier auf eine Wiederholung verzichten und Ihnen nur noch einmal den kompletten Lieferantenstamm zur Übersicht zeigen.

---

[29] Viele kennen diese Einmallieferanten von der DATEV, wo es auch immer schon A-Diverse, B-Diverse,... gibt, um den Lieferantenstamm nicht unnötig aufzublähen. Hier werden Lieferanten mit dem gleichen Anfangsbuchstaben zusammengefasst.

[30] Selbstverständlich können Sie an dieser Stelle auch die USt.-Id. von deutschen Firmen eintragen. Das gilt auch für den Kundenstamm.

Obligo finden Sie die Obligoverwaltung (erweiterte Kreditlimitüberwachung).

Tragen Sie hier die Nummer des Hauptansprechpartners ein.

Nach der Auswahl eines Hauptansprechpartners und der Pflege des Briefcodes sehen Sie auch hier die Anrede im Klartext. Die Anrede kann im Mahnwesen oder zum Briefe schreiben in Word verwendet werden.

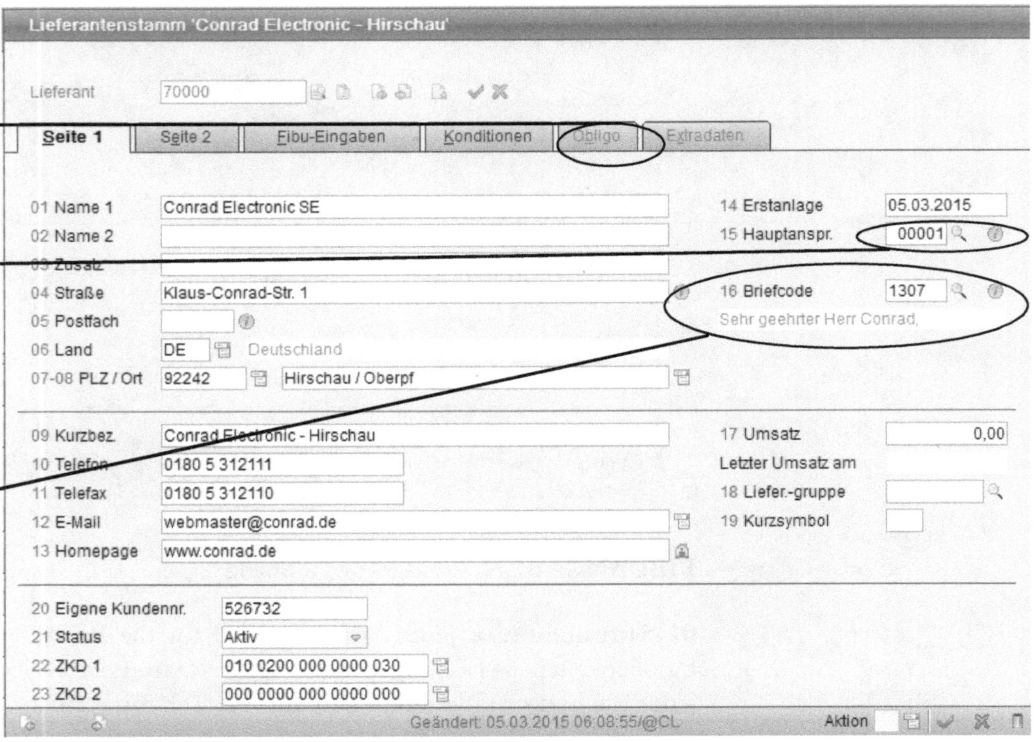

LIEFERANTENSTAMM SEITE 1.

Nach der Auswahl des Hauptansprechpartners sehen Sie auf der Seite 2 im Lieferantenstamm alle Angaben zum Ansprechpartner.

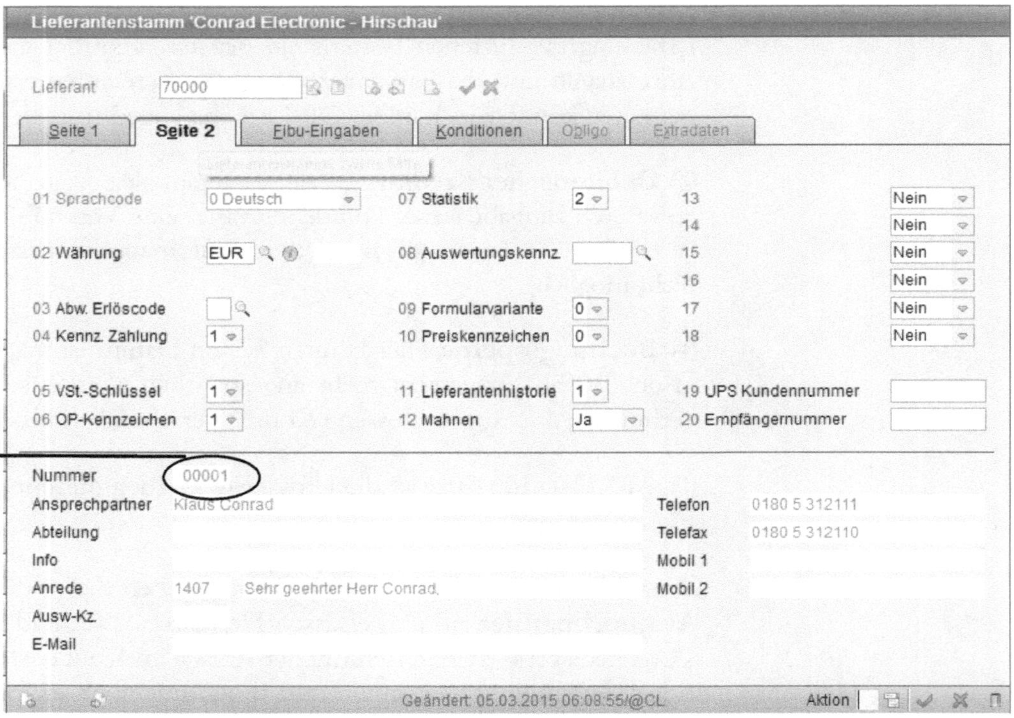

LIEFERANTENSTAMM SEITE 2.

Die Daten des Hauptansprechpartners werden jetzt auf der Seite 2 angezeigt. Eine Änderung der Daten ist an dieser Stelle nicht möglich, deshalb sind die Felder hellgrau dargestellt. Wenn Sie eine Änderung vornehmen wollen, machen Sie das bitte im Datensatz des Ansprechpartners (unter P, wie Ansprechpartner).

Praxistipp

Wenn Sie nachträglich noch Korrekturen vornehmen möchten, können Sie mit Eingabe des im Reiter unterstrichenen Buchstabens in der OK-Abfrage die Seiten auswählen (**S** für Seite 1, **e** für Seite 2, ..) und mit Eingabe der Feldnummer in ein bestimmtes Feld springen oder mit **F2** in der **OK-Abfrage** eine andere Option auswählen.

Lernzielkontrolle

☺ Testen Sie Ihr Wissen

1) Welcher Nummernkreis ist bei der DATEV für die Kreditoren reserviert?

2) Warum nehmen Sie auch Lieferanten mit Bankeinzug in die OP-Verwaltung auf?

3) Was verbirgt sich hinter dem Begriff Einmallieferant?

4) Welche Lieferanten werden ohne Steuer angelegt?

5) Wo wird die USt.-Id. im Lieferantenstamm hinterlegt?

6) Erläutern Sie mit eigenen Worten den Begriff SEPA.

Praktische Übungen

Tastaturübungen

1) Legen Sie folgenden Lieferanten mit der Nummer **70000** an:

Conrad Electronic SE
Klaus-Conrad-Str. 1
92240 Hirschau
Tel.: 0180 5 312111, Fax: 0180 5 312110
eMail: webmaster@conrad.de , Internet: www.conrad.de
Unsere Kundennummer beim Lieferanten: 526732
Zahlungskonditionen: 10 Tage 3%, 30 Tage netto
Bankverbindung: Dresdner Bank München,
BLZ 70080000, **Kto**. 48706
BIC DRESDEFF700
IBAN DE94700800000000048706
Unsere Kundennummer beim Lieferanten: 20020
Ust.-Id Nr.: DE131832937
Ansprechpartner: Klaus Conrad

2) Legen Sie folgenden Lieferanten mit der Nummer **70001** an:

f&s Computer und Software Vertriebs GmbH
Lange Straße 13
15366 Neuenhagen bei Berlin
Telefon: 03342 2122 0, Fax: 03342 2122 19
eMail: info@fs-soft.com , Internet: www.fs-soft.com
Unsere Kundennummer beim Lieferanten: 12000
Zahlungskonditionen: sofort fällig
Alle Rechnungen werden per Bankeinzug eingezogen
Ansprechpartner: Ekkehardt Erler

Stammdatenlisten

Um die erfassten Daten zu kontrollieren, drucken Sie sich eine Liste mit den eingegebenen Datensätzen. Der Aufbau dieser Auswertungen ist in allen Bereichen vergleichbar, deshalb werde ich die Funktionalität am Beispiel der Kundenlisten zeigen. Interessant ist es, wirklich einmal die einzelnen Felder der Auswahlmaske durchzugehen, und vor allem im Bereich der Optionen mit **F2** die Auswahl zu öffnen, um zu sehen, welche Möglichkeiten das Programm an dieser Stelle anbietet. Unter **Finanzbuchhaltung → Stammdaten → Kunden → Kundenliste** finden Sie die Möglichkeit, Kundenlisten in den unterschiedlichsten Variationen zu drucken.

Bei der Selektion haben Sie immer, wie hier bei der Kundennummer, eine untere und eine obere Grenze.

Von PLZ bis PLZ haben Sie die Möglichkeit, die Kunden eines bestimmten Gebietes zu selektieren. Bitte bedenken Sie bei der Auswahl Ihrer Filter, dass die Filter sich addieren, d.h. Sie haben nur noch die Datensätze in Ihrer Liste, die **alle** gewählten Kriterien erfüllen.

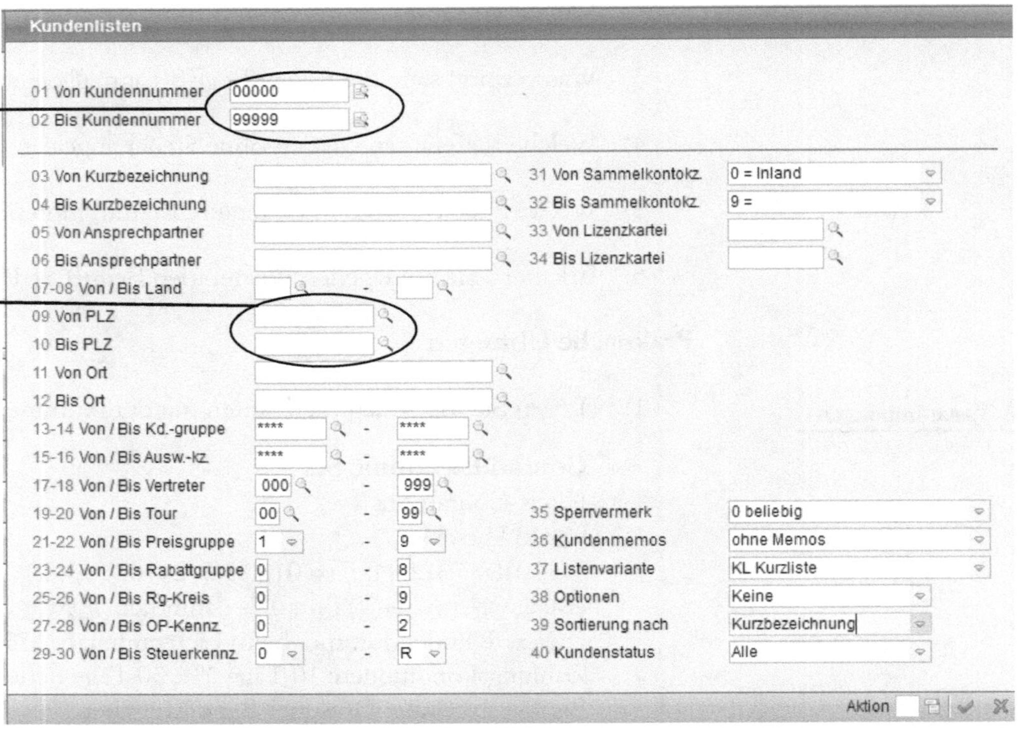

KUNDENLISTE. Die Einstellungen der Auswahl beim Druck einer Kundenliste sind vielfältig.

Beim Druck von Listen unterscheiden wir in der Auswahl nach 3 wichtigen Kriterien:

Die Selektion: Hier wird festgelegt, welche Datensätze in die Liste aufgenommen werden sollen. In den Feldern 1 – 34 können Sie Intervalle definieren, um die Auswahl der Kunden in der Liste einzuschränken. Dabei werden die einzelnen Grenzen, die Sie eingeben, mit "und" verknüpft, d.h. es werden nur noch Datensätze gedruckt, die alle eingegebenen Kriterien erfüllen. Wenn Sie beispielsweise nur bei der Postleitzahl von 8 bis 8 eingeben, und alle andern Felder so lassen, wie Sie automatisch vorbelegt werden, dann erhalten Sie eine Liste mit allen Kunden aus dem gewählten Gebiet. Schränken Sie jetzt zusätzlich die Kundennummer ein, so erhalten Sie eine Liste von Kunden aus dem Gebiet 80000 – 89999, die innerhalb der vorgegebenen Kundennummern liegt. Mit jedem weiteren Kriterium verringert sich also in der Regel Ihre Auswahl, weil immer nur die Datensätze erscheinen, die alle Kriterien erfüllen.

Felder in der Liste: Hierzu gehören die **Felder 36 und 37**. Bei der Auswahl der Listenvariante geben Sie vor, welche Felder Sie in Ihrer Liste haben möchten; dafür sind im Standard einige Listen vorgegeben, die bestimmte Felder enthalten. Zusätzlich haben Sie die Möglichkeit, die im Kundenstamm erfassten Memos mit anzudrucken (in erster Linie für die Auftragsbearbeitung interessant).[31]

Sortierung (Feld 39): Die Auswahl der Sortierung gibt an, in welcher Reihenfolge die ausgewählten Datensätze gedruckt werden (z.B. nach Kundennummer, oder nach Bezeichnung, ...).

Die Listen können auf jedem beliebigen Drucker ausgedruckt werden. In der Anfangsphase empfiehlt es sich, die Druckvorschau einzustellen und erst einmal am Bildschirm zu prüfen, ob die gewählte Liste den eigenen Vorstellungen entspricht. (zu finden unter **Datei → Druckeinstellungen**).

Mit der Auswahl Druckvorschau wird jede Liste und jedes Dokument vor dem Druck am Bildschirm angezeigt. Damit haben Sie eine wundervolle Kontrollmöglichkeit.

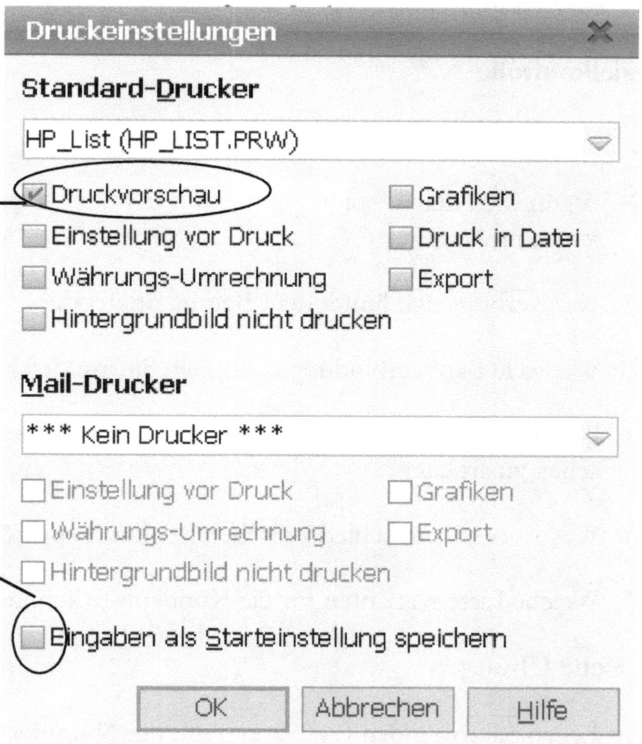

Setzen Sie hier einen Haken, wenn wollen, dass dieser Drucker beim Programmstart automatisch verwendet werden soll.

DRUCKEINSTELLUNGEN. Hier können Sie festlegen, welche Optionen Sie beim Druck nutzen möchten. Diese Einstellungen können jederzeit vor dem Druck geändert werden. Die Änderungen bleiben gespeichert, bis Sie hier wieder etwas anderes eingeben oder das Programm neu starten.

---

31 Wenn Sie weitere Felder in der Liste haben möchten, oder das Layout der Liste ändern wollen, haben Sie die Möglichkeit, mit Hilfe des Formulargestalters die entsprechende Liste nach Ihren Vorstellungen anzupassen. Wenn Sie unterschiedliche Listen anpassen möchten, hat es sich als zweckmäßig erwiesen, nach jeder angepassten Liste die geänderte Formulardatei zu sichern.

Mandant 002 Musikladen GmbH - Fibu | Druck 05.03.2015 / 15:18 / @CL

Kundenliste nach Kurzbezeichnung | Datum 05.03.2015 | Seite 1

Nummer	Kurzbezeichnung Ansprechpartner	Telefon	Telefax Abw. Rechnungsempf.	KGR Anlage	AWKZ	P G	R G	Rbt.%	S S	O P	VNR	Tour
10002	Bela Kosmetik - München	089 -35652223	089 -35652525			1	0		1	1	999	99
	Catherine Weidenbach		10002	05.03.15								
10000	Cinema Filmtheater - Münche	089-555-255	089-555-259			1	0		1	1	999	99
	Claudia Huber		10000	01.03.15								
10001	Deutsches Theater - München	089-55234-0	089-55234-234			1	0		1	1	999	99
	Helga Ott		10001	02.03.15								

KUNDENLISTE. So sieht die Kundenliste mit den im Standard vorbelegten Kriterien aus.

Wenn Sie mit dem Aufbau der angezeigten Liste zufrieden sind, starten Sie den Druck, wenn nicht, ändern Sie Ihre Auswahl. Das Layout der Liste können Sie bei Bedarf jederzeit im Reportdesigner individuell anpassen.

Lernzielkontrolle

☺ **Testen Sie Ihr Wissen**

1) Wie wird ein Ansprechpartner angelegt?
2) Wann wird der Ansprechpartner auf der Seite 2 im Kunden- oder Lieferantenstamm angezeigt?
3) Was verbirgt sich hinter dem Begriff Briefcode?
4) Wie viele Bankverbindungen können Sie im Lieferantenstamm zuordnen?
5) Worin liegt der Vorteil, in der Anfangsphase generell mit der Druckvorschau zu arbeiten?
6) Was ist der Unterschied zwischen Selektion und Sortierung?
7) Welche Listenvarianten für die Kundenliste kennen Sie?

Praktische Übungen

Tastaturübungen

1) Legen Sie folgenden Lieferanten mit der Nummer **70002** an:
   Haufe-Lexware GmbH & Co. KG
   Munzingerstr. 9
   D-79111 Freiburg
   Tel: 0761/898-0
   Fax: 0761/898-3990
   E-Mail: info@haufe-lexware.com
   Internet: www.lexware.de
   Zahlungskonditionen: 30 Tage netto, Bankeinzug
   USt.-ID: DE812398835
   Lieferung frei HausDrucken Sie eine Lieferantenliste mit Ansprechpartner.
2) Drucken Sie eine Kundenliste mit Adresse, sortiert nach Kundennummer und kontrollieren Sie Ihr Eingaben.
3) Drucken Sie für Ihre Lieferanten eine Adressliste.

Kapitel

4

Buchen in der Sage New Classic

Der Weg zur optimal auf Ihre Bedürfnisse eingestellten Buchungserfassung.

Die Buchungserfassung ist eine sehr individuelle Angelegenheit. Hier fließen sowohl eigene, als auch firmeninterne Wünsche und Bedürfnisse mit ein. Um diese zu berücksichtigen, ist es in der Sage New Classic möglich, Einstellungen für die Buchungserfassung für jeden angelegten Benutzer individuell festzulegen.

Bevor wir mit der Konfiguration des Benutzers beginnen, einige allgemeine Punkte:

Sie können in der Sage New Classic mit unterschiedlichen Buchungskreisen arbeiten. Ein Buchungskreis ist ein in sich geschlossenes System innerhalb der Buchhaltung, quasi eine Buchhaltung in der Buchhaltung. Hier haben Sie die Möglichkeit, z.B. verschiedene Filialen buchhalterisch zu trennen und hinterher trotzdem eine gemeinsame Steueranmeldung und eine gemeinsame Bilanz zu erstellen. Alle Auswertungen sind so aufgebaut, dass Sie jeden Buchungskreis einzeln, oder alle Buchungskreise gemeinsam auswerten können. Zusätzlich gibt es so genannte Auswertungskreise. Mit ihrer Hilfe können beliebige Kombinationen von Buchungskreisen in Auswertungen zusammengefasst werden. So ist es mit Hilfe der Auswertungskreise unter anderem möglich, parallel eine Auswertung nach IAS zu machen und eine deutsche Steuerbilanz. Wir werden uns im Folgenden mit einem Buchungskreis (01 Hauptbuchhaltung)[32] begnügen.

Eine weitere Frage bei der Konfiguration des Benutzers ist von Ihrer Gewohnheit abhängig: möchten Sie beim Buchen das Komma beim Betrag generell eingeben, oder nicht? Wählen Sie hier aus, was Ihrer Gewohnheit entspricht. Wenn Sie noch nie mit dem Computer eine Buchhaltung gemacht haben und auch nicht schon seit Jahren blind mit einer Hand die Rechenmaschine bedienen, wählen Sie: Komma eingeben[33].

---

[32] Sie können auch eine Buchhaltung nach IAS (dem amerikanischen System der Buchhaltung) führen und für diesen Buchungskreis eine eigene Bilanz drucken.

[33] Wenn Sie in dieser Option wählen: Komma eingeben "nein", dann setzt das System beim Buchen automatisch vor die letzten beiden Stellen ein Komma. D.h. wenn Sie 100 eingeben, wird daraus 1,00. Vor allem Personen, die lange mit der DATEV gearbeitet haben, sind diese Einstellung gewohnt.

Grundeinstellungen des Benutzers

Unter **Administration → Konfiguration → Grundeinstellungen** finden Sie die entsprechende Eingabemöglichkeit:

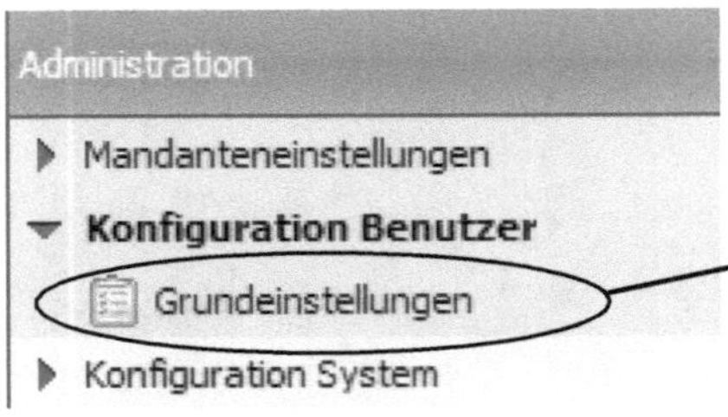

Zu den änderbaren Grundeinstellungen gehört auch die Möglichkeit, das Design zu verändern (die farbliche Darstellung der Sage New Classic). Die Daten werden ebenfalls je Benutzer gespeichert.

KONFIGURATION BENUTZER. Legen Sie hier individuelle Grundeinstellungen für den angemeldeten Benutzer fest.

Neben der Möglichkeit, Einstellungen für den angemeldeten Benutzer zu verändern, können Sie auch Parameter setzen, die für alle Benutzer gelten und vor allem bei Netzwerkinstallationen gravierende Auswirkungen haben können. Beschränken Sie sich bitte unbedingt auf die Veränderung der individuellen Vorgaben und lassen Sie alle anderen Einstellungen unverändert.

Wenn Sie hier nein eingeben, setzt das System bei der Eingabe von Beträgen automatisch vor die letzten beiden Stellen ein Komma. z.B. Sie geben ein: 1000 bei der Auswahl: Eingabe mit Dezimalpunkt ja heißt das: 1.000,00. Bei der Auswahl: Eingabe mit Dezimalpunkt nein ergibt das: 10,00

Hier können Sie farblich unterschiedliche Skinvorlagen (Benutzeroberflächen) auswählen.

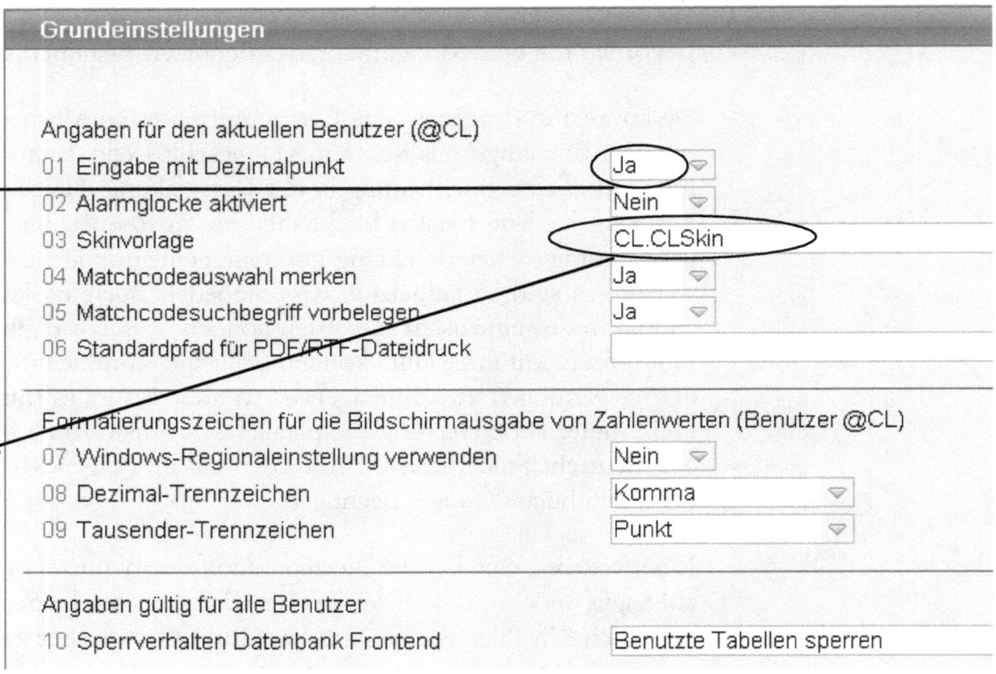

GRUNDEINSTELLUNGEN. Hier können Sie sowohl Grundeinstellungen für sich (aktuellen Benutzer) oder auch Angaben für alle Benutzer und für diesen Arbeitsplatz machen. Der reine Anwender ändert an dieser Stelle, nur Angaben für den aktuellen Benutzer.

Alle weiteren wichtigen Einstellungen werde ich in die laufende Buchhaltung integrieren und nach und nach einfließen lassen. Jetzt wollen wir auf dem schnellsten Weg unsere Saldenvorträge erfassen und mit unserer täglichen Arbeit beginnen. In der Praxis brauchen sie an dieser Stelle die Summen- und Saldenliste der Sachkonten und eine Liste der offenen Posten für Kunden und Lieferanten zum 31.12.2014 vom Steuerberater (oder aus Ihrem bisherigen Buchhaltungsprogramm).

Die Buchungserfassung

Unter **Finanzbuchhaltung → Buchen → Buchungserfassung → Buchungserfassung** starten Sie das Programm Buchungserfassung.

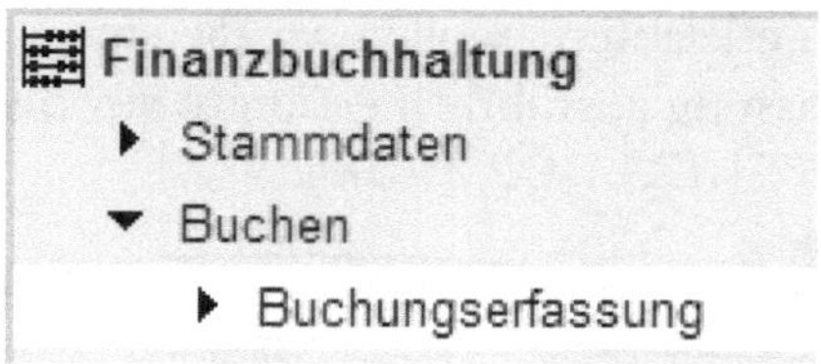

AUFRUF BUCHUNGSERFASSUNG. Hier starten Sie die Buchungserfassung.

Wenn Sie die Buchungserfassung aufrufen, bietet Ihnen das System die Periode an, die dem aktuellen Datum am nächsten kommt. Da wir im Jahr 2015 anfangen, schlägt das System automatisch den Dezember vor. Wir wollen unsere Saldenvorträge[34] in der **Periode 12**, also im **Dezember** des Vorjahres, 2014, erfassen.

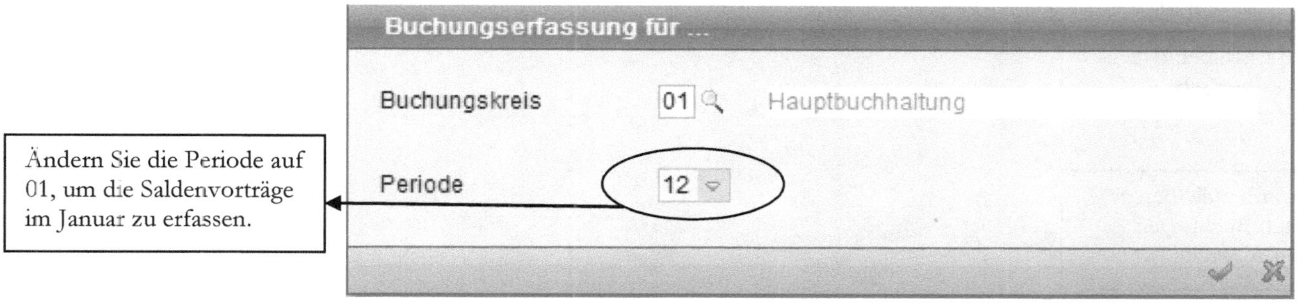

AUSWAHL . Hier können Sie den Buchungskreis und die gewünschte Buchungsperiode eingeben. Wir verzichten auf die Arbeit mit unterschiedlichen Buchungskreisen, d.h. Sie können immer die voreingestellte Hauptbuchhaltung übernehmen.

Periodengerechte Buchhaltung

Die **G**rundsätze **o**rdnungsgemäßer **B**uchführung (**GoB**) verpflichten uns dazu, alle Buchungen in der richtigen Periode zu erfassen und entsprechende Abgrenzungen vorzunehmen. Es ist daher vor allem am Monatsanfang darauf zu achten, für welche Periode Sie Buchungen erfassen möchten. Zu Ihrer eigenen Sicherheit ist es möglich, in der Buchungserfassung eine entsprechende Plausibilitätsprüfung zu aktivieren, die das Belegdatum und die Periode prüft.

Wenn Sie die Buchungserfassung zum ersten Mal aufrufen, finden Sie alle Funktionen so vor, wie Sie im Standard eingestellt sind. Hier gibt es beim Buchen eine Reihe von Abfragen, die für den Anfang vielleicht hilfreich sind, die wir später aber abschalten, um schneller arbeiten zu können. Unsere erste Buchung werden wir

[34] Die Saldenvorträge können auch zu einem späteren Zeitpunkt erfasst werden; wichtig sind für den Anfang vor allem die Zahlungsmittelkonten, in der Regel Kasse und Banken, denn hier ist eine einfache Abstimmung der laufenden Buchhaltung ohne den Anfangsbestand nicht möglich. Ich werde die Saldenvorträge in 2014 im Dezember erfassen und dann in der Sage New Classic einen vorläufigen Jahresabschluss machen und die Werte so ins Jahr 2015 übernehmen.

erfassen, ohne die Standardeinstellungen zu verändern, und alle Meldungen zeigen und kommentieren. Anschließend werden wir die Buchungserfassungsmaske nach unseren Wünschen einstellen. Später werden wir dann auch noch auf die Besonderheiten der so genannten Schnellerfassung[35] eingehen.

Um Ihnen die Arbeit zu erleichtern, wollen wir die einzelnen Felder[36] und Funktionen in der Buchungserfassung ausführlich erläutern am Beispiel des Saldenvortrages Kasse S10000 (Stand per 31.12.14: € 2.250,00):

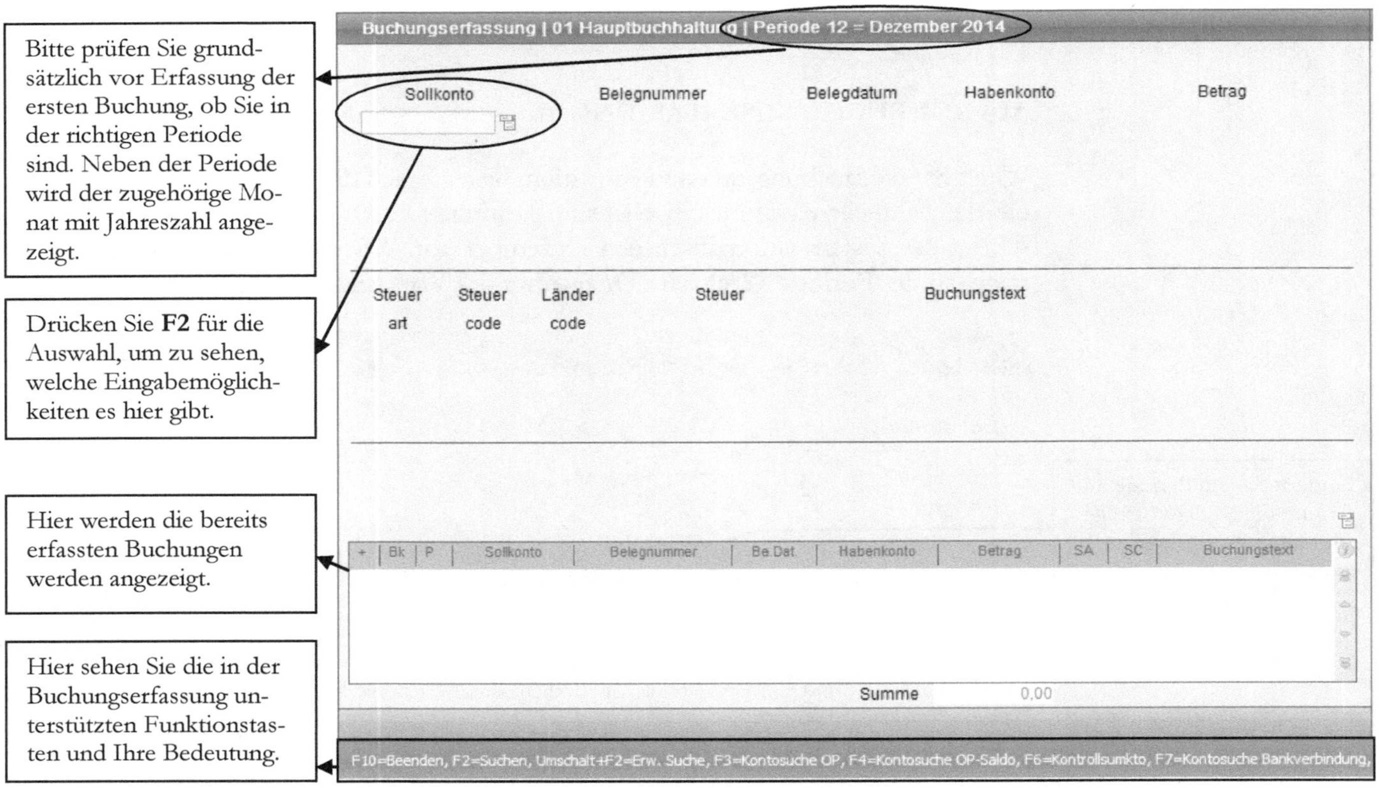

DIE BUCHUNGSERFASSUNG. In der Kopfzeile sehen Sie den Buchungskreis und die Periode für die Sie gerade Buchungen erfassen. Bei der Erfassung einer Buchung werden automatisch weitere Felder und Informationen angezeigt.

Neben der Periode sehen Sie in der Sage New Classic 2015 auch den Monat im Klartext. Das ist vor allem bei abweichendem Geschäftsjahr sehr hilfreich. Der Aufbau der Buchungserfassung ist an den manuellen Buchungssatz angepasst und beginnt grundsätzlich mit dem Sollkonto. Mit **F2** haben Sie die Möglichkeit, nach einem Konto zu suchen. Im ersten Schritt wählen Sie aus, nach was für einem Konto Sie suchen möchten, z.B. nach einem Sachkonto.

[35] In der Schnellerfassung können Sie einzelne Felder in der Buchungserfassung einfach überspringen.

[36] Die vollständige Erklärung aller Möglichkeiten in den einzelnen Feldern finden Sie sehr ausführlich unter **F1 (Hilfe)**; wir werden uns bei unseren Erklärungen auf die Grundfunktionen beschränken.

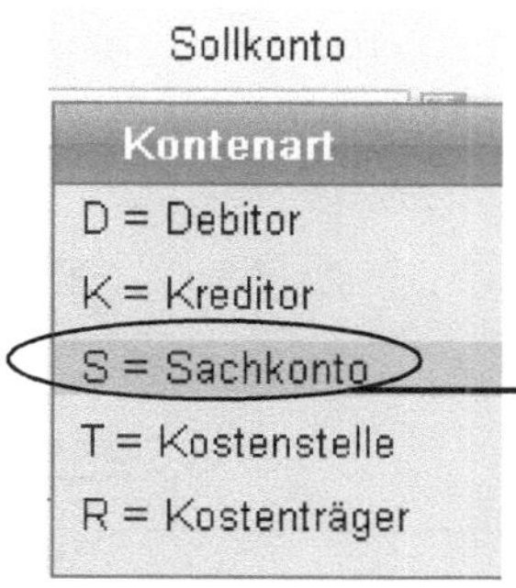

Als ersten Schritt wählen Sie aus, welche Art von Konto Sie suchen möchten. Anhand dieser Auswahl bietet Ihnen das System dann automatisch die passende Suchfunktion an. Der Standard ist so eingestellt, dass die Suche nach einem Kunden oder Lieferanten automatisch über die Kurzbezeichnung beginnt. Die Suche nach einem Sachkonto geht im Standard nach Nummer. Sie können aber in jedem Bereich mit eigenen Filtern arbeiten.

KONTENAUSWAHL ÜBER F2.

Als nächstes kommt jetzt ein Fenster, in dem wir die Auswahl der Suche einschränken können, z.B. nur nach Favoriten. Bitte wählen Sie an dieser Stelle aus: alle Konten. Im nächsten Feld können Sie dann die erste Stelle der Kontonummer eingeben, dann ist die Auswahl schon auf die entsprechende Kontenklasse eingeschränkt. Wenn Sie also wissen, dass die Kasse in der **Kontenklasse 1** zu finden ist, können wir im Eingabefeld eine 1 eingeben und mit **ENTER** bestätigen, dann erhalten wir eine Liste aller Konten, die mit 1 beginnen.

Wählen Sie alle Konten, solange Sie noch keine Favoriten definiert haben.

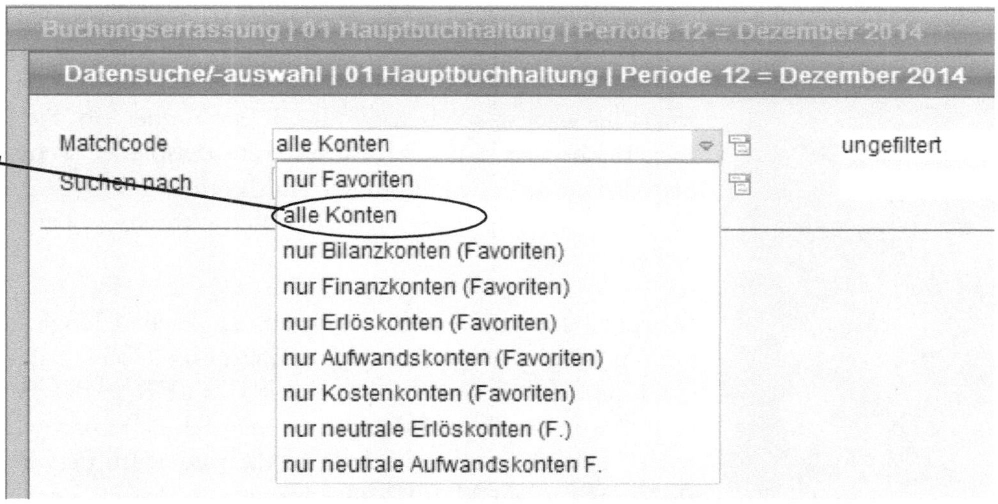

ÜBERSICHT DER SELEKTIONSKRITERIEN. In dieser Übersicht können Sie Ihre Auswahl auf bestimmte Kontentypen einschränken.

Klicken Sie auf die Lupe, um die Volltextsuche zu aktivieren.

Geben Sie den Namen des Kontos ein, das Sie Suchen (oder die Nummer).

Wählen Sie, in welchen Feldern Sie den Suchbegriff suchen möchten.

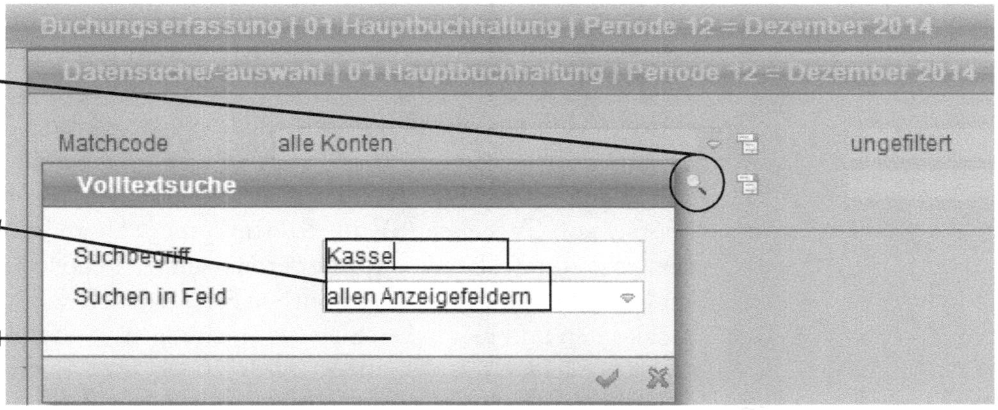

KONTENSUCHE. In dieser Übersicht können Sie jetzt nach dem gewünschten Konto suchen, z.B. nach dem Namen.

Wenn Sie nach der Bezeichnung suchen, erhalten Sie als Ergebnis alle Konten, bei denen der eingegebene Suchbegriff an irgendeiner Stelle in der Kontenbezeichnung vorkommt.

Hier sehen Sie ihr eingegebenes Suchkriterium.

Im Suchergebnis haben Sie jetzt alle Konten, die den Suchbegriff an irgendeiner Stelle enthalten.

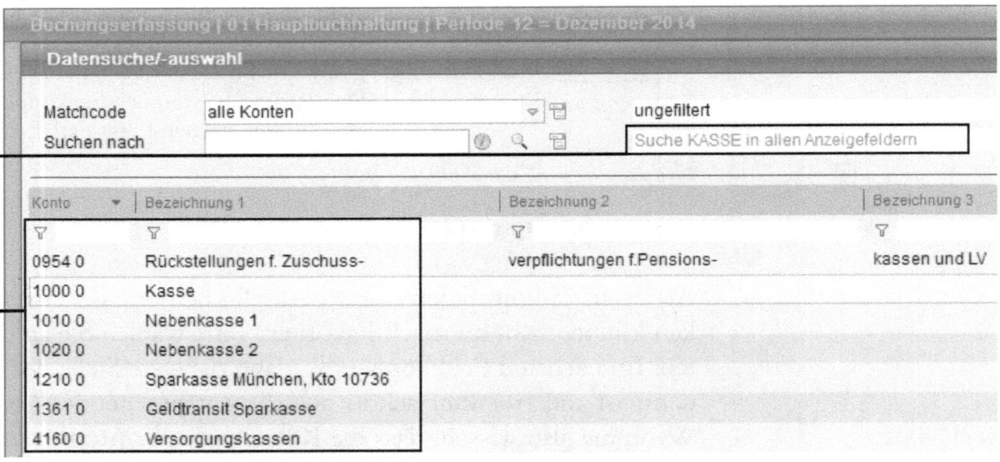

ÜBERSICHT DER GEWÄHLTEN KONTEN. In dieser Übersicht können Sie jetzt Ihr gewünschtes Konto auswählen und bestätigen.

Hier können Sie das gewünschte Konto auswählen. Mit Bestätigung des gewünschten Kontos werden auch die Kontenbezeichnung und der Saldo des Kontos angezeigt. Als nächstes geben Sie die Belegnummer ein. Sie kann maximal 20 Ziffern oder Buchstaben enthalten. In unserem Beispiel verwenden wir für den ersten Saldenvorträge als Belegnummer 1 und Belegdatum 31.12.2014 (Eingabe 311214). Für die weiteren Saldenvorträge Sachkonten werden wir die Belegnummern fortlaufend weiterzählen.

Beim Habenkonto haben wir wieder die gleichen Möglichkeiten, wie beim Sollkonto. Wir können wieder mit **F2** Suche unser Konto Saldenvorträge Sachkonten in der Kontenklasse **9** suchen und mit **ENTER** in das Feld Habenkonto übernehmen. Als nächstes wird der Betrag eingegeben, in unserem Beispiel **€ 2.250,00** und weiter geht es mit den Feldern für die Steuer. Im Feld **SC** für **Steuercode** kommt als Vorschlag ein **M** für **Mehrwertsteuer**; diesen Wert können wir mit entfernen rausnehmen, weil es sich bei unserer Buchung um einen **Saldovortrag ohne Steuer** handelt. Jetzt fehlt nur noch der passende Buchungstext und wir können unsere Buchung speichern.

🕮 **Praxistipp**

Bei den Buchungstexten macht uns das System generell Vorschläge, die es uns ermöglichen, unsere Konteneingabe zu prüfen (hier wird jetzt vorgeschlagen "Saldovortrag"). Ich rate allerdings davon ab, die vorgeschlagenen Texte zu übernehmen. Vielmehr sollten Sie an dieser Stelle immer sprechende Texte verwenden, die es erleichtern, später Ihre Konten abzustimmen. Wir ändern den Text in unserem Beispiel auf: SV Kasse (**SV** für **S**aldenvortrag). Sie mögen an dieser Stelle einwenden: es ist doch klar, dass ich in der Kasse den Saldovortrag Kasse buche; da gebe ich Ihnen Recht. In der Praxis buchen Sie aber auch auf dem Konto Saldenvorträge Sachkonten und hier haben Sie viele Buchungen. Wenn Sie jetzt das Konto Saldenvorträge Sachkonten abstimmen, bleibt Ihnen zur Orientierung nur noch die Kontonummer des Gegenkontos. Da ist es doch viel einfacher und übersichtlicher, wenn ich mich zusätzlich an den Buchungstexten orientieren kann.

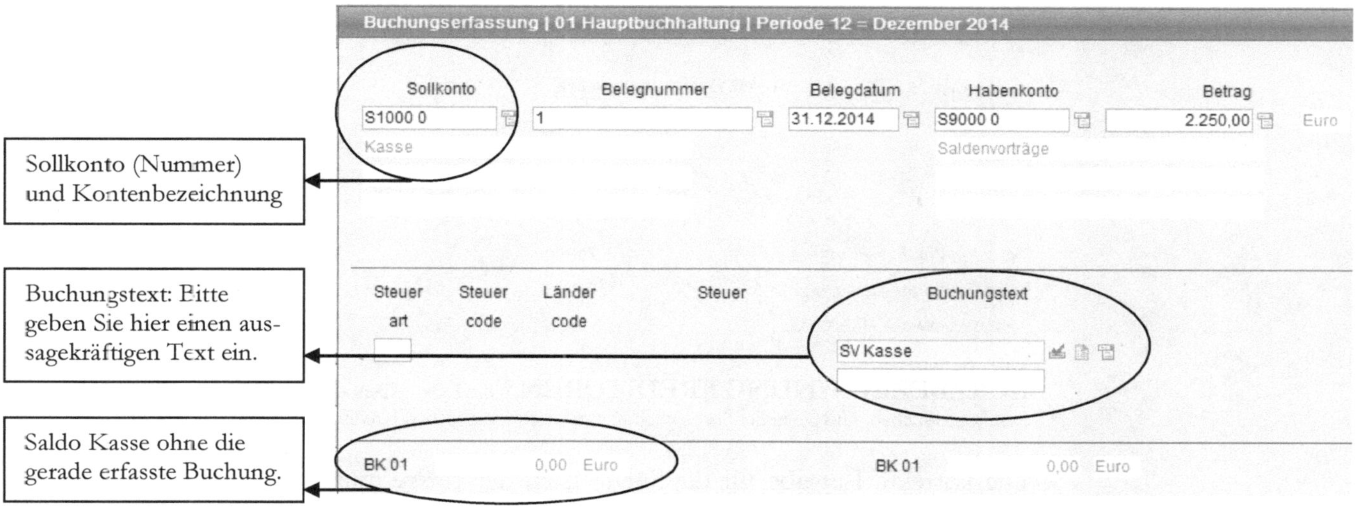

BUCHUNG SALDOVORTRAG KASSE. So sieht jetzt die komplette Buchung aus.

🗁 **Wichtig**

Anders als bei der DATEV sind in der Sage New Classic alle Kontonummern (Sachkonten, Debitoren und Kreditoren) 5-stellig. Deshalb ist es erforderlich, zur Unterscheidung ein weiteres Zeichen voranzustellen. Ein **Debitor** beginnt deshalb mit **D** vor der Kontonummer, also **D10000** für unseren Kunden Cinema Filmtheater. Beim **Kreditor** ist es ein **K** und beim **Sachkonto** ein **S** vor der Kontonummer, also **K70000** für den Lieferanten Sony oder **S10000** für die Kasse.

BUCHUNGSERFASSUNG MIT DEM ZIFFERNBLOCK

Um die komplette Buchung auch mit dem Ziffernblock zu erfassen, können Sie die vorangestellten Buchstaben auch durch Ziffern ersetzen: **D = 1, K = 2 und S = 3.**

Suchfunktionen in der Buchungserfassung

Alternativ zur Kontonummer können Sie im Feld Sollkonto oder Habenkonto direkt den Namen des Kontos eingeben. Wichtig dabei ist, dass die 1. Stelle der Eingabe dabei darüber entscheidet, nach was für einem Konto gesucht wird. Nehmen wir als Beispiel das Sachkonto Kasse. Wenn Sie im Feld Sollkonto das Wort Kasse eingeben, dann sucht das Programm nach einem Lieferanten mit dem Namen Asse (**K** für **K**reditor und dann die Suchbezeichnung). Wenn Sie die Kasse suchen wollen, müssen Sie entweder **S**kasse eingeben oder **3**kasse. Jetzt weiß das Programm, es soll im Bereich der **S**achkonten (**S** oder 3) nach einem Konto mit der Bezeichnung Kasse suchen. Dabei ist jetzt die Auswahl ***alle Konten*** als Standard vorbelegt.

Allerdings gilt bei dieser Variante dasselbe, wie bei der Konteneingabe mit Nummer: die erste Stelle sagt erst einmal, um welchen Kontentyp es sich handelt. Wenn Sie jetzt nur Kasse eingeben, liest das System daraus: Suche einen Kreditor (**K**) mit dem Namen **asse**. Da es hier keine passende Auswahl gibt, wird der komplette Lieferantenstamm angezeigt.

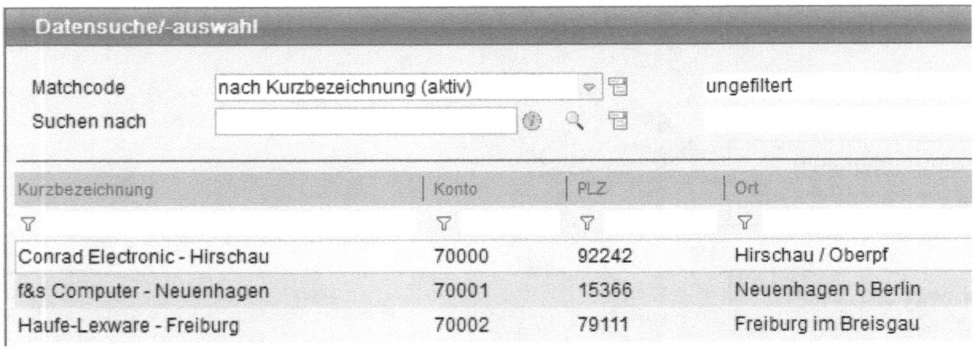

KURZBEZEICHNUNG KREDITOREN. Durch die fehlende Information, dass Sie nach einem Sachkonto suchen, sind Sie in der Suche nach Kurzbezeichnung bei den Kreditoren gelandet.

Die korrekte Eingabe für die Suche nach der Kasse muss folglich lauten: **S**kasse. Dabei steht das **S** für **S**achkonto und Kasse für den Namen des gesuchten Kontos.

Das ist die korrekte Eingabe, um nach dem Kassenkonto zu suchen.

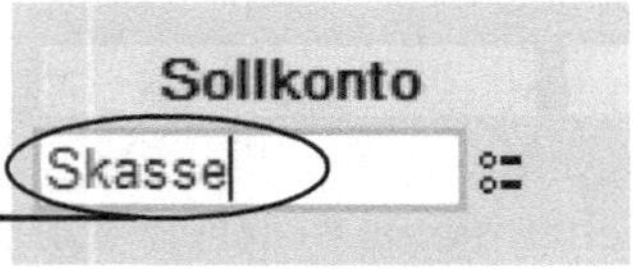

KONTENSUCHE NACH NAME. So sieht die korrekte Eingabe zur Suche nach dem Kassenkonto aus.

Nachdem es in unserem Fall mehrere Konten mit dem Wort Kasse gibt, wird die Auswahl angezeigt. Gibt es nur ein Konto, das die Suchkriterien erfüllt, übernimmt das System sofort die Kontonummer.

Wählen Sie das gewünschte Konto aus und bestätigen Sie.

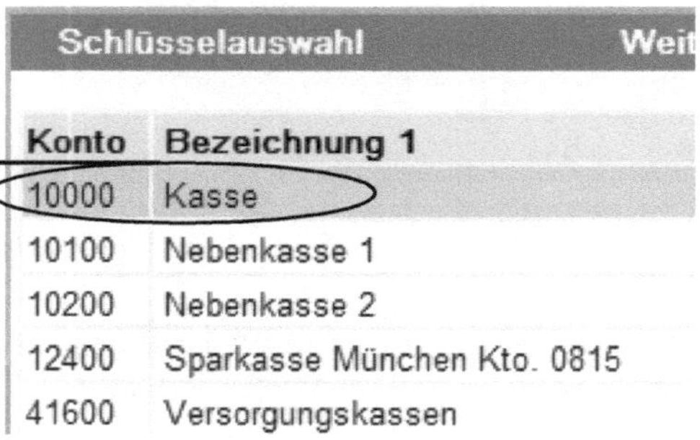

AUSWAHL. In der Auswahl finden Sie jetzt alle Konten, die an irgendeiner Stelle das Wort Kasse enthalten.

Dieselbe Funktionalität gilt für Debitoren und Kreditoren.

Buchen der Saldenvorträge[37]

Wenn wir eine Buchhaltung vom Steuerberater übernehmen, beginnen wir mit der Übernahme der Salden und der offenen Posten zum Beginn der Buchhaltung in unserem System. D.h. wir benötigen vom Steuerberater eine Saldenliste der Sachkonten, Debitoren und Kreditoren per 31.12. des Jahres, in unserm Beispiel also per 31.12.2014. Außerdem benötigen wir eine Liste der offenen Posten Debitoren und Kreditoren, ebenfalls per 31.12.2014.

[37] Selbstverständlich handelt es sich bei der manuellen Erfassung der Saldenvorträge um eine einmalige Aktion. Beim Jahresabschluss in der Sage New Classic werden die Salden automatisch vorgetragen.

Im ersten Schritt prüfen wir, ob wir alle Konten, Debitoren und Kreditoren angelegt haben, die per 31.12. einen Saldo hatten. Ergänzen Sie fehlende Daten, bevor Sie anfangen zu buchen. Wenn Sie die Arbeiten systematisch in der richtigen Reihenfolge erledigen, gehen Sie Ihnen schneller von der Hand und Sie machen weniger Fehler.

Mit der Saldenliste Sachkonten werden alle Bilanzkonten, die einen Saldo aufweisen gebucht mit 2 Ausnahmen: **S14000 – S14010** (Forderungen aus Lieferungen und Leistungen) und **S16000 – S16010** (Verbindlichkeiten aus Lieferungen und Leistungen). Auch für alle Konten, die nicht in die Bilanz abgeschlossen werden, werden keine Saldenvorträge erfasst; diese Konten werden ja am Jahresende in die GuV (Gewinn- und Verlustrechnung) abgeschlossen.

🗁 Wichtig

Während wir in der **Theorie** unsere **Forderungen** und **Verbindlichkeiten** direkt auf den entsprechenden Sammelkonten buchen, arbeiten wir in der **Praxis** mit Personenkonten, sprich **Debitoren** und **Kreditoren**. Wenn wir in der Sage New Classic eine Ausgangsrechnung für einen bestimmten Kunden buchen (Debitor an Erlöse), so wird im System automatisch im Hintergrund das Forderungskonto mit gebucht. Die Salden von Kunden und Lieferanten werden an Hand der **Offenen Posten Listen** gebucht, weil wir hier die komplette Rechnungsinformation benötigen. Wenn Sie jetzt auch auf den Konten Forderungen und Verbindlichkeiten direkt die Summen buchen, haben Sie diese Beträge doppelt in Ihrer Buchhaltung.

Die Konten Forderungen a. LL und Verbindlichkeiten a. LL sind in der Praxis für die direkte Buchung gesperrt. Sie können immer nur indirekt über Debitoren oder Kreditoren angesprochen werden.

Als Buchung für die Passivseite der Bilanz erfassen wir unser Eigenkapital. Wir verfügen zum 31.12.2014 über ein Eigenkapital von € 50.000,00. Der dazugehörige Buchungssatz lautet:

S90000 Saldenvorträge Sachkonten an **S08000** Gezeichnetes Kapital

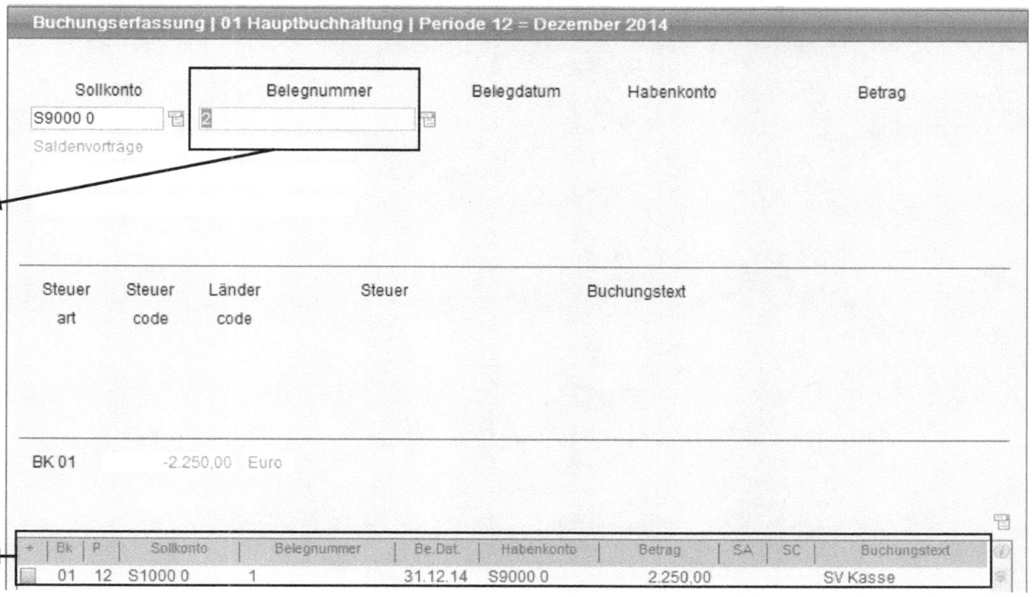

Für die nächste Buchung zählt das Programm die Belegnummer einfach weiter. Ich zeige Ihnen im Kapitel Grundlagen Buchungserfassung, wie Sie das ändern können.

Hier sehen Sie die letzten in dieser Periode erfassten Buchungen.

BUCHUNGSERFASSUNG – NÄCHSTE BUCHUNG.

Sie können in der Buchungserfassung nach wie vor mit **F2** nach dem gewünschten Konto suchen. Es geht allerdings wesentlich schneller, wenn Sie die Kontonummer gleich direkt eingeben. Um sicher zu gehen, dass alle Salden richtig vorgetragen wurden, prüfen Sie nach Abschluss dieser Arbeiten auf alle Fälle alle erfassten Buchungen an Hand des Buchungserfassungsprotokolls.

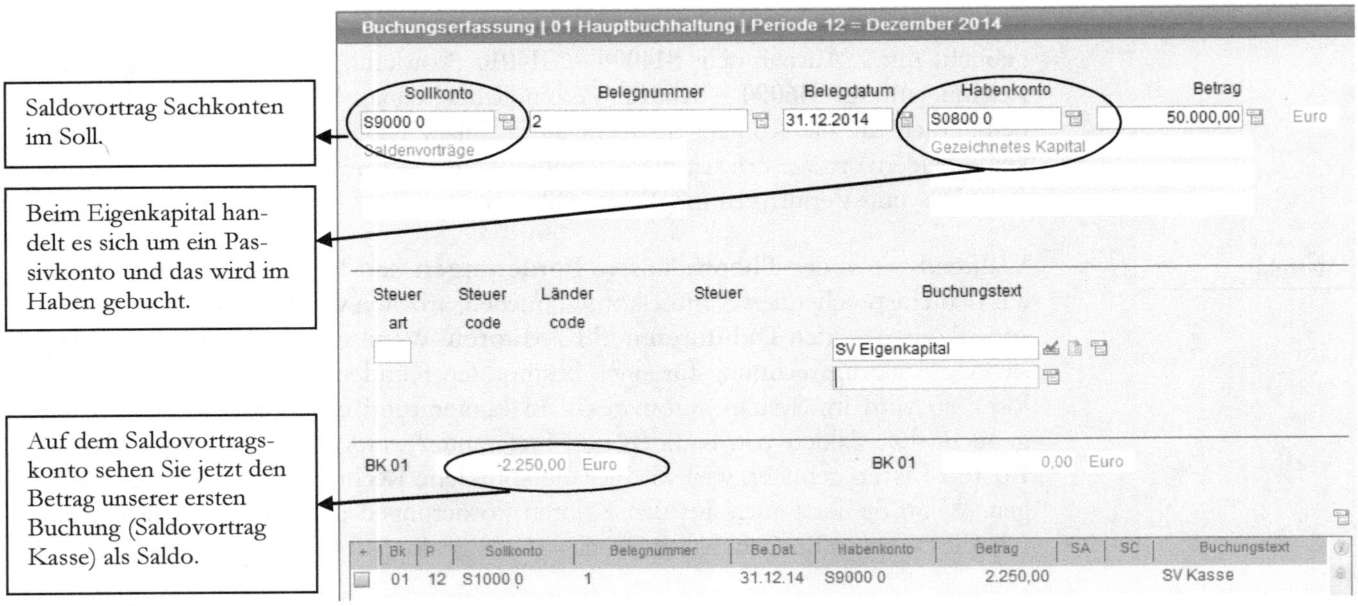

BUCHUNG SALDOVORTRAG EIGENKAPITAL. Die Buchung im Überblick.

Saldenvorträge Debitoren

Im Gegensatz zum Saldenvortrag bei den Sachkonten werden bei unseren Debitoren alle offenen Posten einzeln gebucht, um für jede Rechnung auch einen eigenen Offenen Posten zu haben. Das ist erforderlich, um beim Zahlungseingang die Zahlungen auch korrekt den entsprechenden Rechnungen zuordnen zu können. Es ist aber auch erforderlich, weil wir für unser Mahnwesen die Rechnungsnummer, die Zahlungskonditionen, den Betrag der Rechnung und die Fälligkeit benötigen. Würden wir jetzt zum Beispiel einen Saldo auf dem Debitor, der sich aus 5 einzelnen Rechnungen zusammensetzt, einfach in einer Summe per 31.12.2014 buchen, fehlen uns wichtige Informationen, die für unsere Buchhaltung unverzichtbar sind.

🗁 Wichtig

Merke:

Saldenvorträge auf Sachkonten werden in einer Summe je Konto vorgetragen. Bei Debitoren und Kreditoren muss jeder offene Posten einzeln vorgetragen werden. Eine Erfassung nur mit der Saldenliste ist nicht zulässig.

Weiter gilt es zu beachten, dass es für die Erfassung von Saldenvorträgen für Debitoren und Kreditoren eigene Saldenvortragskonten gibt. Die Konten im Überblick:

S90000 Saldenvortrag Sachkonto

S90080 Saldenvortrag Debitor

S90090 Saldenvortrag Kreditor

Für die Erfassung unserer Debitoren nehmen wir unsere Liste der offenen Posten und erfassen alle offenen Positionen. In unserem Beispiel enthält die OP-Liste per 31.12.2014 für unseren Kunden Cinema (D10000) folgende Posten:

Rechnung	245220	vom 22.12.2014		€	2.380,00
Gutschrift	526850	vom 28.12.2014		€	119,00
Der Buchungssatz dafür lautet:		**D10000**	**an**	**S90080**	

Bei der Eingabe der Buchung können Sie den 31.12.2014 als Belegdatum und die Belegnummer automatisch weiterzählen und bei den Details für die offenen Posten dann die Original Belegnummer (Rechnungsnummer) und das ursprüngliche Rechnungsdatum erfassen. Übersichtlicher ist es, bei der Erfassung von Saldenvorträgen bei Debitoren und Kreditoren, gleich mit der Original Belegnummer zu arbeiten. Wir erfassen unsere Buchungen wieder in Periode 12.

Bei der Suche nach Konto über **F2** ist es wichtig, dass Sie den Inhalt des Feldes Sollkonto vorher löschen. Das System schlägt beim Buchen immer automatisch das Konto der vorhergehenden Buchung vor. In unserem Fall würde hier sonst sofort die Suche nach Sachkonto aufgehen, weil hier in der letzten Buchung das Konto Saldenvorträge Sachkonten stand.

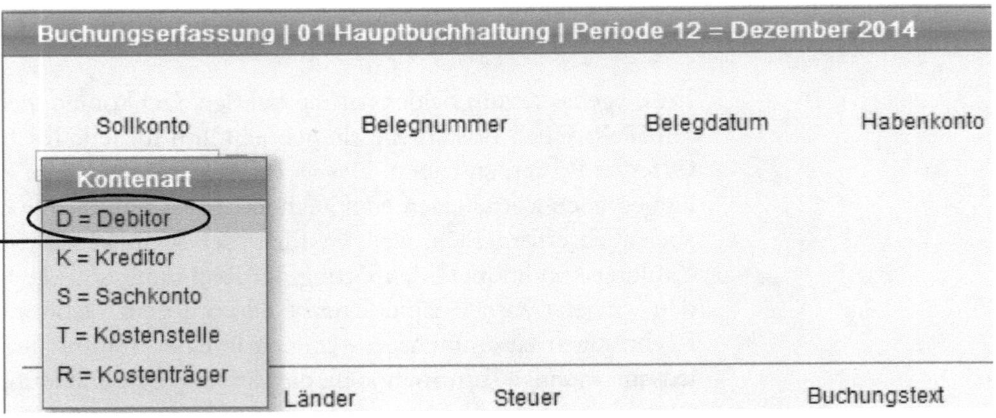

SUCHE NACH KONTO.

Wir bestätigen den Debitor und kommen automatisch in die Suche nach der Kurzbezeichnung. Alternativ können Sie auch **1** für **D**ebitor eingeben und gleich im Anschluss den Namen des gesuchten Kunden. Ist dieser eindeutig, wird sofort die Kontonummer übernommen. Gibt es für den eingegebenen Suchbegriff mehrere passende Einträge im Kundenstamm, verzweigt das Programm automatisch in die Übersicht. In diesem Fall müssen Sie dann die Auswahl manuell abschließen und den gewünschten Datensatz auswählen.

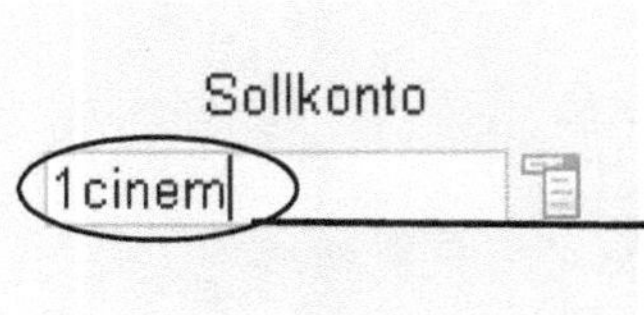

Alternativ können Sie im Feld Konto direkt den Namen eingeben. Dabei wird die erste Stelle der Eingabe für die Bereichsauswahl verwendet, hier die **1 oder D** für **D**ebitor.

NEUE SUCHE MIT TEXTEINGABE IM SOLLKONTO.

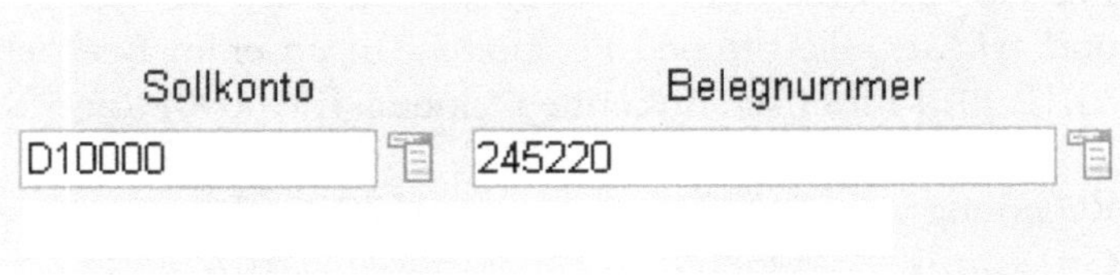

KUNDENKONTO WIRD SOFORT ÜBERNOMMEN. Wenn die eingegebene Bezeichnung eindeutig ist, wird sofort die Kontonummer übernommen.

Wenn wir uns jetzt bei der Eingabe des gesuchten Kunden vertippen, erhalten wir als Ergebnis alle Kunden, die diese Buchstabenkombination enthalten. Wenn wir nur die **1** oder ein **D** für Debitor eingeben und bestätigen, erhalten wir die Übersicht über alle Kunden.

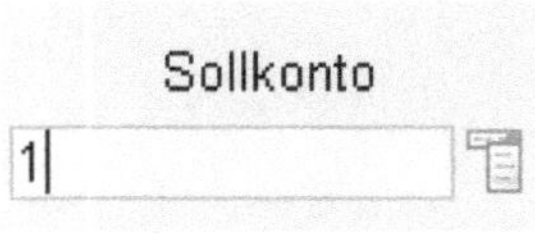

SUCHE ÜBER DEN KOMPLETTEN KUNDENSTAMM. Wenn Sie nur die 1 für Debitor eingeben und bestätigen, wird die Übersicht der Kunden nach Kurzbezeichnung geöffnet.

Wählen Sie jetzt den richtigen Kunden aus.

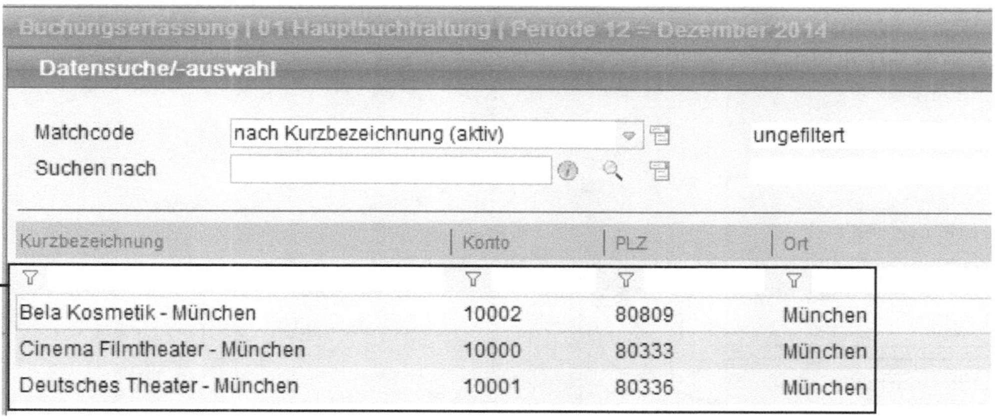

ÜBERSICHT KUNDE NACH KURZBEZEICHNUNG. Wählen sie hier den gewünschten Kunden mit den Pfeiltasten (↑↓) aus und bestätigen sie.

Mit bestätigen wählen Sie den Kunden aus. Im Feld Belegnummer geben Sie die Original Rechnungsnummer (245220) ein, beim Datum wieder den 31.12.2014[38]. Als Gegenkonto wählen wir jetzt das Konto **S90080 Saldenvorträge Debitoren**. Wenn Sie die Kontonummer nicht wissen, geht es auch wieder über die Suche mit **F2** nach Sachkonto; dann gleich eine **9** eingeben für die **Kontenklasse 9** und mit den Pfeiltasten, wie beim Kunden auch, das gewünschte Konto auswählen. Oder verkürzt gleich **39** eingeben und bestätigen (die **3** für den Bereich **S**achkonten und die **9** für die Kontenklasse). Alternativ können Sie auch hier den Namen eingeben, **3**Saldo. Bei der Steuer kommt jetzt, im Unterschied zur Erfassung von Saldenvorträgen auf Sachkonten, eine Veränderung:

🗁 **Wichtig**

Wir erfassen den Saldovortrag eines steuerpflichtigen Kunden mit Steuerschlüssel.

Da wir als Gegenkonto für unsere Buchung das Konto Saldenvorträge Debitoren gewählt haben, wird die Steuer nicht gebucht. Es wird also lediglich bei der Erfassung des offenen Postens hinterlegt, dass es sich hierbei um einen OP inkl. Mehrwertsteuer handelt. Diese Information ist vor allem wichtig, wenn die Rechnung später unter Abzug von Skonto bezahlt wird. Nur durch die Steuerinformation im offenen Posten ist das Programm in der Lage, bei der Skontobuchung auch automatisch die MwSt. zu korrigieren. Für die Buchungserfassung ist an dieser Stelle wichtig, dass die Steuer bei Saldovortragskonten generell nicht gebucht wird und dass alle Buchungen auf einem Saldenvortragskonto weder gelöscht, noch nachträglich geändert werden können.

[38] Im Vorjahr Jahr wird der Saldo mit dem 31.12.2014 erfasst, denn als Beleg dient ja hier nicht die Rechnung sondern die OP-Liste per 31.12.

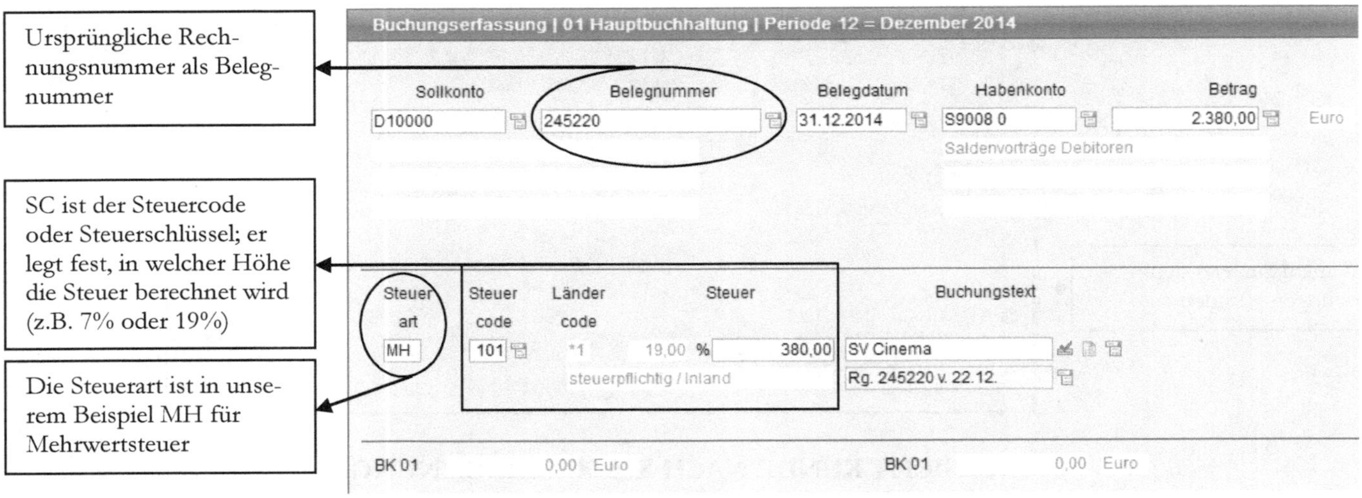

SALDENVORTRAG DEBITOR. Beim Saldenvortag sind Debitoren mit Steuerschlüssel zu buchen. Die Steuerinformation wird beim OP eingetragen und steuert die korrekte Berechnung der Mehrwertsteuer bei Skontoabzug oder Ausbuchung der Forderung[39].

Nach Bestätigen des Buchungstextes öffnet sich automatisch die Maske zur Erfassung des offenen Postens. Hier geht es los mit der OP-Nummer. Die OP-Nummer entspricht in der Regel der Rechnungsnummer. Sie wird mit der Eingabe im Feld Belegnummer vorbelegt und kann gegebenenfalls überschrieben werden. Die OP-Nummer dient als Referenz für Mahnungen und Bankeinzüge und, um die spätere Buchung von Zahlungseingängen zu erleichtern und eine einfache Kontenabstimmung mit dem Kunden zu ermöglichen. Sie sollte deshalb mit großer Sorgfalt eingegeben werden.[40]

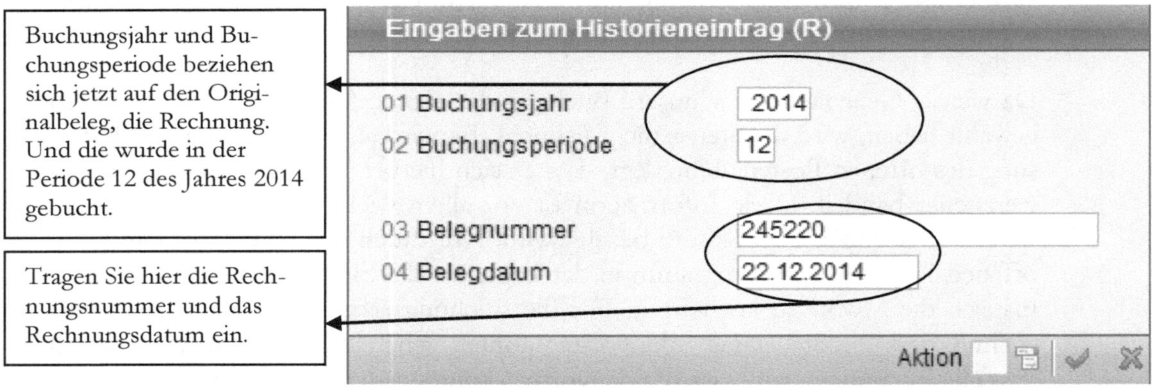

EINGABEN ZUM HISTORIENEINTRAG. Geben Sie hier die Daten der ursprünglichen Rechnung ein. Diese werden beim OP eingetragen und stehen in der OP-Liste, im Mahnwesen und im Zahlungsverkehr zur Verfügung.

---

39 Wir haben hier im System die Möglichkeit, alle Steuerschlüssel der EU darzustellen. Das ist erforderlich, wenn Sie Endkunden im EU-Ausland beliefern und dabei bestimmte, für jedes Land festgelegte, Lieferschwellen überschreiten. In der Folge müssen Sie dann mit dem für das jeweilige Lieferland gültigen Steuerschlüssel buchen. Beispiel: Sie beliefern Endkunden in Österreich und die jährlichen Umsätze mit diesen Kunden übersteigen die Lieferschwelle von € 200.000,00, dann müssen Sie diese Kunden im Folgejahr mit der in Österreich gültigen Steuer von 20% fakturieren.

40 Die OP-Nummer wird in der Mahnung an den Kunden gedruckt und auch als Verwendungszweck bei Verwendung des Lastschriftverfahrens angegeben. Daher ist es wichtig, hier unbedingt die Rechnungsnummer einzutragen.

Da es sich bei der Buchung in unserem Beispiel um einen Saldovortrag handelt, brauchen wir jetzt eine Möglichkeit, im System die ursprünglichen Daten und Zahlungskonditionen der Rechnung zu erfassen. Nach bestätigen der OP-Nummer öffnet sich ein weiteres Fenster, in dem wir die Eingaben zum Historieneintrag für diesen offenen Posten erfassen können. Hier tragen Sie ein, in welchem Jahr und in welcher Periode die Rechnung ursprünglich gebucht wurde. in unserem Fall also im Jahr 2014, in der Periode 12. Die Belegnummer ist wieder die original Rechnungsnummer und bei Belegdatum wird jetzt das ursprüngliche Rechnungsdatum (der 22.12.14) eingetragen.

Praxistipp

Sie können zur Auswahl der einzelnen Felder wieder wahlweise mit der Maus anklicken oder mit dem Ziffernblock arbeiten (Nummer des ersten Feldes eingeben und mit ↓ Pfeil nach unten ins nächste Feld und in der OK-Abfrage dann einfach + und **ENTER**). An dieser Stelle ist es wesentlich einfacher mit dem Ziffernblock zu arbeiten, als mit der Maus. Ein echter Buchhalter wird in der Buchungserfassung vollständig auf die Benutzung der Maus verzichten.

Bleibt nur noch die Prüfung der Zahlungskonditionen und die Korrektur des Valutadatums, um die Buchung korrekt abzuschließen.

Die Zahlungskonditionen werden aus dem Kundenstamm vorgeschlagen, können aber hier jederzeit geändert werden.

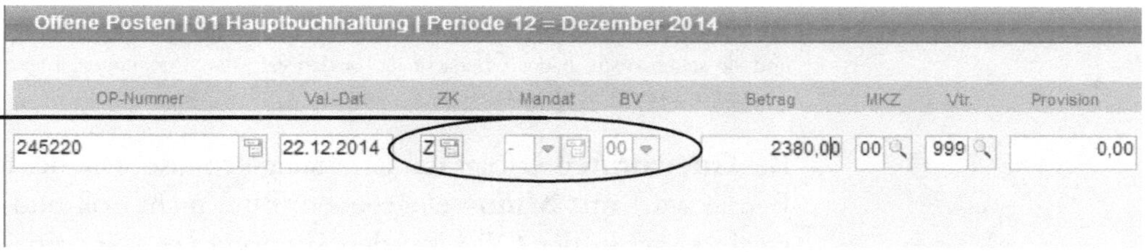

EINGABEN ZUM OP. Geben Sie hier die Zahlungskonditionen und das Valutadatum ein. Bitte beachten Sie, dass die Zahlungskonditionen von Rechnung zu Rechnung unterschiedlich vereinbart sein können.

Das Mahnkennzeichen bietet die Möglichkeit, wahlweise die Mahnstufe sofort zu erhöhen, d.h. der Kunde bekommt vielleicht sofort die 2. Mahnung, weil er auf die erste Mahnung generell nicht reagiert. In der Regel wird diesem Feld nichts eingetragen. Wenn Sie bestätigen, erscheint eine Abfrage, ob Sie die Buchung jetzt abschließen wollen; wir werden im Anschluss an die Buchung der Salden-vorträge Kreditoren auf diese Einstellungen näher eingehen.

Wählen Sie ja, um die Buchung zu speichern.

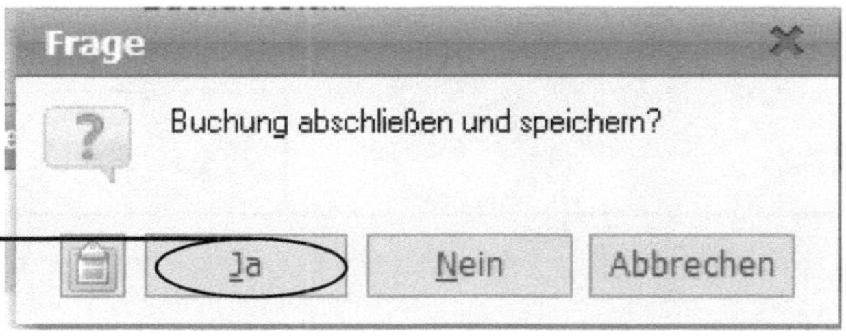

BUCHUNG SPEICHERN. Diese Abfrage gibt Ihnen Gelegenheit, darüber nachzudenken, ob Sie bei der Eingabe der Buchung alle Daten korrekt und vollständig eingegeben haben; mit ja bestätigen oder nein eingeben, um zur Eingabe zurückzukehren und Korrekturen vorzunehmen. Mit Abbrechen wird die Buchung komplett gelöscht.

Nach bestätigen der Buchung stehen Sie wieder im Feld Sollkonto. Unten in der Buchungserfassung sehen Sie Ihre zuletzt erfasste Buchung.

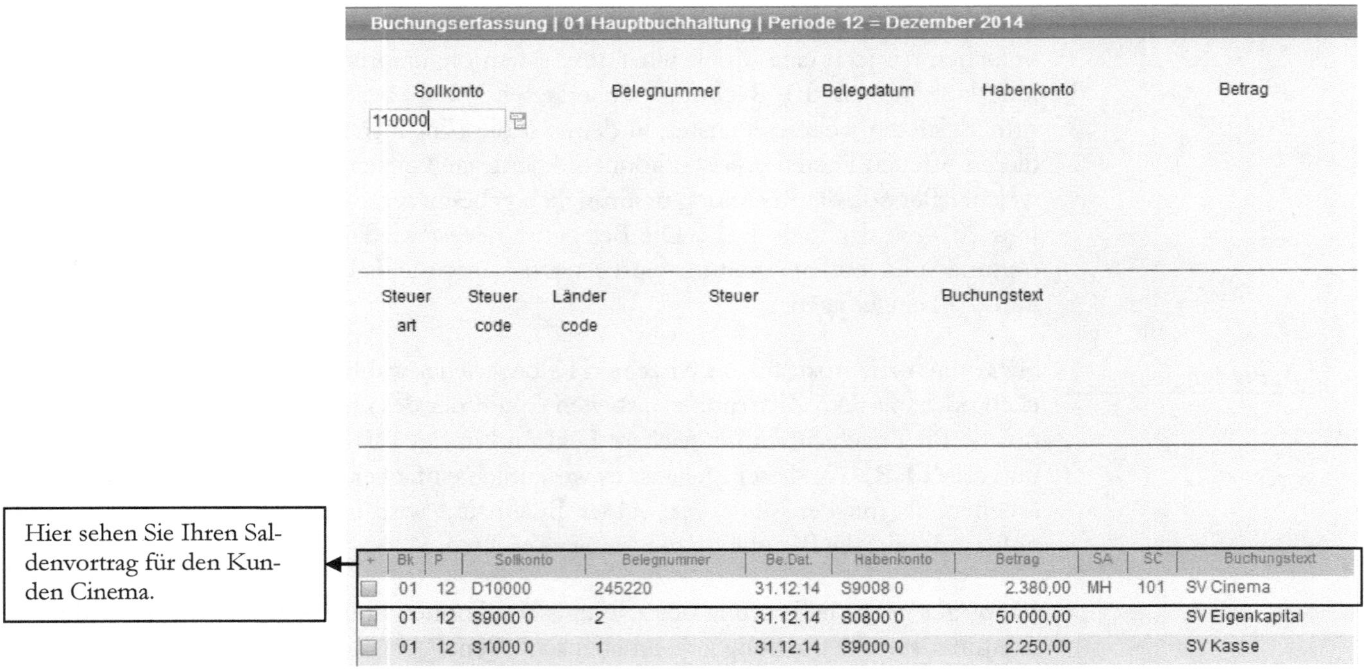

BUCHUNGSÜBERSICHT. Nach Abschluss der Buchung steht der Cursor wieder im Feld Sollkonto und sie sehen oben in der Übersicht die beiden erfassten Buchungen. Diese Übersicht ist beim Start der Buchungserfassung generell leer.

Bei **Gutschriften** erfolgt die Erfassung genauso, wie bei Rechnungen, lediglich der Betrag wird **mit Minus** eingegeben. Bitte nicht Soll und Haben tauschen; das erweckt sonst in der OP-Liste den Eindruck, es wäre eine Zahlung erfolgt und das macht das Abstimmen der OP-Liste und der Konten unnötig schwer. Außerdem werden dann die Umsätze auf dem Konto nicht korrekt dargestellt.

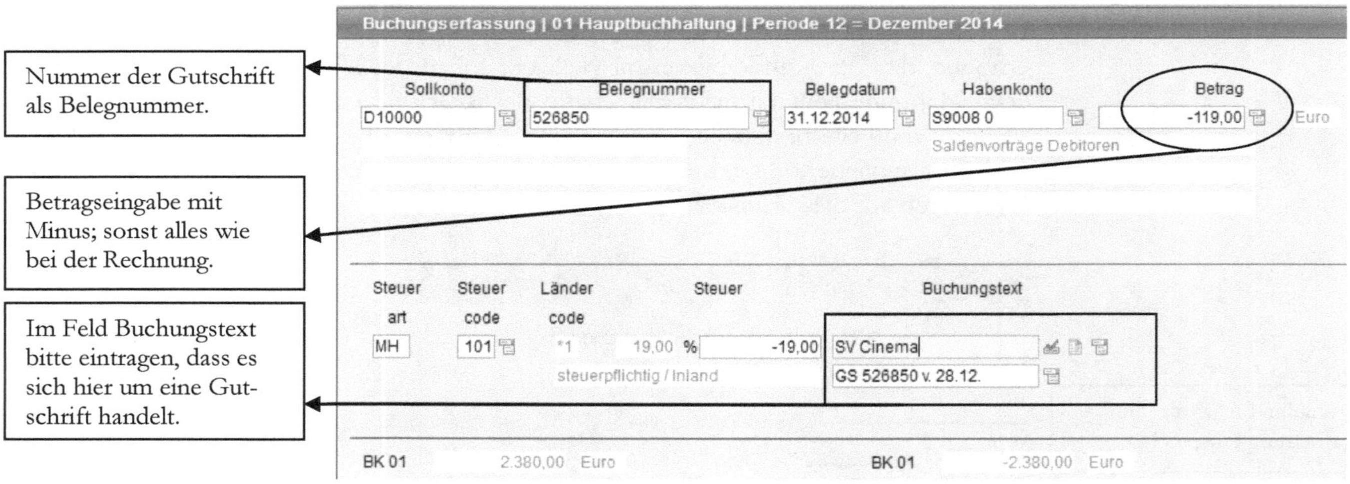

SALDENVORTRAG GUTSCHRIFT. Stornos und Gutschriften werden bitte generell mit Minus gebucht. Das ist für die Kontenabstimmung am übersichtlichsten.

Saldenvorträge Kreditoren

Für den Saldenvortrag der Kreditoren gibt es ebenfalls ein eigenes Konto, **Saldenvorträge Kreditoren**, das Konto **S90090**[41]. Nach der Erfassung aller Saldenvorträge muss die Summe auf dem Konto Saldenvorträge Kreditoren identisch sein mit der Summe Verbindlichkeiten aus Lieferungen und Leistungen[42].

Wir erfassen folgende Rechnung aus der OP-Liste vom 30.12.2014:

Rechnung 276985	vom 29.12.2014		€ 7.140,00
Buchungssatz:	**S90090**	**an**	**K70000**

Saldenvorträge Kreditoren im Soll, da die Verbindlichkeiten auf der Passivseite der Bilanz stehen.

Buchung mit Vorsteuer 19%; die Steuer wird nicht gebucht, da es sich um einen Saldovortag handelt.
Es wird lediglich die Info in der OP gespeichert, dass es sich um einen Bruttobetrag inkl. Steuer handelt.

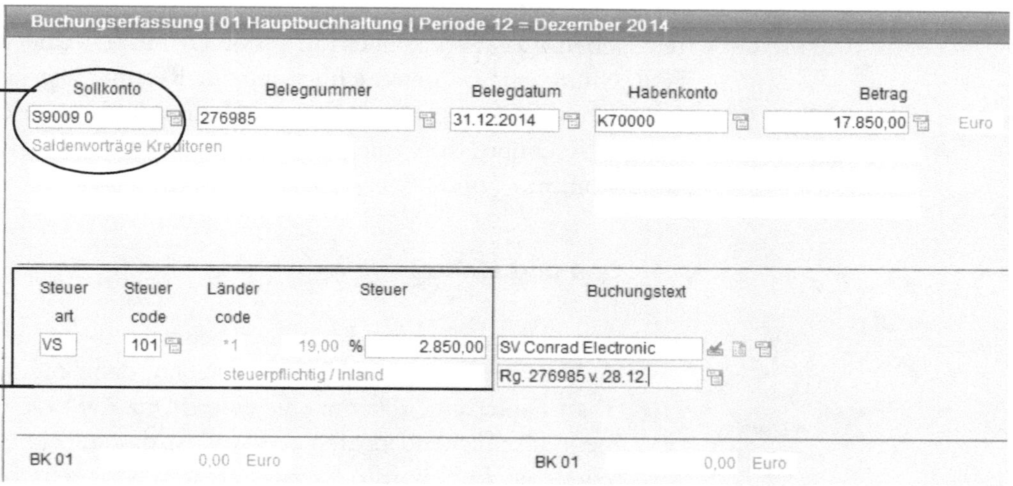

SALDENVORTRAG KREDITOREN. Wie bei der Erfassung der Saldenvorträge unserer Debitoren wird auch hier die Buchung mit Steuer erfasst; diesmal allerdings mit Vorsteuer.

Auch hier gilt es, die Historieneinträge beim offenen Posten zu machen, inklusiv Eingabe der ursprünglichen Buchungsperiode, der original Rechnungsnummer, des tatsächlichen Rechnungsdatums und der Eingabe der korrekten Valuta.

Tragen Sie hier Jahr und Periode der ursprünglichen Buchung ein.

Geben Sie hier das originale Rechnungsdatum ein.

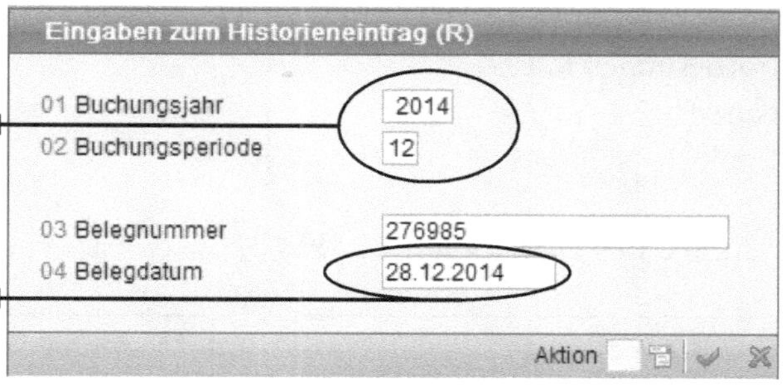

SALDENVORTRAG KREDITOREN. Zur Kontrolle hier mit den Eingaben zum Historieneintrag.

[41] Sollte das Programm bei Ihnen die Steuer beim Saldovortrag buchen, so liegt das im Zweifel daran, dass das Konto, aus das Sie den Saldovortrag buchen, nicht mit dem in der Festkontenzuordnung hinterlegten Saldovortragskonto übereinstimmt.

[42] Wenn es mehrere Konten für Verbindlichkeiten aus Lieferungen und Leistungen gibt (z.B. getrennt nach Inland, EU, sonstiges Ausland), sind jeweils die Salden aller Konten für die Abstimmung zu summieren.

Hier können Sie die Rechnung zur Zahlung freigeben oder sperren.

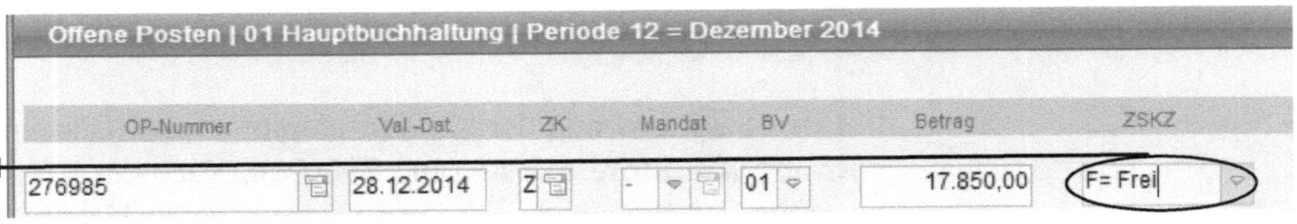

SALDENVORTRAG KREDITOREN. Zur Kontrolle hier mit den Eingaben zum Historieneintrag.

Seit der Classic Line 2008 steht ein Zahlungssperrkennzeichen (ZSKZ) zur Verfügung. Rechnungen, bei denen das Kennzeichen auf gesperrt gesetzt ist, werden beim Zahlungslauf ignoriert. Das Kennzeichen ermöglicht es, Rechnungen bereits vor der Rechnungsprüfung zu erfassen und nach erfolgreicher Prüfung zur Zahlung freizugeben. Das ist vor allem in größeren Firmen eine wichtige Anforderung, da die Rechnungen von der Buchhaltung zur Rechnungsprüfung in die entsprechende Fachabteilung weitergeben werden und eine Zahlung in der Regel erst erfolgt, sobald die Rechnung mit einer entsprechenden Freigabe wieder in die Buchhaltung zurückkommt.

Soll und Haben

Ein kleiner Tipp für die Praxis; wenn Sie ab und zu Probleme haben, Soll und Haben auseinander zu halten, dann nehmen Sie einfach ein Blatt Papier und zeichnen Sie eine Bilanz mit den wichtigsten Positionen; anschließend prüfen Sie, was ist das für ein Konto, das ich buchen möchte: aktiv oder passiv? Wird es mehr oder weniger? Und schon können Sie Ihren Buchungssatz ganz einfach ableiten.

Praxistipp

Aktiva — Bilanz — Passiva

Aktiva	Passiva
Grundstücke u. Gebäude	Eigenkapital
Fuhrpark	Darlehen
BGA	Verbindlichkeiten a. LL
Forderungen a. LL	
Kasse	
Bank	

S Aktive Bestandskonten H

S	H
Anfangsbestand + Mehrungen	- Minderungen **Saldo**

S Passive Bestandskonten H

S	H
Minderungen **Saldo**	Anfangsbestand + Mehrungen

Mit diesem einfachen Schaubild können Sie die Bilanzkonten ganz einfach zuordnen und an Hand von T-Konten Ihre Buchungssätze erstellen. Die gleiche Vorgehensweise empfiehlt sich bei den Konten der Gewinn und Verlustrechnung.[43]

Lernzielkontrolle

☺ **Testen Sie Ihr Wissen**

1) Welche Unterlagen benötigen Sie für die Buchung Ihrer Saldenvorträge?
2) Warum können Sie den Saldo auf Personenkonten nicht einfach in einer Summe buchen, sondern müssen jeden offenen Posten einzeln buchen?
3) Wie werden beim Saldovortrag Gutschriften/Stornorechnungen behandelt?
4) Warum gibt es 3 verschiedene Saldovortragskonten?
5) Warum werden Saldenvorträge für Debitoren und Kreditoren mit Steuer gebucht?
6) Was versteht man unter dem Begriff Valuta?
7) Worin liegt der Vorteil, grundsätzlich "sprechende" Buchungstexte zu verwenden?
8) Auf welcher Seite wird bei einem passiven Bilanzkonto der Saldovortrag gebucht?

Praktische Übungen

Tastaturübungen

1) Erfassen Sie die folgenden Saldenvorträge:

- Kasse	2.250,00
- Eigenkapital	50.000,00
- BGA	125.000,00
- Deutsche Bank (KK[44])	126.292,75
- Bankdarlehen (4 Jahre)	300.000,00
- PKW	55.700,00
- LKW	75.000,00

2) Bei unseren Kunden sind zum 30.12.2014 folgende Rechnungen offen:

D10000	**Cinema Filmtheater, München**		
Rechnung	245220	vom 22.12.2014	€ 2.380,00
Gutschrift	526850	vom 28.12.2014	€ 119,00

[43] Auch viele Steuerberater und Wirtschaftsprüfer zeichnen sich beim Jahresabschluss die eine oder andere Umbuchung auf T-Konten nach, weil dies die einfachste und schnellste Möglichkeit darstellt, seine Konten abzustimmen.

[44] **KK** steht für **Kontokorrent**, d.h. das laufende Bankkonto mit dem Sie Ihren Zahlungsverkehr abwickeln.

D10001	**Deutsches Theater, München**		
Rechnung	245203	vom 14.12.2014	€ 7.586,25

3) Bei unseren Lieferanten sind zum 30.12.2014 folgende Rechnungen offen:

K70000	**Conrad Electronic, Hirschau**		
Rechnung	276985	vom 29.12.2014	€ 17.850,00
Rechnung	276993	vom 30.12.2014	€ 21.420,00

K70001	**f&s Computer, Neuenhagen**		
Rechnung	8594458	vom 26.12.2014	€ 5.140,00
Gutschrift[45]	152684	vom 28.12.2014	€ 320,00

Im Gegensatz zur DATEV sind in der Sage New Classic die Kontonummern im Standard 5-stellig; d.h. um zu unterscheiden, ob es sich bei der Eingabe um ein Sachkonto, einen Debitor oder einen Kreditor handelt, wird dem Konto ein Kennzeichen vorangestellt: **D=1** für **D**ebitor, **K=2** für **K**reditor oder **S=3** für **S**achkonto.

[45] Sie erkennen bereits an der anderen Belegnummer, dass es sich hier um eine Gutschrift handelt. Denken Sie beim Buchen daran: Hier werden nicht Soll- und Habenkonto vertauscht, sondern der Betrag mit Minus gebucht.

Kontrolle der erfassten Buchungen

Natürlich möchten Sie jetzt kontrollieren, ob Sie alle Buchungen richtig und vollständig erfasst haben. Dazu gibt es verschiedene Möglichkeiten. Am einfachsten ist es für den Anfang, direkt in der Buchungserfassung über **Alt+O** die Auskunft Buchungserfassung zu öffnen und die erfassten Buchungen am Bildschirm anzuzeigen.

Über die Buchungserfassung gelangen Sie in die Auswahl der erfassten Buchungen.

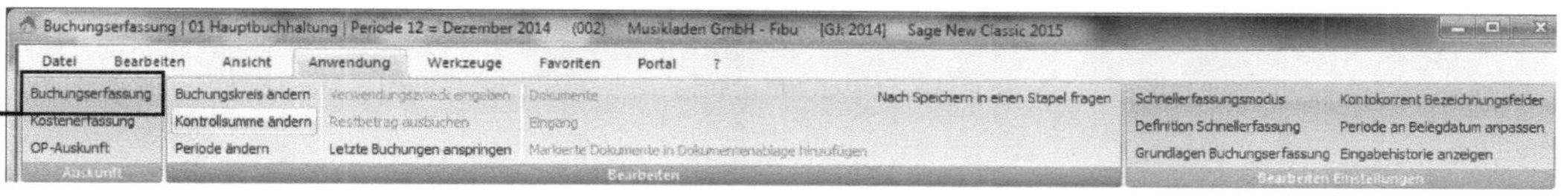

AUSWAHL OPTIONEN IN DER BUCHUNGSERFASSUNG. Sie haben hinter jeder Funktion auch die entsprechenden Kurzbefehle angegeben, d.h. Sie können in Zukunft auch gleich mit der Tastenkombination **STRG+A** direkt in die Auskunft Buchungserfassung verzweigen.

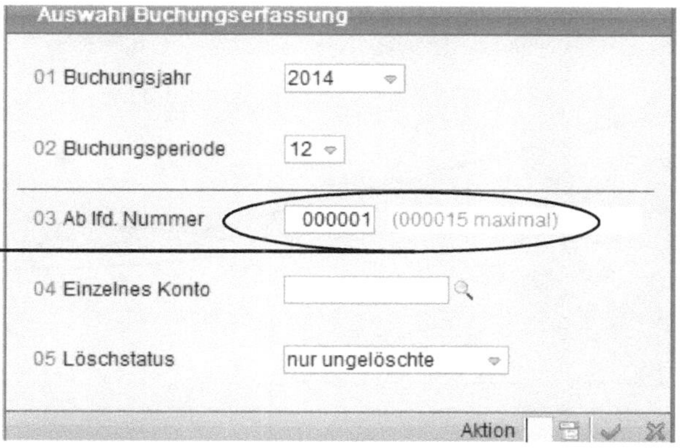

Kontrollieren Sie Jahr und Periode und ab welcher laufenden Nummer die Buchungen angezeigt werden.

AUSWAHL BUCHUNGEN. In unserem Beispiel lassen wir alle erfassten Buchungen anzeigen, d.h. ab der laufenden Nummer 00001.

Periode, in der die Buchungen erfasst wurden.

Buchungsdatum: Tag, an dem die Buchung erfasst wurde (in der Regel das Tagesdatum vom System).

Belegdatum: Datum der Rechnung oder des Buchungsbeleges; bei manuellen Saldenvorträgen in der Regel der 31.12....

Die fortlaufende Nummer; wird vom Programm automatisch vergeben.

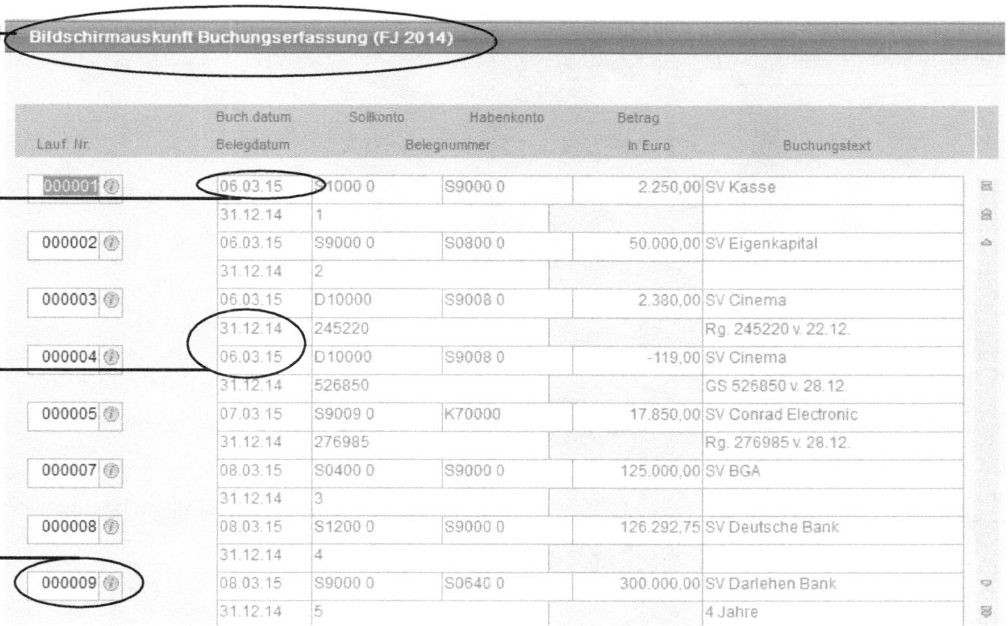

Bildschirmauskunft Buchungserfassung (FJ 2014)

Lauf. Nr.	Buch.datum / Belegdatum	Sollkonto / Belegnummer	Habenkonto	Betrag in Euro	Buchungstext
000001	06.03.15	S1000 0	S9000 0	2.250,00	SV Kasse
	31.12.14	1			
000002	06.03.15	S9000 0	S0800 0	50.000,00	SV Eigenkapital
	31.12.14	2			
000003	06.03.15	D10000	S9008 0	2.380,00	SV Cinema
	31.12.14	245220			Rg. 245220 v. 22.12.
000004	06.03.15	D10000	S9008 0	-119,00	SV Cinema
	31.12.14	526850			GS 526850 v. 28.12.
000005	07.03.15	S9009 0	K70000	17.850,00	SV Conrad Electronic
	31.12.14	276985			Rg. 276985 v. 28.12.
000007	08.03.15	S0400 0	S9000 0	125.000,00	SV BGA
	31.12.14	3			
000008	08.03.15	S1200 0	S9000 0	126.292,75	SV Deutsche Bank
	31.12.14	4			
000009	08.03.15	S9000 0	S0640 0	300.000,00	SV Darlehen Bank
	31.12.14	5			4 Jahre

BILDSCHIRMAUSKUNFT BUCHUNGSERFASSUNG. Hier sehen Sie jetzt Ihre erfassten Buchungen und können Buchung für Buchung kontrollieren und mit den **↑↓**-Tasten zeilenweise oder mit **Bild↑** oder **Bild↓** seitenweise blättern. Mit **ENTER** kommen Sie auf die Details der einzelnen Buchung.

Wenn Sie die Einzelheiten einer Buchung sehen möchten, wählen Sie die gewünschte Buchung aus und drücken Sie die ENTER- oder die Return-Taste. Alternativ können Sie auf die Sprechblase mit dem **i** für **I**nfo klicken, wenn Sie lieber mit der Maus arbeiten. Oder Sie benutzen die Funktionstaste **F9** für Einzelheiten anzeigen.

Wenn Sie bereits sehr viele Buchungen erfasst haben, können Sie in der Auswahlmaske jederzeit beliebige Selektionskriterien eingeben, um nur bestimmte Buchungen (mit einem genauen Betrag, oder einem bestimmten Konto, oder….) anzuzeigen.

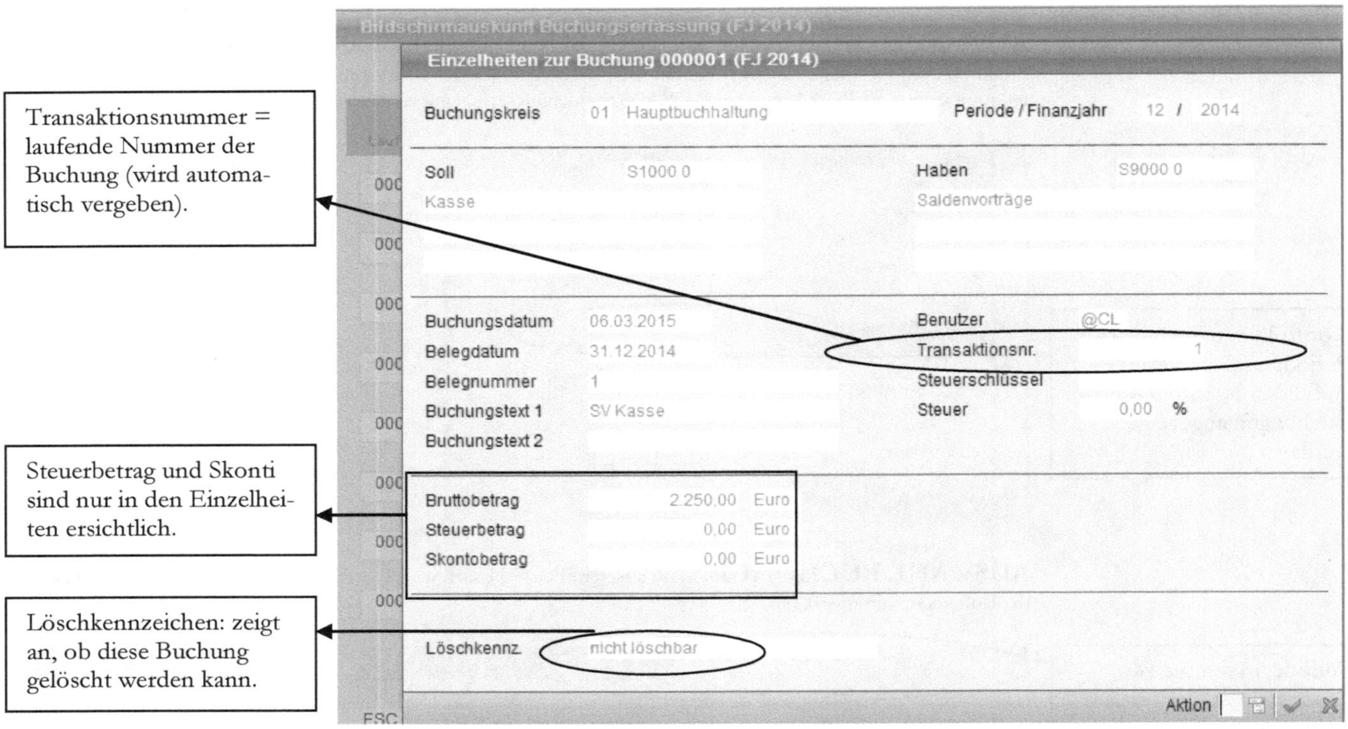

EINZELHEITEN ZUR BUCHUNG. Hier sehen Sie jetzt die Details der erfassten Buchungen.

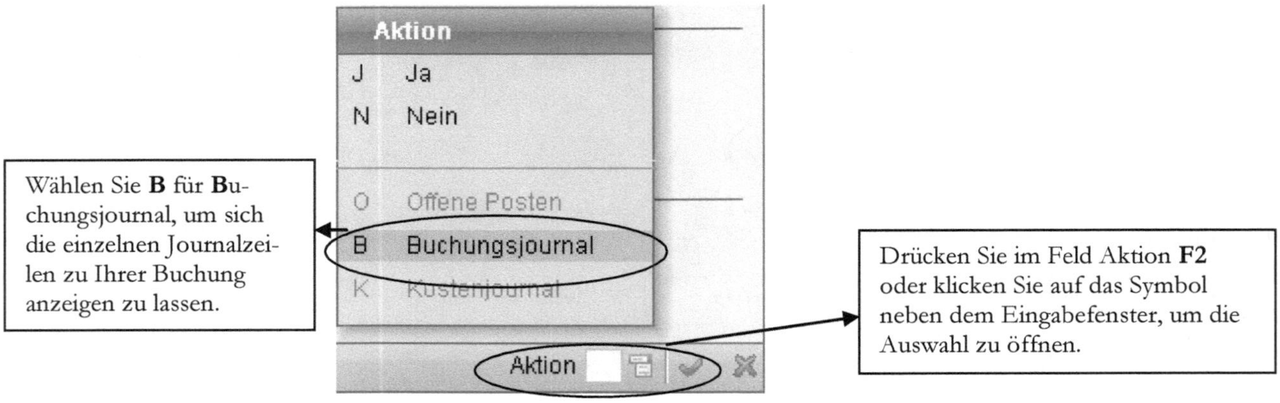

AUSWAHL IN DER OK-ABFRAGE. Seit der Version 3.5 können Sie jetzt auch noch das Buchungsjournal, Offene Posten und das Kostenjournal zur ausgewählten Buchung anzeigen (soweit vorhanden).

Wenn Sie mit der Kontrolle Ihrer Buchungen fertig sind, kommen Sie aus den Einzelheiten wahlweise mit **ESC** oder Return (Bestätigung, **ENTER**) wieder zurück. Noch einmal **ESC** und Sie bekommen die folgende Abfrage:

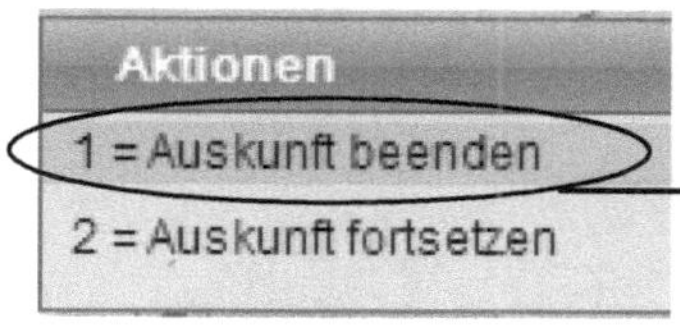

Wählen Sie 2 = Bearbeitung beenden, um das Programm zu beenden.

ZURÜCK GEHT`S MIT DER 2. Mit Eingabe der 3 kommen Sie wieder in die Auswahl der Buchungen und können eine neue Auswahl treffen.

Wählen Sie jetzt: **2 = Bearbeitung** beenden und Sie sind wieder in Ihrer Buchungserfassung. Diese Möglichkeit der Kontrolle bietet sich für einige, wenige Buchungen an, zumindest für die Prüfung der letzten erfassten Buchungen. Bei vielen Buchungen ist es einfacher, ein Buchungserfassungsprotokoll zu drucken und die einzelnen Buchungen zu kontrollieren und abzuhaken. Das ist angenehmer, als am Bildschirm zu blättern. Dazu beenden Sie die Buchungserfassung mit ESC; dabei kommen Sie wieder in die Auswahl Buchungskreis und Periode; hier noch einmal auf **ESC** und schon sind Sie wieder im Menü.

Praxistipp

Sie können während der laufenden Buchungserfassung die unten in der Buchungserfassung angezeigten Buchungen anklicken und blättern. Hier sehen Sie die letzten Buchungen, die erfasst wurden.

Das Buchungserfassungsprotokoll drucken Sie unter **Finanzbuchhaltung → Buchen → Buchungserfassung →Buchungserfassungsprotokoll**. Das Programm bietet die Möglichkeit, alle erfassten Buchungen einer Periode zu drucken.

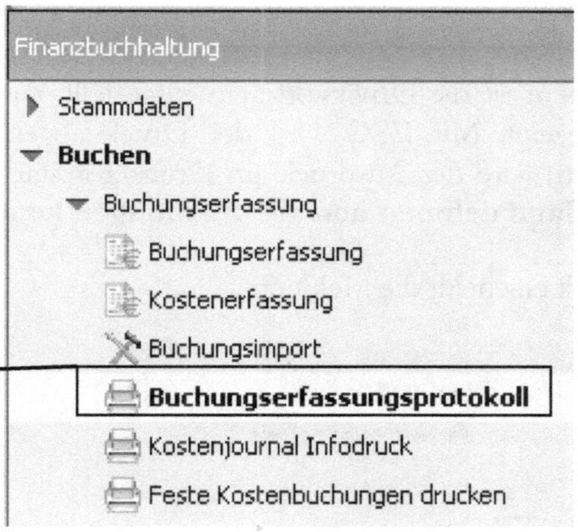

Gerade in der Anfangsphase ist es hilfreich, regelmäßig ein Buchungserfassungsprotokoll zu drucken und die erfassten Buchungen zu kontrollieren.

AUFRUF BUCHUNGSERFASSUNGSPROTOKOLL.

Nachdem wir aber bisher nur für den Januar Buchungen erfasst haben, wählen wir im Feld 01 Buchungsperiode die 01 für Januar. Als Vorschlagswert wird hier die aktuelle Periode vorgeschlagen.

Auswahl der Buchungsperiode; geben Sie hier die 12 für Dezember ein.

Achten Sie darauf, ab welcher Erfassungsnummer gedruckt wird.

Bei Bedarf können Sie die Auswahl auch einschränken und z.B. nur alle auf einem bestimmten Konto erfassten Buchungen drucken.

Optional können Sie bereits gelöschte Buchungen mit andrucken.

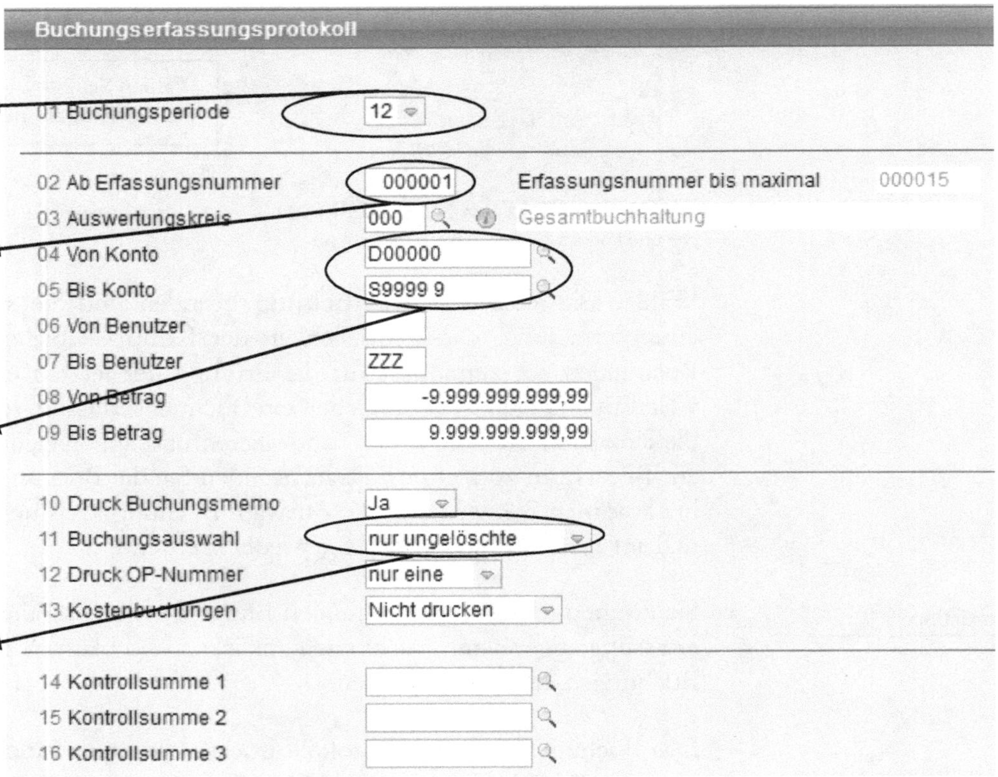

BUCHUNGSERFASSUNGSPROTOKOLL. Wählen Sie die Periode auf 01, bestätigen und in der OK-Abfrage ein ja eingeben und bestätigen. Jetzt erhalten Sie ein Protokoll aller in Periode 12 erfassten Buchungen.

Praxistipp

In unserem System ist die Druckvorschau eingestellt; das Protokoll wird also am Bildschirm angezeigt. Mit **ESC** wird der Druck abgebrochen, mit Bestätigung (ENTER/Return) wird der Ausdruck am Drucker gestartet. **Jetzt am besten das Protokoll zur Hand nehmen und alle Buchungen kontrollieren und abhaken.**

Nach dem Druck erscheint die Meldung:

Bestätigen Sie mit Ja, um die letzte Satznummer zu speichern. Beim nächsten Druck geht es dann automatisch mit der ersten noch nicht gedruckten Buchung weiter.

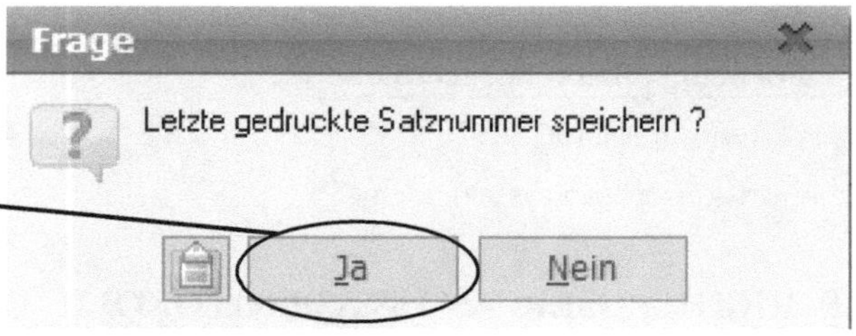

SATZNUMMER SPEICHERN? Wenn Sie diese Frage mit ja beantworten, wird in der Datei gespeichert, bis zu welcher Buchung das Protokoll bereits gedruckt wurde. Beim nächsten Mal geht's dann einfach mit der nächsten Buchung weiter.

Wollen Sie jetzt nach der Kontrolle noch die eine oder andere Buchung korrigieren? Sie wollen aber keine manuelle Stornierung vornehmen? Sie sind Perfektionist und scheuen keine Mühen, Hauptsache später sieht man die Fehler der ersten Eingabe nicht mehr? Dann gibt es nur eine Möglichkeit: Bewegungsdaten löschen und neu anfangen mit der Buchungserfassung.

Mandant 002 Musikladen GmbH - Fibu — Druck 09.03.2015 / 05:06 / @CL

Buchungserfassung für Periode 12 FJ 2014 Auswertungskreis: 000 Buchungskreise: Hauptbuchhaltung — Datum 09.03.2015 Seite 1

Laufende Nummer von 000001 bis 000015 / Konto von D00000 bis S9999 9 / Teilnehmer von bis ZZZ Betrag von -9.999.999.999,99 bis 9.999.999.999,99

LfdNr	Bu Kr	Buch. Datum	Soll Konto	Beleg Nummer	Beleg Datum	Haben Konto	Betrag (EUR)	Buchungstext	U A U S	USt-Betrag	OP-Nummer	Lösch-kennz.
000001	01	06.03.15	S1000 0	1	31.12.14	S9000 0	2.250,00	SV Kasse				
000002	01	06.03.15	S9000 0	2	31.12.14	S0800 0	50.000,00	SV Eigenkapital				
000003	01	06.03.15	D10000	245220	31.12.14	S9008 0	2.380,00	SV Cinema Rg. 245220 v. 22.12.	101	380,00	245220	
000004	01	06.03.15	D10000	526850	31.12.14	S9008 0	-119,00	SV Cinema GS 526850 v. 28.12.	101	-19,00	526850	
000005	01	07.03.15	S9009 0	276985	31.12.14	K70000	17.850,00	SV Conrad Electronic Rg. 276985 v. 28.12.	101	2.850,00	276985	
000007	01	08.03.15	S0400 0	3	31.12.14	S9000 0	125.000,00	SV BGA				
000008	01	08.03.15	S1200 0	4	31.12.14	S9000 0	126.292,75	SV Deutsche Bank				
000009	01	08.03.15	S9000 0	5	31.12.14	S0640 0	300.000,00	SV Darlehen Bank 4 Jahre				
000010	01	08.03.15	S0320 0	6	31.12.14	S9000 0	55.700,00	SV PKW				
000011	01	08.03.15	S0350 0	7	31.12.14	S9000 0	75.000,00	SV LKW				
000012	01	08.03.15	D10001	245203	31.12.14	S9008 0	7.586,25	SV Deutsches Theater Rg 245203 v. 14.12.	101	1.211,25	245203	
000013	01	08.03.15	S9009 0	276993	31.12.14	K70000	21.420,00	SV Conrad Electronic Rg. 276993 v. 30.12.	101	3.420,00	276993	
000014	01	08.03.15	S9009 0	8594458	31.12.14	K70001	5.140,00	SV f&s Computer Rg. 859445 v. 26.12.	101	820,67	8594458	
000015	01	08.03.15	S9009 0	152684	31.12.14	K70001	-320,00	SV f&s Computer GS 152684 v. 28.12	101	-51,09	152684	
				Kontrollsumme			788.180,00					

BUCHUNGSERFASSUNGSPROTOKOLL SALDENVORTRÄGE. Mit diesem Erfassungsprotokoll können Sie Ihre Saldenvorträge abstimmen.

Bewegungsdaten löschen

Die in Folge erklärte Funktion ist bitte ausschließlich dafür gedacht, in der Anfangsphase neu zu beginnen. Das kann gewollt sein, wenn Sie schon bei der Erfassung der Saldenvorträge sehr viele Fehler gemacht haben und viele Korrekturen erforderlich sind. Dann ist es unter Umständen einfacher, neu anzufangen, als die Fehler zu korrigieren. Verwenden Sie diese Möglichkeit bitte nie in einer laufenden Buchhaltung. Hier werden nicht nur ein paar Buchungen gelöscht, sondern **alle in diesem Mandanten erfassten Buchungen inkl. aller Vorjahre**.

Das kann auch gewollt sein, wenn die Firma übernommen wurde und Sie denselben Kundenstamm weiterhin beliefern wollen. Dann können Sie nach dem Löschen der Bewegungsdaten gleich mit dem Datenbestand weiterarbeiten und müssen nur Ihre Firmendaten ändern. Das ist in der Regel deutlich weniger Arbeit, als Kunden und Lieferanten neu zu erfassen.

Wichtig

Erstellen Sie bitte vorher eine Datensicherung. Die Funktion Bewegungsdaten löschen kann nicht rückgängig gemacht werden[46].

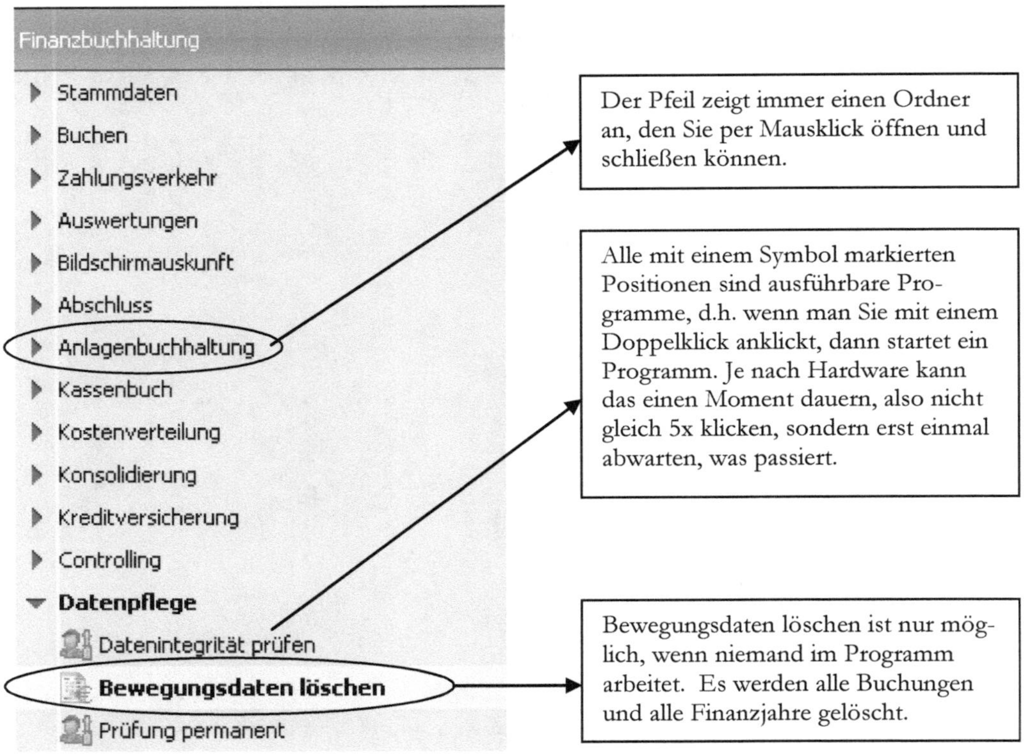

BEWEGUNGSDATEN LÖSCHEN. Mit dieser Funktion haben Sie die Möglichkeit, Ihre Buchhaltung komplett neu anzufangen, ohne dass dabei die erfassten Stammdaten (Kunden, Lieferanten,...) verloren gehen.

---

46 Neben einer regelmäßigen Datensicherung empfiehlt es sich generell, vor dem Aufruf von Programmen, die nicht rückgängig gemacht werden können, eine Datensicherung anzulegen. Unter dem Punkt **Administration → Mandantenstamm → Mandant sichern** können Sie jederzeit eine Datensicherung des aktuellen Mandanten anlegen und diese Sicherung auch genauso schnell wieder einspielen.

BEWEGUNGSDATEN LÖSCHEN

Dieses Programm kann nur ausgeführt werden, wenn kein anderes Programm in der Sage New Classic geöffnet ist. Bitte prüfen und gegebenenfalls geöffnete Anwendungen (Kundenstamm, Buchungserfassung,...) schließen.

Oft gibt es Missverständnisse, was gemeint ist, mit dem Wort Bewegungsdaten. Hier sind alle Daten gemeint, die im Programm nicht im Bereich Stammdaten erfasst werden, wie z.B. Buchungen, erfasste Kosten, Offene Posten,....

Bitte beachten Sie: vergangene Geschäftsjahre werden vollständig gelöscht.

Hier sehen Sie, welche Daten von der Löschaktion nicht betroffen sind. Dazu gehören auch die Sachkonten und die Kunden und Lieferanten.

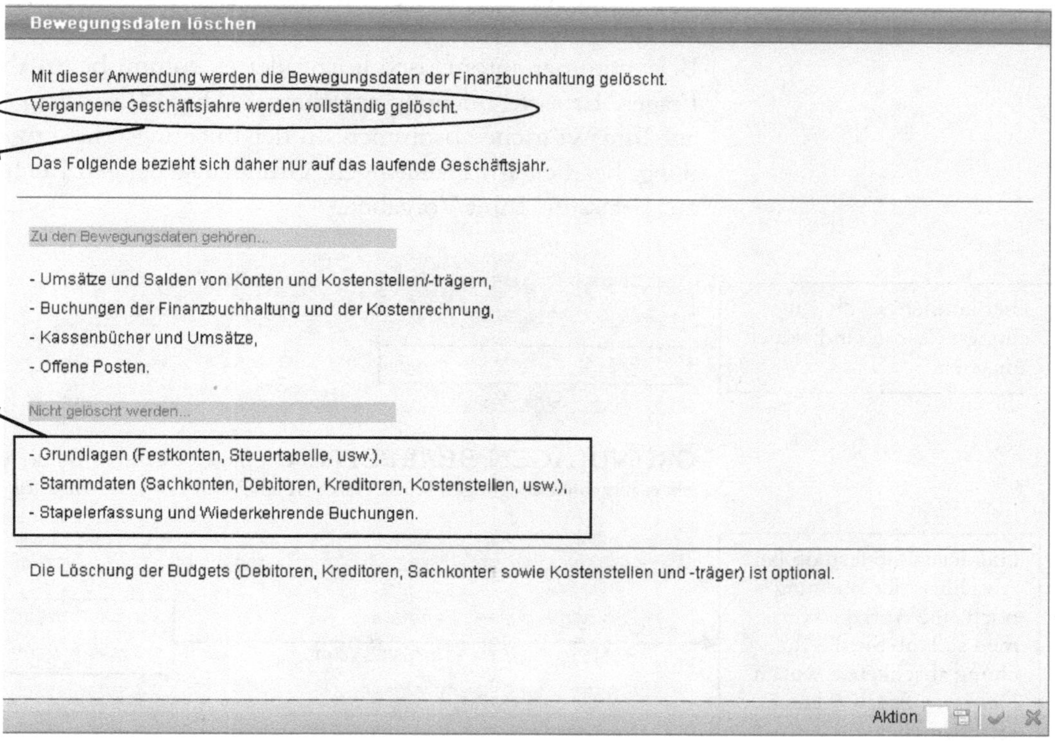

BEWEGUNGSDATEN LÖSCHEN. Eine hilfreiche Funktion, wenn Sie auf Grund vieler Stornobuchungen bereits zu Beginn der Buchhaltung den Überblick verloren haben und deshalb noch einmal ganz von vorne anfangen möchte.

Damit man nicht unbeabsichtigt den Löschvorgang auslöst, ist noch eine Sicherheitsabfrage eingebaut; dann allerdings gibt es kein Zurück mehr.

Erst wenn Sie diese Abfrage mit ja beantworten, werden die Daten tatsächlich gelöscht.

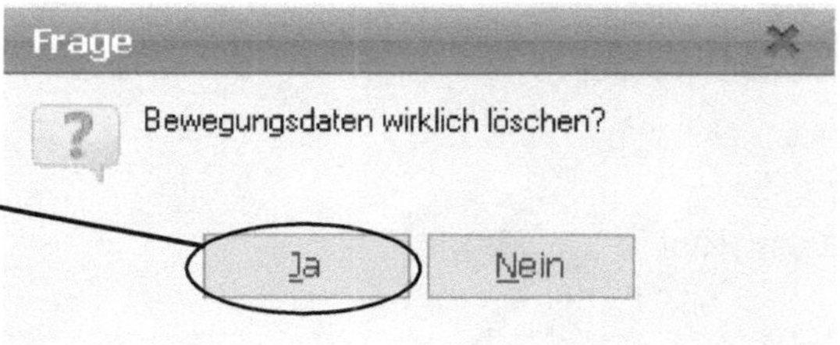

SICHERHEITSABFRAGE

Mit ja bestätigen und Sie haben es geschafft. Jetzt voller Freude und Energie zurück zur letzten Übungsaufgabe und alle Saldenvorträge und offenen Posten noch einmal erfassen und wieder mit Hilfe des Buchungserfassungsprotokolls überprüfen. Bei Unsicherheiten entweder noch einmal im Skript nachlesen oder mit **F1** die **Hilfe** zu Rate ziehen.

Wichtig

Wenn Sie allerdings bereits seit Jahren in der Sage New Classic arbeiten und Sie haben bereits mehrere Jahre gebucht, dann sind diese nach dem Löschen der Bewegungsdaten ebenfalls komplett gelöscht. Sie haben danach nur noch das aktuelle Geschäftsjahr ohne Buchungen.

Grundeinstellungen in der Buchungserfassung

Bei der Erfassung unserer Buchungen haben wir eine Reihe von Punkten festgestellt, die uns beim schnellen Erfassen beeinträchtigen. So zählt das System z.B. die Belegnummer automatisch hoch oder es kommt beim Abschluss der Buchung die Frage: "Erfasste Buchung speichern?". Diese Einstellungen können Sie individuell auf Ihre Wünsche abstimmen. In der Buchungserfassung finden Sie unter Anwendung, bearbeiten Einstellungen, Grundeinstellungen Buchungserfassung, ein Menü zur Erfassung Ihrer Vorgaben.[47]

Hier können Sie die Buchungserfassung individuell anpassen.

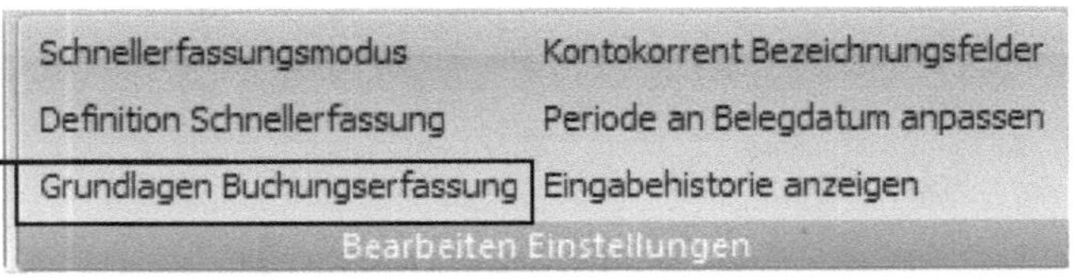

GRUNDLAGEN BEARBEITEN. Um sich die Arbeit bei der Buchungserfassung zu erleichtern, gibt es hier zahlreiche Möglichkeiten, einzelne Funktionen individuell einzustellen.

Hier legen Sie fest, ob bei Abschluss der Buchung noch eine Abfrage kommen soll, ob Sie die Buchung abschließen wollen. Das ist in der Regel nicht erforderlich.

Die Obergrenze Skonto legt fest, ab welcher Höhe des Skonto eine Warnung angezeigt wird. Sie sehen dann im Hinweis, wie viel % Skonto Sie gerade buchen würden. Eine Buchung ist trotzdem möglich.

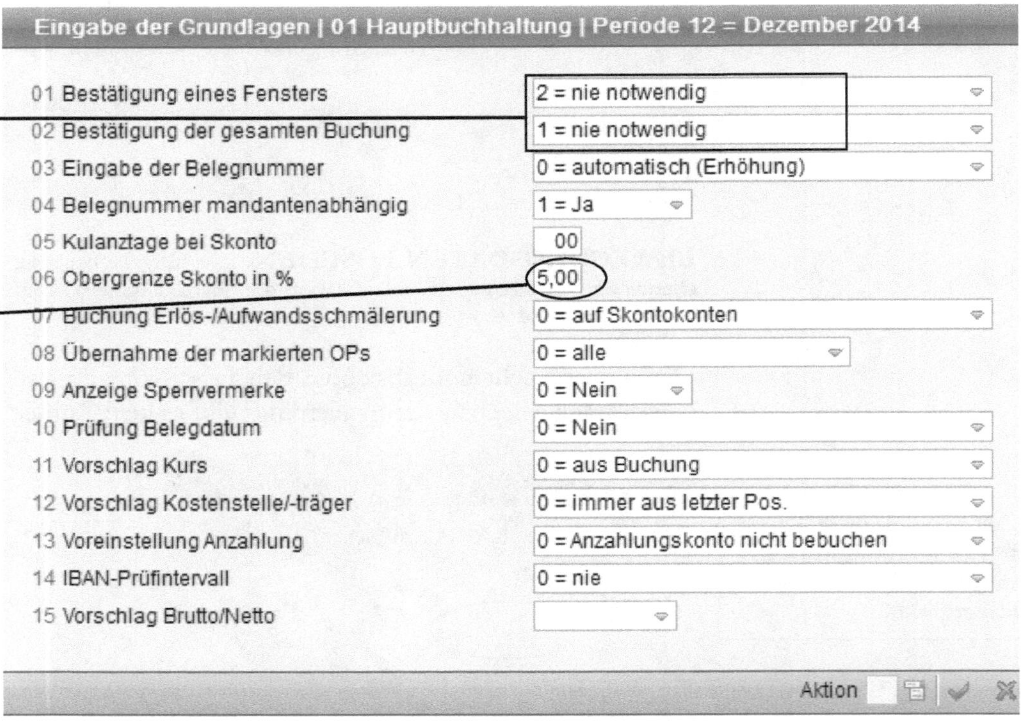

EINGABE DER GRUNDLAGEN Hier können Sie festlegen, welche Prüfungen und Abfragen während der Buchungserfassung automatisch erfolgen sollen.

---

47 Die Grundlagen können Sie nur bearbeiten, wenn der Cursor im Feld Sollkonto steht. Haben Sie bereits angefangen, eine Buchung zu erfassen, müssen Sie die Erfassung erst abschließen, oder mit Pfeil nach oben wieder zurück bis zum Feld Sollkonto.

Feld 01 und 02: Hier haben Sie die Möglichkeit, am Ende der Buchung eine Abfrage zu aktivieren, ob Sie die Buchung wirklich abschließen wollen. Das gibt Ihnen die Möglichkeit, die Buchung noch einmal zu prüfen und Änderungen vorzunehmen, falls das erforderlich ist. Mit zunehmender Praxis werden Sie diese Option abschalten, um schneller buchen zu können.

Feld 03 Eingabe der Belegnummer: Automatisch stellen Sie ein, wenn Sie beispielsweise gerade die Kasse buchen. Bei dieser Einstellung erhöht das System die Belegnummer bei jeder Buchung automatisch um 1. In der Regel werden Sie hier manuell einstellen, dann wird immer die Belegnummer der letzten Buchung vorgeschlagen.

Feld 04 Belegnummer mandantenabhängig: Sie können die Belegnummern nur innerhalb eines Mandanten hoch zählen, oder mandantenübergreifend.

Feld 05 Kulanztage Skonto: Hier können Sie festlegen, wie viele Tage nach Ablauf der Skontofrist noch Skonti gezogen werden dürfen. Da es sich ja in der Buchungserfassung nur um einen Vorschlagswert handelt, geben Sie hier wenigstens 10 Tage ein, weil Sie in der Regel Ihre Bank nicht tagaktuell buchen.

Feld 06 Obergrenze Skonto: Bei Überschreiten der hier festgelegten Grenze erscheint in der Buchungserfassung eine Warnung mit Hinweis auf die Höhe der eingegebenen Skonti. Diese muss bestätigt werden, wenn der Abzug in dieser Höhe tatsächlich gewünscht ist.

Feld 07 Buchung Erlösschmälerungen: Sie haben die Wahl, ob Erlösschmälerungen generell auf Skontokonten gebucht werden sollen oder nach Verursachungsprinzip, d.h. auf dem Konto, auf dem auch die Aufwendungen oder Erlöse gebucht wurden.[48]

Feld 08 hier können Sie festlegen, ob alle markierten OPs übernommen werden sollen, oder nur bis zum Erreichen des Restbetrages.

Feld 09 bietet die Möglichkeit, Sperrvermerke, die Sie im Kunden- und Lieferantenstamm erfassen können, automatisch in der Buchungserfassung anzuzeigen.

Feld 10 Check Belegdatum: Diese Option ist sehr hilfreich bei Monats- oder Jahreswechsel; es wird wahlweise geprüft, ob das eingegebene Belegdatum in die gewählte Periode oder das gewählte Geschäftsjahr passt. Auf diese Weise lassen sich Fehler vermeiden.

Feld 11 und 12 sind nur bei der Arbeit mit Fremdwährungen oder bei Nutzung der Kostenrechnung relevant. In beiden Fällen handelt es sich um Vorschlagswerte, die in der Buchungserfassung geändert werden können.

Feld 13: Hier legen Sie fest, ob bei erhaltenen Anzahlungen automatisch ein entsprechendes Anzahlungskonto gebucht werden soll.

---

[48] In der Regel wird auf Skontokonten gebucht. Achtung: wenn die Zahlung ein Anlagegut betrifft, muss der Skontoabzug auf dem Anlagekonto gebucht werden. In diesem Fall bitte Skonto manuell buchen, oder, wenn Sie gerade mehrere Zahlungseingänge für Anlagegüter erfassen, in den Grundlagen ändern. Bitte denken Sie bei diesen Einstellungen an den Grundsatz der Kontinuität und behalten Sie eine einmal gewählte Systematik bei.

Feld 14 bietet die Möglichkeit, in bestimmten Intervallen automatisch die hinterlegten IBAN Nummern zu prüfen.

Feld 15: Hier können Sie festlegen, ob Sie generell als Vorschlagswert Ihre Buchungen brutto oder netto erfassen wollen.

Wichtig bei diesen Einstellungen ist, dass Sie nur für den gerade angemeldeten Benutzer gelten, d.h. jeder der in der Sage New Classic mit einem eigenen Benutzer angemeldet ist, kann diese Einstellungen für sich individuell gestalten. Eine Änderung ist jederzeit möglich.

Wenn alle gewünschten Eingaben gemacht sind, mit ja (+) und **ENTER** speichern und schon ist die Buchungserfassung Ihren Wünschen angepasst.

Ich möchte an dieser Stelle noch einige weitere, hilfreiche Funktionen erklären:

- **Definition Schnellerfassung:** Hier haben Sie die Möglichkeit, festzulegen, welche Felder in der Buchungserfassung im so genannten Schnellerfassungsmodus noch verfügbar sind.

- **Kontokorrent Bezeichungsfelder:** Hier legen Sie fest, welche Felder bei der Auswahl eines Personenkontos (Kontokorrent, also Debitor oder Kreditor) in der Buchungserfassung angezeigt werden (siehe Screenshot).

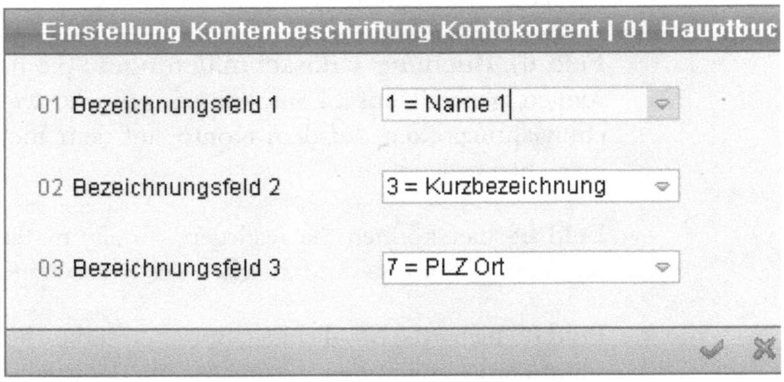

EINSTELLUNGEN KONTENBESCHRIFTUNG. Wählen Sie aus, welche Felder Sie in der Buchungserfassung sehen möchten.

- **Periode an Belegdatum anpassen:** Mit dieser neuen Funktion ist es möglich, die ausgewählte Buchungsperiode automatisch an das eingegebene Belegdatum anzupassen, d.h. Sie können jetzt Buchungen für unterschiedliche Perioden erfassen, ohne erst die Buchungserfassung zu beenden und mit einer neuen Periode neu zu starten.

Lernzielkontrolle

☺ **Testen Sie Ihr Wissen**

1) Was passiert beim löschen der Bewegungsdaten in der Finanzbuchhaltung?

2) Kann man Saldenvorträge nachträglich verändern?

3) Welche Möglichkeiten haben Sie, Ihre erfassten Buchungen zu prüfen?

4) Welche Informationen finden Sie im Buchungserfassungsprotokoll?

5) Welche Buchungen werden Ihnen im Kopf der Buchungserfassung angezeigt?

6) Was versteht man unter Kulanztage Skonto?

7) Welche Möglichkeiten bietet Ihnen die Sage New Classic im Standard, Erlösschmälerungen zu buchen?

8) Wie können Sie einstellen, welche Felder bei der Auswahl eines Personenkontos in der Buchungserfassung angezeigt werden?

Praktische Übungen:

Tastaturübungen

1) Kontrollieren Sie Ihre erfassten Buchungen in der Auskunft Buchungserfassung; sehen Sie sich die Details an.

2) Drucken Sie ein Buchungserfassungsprotokoll für die Periode 10 und kontrollieren Sie Ihre erfassten Buchungen.

3) Drucken Sie das Buchungserfassungsprotokoll erneut und geben Sie in den Feldern Kontrollsumme 1-3 jeweils die Saldenvortragskonten ein.

4) Stimmen Sie die Saldenvortragskonten ab: die Summe der Saldenvortragskonten muss immer Null ergeben, sonst haben Sie einen Fehler gemacht oder nicht alle Buchungen erfasst.

5) Stellen Sie die Grundlagen Buchungserfassung nach Ihren Wünschen ein.

6) Legen Sie als Anzeige für ein Kontokorrentkonto folgende Felder fest: Name 1, Matchcode und PLZ/Ort. Prüfen Sie die Einstellungen in der Buchungserfassung, indem Sie im Feld Sollkonto die Nummer **D**10000 (**1**10000) eingeben.

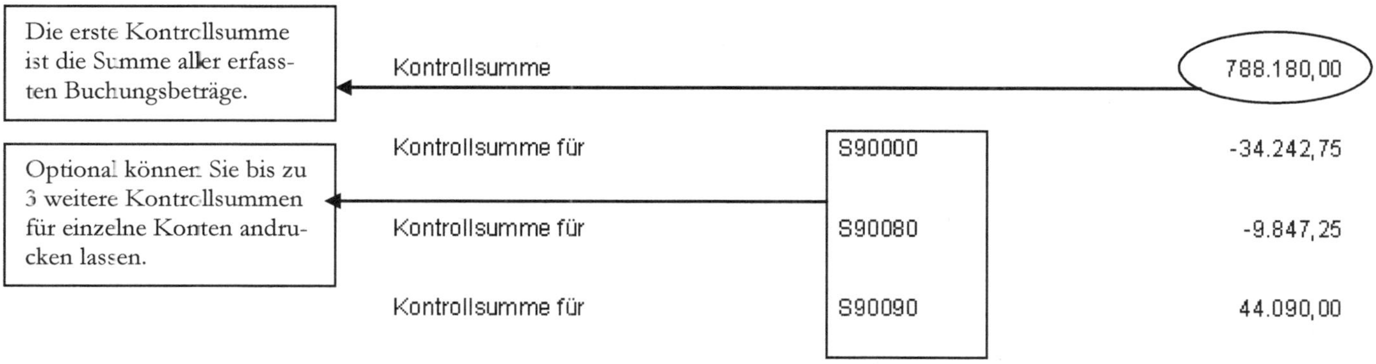

KONTROLLSUMME Mit Hilfe der Kontrollsummen können Sie Ihre erfassten Buchungen schneller prüfen. Wenn Sie alle Saldenvorträge korrekt erfasst haben, ergibt die Summe der Salden auf den 3 Saldenvortragskonten 0. Ist dies nicht der Fall, bitte die erfassten Buchungen prüfen und den oder die Fehler korrigieren.

Kapitel

5

Der Jahresabschluss

Lernen Sie hier, wie Sie den Jahresabschluss machen und was zu beachten ist, wenn nachträglich noch im alten Jahr gebucht wird.

Sie haben in der Sage New Classic die Möglichkeit, bis zu 10 Geschäftsjahre zu verwalten. Beim Jahresabschluss wird im System ein neues Geschäftsjahr mit allen geänderten Konten und Auswertungen angelegt und die Kontensalden und Budgets können automatisch ins neue Jahr vorgetragen werden.

Neben Umbuchungen macht der Steuerberater in vielen Firmen die erforderlichen Abgrenzungen und bucht die Rückstellungen. Oft wird auch das Anlagevermögen beim Steuerberater geführt.

🗁 Wichtig

Es ist erforderlich, die Abschlussbuchungen des Steuerberaters in der Sage New Classic 1 zu 1 nach zu buchen, damit Ihre Bilanz in der Sage New Classic mit der des Steuerberaters identisch ist.

Beim Jahresabschluss in der Sage New Classic wird zwischen einem vorläufigen und einem endgültigen Jahresabschluss unterschieden.

Bevor wir unseren Jahresabschluss machen, um unsere erfassten Saldenvorträge nach 2015 vorzutragen, möchte ich Ihnen zeigen, wie einfach und schnell in der Sage New Classic eine Datensicherung zu erstellen ist:

Datensicherung

🗁 Wichtig

Unter **Administration → Mandantenstamm → Mandant sichern** haben Sie die Möglichkeit, wahlweise auf einem Wechseldatenträger oder auf Ihrer Festplatte eine Datensicherung zu erstellen. Denken Sie im Zweifel immer daran: Sie machen die Buchhaltung, d.h. wenn die Daten verloren gehen, müssen Sie Ihre Buchungen neu erfassen. Also liegt es in Ihrer Verantwortung, für eine regelmäßige Datensicherung Sorge zu tragen. Bei kleineren Datenbeständen können Sie auf Diskette sichern, bei größeren Datenmengen verwenden Sie ein Zip-Laufwerk oder legen Sie die Sicherung auf Ihrer Festplatte ab und brennen Sie regelmäßig (mindestens 1x pro Woche) eine CD/DVD. **Wichtig ist die regelmäßige Sicherung auf einen externen Datenträger.**

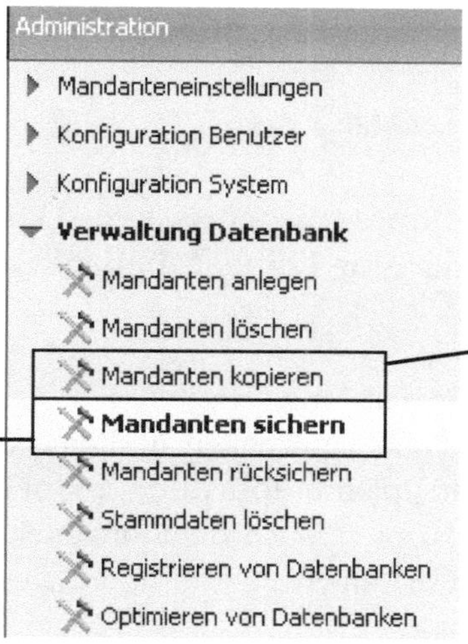

Mandant sichern ist für den Anwender die einfachste Möglichkeit, schnell eine Datensicherung anzulegen.

Die Funktion Mandant kopieren eignet sich hervorragend, um einen Übungsmandanten mit eigenen Daten anzulegen.

MANDANTEN SICHERN. Erstellen Sie hier eine Datensicherung.

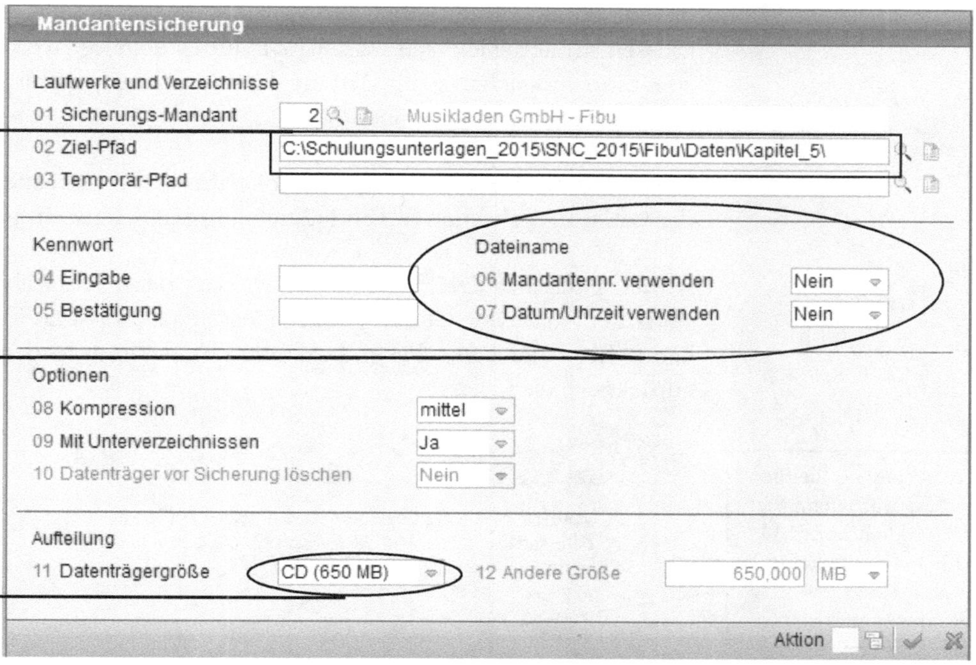

Geben Sie hier den Pfad für die Datensicherung ein.

Neu seit der Version 2009: Sie können die Mandantennummer und Datum/Uhrzeit bei der Erstellung der Sicherung für den Dateinamen verwenden.

Bei größeren Datenbeständen ist eine Aufteilung der Daten in mehrere Datenpakete möglich.

MANDANTENSICHERUNG. Hier geben Sie die Details für Ihre Datensicherung ein.

Sie können einstellen, dass der Name der Datensicherung automatisch um die Mandantennummer und Datum und Uhrzeit erweitert wird. War die Datensicherung erfolgreich, erscheint am Ende eine entsprechende Meldung; andernfalls wird die Sicherung automatisch abgebrochen.

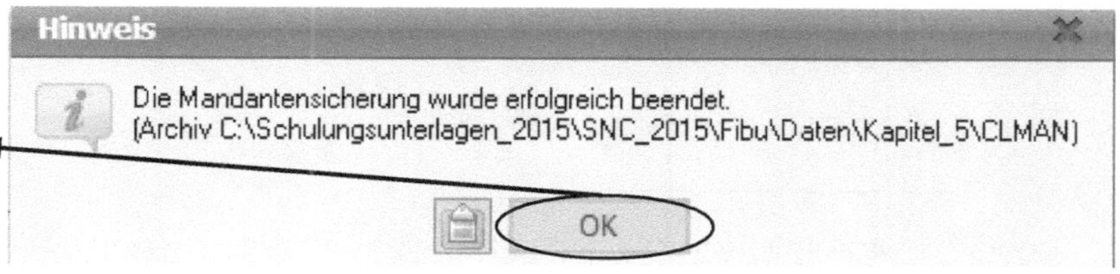

Bestätigen Sie die den Hinweis, um die Datensicherung abzuschließen.

MANDANTENSICHERUNG - HINWEIS. Neben dem Hinweis auf eine erfolgreiche Datensicherung sehen Sie den kompletten Pfad und den Dateinamen der Datensicherung, jetzt mit Mandantennummer, Datum und Uhrzeit.

Jetzt können Sie Ihren Jahresabschluss durchführen.

Vorläufiger Jahresabschluss

🗁 Wichtig

Grundsätzlich ist vor dem Jahresabschluss eine Datensicherung anzufertigen und zu archivieren. Es gibt keine Möglichkeit, den Jahresabschluss rückgängig zu machen.

Zum besseren Verständnis für den Jahresabschluss ist es wichtig, die Arbeitsweise des Programms zu kennen. Wenn zum ersten Mal ein vorläufiger Jahresabschluss gemacht wird, wird der Kontenplan automatisch ins neue Geschäftsjahr kopiert. Auf diese Weise werden alle Konten, auch die individuell angelegten und die Auswertungstexte für Bilanz und GuV ins neue Jahr übertragen[49].

Werden jetzt im alten Geschäftsjahr noch Buchungen erfasst und neue Konten angelegt, so werden zwar die beim Wiederholen des vorläufigen Jahresabschlusses die Salden aktualisiert, aber neu angelegte Konten nicht mit übernommen[50]. Diese müssen im aktuellen Geschäftsjahr manuell angelegt werden. Das neue Geschäftsjahr bitte möglichst zeitig Anfang Januar anlegen, damit Sie zumindest Bank und Kasse aktuell buchen können.

Unter **Finanzbuchhaltung → Abschluss → Jahresabschluss** werden sowohl der vorläufige, als auch der endgültige Jahresabschluss aufgerufen.

Ähnlich, wie bei der Datensicherung, darf beim Jahresabschluss keine weitere Instanz der Sage New Classic geöffnet sein, da es sonst zu Datensatzsperren kommen kann. Im Falle eines Programmabbruchs ist es erforderlich, die Datensicherung zurückzuspielen.

Bitte bestätigen Sie die Meldung nur, wenn Sie auch wirklich kontrolliert haben, dass keine weiteren Programminstanzen geöffnet

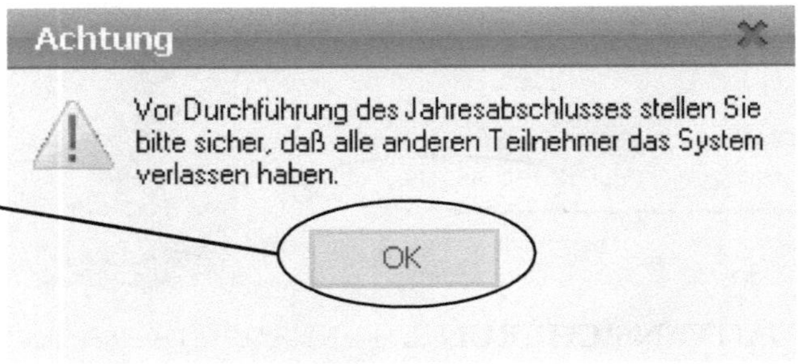

JAHRESABSCHLUSS. Hier legen Sie fest, welche Daten beim Jahresabschluss übernommen werden sollen.

[49] Neben dem Kontenplan werden auch die Mandantengrundlagen und die Steuertabellen kopiert, so dass im neuen Jahr Änderungen vorgenommen werden können, ohne dass historische Daten davon betroffen sind.

[50] Ausgenommen davon sind seit der Version 3.4 Bilanz- und Finanzkonten; diese werden beim nächsten vorläufigen Jahresabschluss ins neue Geschäftsjahr aktualisiert.

Achten Sie immer darauf, für welches Jahr Sie gerade einen Jahresabschluss durchführen.

Art des Jahresabschlusses; beim ersten Mal ist immer nur ein vorläufiger Jahresabschluss möglich.

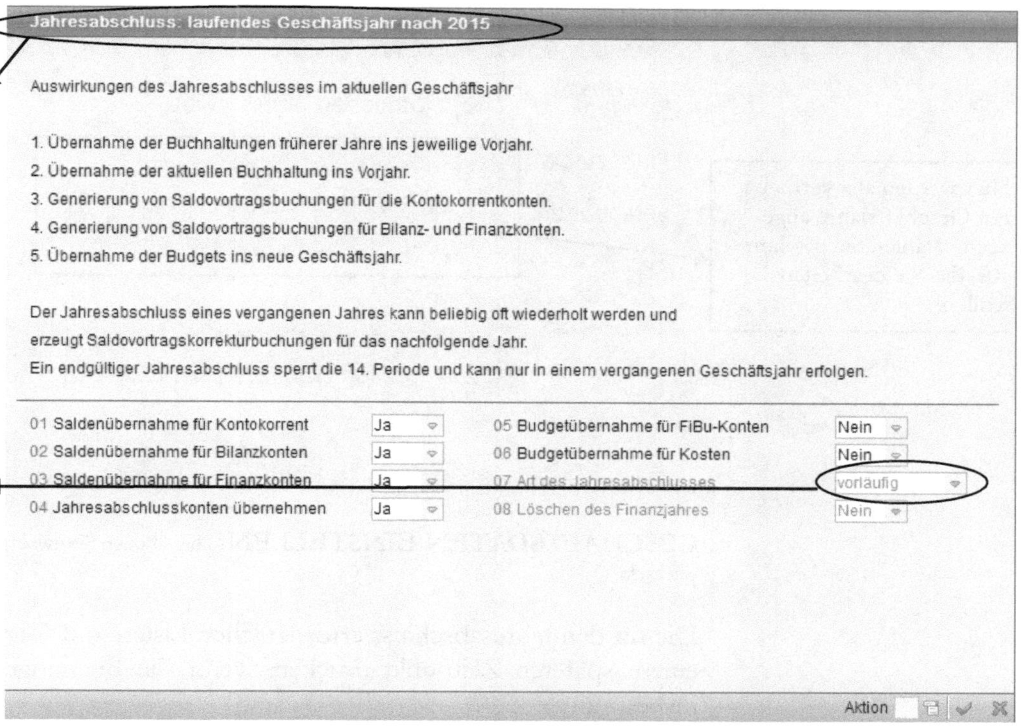

JAHRESABSCHLUSS. Hier legen Sie fest, welche Daten beim Jahresabschluss übernommen werden.

Sie können diesen vorläufigen Jahresabschluss beliebig oft wiederholen; d.h. wenn Sie im alten Jahr noch Buchungen erfasst haben, machen Sie einfach erneut im alten Jahr einen vorläufigen Jahresabschluss und die Kontensalden werden entsprechend aktualisiert.

Sie sollten die Übernahme der Budgetwerte generell auf nein setzen; Sie können die Budgets auch in der Kostenrechnung übernehmen; dort stehen Ihnen weitere Optionen (z.B. automatische Erhöhung um x%) zur Verfügung.

Bei dieser Meldung wird angezeigt, wie viele Saldenvorträge gebucht wurden.

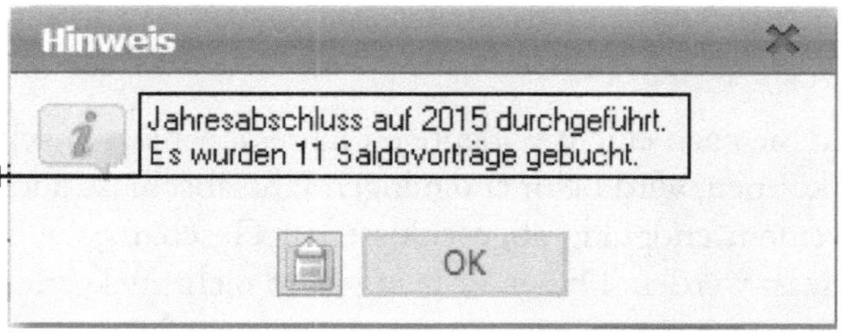

JAHRESABSCHLUSS. Hinweis für den erfolgten Jahresabschluss. Bitte prüfen Sie die Jahreszahl.

In unserem Beispiel wurden 11 Saldenvorträge gebucht; einfach bestätigen. Bei Bedarf können Sie später noch im alten Geschäftsjahr weiter buchen. Nach dem Jahresabschluss befinden Sie sich automatisch im neuen Geschäftsjahr. Über **Datei → Geschäftsdaten einstellen** können Sie ins Vorjahr wechseln.

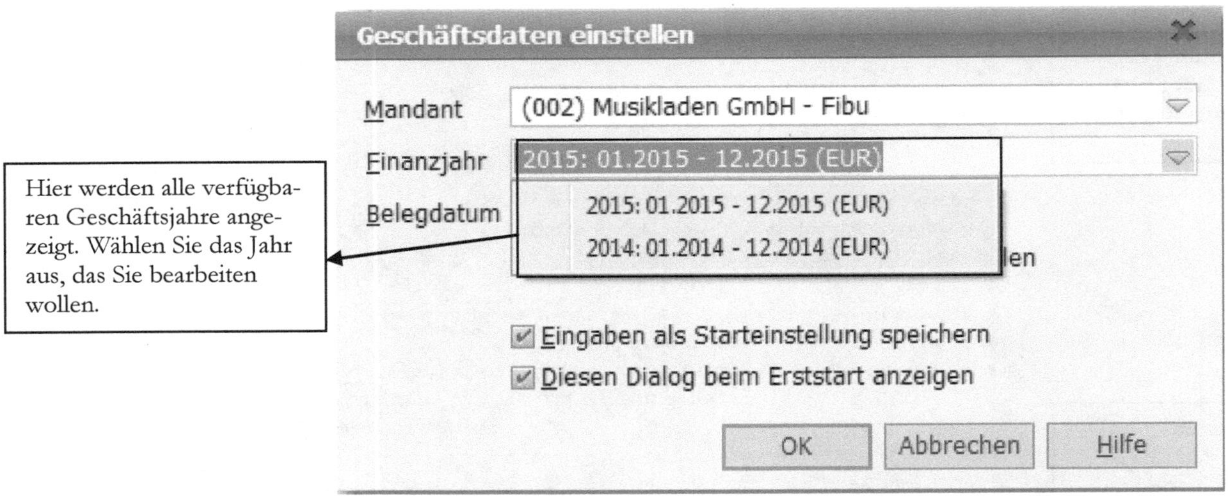

GESCHÄFTSDATEN EINSTELLEN. Hier können Sie zwischen den einzelnen Geschäftsjahren wechseln.

Die für den Jahresabschluss erforderlichen Listen und Auswertungen können Sie zu einem späteren Zeitpunkt drucken, wenn alle Buchungen erfasst sind. Das sind insbesondere:

Offene Posten Liste Debitoren und Kreditoren per 31.12.
- Summen- und Saldenlisten für Debitoren, Kreditoren und Sachkonten
- Buchungsjournal
- Kontenblätter
- Bilanz und Gewinn- und Verlustrechnung
- Umsatzsteuervoranmeldung mit Jahreswerten (zur Abstimmung der monatlichen Meldungen und für die Umsatzsteuererklärung)

Denken Sie daran, nach der Erfassung der Umbuchungen Ihres Steuerberaters die Bilanz aus der Sage New Classic mit der Ihres Steuerberaters abzustimmen.

Der endgültige Jahresabschluss

Während Sie nach einem vorläufigen Jahresabschluss anschließend noch im Vorjahr buchen können, wird beim endgültigen Jahrsabschluss auch die Periode 14 gesperrt. D.h. in einem endgültig abgeschlossenen Geschäftsjahr können keine Buchungen mehr erfasst werden. Dieser Vorgang kann nicht rückgängig gemacht werden.

Der endgültige Jahresabschluss kann frühestens nach Fertigstellung der Bilanz durchgeführt werden.

Im Anschluss an den endgültigen Jahresabschluss haben Sie Möglichkeit, das abgeschlossene Geschäftsjahr zu löschen.

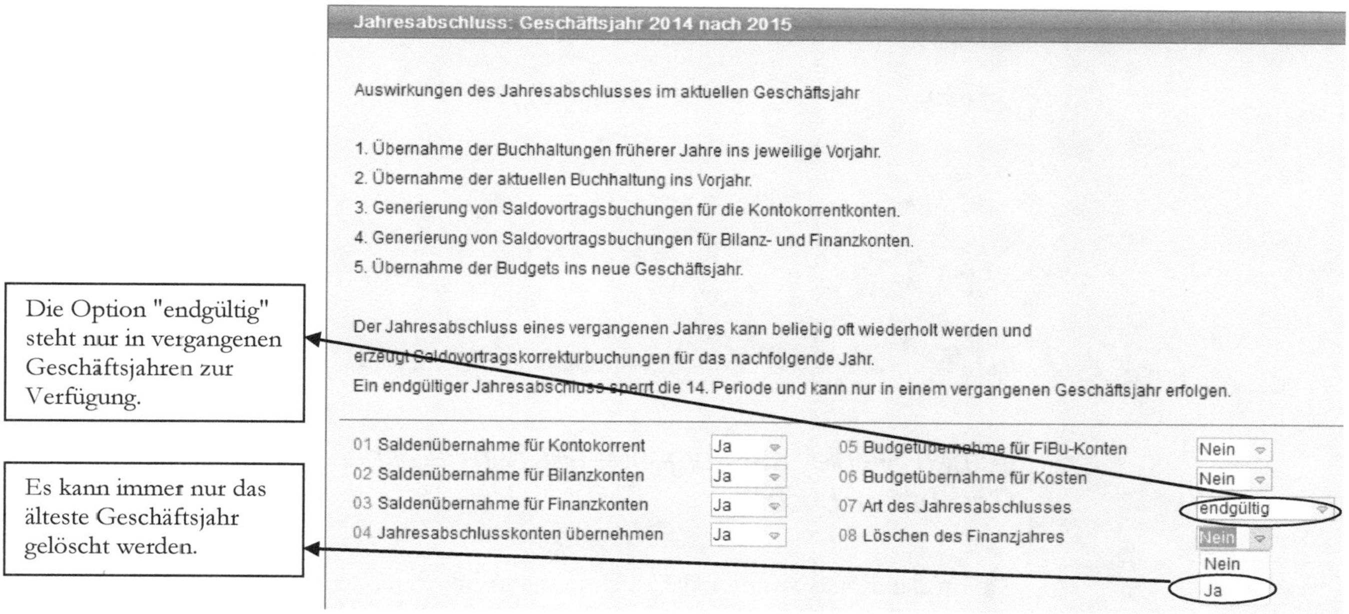

ENDGÜLTIGER JAHRESABSCHLUSS. Beim endgültigen Jahresabschluss haben Sie die Möglichkeit, das abgeschlossene Geschäftsjahr zu löschen.

Bei der Option "Löschen des Finanzjahres" können Sie das Finanzjahr (in unserem Fall 2014 löschen. Es kann immer nur das älteste Geschäftsjahr gelöscht werden. Nachdem wir in der Sage New Classic 10 Geschäftsjahre verwalten können, reicht es unter normalen Umständen völlig aus, das Jahr 2014 in 2023 zu löschen.

Lernzielkontrolle

☺ **Testen Sie Ihr Wissen**

1) Warum ist eine Datensicherung auf der Festplatte Ihres Rechners keinesfalls ausreichend?
2) Was versteht man unter einem vorläufigen Jahresabschluss?
3) Was genau passiert in der Sage New Classic 2015 beim Jahresabschluss?
4) Wie lange ist eine Datensicherung aufzubewahren?
5) Warum müssen Sie die Umbuchungsliste Ihres Steuerberaters in der Sage New Classic 2015 nachbuchen?
6) Wo liegen die Unterschiede zwischen einem vorläufigen und einem endgültigen Jahresabschluss?

Praktische Übungen

Tastaturübungen

1) Erstellen Sie eine Datensicherung Ihres Mandanten auf Ihre Festplatte.
2) Führen Sie einen vorläufigen Jahresabschluss von 2014 auf 2015 durch und tragen Sie die Salden vor.
3) Drucken Sie ein Buchungserfassungsprotokoll für den Januar 2015 und kontrollieren Sie Ihre Saldenvorträge.

Kapitel

6

Die laufende Buchhaltung

Lernen Sie hier, alle Vorgänge aus dem täglichen Geschäft zu buchen.

In der Praxis werden alle Rechnungen über Personenkonten gebucht[51]. So haben Sie eine doppelte Kontrolle (beim Buchen der Rechnung und beim Buchen der Zahlung) und können Ihren Finanzbedarf besser planen. Mit Hilfe einer Liste der Offenen Posten Kreditoren und Debitoren sehen Sie sehr schön, wann welche Zahlungen fällig sind und wann welche Zahlungseingänge zu erwarten sind.

Praxistipp

Für den Fall, dass bestimmte Kunden und Lieferanten nur einmalig auftreten, können Sie so genannte **Einmalkunden** oder **Einmallieferanten** anlegen. Bei dieser Kennzeichnung ist es möglich, bei der Erfassung der Buchung die Adresse und Bankverbindung einzugeben. Diese Daten werden dann beim Offenen Posten gespeichert und stehen sowohl im Zahlungsverkehr, als auch im Mahnwesen zur Verfügung.

Wichtig

Im Gegensatz zur Theorie, wo die Vorsteuer und Mehrwertsteuer immer manuell kontiert werden, ist es in der Praxis völlig ausreichend, die Aufwands- und Erlöskonten auf der einen Seite und die Personenkonten auf der anderen Seite zu kontieren. An Hand der in den Konten hinterlegten Steuerschlüssel schlägt das Programm die Steuer in der Buchung in der Regel automatisch vor.[52]

Ich werde in der laufenden Buchhaltung mit Eingangs- und Ausgangsrechnungen beginnen, anschließend Zahlungseingänge und Zahlungsausgänge buchen und mich dann Besonderheiten, wie Kassenbeleg, Lohnbeleg und Splitbuchung widmen. Dabei werde ich ausführlich auf die Möglichkeiten der Korrektur von Buchungen eingehen und in diesem Zusammenhang noch einmal systematisch die einzelnen Einstellungen im Programm durchgehen, die Einfluss auf eine nachträgliche Bearbeitung unserer erfassten Buchungen haben.

[51] Eine Ausnahme bildet die so genannte Einnahme-Überschuss-Rechnung, bei der die Erfassung der Rechnung in der Regel erst bei der Zahlung erfolgt und dann direkt das Zahlungsmittelkonto gegen das Aufwands- oder Erlöskonto gebucht wird.

[52] Das entbindet Sie allerdings nicht davon, zu prüfen, ob auch mit dem richtigen Steuerschlüssel gebucht wird. Sollte dies nicht der Fall sein, haben Sie entweder nicht das richtige Konto gewählt, oder im ausgewählten Konto ist kein oder ein anderer Steuerschlüssel hinterlegt. Das ist z.B. bei den Konten des Anlagevermögens in den Vorlagen des Herstellers der Fall. Hier ist kein Steuerschlüssel hinterlegt. In diesem Fall entweder den Sachkontenstamm überarbeiten oder den Steuerschlüssel in der Buchung manuell eingeben.

Buchen von Eingangsrechnungen

Die Systematik beim Buchen von Eingangsrechnungen ist immer die gleiche; ob Sie jetzt eine Wareneingangsrechnung buchen, oder den Einkauf von Büromaterial, das macht von der Buchungstechnik her keinen Unterschied.

Die Musikladen GmbH kauft am **04.01.2015** bei Conrad Electronic 200 CDs für den Weiterverkauf, Rechnungsbetrag netto **€ 2.660,00** zuzüglich 19% **Mwst. € 505,40**. Die Rechnungsnummer lautet: **8612213**.

Ich kontiere meine Belege vor der Erfassung, d.h. mein Buchungssatz lautet: **S34000** (Wareneingang 19%) **an** **K70000** (Conrad Electronic)

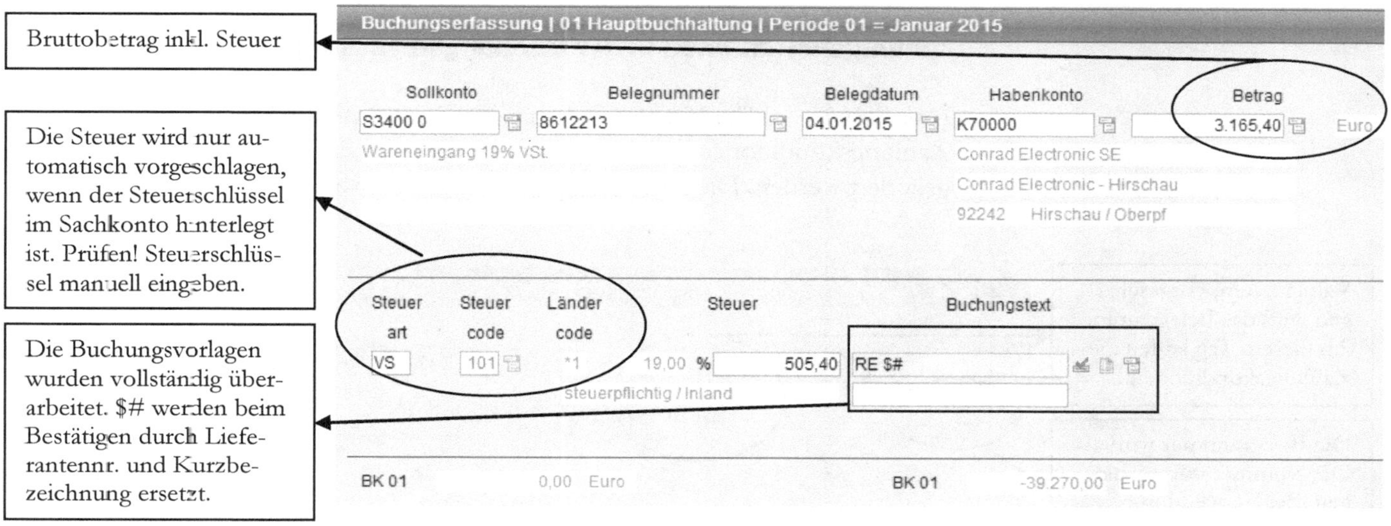

EINGANGSRECHNUNG CONRAD ELECTRONIC. Wir erfassen die Eingangsrechnung in Periode 01. Bitte verwenden Sie informative Buchungstexte, denn damit wird es leichter, die Konten abzustimmen.

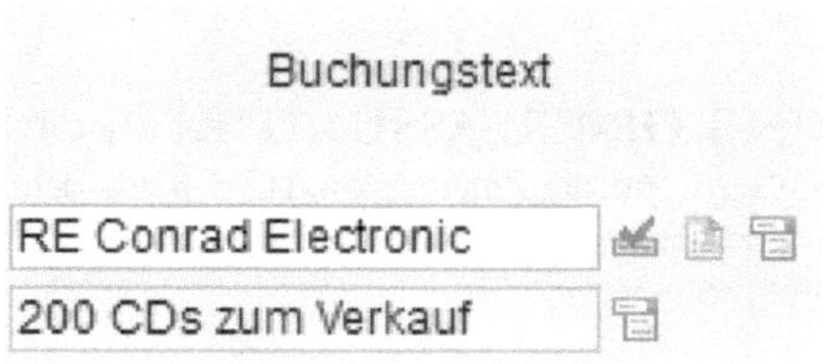

BUCHUNGSTEXT. Ergänzen Sie in der 2. Zeile noch, was Sie bei diesem Lieferanten gekauft haben.

Buchen Sie in **Periode 01**. Im Sollkonto tragen Sie das Konto **S34000** ein, dann die **Belegnummer** (Rechnungsnummer)[53], das **Belegdatum**, das **Lieferantenkonto** (**K70000**) und den Bruttobetrag von **€ 3.165,40**. Unser Lieferant ist ein steuerpflichtiger Inländer, d.h. die Steuer wird automatisch richtig vorgeschlagen. Zur Kontrolle werden Steuersatz und Steuerbetrag angezeigt. Im Feld **Buchungstext** bitte möglichst genaue Informationen eingeben, dann ist es später leichter, das Konto Wareneingang abzustimmen.

---

[53] Es gibt Firmen, die arbeiten mit einem Paginierstempel, d.h. alle eingehenden Rechnungen werden mit einer fortlaufenden Nummer versehen. In diesem Fall geben Sie im Feld Belegnummer die Nummer des Paginierstempels ein und tragen die Rechnungsnummer erst im Feld OP-Nummer ein.

Wenn Sie weitergehen, kommen Sie ins Feld **OP-Nummer**. Hier wird automatisch die Belegnummer vorgeschlagen. Wichtig ist, dass im Feld OP-Nummer immer die Rechnungsnummer des Lieferanten eingetragen wird, denn die OP-Nummer wird beim Zahlungsverkehr mit angegeben und ist erforderlich, damit der Lieferant die Zahlung der Rechnung richtig zuordnen zu kann.[54] Die Zahlungskonditionen werden aus dem Lieferantenstamm vorgeschlagen und können für jede Buchung individuell geändert werden. Das **Valutadatum** dient als Grundlage für die Berechnung der Fälligkeit. Hier wird das **Belegdatum** vorgeschlagen. Ab dem Valutadatum beginnen die Zahlungskonditionen zu laufen (hier 30 Tage); d.h. wenn ich jetzt das Valutadatum verändere z.B. auf den 06.01.2015, dann heißt das: 30 Tage ab dem 06.01.2015 und damit wird diese Rechnung erst 2 Tage später zur Zahlung fällig. Diese Möglichkeit wird genutzt, wenn die Lieferung der Ware erst später erfolgt.

Zahlungskonditionen in der Buchungserfassung:

Das System schlägt automatisch die im Personenkonto hinterlegten Zahlungskonditionen vor. Diese können bei jeder Buchung individuell geändert werden. Die Änderung gilt nur für die jeweilige Buchung.

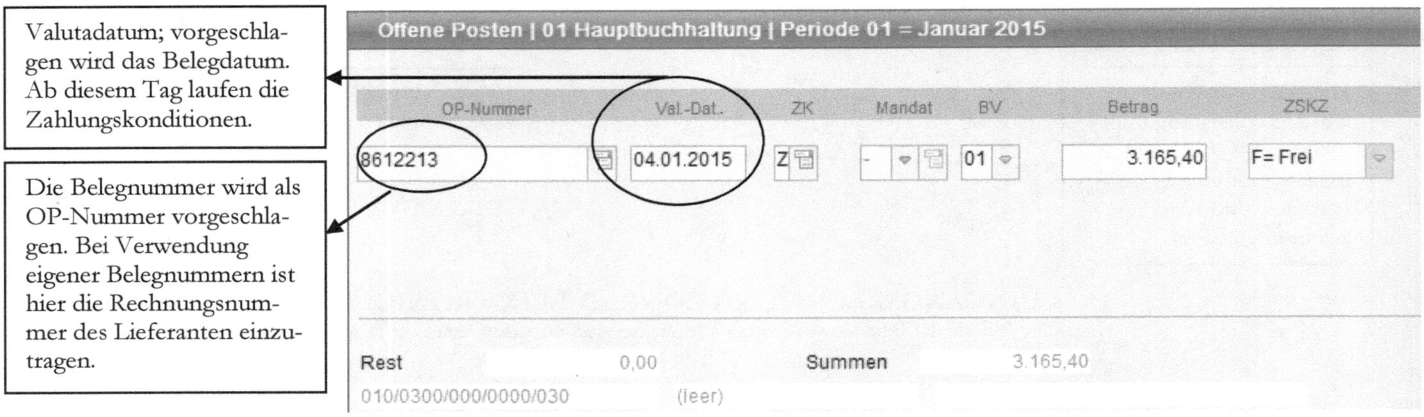

EINGANGSRECHNUNG OP-ERFASSUNG. Bei der OP-Erfassung werden die Belegnummern als OP-Nummer vorgeschlagen und die Zahlungskonditionen aus dem Lieferantenstamm übernommen. Im Feld Zahlungskonditionen sehen Sie nur ein Z für Zahlungskondition. Welche Zahlungskondition erfasst wurde sehen Sie in der Zeile unter Rest.

Mit Bestätigung des Feldes Valutadatum ist die Buchungserfassung erfolgreich abgeschlossen.

Praxistipp

Am Besten ist es, Sie drucken zu Beginn Ihrer Arbeit in der Buchhaltung einmal einen kompletten **Kontenplan** aus und passen diesen, soweit erforderlich, den Anforderungen in der eigenen Firma an.[55]

54 Wenn Sie mit Paginierstempel arbeiten, müssen Sie jetzt im Feld OP-Nummer manuell die Rechungsnummer des Lieferanten eintragen.

55 Wenn Sie den Kontenplan überarbeiten, bietet es sich an, auch gleich alle erforderlichen Eingaben für die Kostenrechung zu ergänzen, falls geplant ist, mit Kostenrechnung zu arbeiten.

Buchen von Ausgangsrechnungen

Ähnlich den Eingangsrechnungen werden auch unsere Ausgangsrechnungen gebucht. Wir gehen im ersten Schritt der Einfachheit halber davon aus, dass wir nur ein Erlöskonto haben.

Wir verkaufen an **Cinema Filmtheater** am **07.01.2015** einen Großbildschirm für den Eingangsbereich auf Ziel; Rechnung **201500001** über brutto **2.380,00.**

Der Buchungssatz:	**D10000**	**an**	**S84000**	**2.380,00**
	(Cinema Filmtheater)		(Erlöse 19%)	

Wir buchen wieder in **Periode 01** und können jetzt, da wir die Kontonummern bereits auf unserem Beleg haben, die Nummern direkt eingeben. D.h. unsere Eingabe im Sollkonto lautet jetzt: **110000** (**1 für Debitor und dann die 10000** für die Kundennummer). Alternativ können Sie auch **1Cine** eingeben und das System übernimmt automatisch den Kunden Cinema, weil der Suchbegriff eindeutig ist. Als Belegnummer wird die Nummer der Ausgangsrechnung erfasst und als Belegdatum das Rechnungsdatum. Im Haben können wir dann gleich **384000** eingeben (**3 für Sachkonto und 84000 für Erlöse 19%**).

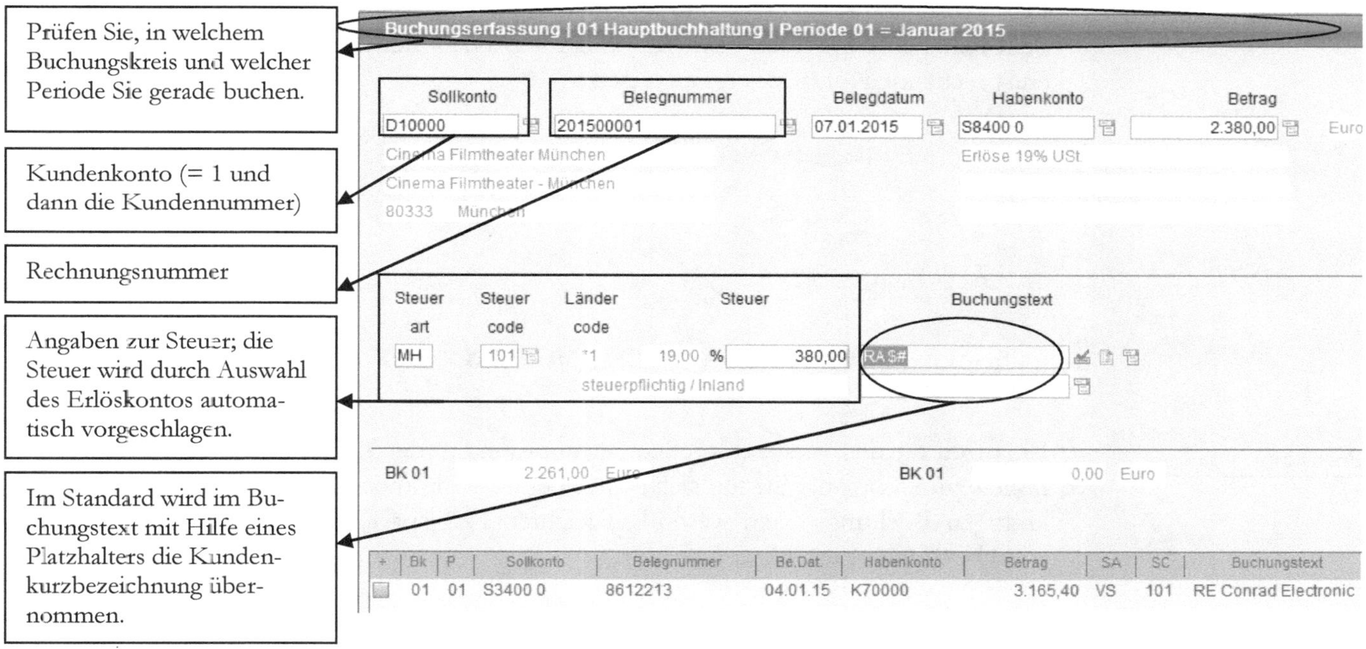

AUSGANGSRECHNUNG CINEMA Wir erfassen die Ausgangsrechnung in Periode 01. Bitte beachten Sie, sprechende Buchungstexte zu verwenden; damit wird es leichter, die Konten abzustimmen

Mit der Auswahl des Erlöskontos wird automatisch der korrekte Steuersatz vorgeschlagen, sofern Sie die neue Vorlage SKR03 als Basis für Ihre verwenden.

📖 **Praxistipp**

Sie können den Bereich der Erlöskonten zur besseren Übersicht jederzeit um weitere Konten erweitern und die Beschriftung der einzelnen Konten in Anlehnung an Ihre verkauften Produkte ändern. Dann heißt es bei Ihnen z.B. Erlöse HiFi 19% oder Erlöse Musik 19%, usw.

Ein Erlöskonto, ein Steuersatz.

Bitte beachten Sie, dass generell gilt: Ein Erlöskonto darf nur mit einem Steuersatz gebucht werden. Mischkonten sind im Bereich Erlöse nicht zulässig.

Die Buchungsmatrix wurde überarbeitet. Im Buchungstext steht jetzt bei der Erfassung von Ein- oder Ausgangsrechnungen ein Platzhalter, der die jeweilige Kurzbezeichnung aus dem Lieferanten- bzw. Kundenstamm übernimmt, sobald Sie das Feld Buchungstext bestätigen.

Buchungstext mit Platzhalter.

AUSGANGSRECHNUNG – BUCHUNGSTEXT MIT PLATZHALTER. Bestätigen Sie das Feld mit dem Platzhalter, um den Platzhalter durch die Kundekurzbezeichnung zu ersetzen.

Der Vorschlagswert besteht aus 2 Teilen: dem Text **RA** (**R**echnungsausgang) und dem Platzhalter $#. Der Text (RA) bleibt bestehen, der Platzhalter wird durch die entsprechende Kurzbezeichnung ersetzt.

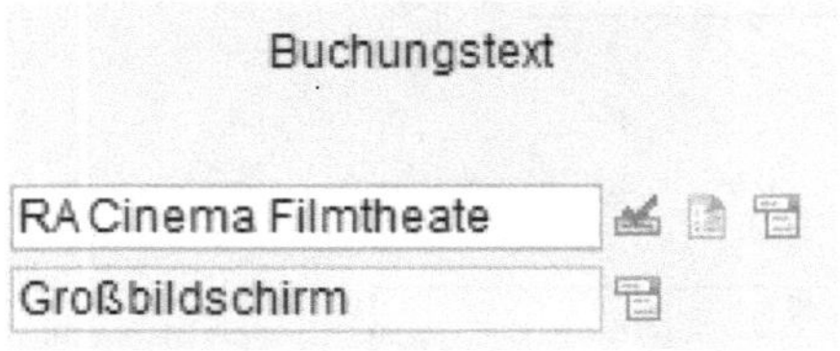

AUSGANGSRECHNUNG – BUCHUNGSTEXT MIT PLATZHALTER. So sieht der Buchungstext aus, nachdem der Platzhalter ersetzt wurde.

Praxistipp

Ergänzen Sie den vorgeschlagenen Buchungstext in der Zeile 2 noch mit Informationen zum Vorgang. Sie tun sich später beim Abstimmen der Konten mit aussagekräftigen Buchungstexten wesentlich leichter. Das spart unter anderem Zeit und Geld beim Jahresabschluss[56].

Bei der Erfassung des offenen Postens wird die Belegnummer automatisch als OP-Nummer vorgeschlagen. Wenn Sie in der Buchungserfassung die Zahlungskonditionen verändern, so gilt diese Änderung nur für diesen einen offenen Posten. Der Eintrag in den Stammdaten wird dadurch nicht geändert.

[56] Es sei an dieser Stelle nochmals darauf hingewiesen: Eine Buchhaltung ist so zu führen, dass sich ein außenstehender Dritter in angemessener Zeit einen Überblick verschaffen kann.

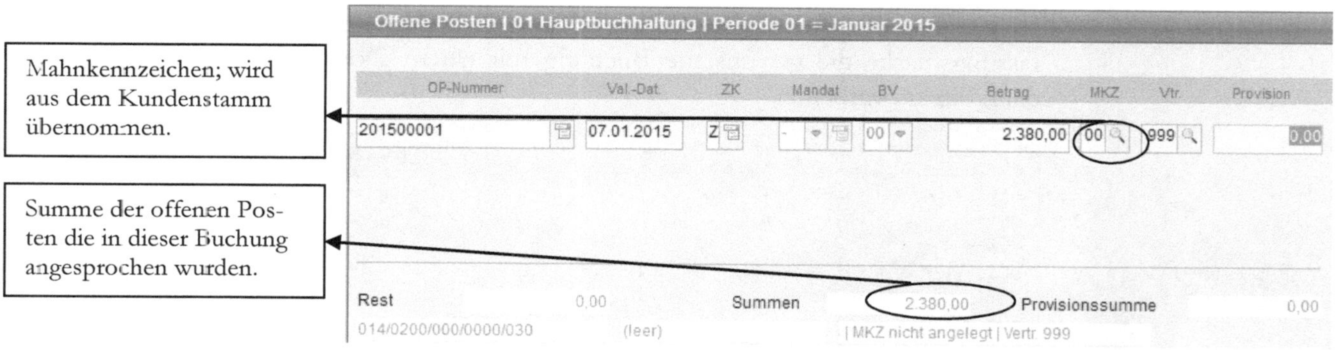

AUSGANGSRECHNUNG OP-ERFASSUNG Im Bereich Offene Posten haben Sie die Möglichkeit, die Angaben zum OP zu verändern.

Im Gegensatz zur Erfassung einer Eingangsrechnung haben Sie bei der Erfassung einer Ausgangsrechnung zusätzlich die Möglichkeit ein Mahnkennzeichen einzutragen. Die genauen Verwendungsmöglichkeiten werden wir später noch im Kapitel Mahnwesen erläutern. Es wird der Wert aus dem Kundenstamm vorgeschlagen.

In die Felder **Vtr.** (Vertreter) und **Provision** kommen Sie nur, wenn im **Mandantenstamm** in den Grundlagen für die Fibu eingestellt wurde: **Vertretereingabe möglich**. Nur dann haben Sie die Möglichkeit, in der Buchungserfassung auch die **Provisionen für die Vertreterabrechnung** mit zu erfassen. Das ist eine sehr interessante Möglichkeit. Auf diese Weise sind Sie in der Lage, Provisionszahlungen an die Vertreter erst nach Geldeingang durch den Kunden abzurechnen. Dadurch nehmen Sie Ihren Vertriebsmitarbeiter in die Pflicht, sich auch um die Zahlungseingänge seiner Kunden zu kümmern. So verringern Sie Ihre Zahlungsausfälle und kommen schneller zu Ihrem Geld.

Die Korrektur von Buchungen

Wenn Ihnen in der laufenden Buchungserfassung ein Fehler unterlaufen ist, so gibt es verschiedene Möglichkeiten zur Korrektur:

Editieren: Eine Buchung editieren heißt, sie nachträglich zu verändern. Das ist nur möglich für manuell erfasste Buchungen, in denen kein Saldenvortragskonto angesprochen wurde. D.h. die Buchung wird in der Buchungserfassung erneut zur Verfügung gestellt[57]. **Alle** Felder müssen bestätigt werden und es können in jedem Feld Änderungen vorgenommen werden. **Achtung:** wird die Buchung nicht bis zum Ende bestätigt, ist sie gelöscht.

Löschen: Eine erfasste Buchung wird gelöscht, d.h. Sie ist anschließend nicht mehr vorhanden.

Stornieren: Es wird automatisch eine Stornobuchung erzeugt. Es sind also später 2 Buchungen im System: die ursprüngliche Buchung und die dazugehörige Stornobuchung.

---

[57] Intern wird die Buchung vom Programm gelöscht und lediglich eine Kopie der Buchung zur Bearbeitung zur Verfügung gestellt. Denken Sie an die GoB: radieren ist nicht erlaubt. Aber durch das Löschen und die Kopie der Buchungszeile sind beide Buchungszeilen (auch die gelöschte) noch im System vorhanden und können ausgewertet werden.

In der laufenden Buchungserfassung können Sie einfach im Fußteil der Buchungserfassungsmaske die gewünschte Buchung mit einem Doppelklick auswählen und dann direkt bearbeiten.

Mit einem Doppelklick wählen Sie die gewünschte Buchung zur Bearbeitung aus.

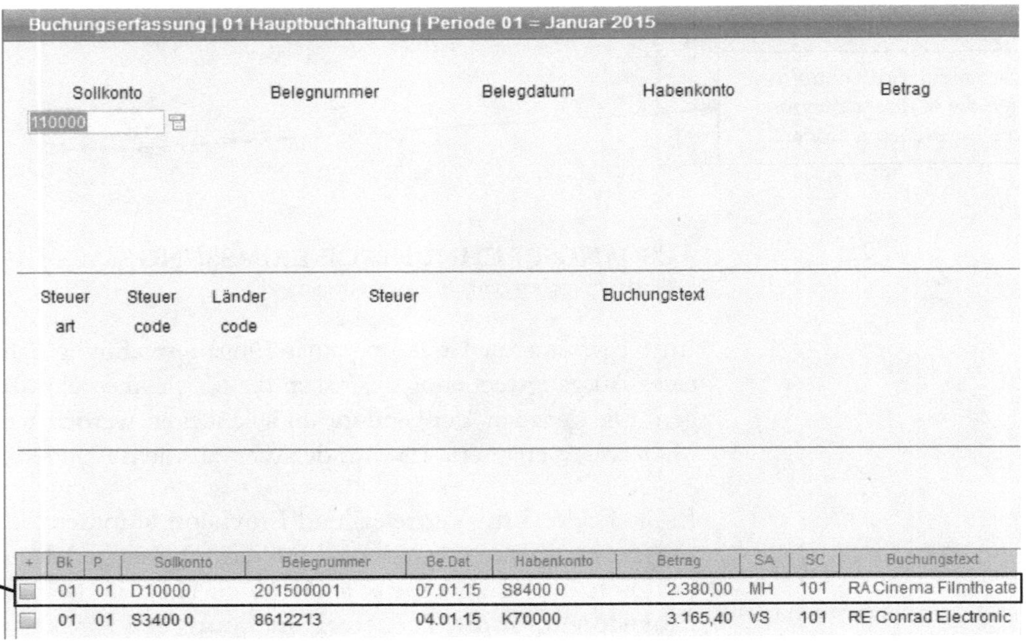

BUCHUNGSERFASSUNG – KOPF. Klicken Sie eine Buchung an zur Auswahl (Doppelklick).

Das i für Info steht für die Details, das Häkchen mit dem Blatt Papier steht für editieren und der Mülleimer steht für löschen.

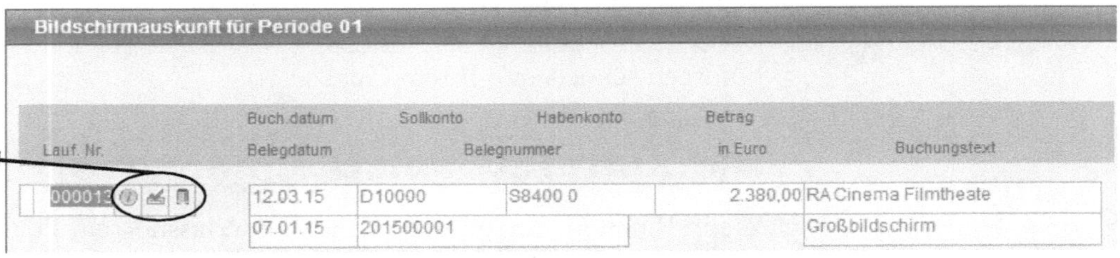

BILDSCHIRMAUSKUNFT. In der Bildschirmauskunft können Sie die Buchung jetzt bearbeiten.

Wenn Sie eine Buchung bearbeiten wollen, deren Erfassung schon ein wenig zurückliegt, öffnen Sie die Buchungserfassung in der entsprechenden **Periode** und wählen Buchungserfassung aus. Lassen Sie sich alle Buchungen anzeigen (einfach im Feld 1 eine 1 eingeben und alle vorgegebenen Einstellungen übernehmen). Alternativ können Sie mit Hilfe des Filters gezielt nach einer Buchung suchen.

Unsere letzten beiden Buchungen, die Eingangs- und die Ausgangsrechnung sind lösch- und editierbar. Wir wählen die zuletzt erfasste Ausgangsrechnung aus und schauen uns noch einmal die Details an.

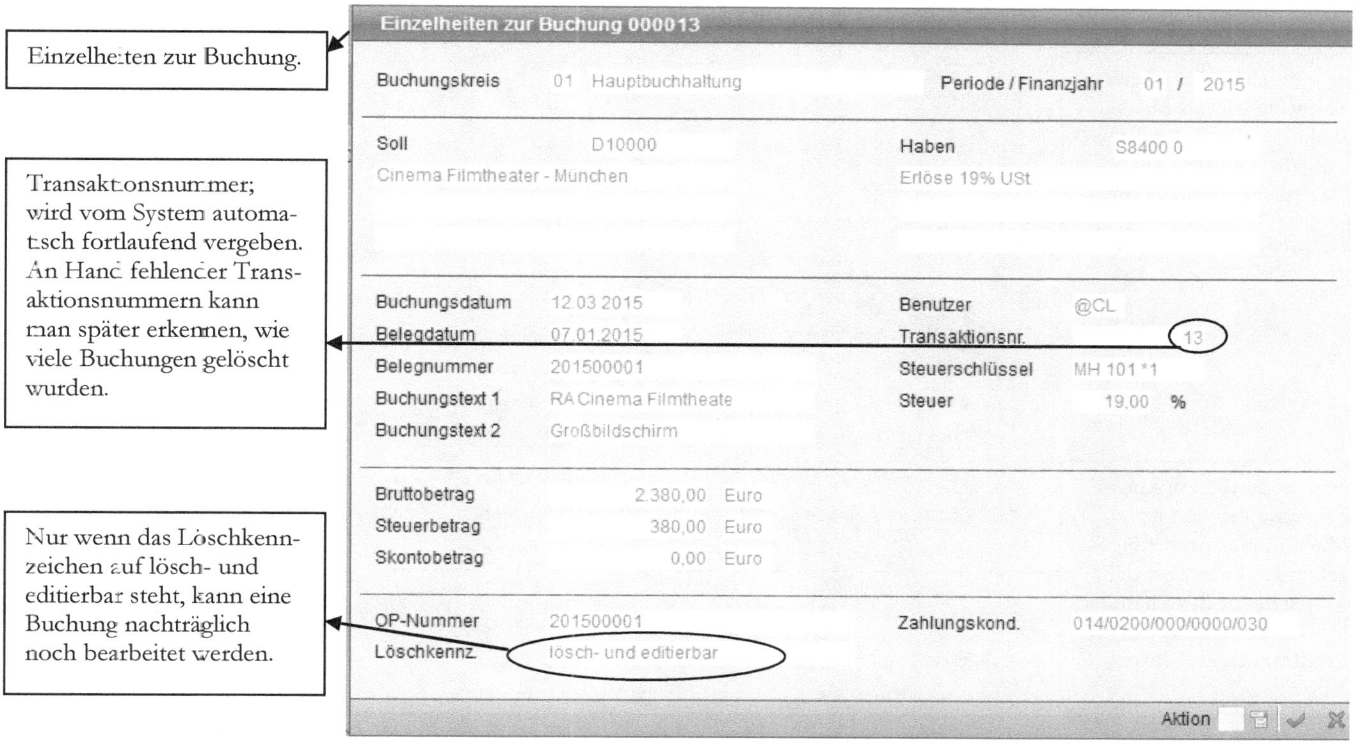

DETAILS DER ZULETZT ERFASSTEN BUCHUNG Neben den kompletten Details der Buchung sehen wir jetzt unten links im Feld Löschkennzeichen: lösch- und editierbar.

Damit eine Buchung **lösch- und editierbar ist**, müssen folgende Voraussetzungen erfüllt sein:

- Im Mandantenstamm muss bei den Angaben zur Finanzbuchhaltung eingestellt sein, dass alle Buchungen (oder zumindest die des Benutzers) gelöscht werden können.

- Es darf in der Buchung kein Saldenvortragskonto angesprochen sein.

- Es darf sich nicht um eine vom System erzeugte Buchung handeln (z.B. automatische Stornobuchung,...).

- Das endgültige Buchungsjournal darf noch nicht gedruckt sein.

Wenn Sie jetzt die Einzelheiten zur Buchung wieder verlassen (in der OK-Abfrage mit ja oder nein bestätigen) und in die Übersicht zurückgehen, sehen Sie in der linken unteren Ecke an Ihrem Bildschirm, welche Kurzbefehle für die möglichen Aktionen zur Verfügung stehen.

Zur Erinnerung noch einmal die Einstellungen im Mandantenstamm:

Sie erreichen diese Seite wahlweise durch Mausklick auf Fibu oder die Eingabe von **F** in der OK-Abfrage und bestätigen.

Nur wenn die Funktion Buchung löschen im Mandantenstamm freigegeben ist, haben Sie die Möglichkeit, Ihre manuell erfassten Buchungen nachträglich zu bearbeiten.

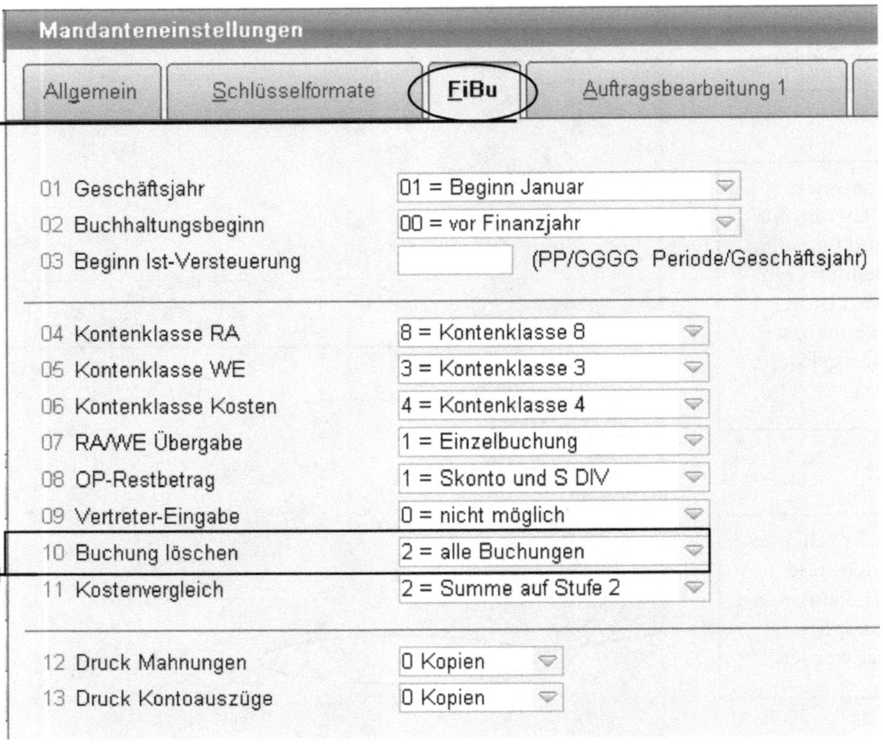

EINSTELLUNG FIBU IM MANDANTENSTAMM. Unter Administration .→ Mandantenstamm → Mandant bearbeiten finden Sie auf der Seite Fibu im Feld 10 die Einstellung Buchung löschen.

Nach diesem kleinen Exkurs also zurück in unsere Auskunft Buchungserfassung. Hier können wir jetzt wählen, was wir mit unserer Buchung machen möchten:

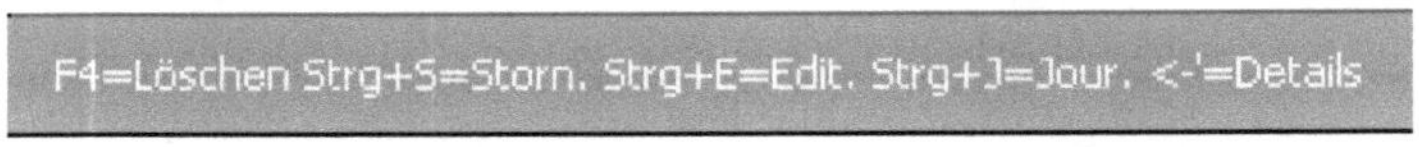

BEFEHLSANZEIGE. Unten links am Bildschirm sehen Sie immer aktive Funktionen und Befehlskombinationen, die im jeweiligen Kontext gerade aktiv sind.

F4 = Löschen

Strg+S = Stornieren [58]

F8 oder **Strg+E** = Editieren

Zur Sicherheit kommt nach der Auswahl noch einmal eine Abfrage, ob Sie die Buchung wirklich editieren, löschen oder stornieren wollen. Wir werden das ganze einmal mit editieren durchspielen. Gehen wir davon aus, wir haben bei unserer Lieferung an die Cinema Filmtheater ausnahmsweise andere Zahlungskonditionen vereinbart, nämlich 40 Tage netto.

Wir gehen also in der Buchungserfassung in Periode 01 auf **Optionen → Auskunft Buchungserfassung** und wählen unsere Ausgangsrechnung (die letzte erfasste Buchung) aus. Mit **Strg+E** können wir sie zum Bearbeiten auswählen.

---

[58] Die Kombination von 2 Tasten zum Auslösen einer Aktion ist immer so zu lesen, dass die 1. Taste gedrückt gehalten wird, bis die 2. gedrückt wurde. In diesem Fall wird also die Taste **Strg** gedrückt und gleichzeitig der Buchstabe **S** gedrückt.

Sicherheitsabfrage: kann nur mit ja oder nein beantwortet werden.

Beachten Sie zum besseren Verständnis die Transaktionsnummer der Buchung, die editiert wird.

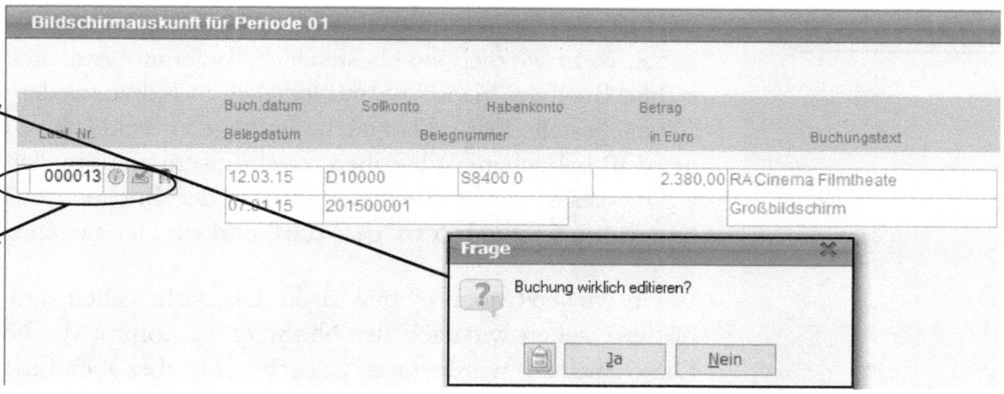

BUCHUNG EDITIEREN. Mit **Strg+E** oder einem Mausklick auf das Symbol mit dem Häkchen neben dem I für Info rufen Sie die markierte Buchung zum Bearbeiten auf. Zur Sicherheit kommt vorher noch eine Abfrage, die Sie nur mit ja oder nein beantworten können.

Sie bestätigen die Abfrage mit ja und landen wieder in der Buchungserfassung. Sie können jetzt mit der Enter-Taste jedes Feld bestätigen, bis zu dem Feld, in dem wir eine Änderung vornehmen wollen. In unserem Beispiel bestätigen wir bis zum Feld Zahlungskonditionen und ändern unsere Zahlungskonditionen auf 40 Tage netto. Dann einfach nur bis zum Ende bestätigen und die korrigierte Buchung ist gespeichert. Sie können beim Editieren auch jedes beliebige andere Feld ändern, z.B. den Betrag oder die Kontonummer.

Löschen Sie alle Eingaben und ändern Sie die Tage netto auf 40.

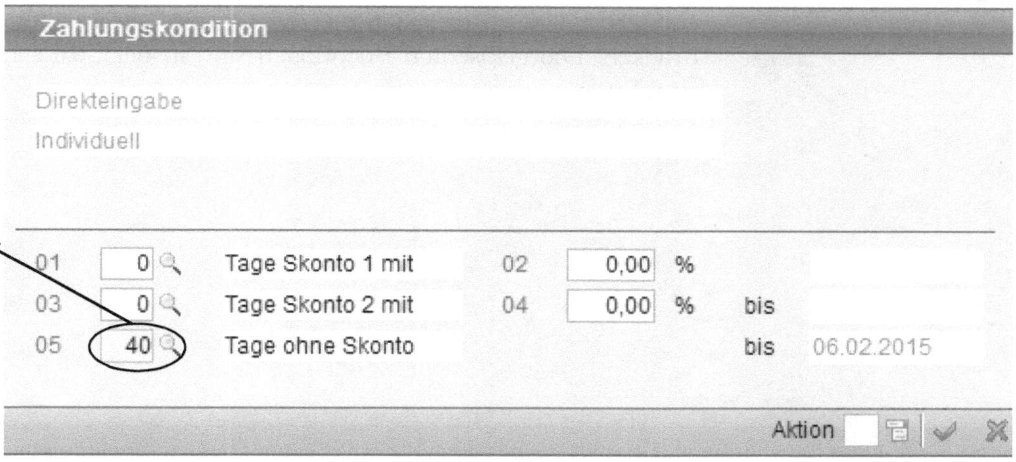

ÄNDERN DER ZAHLUNGSKONDITIONEN. Sie löschen den Inhalt der Felder 1 und 2 und ändern die Tage im Feld 5 von 30 auf 40.

Zur Kontrolle gehen wir noch einmal in die Auskunft Buchungserfassung und der aufmerksame Beobachter wird jetzt eine interessante Feststellung machen: wir haben jetzt in der Auswahl auf einmal 17 Buchungen, statt 16, wie vor dem Editieren.

Statt 4 – 16 haben wir jetzt 5-17 zur Auswahl.

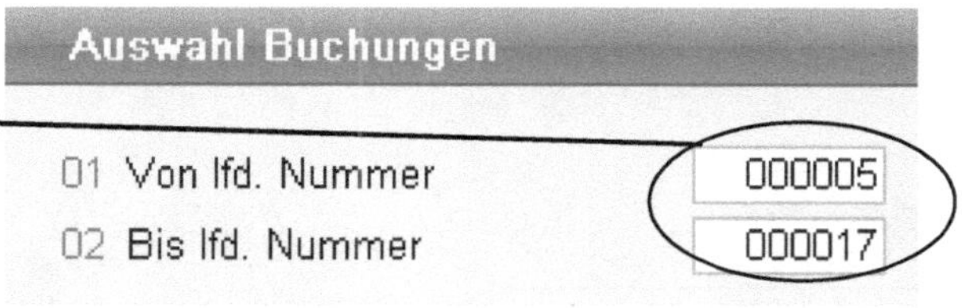

AUSWAHL BUCHUNGEN NACH EDITIEREN.

Wichtig

Was ist also beim Editieren unserer Buchung intern im Programm passiert? Wir haben nicht wirklich eine bestehende Buchung bearbeitet. Intern wurde die ausgewählte Buchung gelöscht[59] und lediglich in Kopie wieder zur Bearbeitung zur Verfügung gestellt. Das erklärt auch die Frage im Feld OP: Wollen Sie den ausgeglichenen OP bebuchen? Wir haben durch unsere ursprüngliche Buchung einen OP erzeugt; dieser wurde durch den Aufruf der Buchung zum Editieren ausgeglichen (**Buchung wurde intern gelöscht**) und wird jetzt erneut angesprochen.

Wenn wir jetzt noch einmal in die Übersicht gehen und bis zur letzten Buchung blättern, sehen wir nach der Nummer 12 kommt die Nummer 14. Die 13 fehlt. Diese Buchung wurde intern gelöscht. D.h. aber auch für Ihre bearbeitete Buchung, dass diese durch die Bearbeitung eine neue Nummer bekommt und danach immer am Ende der erfassten Buchungen zu finden ist. Wenn Sie also 200 Buchungen erfasst haben und ändern Buchung 1 so wird diese zur 201.

Nach 15 kommt gleich die 17; Buchung Nummer 16 fehlt.

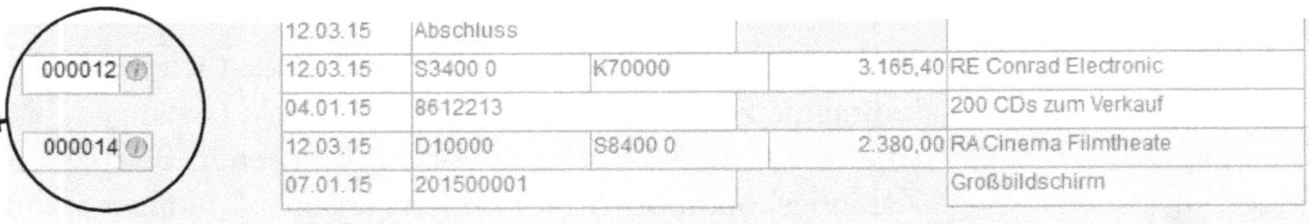

ÜBERSICHT BUCHUNGEN NACH EDITIEREN. Es fehlt die Buchung Nummer 16.

Praxistipp

Die einzige Möglichkeit, die gelöschte Buchung zu sehen, ist es, ein Buchungserfassungsprotokoll zu drucken, mit der Option: alle Buchungen (oder nur gelöschte) drucken. Die gelöschten Buchungen sind in der Spalte Löschkennzeichen mit einem Stern markiert.

[59] Durch diese Vorgehensweise wird den GoB nachgekommen, denn jetzt habe ich im System die gelöschte und die neue Buchung. Sie dürfen in der Buchhaltung nicht radieren oder mit Tipp-Ex arbeiten. In der EDV-Buchhaltung gilt ähnliches: alle ausgeführten Arbeiten müssen nachvollziehbar sein.

Buchen von Zahlungseingängen

Als Nächstes buchen wir einen Zahlungseingang. Dabei gibt es verschiedene Möglichkeiten, eine Zahlung zu erhalten und damit auch verschiedene Buchungen:

Barzahlung: Erfassung der Zahlung wahlweise in der Buchungserfassung oder im Kassenbuch.

Überweisung auf unser Konto: Buchung Bank an Debitor.

Zahlung per Scheck: Buchung wahlweise auf ein Scheckkonto, sobald der Scheck im Haus ist, oder erst Bank gegen Debitor, wenn der Scheck auf unserem Bankkonto gutgeschrieben wurde.[60]

Wir werden an dieser Stelle einen Zahlungseingang auf unserem Konto bei der Deutschen Bank buchen und an späterer Stelle noch auf die Feinheiten beim Buchen von Kontoauszügen eingehen.

Wir haben **am 15.01.2015** auf unserem **Kontoauszug 4/1** der Deutschen Bank eine Gutschrift der Cinema Filmtheater in Höhe von **2.261,00**, Verwendungszweck: Kd. # D10000, **Rg. 245220** abzüglich **GS 526850**. Der Buchungssatz lautet:

S12000 (Deutsche Bank) an D10000 (Cinema Filmtheater) 2.261,00

📖 **Praxistipp**

Als Belegnummer verwenden wir die Nummer vom Kontoauszug in Verbindung mit der Seitenzahl, also 4/1.

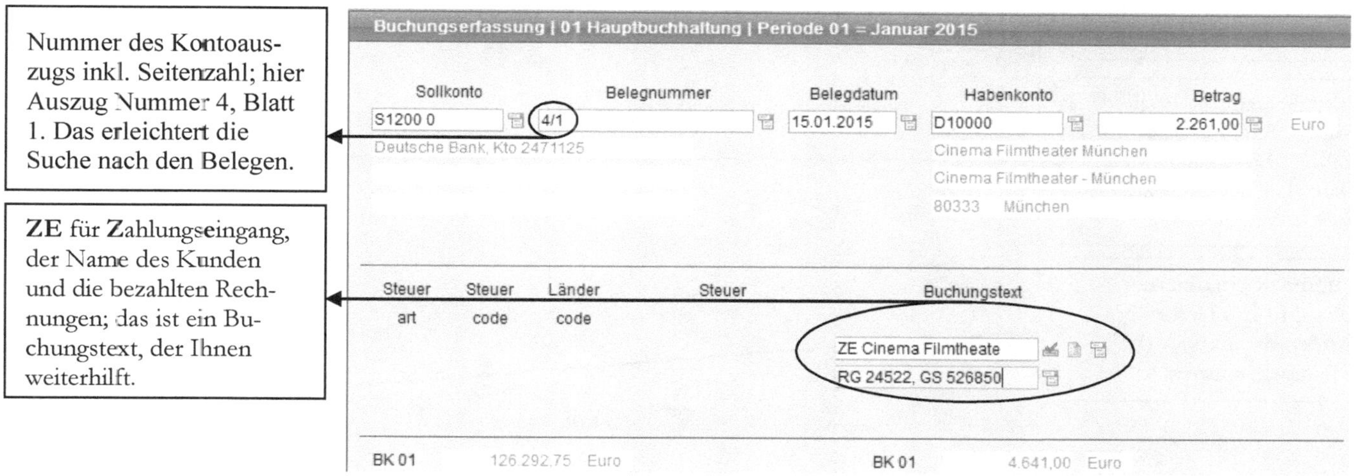

ZAHLUNGSEINGANG CINEMA. Bei der Erfassung von Zahlungseingängen die Nummer des Kontoauszugs verwenden und im Buchungstext den Namen des Kunden angeben.

So sehen Sie später auf dem Kontoblatt des Kunden, auf welchem Kontoauszug der Zahlungseingang zu finden ist. Beim Betrag wird der tatsächlich gezahlte Betrag eingegeben, unabhängig davon, ob mit der Zahlung eine oder mehrere Rechnungen

[60] Vor allem in größeren Firmen werden Schecks sofort bei Erhalt gebucht, damit die Forderung auf dem Kundenkonto ausgeglichen ist und der Kunde nicht mehr gemahnt werden kann. Da eine Scheckgutschrift bei der Bank bis zu 4 Tage dauern kann, wird die Buchung auf dem Konto Schecks gebucht (**Scheck an Debitor**). Bei Gutschrift des Schecks auf dem Bankkonto lautet die Buchung dann **Bank an Scheck** und das Scheckkonto wird wieder entlastet.

ausgeglichen werden. Im Buchungstext wird der Namen des Kunden eingetragen und, beim Ausgleich mehrerer Rechnungen, auch die Rechnungsnummern. Das erleichtert das Abstimmen der Konten.

Zusätzliche Informationen in der Buchung

Wenn Sie ein wenig mehr Routine mit dem Programm haben, werden Sie die Kontonummern häufig blind eingeben. Durch das Erfassen von ausführlichen Buchungstexten wird es leichter, Konten abzustimmen oder einzelne Buchungen nach zu vollziehen. Schließlich soll ja auch ein Außenstehender Dritter in der Lage sein, sich schnell einen Überblick über die Buchhaltung zu verschaffen. (z.B. Ihr Chef, Ihr Steuerberater, der Prüfer vom Finanzamt,...)

Jetzt können wir die dazugehörigen **Offenen Posten** ausgleichen. Bestätigen Sie das Feld mit der OP-Nummer ohne Eingabe, dann öffnet das Programm automatisch die Übersicht mit allen OPs des Kunden. Alternativ können Sie auch **F2** drücken. In der Übersicht werden mit der Leertaste alle gewünschten OPs markiert und auf einmal übernommen. Dabei wird rechts unten die Summe der bereits markierten OPs angezeigt. Ob der Skontoabzug nach Fälligkeit noch angeboten wird, hängt ab von der Anzahl der Kulanztage, die in den Grundlagen eingestellt wurde.[61]

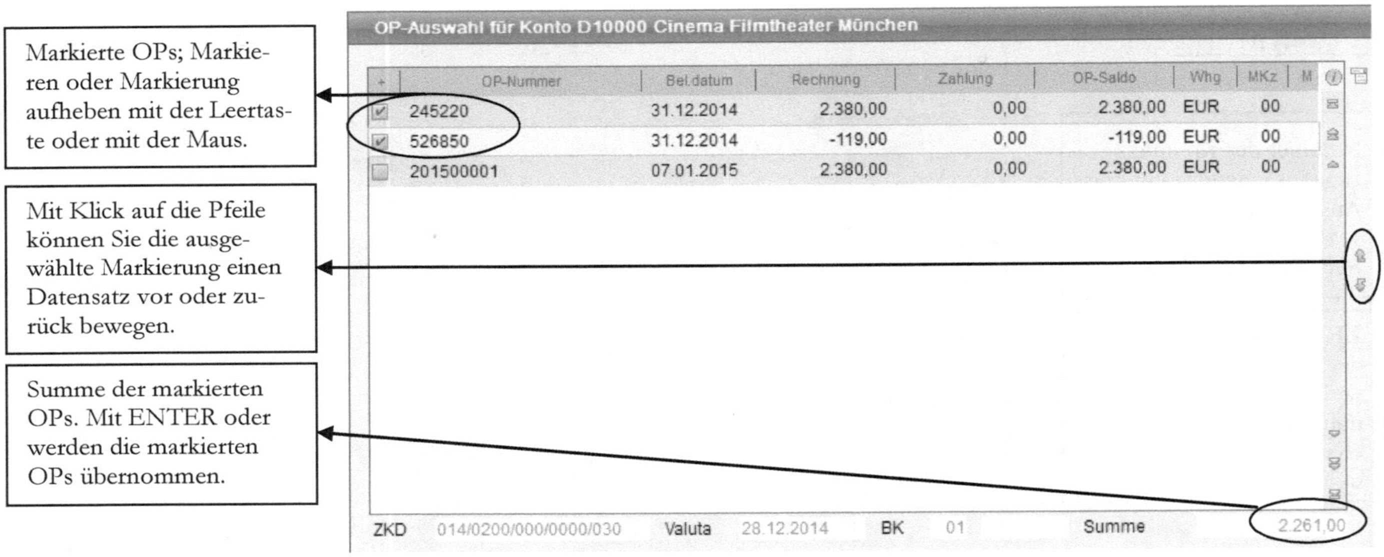

AUSWAHL DER OP'S. Mit **F2** oder **ENTER** kommen Sie in die Auswahl der Offenen Posten dieses Kunden und können jetzt mit der Leertaste alle gewünschten Positionen markieren.

Prüfen Sie an Hand der angezeigten Summe, ob Sie die richtigen OPs markiert haben.

[61] Ob Sie im Zweifel einen verspäteten Skontoabzug Ihres Kunden akzeptieren oder nicht, ist Ihre Entscheidung. In aller Regel wird es vom Betrag abhängen und davon, wie gut der Kunde ist. Bei sogenannten Bagatellbeträgen bis EUR 5,00 lohnt sich im Grunde der Aufwand für die Mahnung nicht und es ist wirtschaftlicher den Rest gleich auszubuchen.

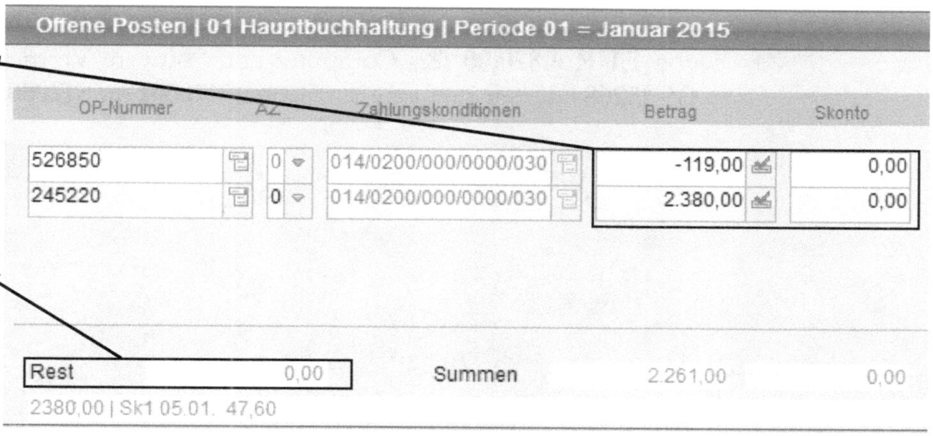

AUSGEWÄHLTE OP`S. Mit **F4** können Sie einen Offenen Posten wieder aus der Auswahl entfernen und mit F2 wieder zurück in die Auswahl.

Wenn die Skontofrist abgelaufen ist, liegt es im Ermessen des Buchhalters, den Abzug noch zu akzeptieren oder die Skonti anzumahnen. In unserem Beispiel zahlt der Kunde bereits ohne Abzug von Skonto.

Buchen von Zahlungsausgängen

Sie haben in der Sage New Classic unterschiedliche Möglichkeiten, Zahlungen zu leisten:

Manuelle Überweisung: Sie überweisen eine einzelne Rechnung und haben auf Ihrem Kontoauszug eine eigene Position je Rechnung.

Sammelüberweisung/Clearing: Bei der Zahlung wird der offene Posten des Lieferanten bereits ausgebucht; die Gegenbuchung erfolgt auf dem Konto Geldtransit. In Ihren Kontoauszügen finden Sie eine Sammelbuchung über alle Rechnungen von diesem Zahlungslauf; wir buchen gegen das Konto Geldtransit.

Scheckzahlung: wenn Sie aus dem System per Scheck bezahlen, wird ähnlich wie beim Clearing, der OP sofort ausgeglichen; die Gegenbuchung erfolgt auf einem so genannten Scheckkreditor. Bei Einlösung des Schecks wird der Scheckkreditor angesprochen.[62]

Barzahlung: Sie zahlen bar und buchen gegen die Kasse oder erfassen den Vorgang komplett im Kassenbuch.

Bankeinzugsermächtigung: Sie haben eine Einzugsermächtigung erteilt und unser Lieferant zieht die fälligen Beträge per Lastschrift von Ihrem Konto ein.

In unserem Beispiel zieht unser Lieferant seine fälligen Rechnungen per Lastschrift von unserem Konto bei der Deutschen Bank ein.

---

[62] Zum Zeitpunkt des Scheckversandes ist die Rechnung ja aus unserer Sicht bezahlt; deshalb wird der Kreditor sofort ausgeglichen. Da wir aber nicht wissen, wann der Scheck unserem Konto belastet wird, müssen wir bis zur Einlösung des Schecks für entsprechende Kontodeckung sorgen. Durch die Buchung auf einen Scheckkreditor haben Sie den Betrag immer noch in den Offenen Posten Kreditoren und können somit wunderbar mit der OP-Liste meine Liquidität planen.

Wir haben auf unserem Kontoauszug **4/2** vom **15.01.2015** eine Belastung in Höhe von **EUR 4.820,00** f&s Computer und Software Vertriebs GmbH, Rg. **8594458, GS 152684**. Unser Buchungssatz lautet: **K70001 an S12000**.

Wenn Ihnen die 2 Zeilen Buchungstext nicht ausreichen, können Sie über **Shift-F2** auch ein längeres Buchungsmemo erfassen.

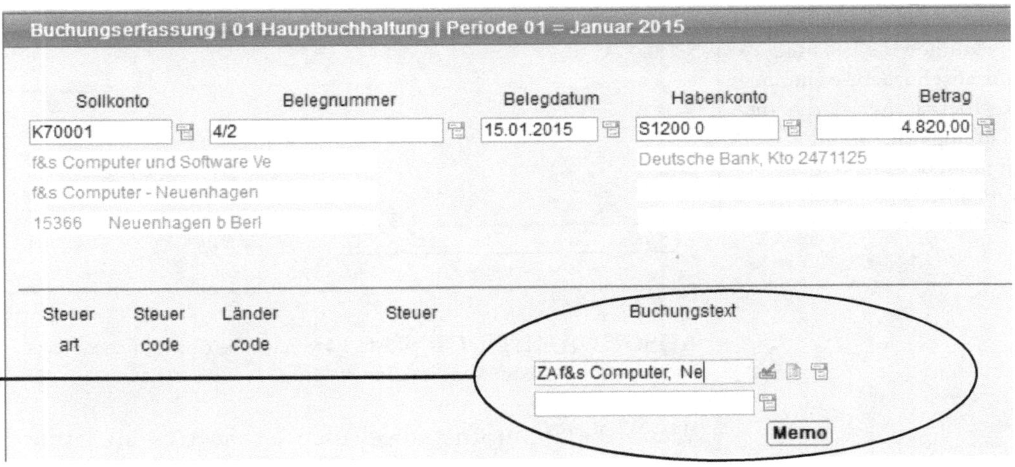

BUCHUNGSTEXT. Mit **Shift-F2** können Sie im Feld Buchungstext ein Buchungsmemo öffnen, wo Sie auch längere Buchungstexte erfassen können.

📖 **Praxistipp**

Wenn Sie mit einer Zahlung mehrere Rechnungen/Gutschriften ausgleichen, werden in der Regel im Buchungstext die Rechnungsnummern angegeben. Zu diesem Zweck haben Sie die Möglichkeit, im **Feld Buchungstext** (Zeile 2) mit Hilfe von **Shift-F2** ein Memofenster zu öffnen. Hier können Sie auch längere Buchungstexte eintragen und diese später bei den Auswertungen optional mit andrucken. Dafür haben Sie in der Auswahl beim Buchungserfassungsprotokoll, beim Buchungsjournal und bei den Kontenblättern die Option: Buchungsmemos drucken.

Im Memo haben Sie die Möglichkeit, ausführliche Buchungstexte zu erfassen.

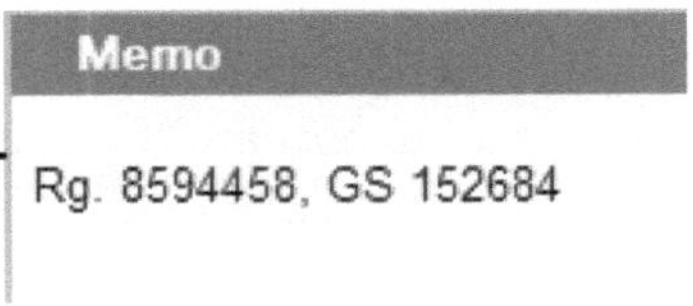

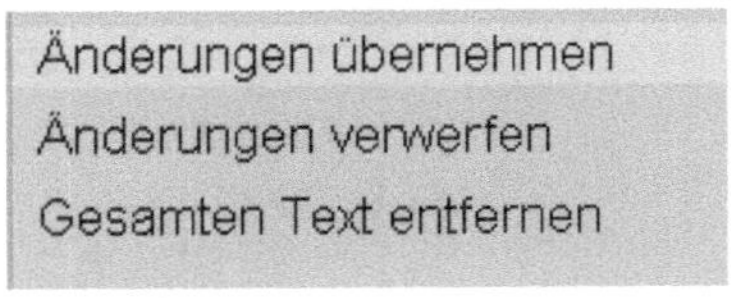

BUCHUNGSMEMO. Mit **ESC** kommen Sie nach der Erfassung aus dem Memo wieder zurück und kann das Memo mit der Auswahl "Änderungen übernehmen" abspeichern.

Solche erweiterten Buchungstexte sind neben Zahlungseingängen und Zahlungsausgängen in erster Linie bei Stornos und Umbuchungen hilfreich, nicht nur für die eigene Klarheit, sondern auch für die Nachvollziehbarkeit durch andere.

Über den Text Memo neben dem Buchungstext wird auf die zusätzlich vorhandene Information hingewiesen.

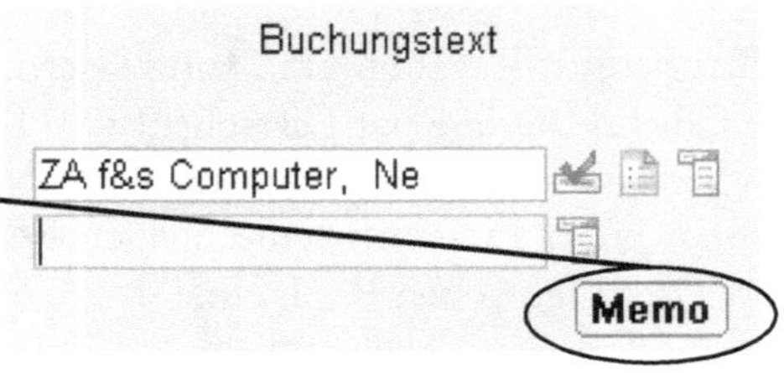

BUCHUNGTEXT MIT MEMO. Sobald ein Memo zur Buchung vorhanden ist, wird neben dem Buchungstext das Wort Memo angezeigt. Das Buchungsmemo kann in allen Auswertungen und Kontenblättern mit angedruckt werden.

Anschließend werden alle auszugleichenden OPs ausgewählt (mit der Leertaste markiert) und übernommen. Dabei spielt es keine Rolle, wie viele Offene Posten mit einer Zahlung ausgeglichen werden[63]. Jetzt noch bis zum Ende bestätigen und die Buchung ist abgeschlossen.

Hier die ausgewählten OPs in der Übersicht.

Hier unten sehen Sie zur Kontrolle die Summe aller von Ihnen bereits ausgewählten OPs.

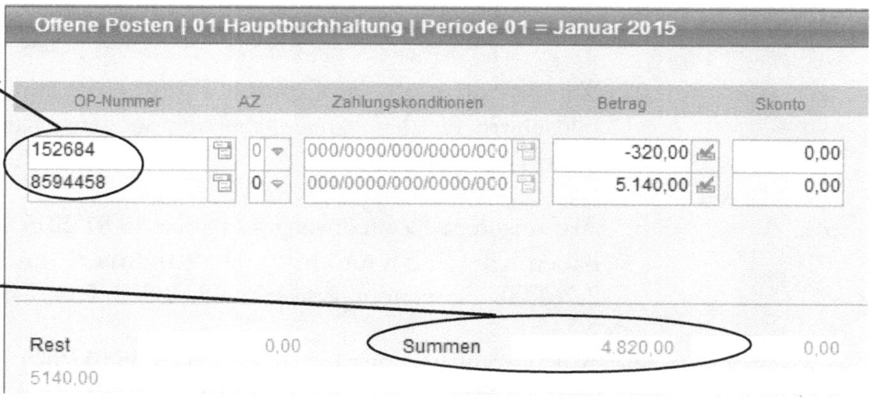

AUSWAHL DER OP`S. Mit **F2** kommen Sie in die Auswahl der Offenen Posten dieses Lieferanten und können jetzt mit der Leertaste alle gewünschten Positionen markieren.

Lernzielkontrolle

☺ **Testen Sie Ihr Wissen**

1) Welche Nummer geben Sie beim Buchen generell als OP-Nummer ein?

2) Wie können Sie einen längeren Buchungstext erfassen?

3) Ist es in Ihren Augen ausreichend, nur mit vorgegebenen Buchungstexten zu arbeiten? Warum?

4) Können Sie mit einer Zahlung mehrere OPs gleichzeitig ausgleichen?

5) Wie können Sie in der OP-Auswahl beliebige Offene Posten markieren / auswählen?

6) Welche Möglichkeiten gibt es, eine erfasste Buchung nachträglich zu verändern?

7) Unter welchen Vorraussetzungen ist eine nachträgliche Veränderung nur möglich?

8) Wofür wird in der Buchungserfassung für jede Buchung eine laufende Nummer vergeben? Können Sie diese Nummer manuell verändern?

9) Was passiert in der Sage New Classic, wenn Sie eine Buchung editieren?

10) Wie können Sie sich gelöschte Buchungen anzeigen lassen?

[63] Lediglich beim Zahlungsverkehr haben Sie die Einschränkung, dass Sie pro Zahlung maximal 7 OPs ansprechen können, da sonst nicht mehr genügend Platz vorhanden ist, um alle Rechnungsnummern im Zahlungsbeleg aufzuführen.

Praktische Übungen

Tastaturübungen

1) Wir kaufen am **04.01.2015** bei **Conrad Electronic** CDs zum Weiterverkauf für **€ 3.165,40 inkl. MwSt; Rechnung 8612213.**

2) Wir verkaufen an die **Cinema Filmtheater** am **05.01.2015** einen Grossbildschirm für den Eingangsbereich auf Ziel; **Rechnung 201500001** über **brutto € 2.380,00**

3) Auf unserem Kontoauszug **4/1** vom **15.01.2015** von der Deutschen Bank haben wir eine Gutschrift der **Cinema Filmtheater** in Höhe von **€ 2.261,00.** Verwendungszweck: **Kd. 10000, RG. 245220 abz. GS 526850**

4) Auf unserem Kontoauszug **4/2** vom **15.01.2015** haben wir eine Belastung über **€ 4.820,00;** Verwendungszweck: **f&s Computer - Neuenhagen, Rg. 8594458, GS 152684.** Legen Sie zu dieser Buchung ein Buchungsmemo an.

5) Wir verkaufen an **Bela Kosmetik** eine high end HiFi Anlage inkl. Lautsprechern und Einbau vor Ort für **€ 11.900,00 brutto, Rechnung 201500002 vom 09.01.2015**.

6) Legen Sie mit der Nummer **K70003** folgenden Lieferanten neu an:

   OBI GmbH & Co. Deutschland KG
   Albert-Einstein-Straße 7-9
   42929 Wermelskirchen
   Telefon: 02196 / 76-01
   Fax: 02196 / 76-1019
   E-Mail: info@obi.de
   Internet: www.obi.de
   Zahlungsvereinbarung: Bankeinzug
   Zahlungskonditionen: 20 Tage 3%, 40 Tage netto
   Ansprechpartner: Britta Taschner

7) Wir kaufen bei der Firma **Obi GmbH** Holz für die Produktion unserer Boxengehäuse, Rechnung **201501225** vom **16.01.2015** über **netto EUR 2.500,00**.

8) Wir kaufen Briefmarken, bar, Kassenbeleg 1 vom 16.01.2015 über EUR 100,00.

9) Wir berechnen unserem Kunden Deutsches Theater unser Pflichtenheft für die Installation eines neuen Soundsystems in der integrierten Tanzschule mit Rechnung **201500003** vom **17.01.2015** über **EUR 2.856,00** brutto.

Kapitel

6

Listen und Auswertungen

Lernen Sie jetzt die wichtigsten Listen und Auswertungen kennen, die Sie im täglichen Geschäft brauchen.

Bei den Auswertungen und Listen werden wir uns an der täglichen Arbeit des Buchhalters orientieren und auf die Unterschiede zu den historisch gewachsenen Gewohnheiten aus der Arbeit mit der **DATEV** eingehen.

📖 **Praxistipp**

Es gibt eine Reihe von Auswertungen, bei denen das System zusätzlich einen Infodruck anbietet (z.B. Kontenblätter Infodruck). Der Infodruck bietet eine Momentaufnahme der aktuellen Buchungssituation in unserer Buchhaltung und kann beliebig oft erfolgen. Im Gegensatz zum endgültigen Druck Kontenblätter sind keine Vorarbeiten erforderlich.

In Firmen, die mit der DATEV arbeiten, d.h. die Buchhaltung wird in der Regel vom Steuerberater gemacht, ist es üblich, dass monatlich ein Buchungsjournal, die Primanota, OP-Listen, Saldenlisten und Kontenblätter gedruckt werden. Hintergrund: Es gibt keine andere Möglichkeit, die Buchungen des Steuerberaters zu prüfen und sich ein Bild über den aktuellen Stand der Buchhaltung zu machen.

Wenn Sie dagegen die Buchhaltung selbst im Haus machen, ist es bei einer Reihe von Auswertungen völlig ausreichend, diese 1x am Jahresende zu machen. Ich werde bei den einzelnen Auswertungen darauf hinweisen.

Liste Offene Posten

In einer doppelten Buchführung wird auf **Personenkonten** gebucht. Dabei wird bei jeder Buchung, in der ein Personenkonto, sprich **Debitor** oder **Kreditor**, angesprochen wird, automatisch ein **offener Posten** erzeugt. Die OP-Datei in der diese Offenen Posten geführt werden ist völlig eigen-ständig und hat eine besondere Eigenschaft: **Offene Posten sind Jahres übergreifend**, d.h. wenn Sie mehrere Buchungsjahre im System haben und buchen im Vorjahr eine Rechnung nach, so ist der OP im aktuellen Jahr sofort vorhanden. Der **Saldo des Personenkontos** dagegen wird erst bei einem wiederholten **Jahresabschluss aktualisiert**.

Eine OP-Liste dient der Abstimmung der Personenkonten und ist vor jedem Mahnlauf, mindestens jedoch einmal im Monat zu drucken und abzustimmen. Unter **Finanzbuchhaltung → Auswertungen → Offene Posten** können Sie zwischen der OP-Liste Debitoren und der OP-Liste Kreditoren wählen.

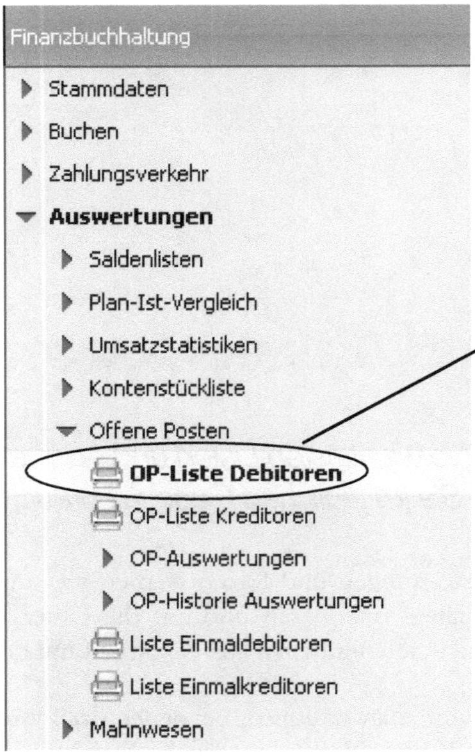

Alle mit einem Drucker gekennzeichneten Menüpunkte sind reine Listen. Sie können vorab am Bildschirm angezeigt werden, lassen aber keinerlei Bearbeitung zu.

OP-LISTE DEBITOREN. Hier drucken Sie die OP-Listen der Kunden.

Sie haben die Möglichkeit, die OP-Listen nach Kontonummer oder nach Kurzbezeichnung zu sortieren.

Wenn Sie einzelne Filter setzen, können Sie Ihre Auswahl entsprechend eingrenzen.

Hier haben Sie die Möglichkeit, die OPs eines einzelnen Kunden nach unterschiedlichen Kriterien zu sortieren.

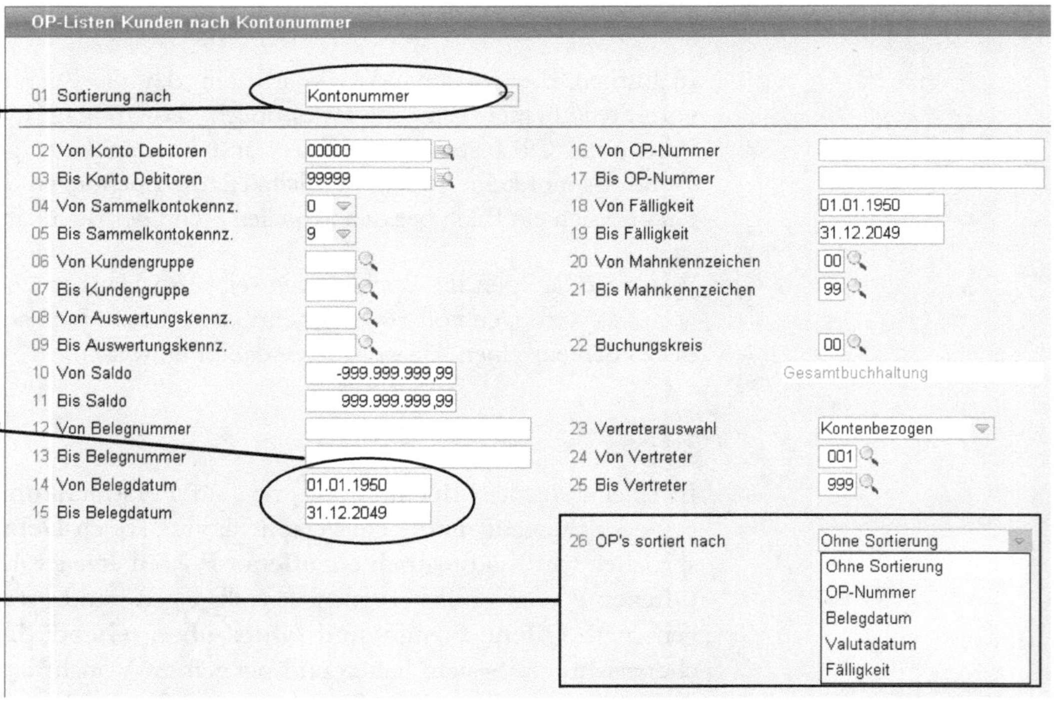

OP-LISTE DEBITOREN. Wir haben beim Druck der OP-Listen zahlreiche Auswahlmöglichkeiten, die Liste einzuschränken.

Wichtig

In der Auswahl der OPs haben Sie die Möglichkeit, die OP-Liste nach unterschiedlichen Kriterien einzugrenzen. Bitte beachten Sie dabei, dass sich die gewählten Filter addieren; d.h. es erscheinen nur noch die offenen Posten in der Liste, die alle vorgegebenen Kriterien erfüllen. Sollten Sie also der Meinung sein, Ihre Liste ist unvollständig, dann prüfen Sie bitte als erstes, welche Einschränkungen Sie in der Auswahl vorgenommen haben. Im Standard sind die Auswertungen in der Regel so vorbelegt, dass man in der Auswertung automatisch alle Datensätze erhält.

Über zusätzliche Optionen können Sie weitere Informationen, wie z.B. die OP-Historie mit drucken lassen.

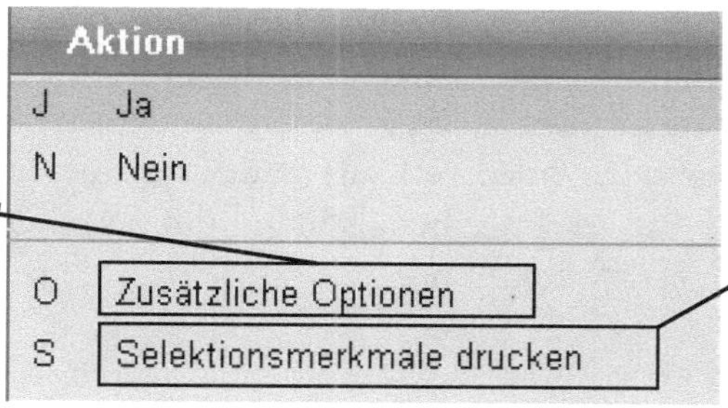

Mit **S** haben Sie die Möglichkeit, die eingestellten Selektionsmerkmale mit anzudrucken. Dann können Sie später jederzeit nachlesen, welche Auswahlkriterien beim Druck der Liste eingestellt waren.

OP-LISTE. Zusätzliche Optionen und Selektionsmerkmale drucken; diese beiden Optionen finden Sie in der OK-Abfrage über **F2**.

Unter zusätzlichen Optionen haben sie noch weitere Möglichkeiten, die Liste einzuschränken oder auch zusätzliche Inhalte oder Daten mit anzudrucken. Die auf der 2. Seite hinterlegten Optionen werden in der Praxis nicht so häufig benötigt, deshalb auch die Ablage im Hintergrund.

Hier können Sie wählen, ob die Verbindlichkeiten des verbundenen Kreditors mit angezeigt werden sollen.

Alle diese Informationen können auf Wunsch zusätzlich in der OP-Liste mit angedruckt werden.

Sie können Ihre OPs auch nach Typ selektieren, wenn Sie mit Anzahlungen oder Zession arbeiten.

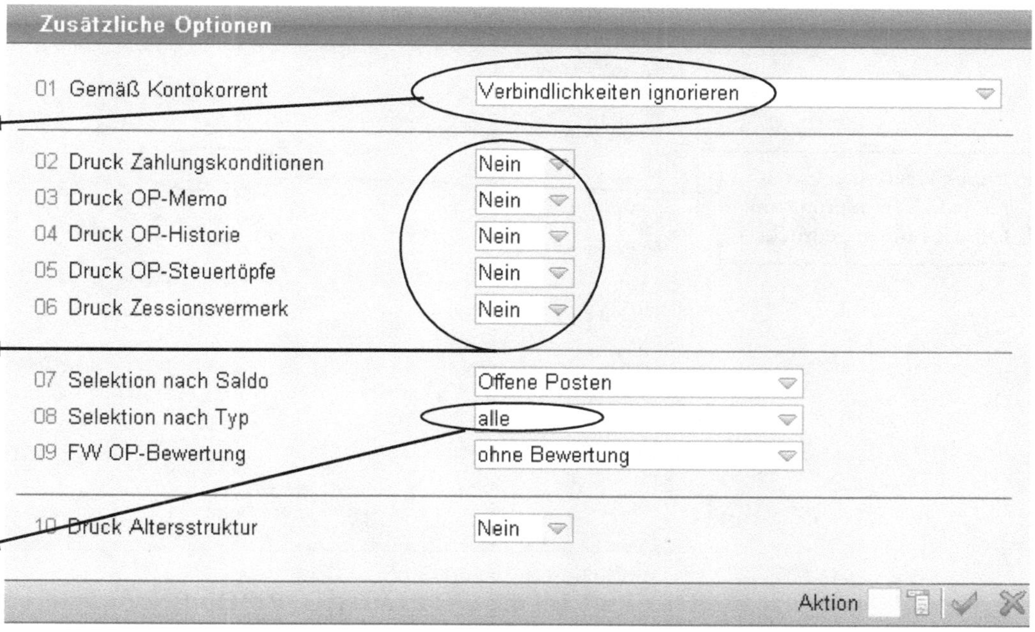

ZUSÄTZLICHE OPTIONEN. Hier können Sie zusätzliche Informationen für Ihre Liste auswählen.

Ausgeglichene Posten drucken Sie z.B. wenn Sie nachträglich wissen wollen, mit welcher Zahlung der OP ausgeglichen wurde.

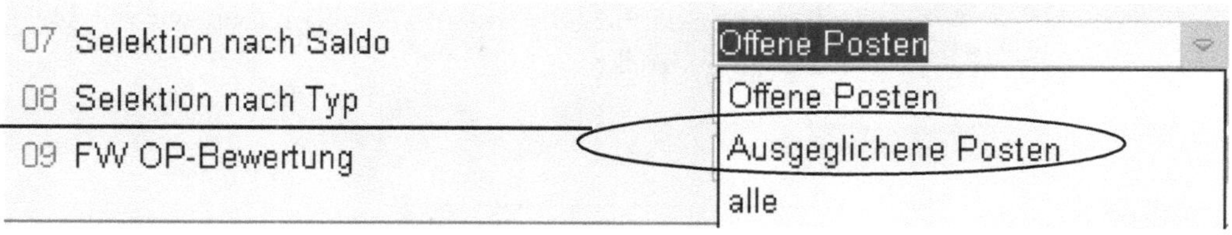

SELEKTION NACH SALDO. Hier können Sie auswählen, ob Sie nur die Offenen Posten möchten, oder auch bereits ausgeglichene Posten.

Forderungsabtretung / Zession

In der heutigen Zeit nützen immer mehr Firmen das Instrument der Forderungsabtretung (Zession). Dabei wird eine Forderung z.B. an einen Lieferanten oder eine Inkassofirma abgetreten. D.h. der Kunde zahlt dann nicht mehr an Sie, sondern an denjenigen, an den die Forderung abgetreten oder verkauft wurde. In diesem Fall können Sie solche OPs aus der Liste herausfiltern, um zu sehen, welche Geldeingänge noch zu erwarten sind.

Wenn Sie bei der Selektion nach Saldo alle statt Offene Posten wählen, haben Sie in Ihrer Liste auch bereits bezahlte OPs. Das ist zum Beispiel hilfreich, wenn Sie für ein einzelnes Konto sehen möchten, wann einzelne Rechnungen bezahlt wurden. Wenn Sie später erneut eine OP-Liste aufrufen ist wieder die Auswahl nur offene Posten vorbelegt. Die Auswahl Historie ja bleibt dagegen erhalten, bis sie wieder manuell geändert wird.

Druck Historie ja bedeutet: jede Veränderung am OP wird mit angedruckt.

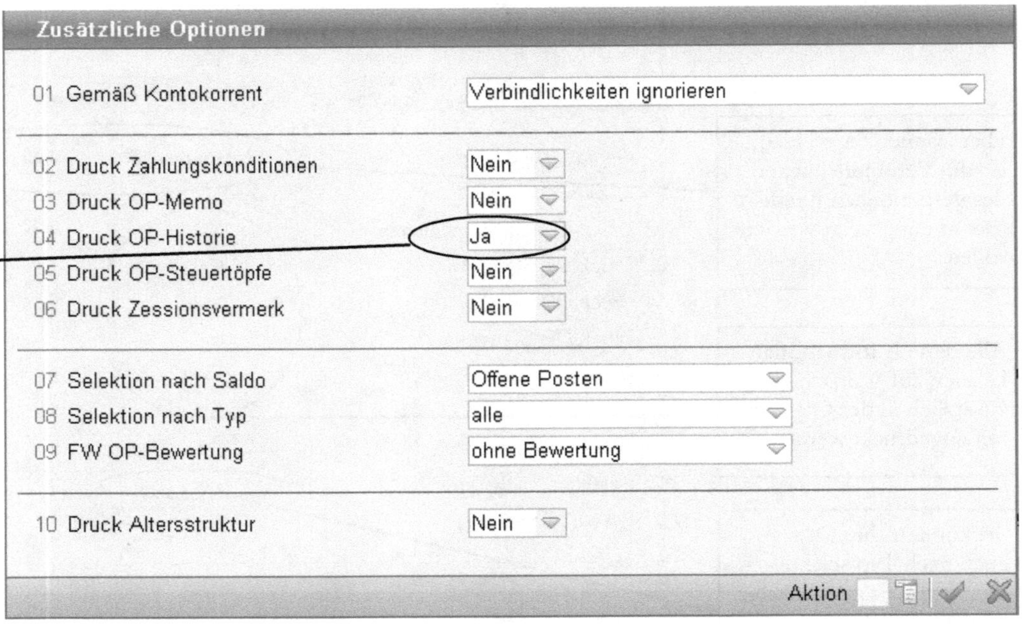

ÜBERSICHT ZUSÄTZLICHE OPTIONEN. Hier noch einmal unsere Auswahl im Überblick.

Wir haben ausgewählt, zusätzlich die Historie unserer OPs mit anzudrucken. Diese Auswahl treffen Sie nur, wenn Sie einzelne Konten mit Ihrem Kunden abstimmen z.B. bei Saldenbestätigungen[64]. Vorab haben wir ein Deckblatt mit den Selektionskriterien gedruckt.

[64] Saldenbestätigungen werden vom Kunden selbst oder vom Wirtschaftsprüfer verschickt und dienen dazu, den Saldo zu einem bestimmten Stichtag abzustimmen. Nachdem Sie ja ihre Buchhaltung laufend buchen und unter Umständen die in der Saldenbestätigung noch offenen Rechnungen bereits ausgeglichen oder mit Gutschriften verrechnet haben, können Sie mit Hilfe unserer Auswahl in der OP-Liste alles nachvollziehen. Durch die Auswahl alle OPs sehen Sie auch bereits ausgeglichene OPs. Durch die Auswahl Historie drucken, können Sie auch Umbuchungen und Verrechnungen einzelner OPs im Detail nachvollziehen.

LISTE OFFENE POSTEN

Mandant: **002** Musikladen GmbH - Fibu	Druck 18.03.2015	/ 21:42	/@CL
Protokoll	Datum 18.03.2015	Seite	1

OP-Listen Kunden nach Kontonummer

01 Sortierung nach	Kontonummer		
02 Von Konto Debitoren	00000	16 Von OP-Nummer	
03 Bis Konto Debitoren	99999	17 Bis OP-Nummer	
04 Von Sammelkontokennz.	0 [1]	18 Von Fälligkeit	01.01.1950
05 Bis Sammelkontokennz.	9	19 Bis Fälligkeit	31.12.2049
06 Von Kundengruppe		20 Von Mahnkennzeichen	00
07 Bis Kundengruppe		21 Bis Mahnkennzeichen	99
08 Von Auswertungskennz.			
09 Bis Auswertungskennz.		22 Buchungskreis	00
10 Von Saldo	-999999999,99		Gesamtbuchhaltung
11 Bis Saldo	999999999,99		
12 Von Belegnummer		23 Vertreterauswahl	Kontenbezogen
13 Bis Belegnummer		24 Von Vertreter	001
14 Von Belegdatum	01.01.1950	25 Bis Vertreter	999
15 Bis Belegdatum	31.12.2049		
		26 OP's sortiert nach	Ohne Sortierung

Erläuterung:
[1] : 0 Inland

SELEKTIONSMERKMALE. Hier sehen Sie, welche Auswahlkriterien beim Druck der Liste eingestellt sind.

Die Liste mit den Selektionsmerkmalen drucken Sie vor allem, wenn Sie in der Sage New Classic Auswertungen für Dritte (andere Personen) erstellen. Dabei spielt es keine Rolle, ob es sich dabei um einen Mitarbeiter Ihrer Firma, Ihren Steuerberater oder einen Betriebsprüfer handelt. Nachdem der Empfänger der Liste die Auswahl im Filter der Liste nicht selbst erfasst hat, hilft ihm das Blatt mit den Selektionsmerkmalen dabei, nachzuvollziehen, welche Daten die zur Verfügung gestellte Auswertung tatsächlich enthält.

Anhand des Restbetrages sehen Sie, dass dieser OP offen, d.h. noch nicht bezahlt ist. In der Historie sehen Sie, dass eine Rechnung storniert und neu gebucht wurde (wir haben die Buchung editiert, um die Zahlungskonditionen zu ändern). Eine Besonderheit in dieser OP-Liste ist das Feld Provision. Sie haben im System die Möglichkeit, in der Finanzbuchhaltung Verkaufsprovisionen nach Zahlungseingang zu führen. Die dafür erforderlichen Informationen werden dann in der OP-Datei mitgeführt.

Unter OP-Auswertungen und OP-Historie Auswertungen haben Sie unterschiedlichste Möglichkeiten, Ihre Offenen Posten darzustellen. Die Listen sind in der Regel selbsterklärend, deshalb verzichten wir an dieser Stelle auf weitere Ausführungen.

In der Historie sehen Sie beispielsweise, dass dieser OP bereits einmal gelöscht wurde. Sie erinnern sich? Das war die Buchung, bei der wir die Zahlungskonditionen nachträglich über die Funktion Buchung editieren, geändert haben.

Hier sehen Sie die Summer der Offenen Posten für diesen Kunden (Debitor).

Mandant 002 Musikladen GmbH - Fibu | Druck 18.03.2015 / 21:44 / @CL

Offene Posten Debitoren **FJ 2015** | Datum 18.03.2015 Seite 1

Kontonummer von	D 00000	bis	D99999	Mahnstufe von 00	bis 99	Belegdatum von 01.01.1950	bis 31.12.2049
Saldo von	-999.999.999,99	bis	999.999.999,99	Vertreter von 001	bis 999	Fälligkeit von 01.01.1950	bis 31.12.2049

Konto / Vorabankünd.	Bezeichnung / OP-Nummer	Bel.dat.	Valuta-datum	Zahl.-ziel	Fälligkeit	Zins-tage	MKZ	Rechnungs-betrag	Zahlungs-betrag	Rest-betrag	Whrg	Kurs
D10000	**Cinema Filmtheater - München**											
0 = Nein	201500001	07.01.15	07.01.15	40	16.02.15	32	00	2.380,00	0,00	2.380,00	Euro	
					Summen			**2.380,00**	**0,00**	**2.380,00**	**Euro**	
D10001	**Deutsches Theater - München**											
0 = Nein	245203	31.12.14	14.12.14	60	12.02.15	36	00	7.586,25	0,00	7.586,25	Euro	
0 = Nein	201500003	17.01.15	17.01.15	60	18.03.15	0	00	2.856,00	0,00	2.856,00	Euro	
					Summen			**10.442,25**	**0,00**	**10.442,25**	**Euro**	
D10002	**Bela Kosmetik - München**											
0 = Nein	201500002	09.01.15	09.01.15	30	08.02.15	40	00	11.900,00	0,00	11.900,00	Euro	
					Summen			**11.900,00**	**0,00**	**11.900,00**	**Euro**	
					Gesamtsummen			24.722,25	0,00	24.722,25	Euro	

History for D10000 / 201500001:

Jahr	PE	Bel.Datum	Belegnummer	Gegenkonto	Rechnung	Zahlung	Skonto	Provision	Kurs	TAN	Whrg
15	01	07.01.2015	201500001	S8400 0	2380,00			0,00	1	13	Euro
15	01	07.01.2015	Löschung	S8400 0	-2380,00			0,00	1	13	Euro
15	01	07.01.2015	201500001	S8400 0	2380,00			0,00	1	14	Euro

History for D10001 / 245203:

Jahr	PE	Bel.Datum	Belegnummer	Gegenkonto	Rechnung	Zahlung	Skonto	Provision	Kurs	TAN	Whrg
14	12	14.12.2014	245203	S9008 0	7586,25			0,00	1	12	Euro

History for D10001 / 201500003:

Jahr	PE	Bel.Datum	Belegnummer	Gegenkonto	Rechnung	Zahlung	Skonto	Provision	Kurs	TAN	Whrg
15	01	17.01.2015	201500003	S8400 0	2856,00			0,00	1	20	Euro

History for D10002 / 201500002:

Jahr	PE	Bel.Datum	Belegnummer	Gegenkonto	Rechnung	Zahlung	Skonto	Provision	Kurs	TAN	Whrg
15	01	09.01.2015	201500002	S8400 0	11900,00			0,00	1	17	Euro

OP-LISTE KUNDEN. Hier sehen Sie die OP-Liste mit unseren eingestellten Optionen.

Saldenlisten

Saldenlisten gibt es für die Bereiche:

- **Debitoren**
- **Kreditoren**
- **Sachkonten**

Die Saldenliste gibt den Kontostand zu einem bestimmten Zeitpunkt wieder und einen Überblick über die Summe der Bewegungen im Soll und Haben in einem bestimmten Zeitraum (Monat/Jahr). Im Gegensatz zur OP-Liste sind keine Einzelbewegungen zu sehen.

Unter **Finanzbuchhaltung → Auswertungen → Saldenlisten** können Sie die gewünschte Liste auswählen. Wir fangen mit der Saldenliste Debitoren an, weil wir hier gleich die Unterschiede zur OP-Liste sehen.

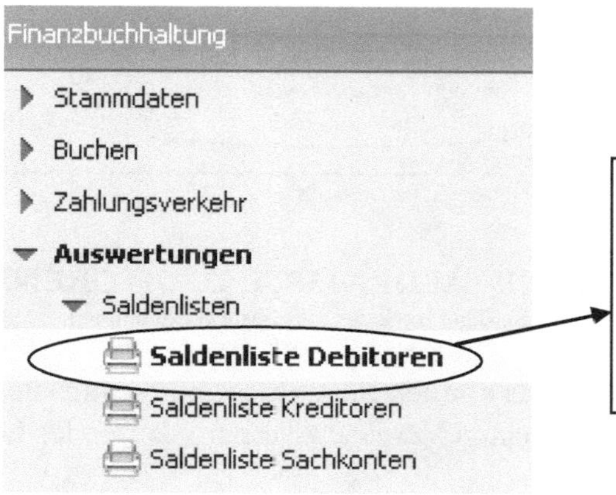

Saldenliste Debitoren; wenn Sie Ihre Listen zum ersten Mal aufrufen, können Sie die Druckvorschau aktivieren und die Liste erst einmal am Bildschirm anschauen und prüfen.

AUFRUF DER SALDENLISTE.

In der Auswahl haben Sie diverse Möglichkeiten, Vorgaben und Selektionen für die Liste vorzunehmen. Sie können auch auswählen, für welches Jahr Sie die Liste drucken möchten.

Die Auswahl ist vom Programm her so vorbelegt, dass Sie ohne weitere Änderungen eine Saldenliste Debitoren bekommen mit allen Kunden, die im aktuellen Monat einen Saldo oder eine Kontenbewegung haben. Die Auswahl (der Vorschlagswert) der Periode richtet sich dabei nach dem in der Sage New Classic eingestellten Datum (kann bei der Auswahl des Mandanten eingestellt werden; in der Regel das Tagesdatum).

Durch die Vielzahl der Einstellungsmöglichkeiten kommt es gelegentlich zu Missverständnissen und deshalb wollen wir die wichtigsten Selektionen kurz erläutern.

Alle hell unterlegten Felder, wie z.B. die Kontenart, stehen nur in der Saldenliste Sachkonten zur Verfügung.

Die wichtigste Auswahl ist der Nummernkreis von Debitor bis Debitor; hier legen Sie fest, ob alle Kunden berücksichtigt werden oder nur ein bestimmter Nummernkreis[65]. Die Auswahl der Jahreszahl und der Periode legt fest, welchen Zeitraum die Liste berücksichtigen soll.

Wahlweise können Sie die Liste im Querformat oder im Hochformat drucken. Zusätzlich gibt es beim Druck der Liste einen Tabelliereffekt, um die einzelnen OP-Zeilen besser les- und abgrenzbar zu machen. Dieser kann im Reportdesigner (das ist der frühere Formulargestalter) auf Wunsch abgeschaltet werden.

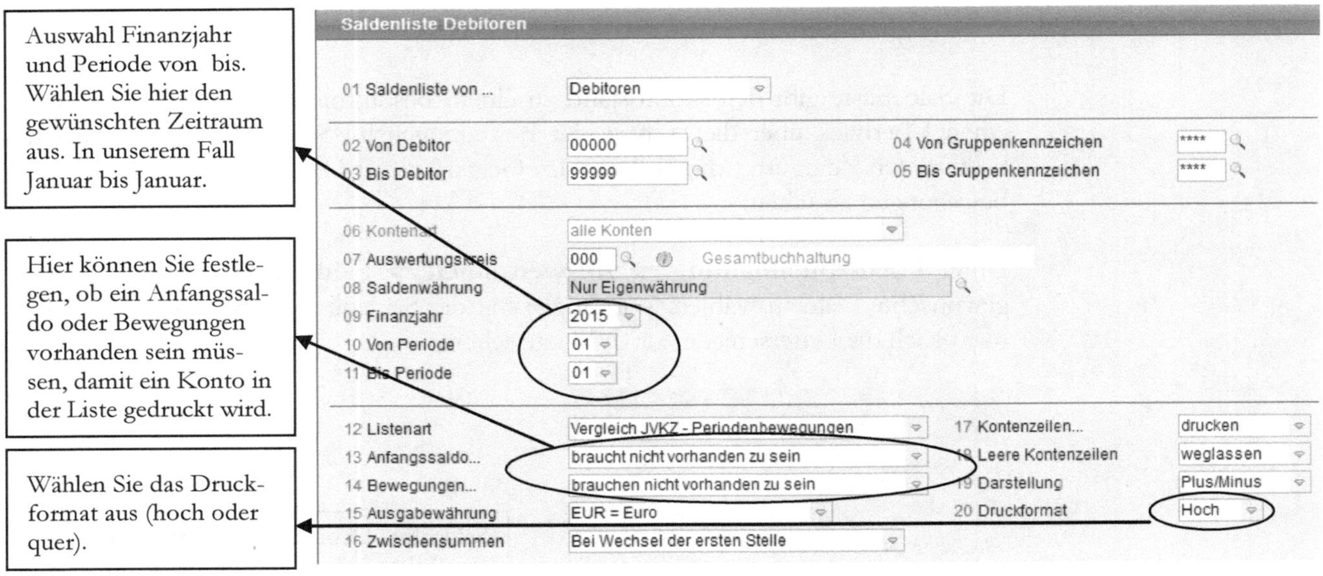

OPTIONEN FÜR DIE SALDENLISTE DEBITOREN. Hier haben Sie eine Vielzahl von Möglichkeiten, Einstellungen für den Druck der Saldenliste vorzunehmen.

Feld 12, Listenart: Hier können Sie wählen, ob Sie nur die Monats- oder Jahreswerte sehen wollen, oder einen Vergleich Monat / laufendes Jahr.

Feld 14, Anfangssaldo: Hier können Sie wählen, ob Sie z.B. nur alle Konten sehen möchten, die einen Saldovortrag haben.

Feld 15, Bewegungen: Über diesen Filter können Sie wählen, ob Sie alle Konten sehen möchten, oder nur die, die im ausgewählten Zeitraum eine Bewegung, sprich Buchung aufweisen.

Seit der Classic Line 3.x werden viele Auswertungen im Standard quer gedruckt. Das liegt daran, dass bei der Umstellung auf die Version 3 nicht nur die Nummernkreise erweitert wurden (z.B. Sachkonten jetzt auch 10-stellig möglich), sondern auch eine Reihe von zusätzlichen Feldern (Bezeichnung 3, Auswertungskreis,...) dazugekommen sind. Es ist deshalb im Querformat einfach übersichtlicher. Seit der letzten Erweiterung der Nummernkreise können Sie bei vielen Auswertungen von Fall zu Fall entscheiden, ob Sie Ihre Saldenliste im Hoch- oder Querformat drucken wollen.

[65] Diese Auswahl hat historische Hintergründe: einige Kunden haben Ihre Kunden in unterschiedliche Nummernkreise aufgeteilt, um schon an Hand der Kundennummer eine Vorauswahl treffen zu können. So wurden insbesondere unterschiedlichen Nummernkreise für Inländer und Auslandskunden verwendet und manchmal wurde noch feiner aufgegliedert. Manche Classic Line Anwender haben diese Gliederung bis heute beibehalten.

Mandant 002 Musikladen GmbH - Fibu — Druck 18.03.2015 / 22:17 / @CL

Saldenliste Debitoren Periode 01 - 01 FJ 2015 — Datum 18.03.2015 Seite 1

Auswertungskreis :000 Gesamtbuchhaltung — Währung EUR

Buchungskreise: Hauptbuchhaltung — Konten D00000 - D99999

Konto	Bezeichnung	Saldovortrag	Periode Soll JVKZ Soll	Periode Haben JVKZ Haben	Periode Bewegung JVKZ Bewegung	Saldo
D10000	Cinema Filmtheater - München	2.261,00	2.380,00	2.261,00	119,00	
			2.380,00	2.261,00	119,00	2.380,00
D10001	Deutsches Theater - München	7.586,25	2.856,00	0,00	2.856,00	
			2.856,00	0,00	2.856,00	10.442,25
D10002	Bela Kosmetik - München	0,00	11.900,00	0,00	11.900,00	
			11.900,00	0,00	11.900,00	11.900,00
D1	**ZWISCHENSUMME**	**9.847,25**	**17.136,00**	**2.261,00**	**14.875,00**	
			17.136,00	**2.261,00**	**14.875,00**	**24.722,25**
Kennzeichen	**Inland**	**9.847,25**	**17.136,00**	**2.261,00**	**14.875,00**	
			17.136,00	**2.261,00**	**14.875,00**	**24.722,25**
	ENDSUMME	**9.847,25**	**17.136,00**	**2.261,00**	**14.875,00**	
			17.136,00	**2.261,00**	**14.875,00**	**24.722,25**

Der Saldenvortrag kann sich aus einem oder mehreren Beträgen zusammensetzen; diese Information finden Sie nur in der OP-Liste.

SALDENLISTE DEBITOREN. Hier haben Sie jetzt pro Kunde immer nur eine Summe als Saldo.

Die Saldenlisten können beliebig oft gedruckt werden und beinhalten immer alle bis zum Zeitpunkt des Drucks erfassten Buchungen. Zur eindeutigen Identifizierung der Liste wird immer rechts oben das Datum und die Uhrzeit mit angedruckt.

Bearbeiter in der Saldenliste

Es hat mehrere Gründe, warum der Bearbeiter (das Kürzel) in der Liste mit angedruckt wird. In erster Linie ist diese Information bei Mehrplatzinstallationen wichtig. Zum einen, um bei Verwendung zentraler Drucker die Listen richtig zuzuordnen, zum anderen um zu sehen, ob die Liste vollständig ist. Wurden die Zugriffsrechte auf Datensatzebene eingeschränkt, so kann es sein, dass bestimmte Kunden bei einzelnen Benutzern nicht mit angedruckt werden, weil die Berechtigung fehlt.

In der Praxis ist es üblich, die Saldenliste Debitoren mit der OP-Liste Debitoren regelmäßig (z.B. monatlich) abstimmen. Differenzen treten in erster Linie auf, wenn nach dem Jahresabschluss noch im Vorjahr gebucht, aber kein vorläufiger Jahresabschluss mehr gefahren wurde. Im Gegensatz zur OP-Liste, die jahresübergreifend geführt wird, werden die Saldenvorträge immer nur beim Jahresabschluss aktualisiert.[66]

Die Saldenliste Kreditoren ist genauso aufgebaut und bedarf deshalb keiner weiteren Erläuterung. Interessanter wird es wieder bei der Saldenliste Sachkonten; hier gibt es einen zusätzlichen Filter, der bei Debitoren und Kreditoren nicht verfügbar ist.

66 Differenzen zwischen Saldenliste und Offenen Posten können auch auftreten, wenn in einzelnen Personenkonten das Kennzeichen OP eingestellt ist auf: keine OP-Verwaltung. In diesem Fall wird bei der Buchungserfassung für das betroffene Konto kein OP angelegt. Bitte achten Sie bei der Anlage Ihrer Personenkonten darauf, die OP-Verwaltung generell zu aktivieren.

Die Gruppenkennzeichen werden bei Bedarf im Sachkontenstamm zugeordnet.

Kontenart: Hier können Sie Ihre Auswahl auf einzelne Kontenarten, z.B. Finanzkonten, einschränken.

Neu ist das Feld Darstellung plus/minus, mit der Möglichkeit, das Vorzeichen bei den Salden zu ändern.

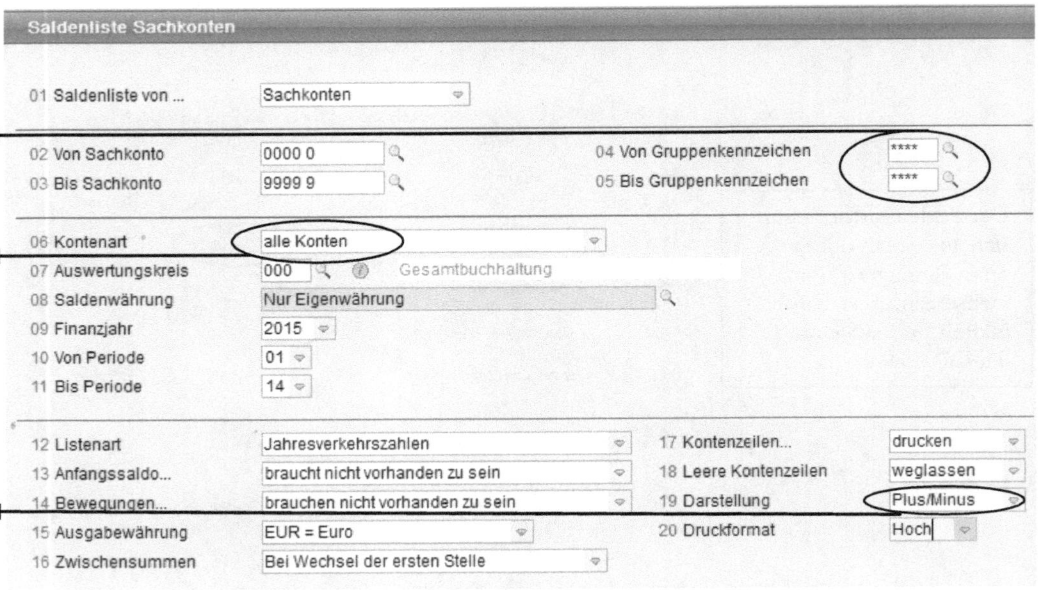

AUSWAHL SALDENLISTE SACHKONTEN. Hier haben Sie eine Vielzahl von Möglichkeiten, Einstellungen für den Druck der Saldenliste vorzunehmen.

Neu sind die Felder 16 und 19. Mit dem Feld 16, Zwischensummen, haben Sie jetzt, ähnlich wie bereits in der BWA, die Möglichkeit, nach dem Wechsel der Kontenklasse eine Zwischensumme andrucken zu lassen.

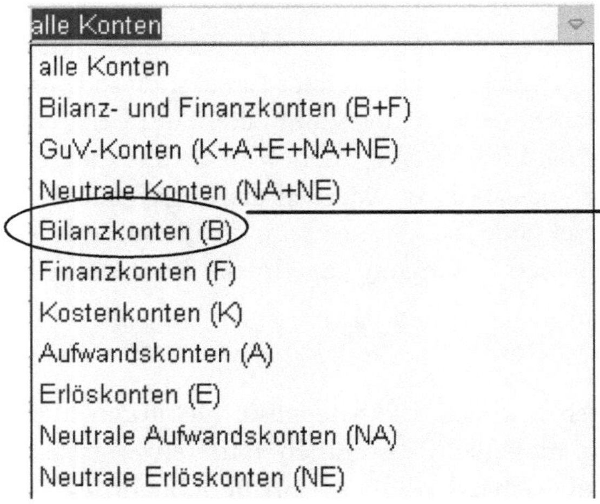

Die Kontenart wird im Sachkontenstamm zugeordnet und dient zur Steuerung von bestimmten Funktionen im Programm. So werden beim Jahresabschluss nur für bestimmte Konten (Bilanz- und Finanzkonten) Saldenvorträge gebildet.

AUSWAHL KONTENART.

Gerade in großen Firmen werden die Saldenlisten für bestimmte Kontenbereiche (z.B. nur Finanzkonten) gedruckt, um diese Bereiche separat abzustimmen. Wenn Sie bei manchen Filtern nicht sicher sind, probieren Sie einfach aus und drucken eine Saldenliste mit und ohne Filter und vergleichen Sie die beiden Listen.

Wichtig

Achten Sie beim Setzen der Filter bitte sehr genau darauf, was Sie einstellen; nicht alle Einstellungen werden im Listenkopf angedruckt. Oft sucht man nach Fehlern, weil in einer Liste nicht alle gewünschten Informationen enthalten sind. Und das Ganze nur, weil ein Filter falsch gesetzt wurde. Drucken Sie in diesem Fall am besten die Selektionsmerkmale vorab mit aus (über **S** in der OK-Abfrage).

Mandant 002 Musikladen GmbH - Fibu — Druck 19.03.2015 / 07:01 / @CL

Saldenliste — Sachkonten Jahreswerte bis Periode 01 - 14 FJ 2015 — Datum 19.03.2015 — Seite 1

Auswertungskreis :000 Gesamtbuchhaltung — Währung EUR

Buchungskreise: Hauptbuchhaltung — Konten S0000 0 - S9999 9

Konto	Bezeichnung	Saldo alt	Umsatz Soll	Umsatz Haben	Bewegung	Saldo
S0320 0	Pkw	55.700,00	0,00	0,00	0,00	55.700,00
S0350 0	Lkw	75.000,00	0,00	0,00	0,00	75.000,00
S0400 0	Betriebsausstattung	125.000,00	0,00	0,00	0,00	125.000,00
S0640 0	Verbindlichkeiten gegenüber Kreditinstituten RLZ 1 bis 5 Jahre	-300.000,00	0,00	0,00	0,00	-300.000,00
S0800 0	Gezeichnetes Kapital	-50.000,00	0,00	0,00	0,00	-50.000,00
S0	**ZWISCHENSUMME**	**-94.300,00**	**0,00**	**0,00**	**0,00**	**-94.300,00**
S1000 0	Kasse	2.250,00	0,00	100,00	-100,00	2.150,00
S1200 0	Deutsche Bank, Kto 2471125	126.292,75	2.261,00	4.820,00	-2.559,00	123.733,75
S1400 0	Forderungen aus Lieferungen und Leistungen	9.847,25	17.136,00	2.261,00	14.875,00	24.722,25
S1576 0	Abziehbare VSt 19%	0,00	980,40	0,00	980,40	980,40
S1600 0	Vb aLuL	-44.090,00	4.820,00	6.140,40	-1.320,40	-45.410,40
S1776 0	Umsatzsteuer 19%	0,00	0,00	2.736,00	-2.736,00	-2.736,00
S1	**ZWISCHENSUMME**	**94.300,00**	**25.197,40**	**16.057,40**	**9.140,00**	**103.440,00**
S3400 0	Wareneingang 19% VSt.	0,00	5.160,00	0,00	5.160,00	5.160,00
S3	**ZWISCHENSUMME**	**0,00**	**5.160,00**	**0,00**	**5.160,00**	**5.160,00**
S4910 0	Porto	0,00	100,00	0,00	100,00	100,00
S4	**ZWISCHENSUMME**	**0,00**	**100,00**	**0,00**	**100,00**	**100,00**
S8400 0	Erlöse 19% USt.	0,00	0,00	14.400,00	-14.400,00	-14.400,00
S8	**ZWISCHENSUMME**	**0,00**	**0,00**	**14.400,00**	**-14.400,00**	**-14.400,00**
S9000 0	Saldenvorträge	-34.242,75	0,00	0,00	0,00	-34.242,75
S9008 0	Saldenvorträge Debitoren	-9.847,25	0,00	0,00	0,00	-9.847,25
S9009 0	Saldenvorträge Kreditoren	44.090,00	0,00	0,00	0,00	44.090,00
S9	**ZWISCHENSUMME**	**0,00**	**0,00**	**0,00**	**0,00**	**0,00**
	ENDSUMME	**0,00**	**30.457,40**	**30.457,40**	**0,00**	**0,00**

Die Salden der Passiva werden mit Minus dargestellt, ebenso die Salden der Habenkonten (z.B. Erlöse).

Ist die Summe der Saldenvortragskonten ungleich Null, sind nicht alle Saldenvorträge korrekt erfasst.

SALDENLISTE SACHKONTEN. Die Saldenliste enthält Zwischensummen bei jedem Wechsel der Kontenklasse.

In der Saldenliste Sachkonten werden grundsätzlich die Salden der Aktivkonten positiv dargestellt, die Salden der Passivkonten negativ (mit -). Analog dazu die Aufwendungen positiv und die Erträge negativ.

Kontrollieren Sie, ob die Summe der Saldenvortragskonten Null ergibt. Ist dies nicht der Fall, sind die Saldenvortragsbuchungen unvollständig oder fehlerhaft.

Bilanz und Gewinn und Verlust

Mit Hilfe der Bilanz können wir kontrollieren, ob unsere erfassten Saldenvorträge eine ausgeglichene Bilanz ergeben, d.h. die Summe der Aktiva auch der Summe der Passiva entspricht. Grundsätzlich können Sie die Bilanz zu jedem beliebigen Zeitpunkt drucken. In der Praxis gibt es bestimmte Termine/Situationen zu/in denen eine Bilanz erstellt wird.

Eröffnungsbilanz: Sie wird bei Gründung der Firma erstellt und enthält alle Vermögensgegenstände, die bei Firmengründung in die Firma eingebracht werden.[67] Im laufenden Betrieb dient die Schlussbilanz am Jahresende zugleich als Eröffnungsbilanz des neuen Jahres.

Schlussbilanz: Sie wird generell zum Ende des Geschäftsjahres erstellt. (Achtung: das Geschäftsjahr kann vom Kalenderjahr abweichen).

Monats- und Quartalsbilanzen: In größeren Firmen (insbesondere in Aktiengesellschaften) ist es üblich, Bilanzen monatlich oder vierteljährlich zu erstellen.

Zwischenbilanz: Sie kann im Grunde zu jedem Zeitpunkt erstellt werden und ist beispielsweise bei einem Wechsel des Buchhaltungssystems erforderlich.

Unter **Finanzbuchhaltung → Auswertungen → Bilanz, GuV und BWA → Bilanzen** können Sie Ihre Bilanz und GuV ausdrucken.

Über Bilanzvarianten können Sie bis zu 99 zusätzliche Bilanzstrukturen anlegen. Diese können Sie dann unter Bilanzvarianten drucken auswerten.

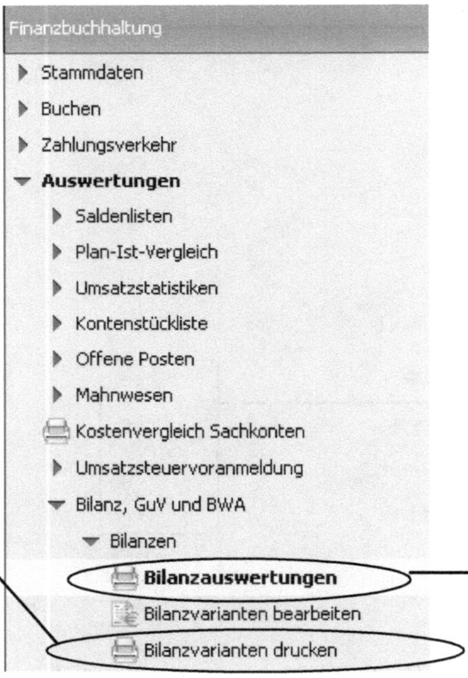

Über Bilanzauswertungen starten Sie den Druck der Bilanz. Im Anschluss an die Bilanz wird dann automatisch die GuV gedruckt.

DRUCKEN EINER BILANZ. Die Bilanz kann beliebig oft gedruckt werden und stellt jedes Mal eine Momentaufnahme des Unternehmens dar, mit allen zum Zeitpunkt des Drucks erfassten Buchungen.

---

[67] Es gibt auch die Möglichkeit einer sog. Sachgründung. Diese kommt insbesondere vor, wenn eine Einzelfirma in eine Kapitalgesellschaft umgewandelt wird (z.B. in eine GmbH). Dabei wird das Stammkapital ganz oder teilweise durch bestehendes Betriebsvermögen erbracht. Für die Sachgründung ist ein Gutachten zur Bewertung des Betriebsvermögens erforderlich inkl. einer ausführlichen Inventarliste.

Ausdruck Kontennachweis gibt die Möglichkeit, bei jeder Bilanzposition gleich alle zugeordneten Konten mit anzudrucken.

Die Buchungsperiode legt fest, bis zu welchem Zeitpunkt die erfassten Buchungen für die Bilanz berücksichtigt werden sollen.

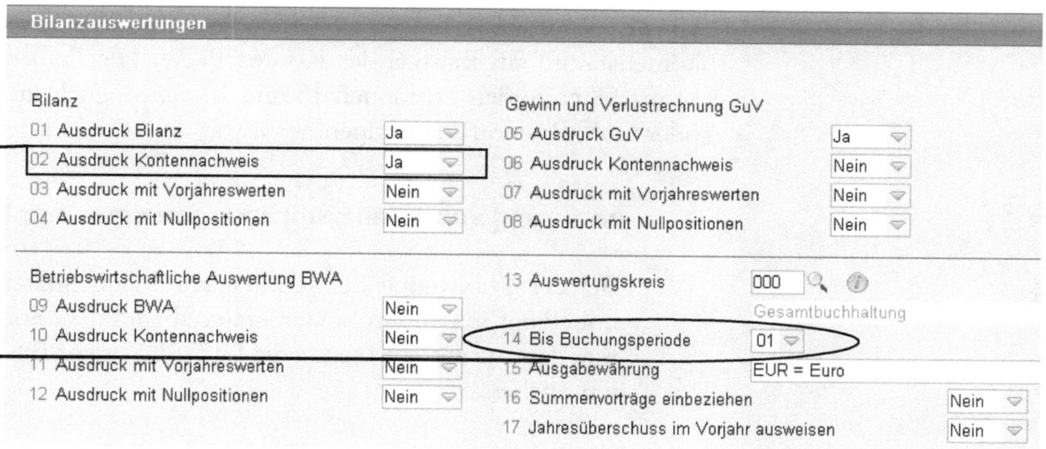

AUSWAHL BEIM DRUCKEN DER BILANZ. Die Bilanz kann mit unterschiedlichen Optionen gedruckt werden. Eine GuV oder BWA wird auf Wunsch gleich im Anschluss mit gedruckt.

Wir wollen in unserem Fall eine Bilanz mit Kontennachweis, damit wir unsere erfassten Buchungen kontrollieren können. Der Druck erfolgt in 2 Schritten: Erst wird die Bilanz gedruckt, anschließend der Kontennachweis. Würde man die Konten gleich in der Bilanz mit andrucken, wäre die Bilanz zu unübersichtlich.

Zeigt an, bis zum Ende welcher Periode die Bilanz geruckt wurde.

Die Zuordnung einzelner Konten zu einer Bilanzposition erfolgt im Sachkontenstamm.

Mandant: 002 Musikladen GmbH - Fibu — Druck 19.03.2015 / 07:09 / @CL

Bilanz (zum Ende der Periode): 01 2015 — Datum 19.03.2015 Seite 1

Auswertungskreis: 000 Buchungskreise: Hauptbuchhaltung — Geschäftsjahr EUR

AKTIVA	
A. Anlagevermögen	
I. Immaterielle Vermögensgegenstände	
Summe immaterielle Werte	0,00
II. Sachanlagen	
3. Andere Anlagen, Betriebs- und Geschäftsausstattung	255.700,00
Summe Sachanlagen	255.700,00
III. Finanzanlagen	
Summe Finanzanlagen	0,00
Summe Anlagevermögen	**255.700,00**

BILANZ AUSSCHNITT AKTIVA. Die Gliederung der Bilanz ist durch die Auswahl des Kontenrahmens bei der Anlage des Mandanten bereits vorgegeben. Auf Wunsch können Sie die den Aufbau der Bilanz und die Zuordnung der Konten individuell ändern.

Bilanzposition mit allen zugeordneten Konten.

Summe der Bilanzposition wie in der Bilanz.

Mandant: 002 Musikladen GmbH - Fibu — Druck 19.03.2015 / 07:12 / @CL

Kontennachweis zur Bilanz 01 2015 — Datum 19.03.2015 Seite 1

Buchungskreis : 00 Gesamtbuchhaltung — Geschäftsjahr EUR

Andere Anlagen, Betriebs- und Geschäftsausstattung		
S0320 0	Pkw	55.700,00
S0350 0	Lkw	75.000,00
S0400 0	Betriebsausstattung	125.000,00
		255.700,00

KONTENNACHWEIS ZUR BILANZ. Im Kontennachweis sehen Sie, welche einzelnen Konten einer bestimmten Bilanzposition zugeordnet sind. Die Zuordnung erfolgt im Sachkontenstamm.

Um die Zuordnung besser zu verdeutlichen, noch einmal die Übersicht im Sachkontenstamm am Beispiel des Kontos PKW. Hier haben Sie unter Auswertungskennzeichen in den Positionen 15 und 16 die Möglichkeit, das Konto einer Bilanz- oder GuV-Position zuzuordnen.

Änderung von Bilanzzuordnungen einzelner Konten

Bei der Zuordnung der Konten zur Bilanz sollten Sie Änderungen unbedingt mit Ihrem Steuerberater abstimmen. Sonst kann es passieren, dass Sie am Jahresende die Differenzen zur Bilanz des Steuerberaters suchen.

Kontenart: Sie steht in der Saldenliste Sachkonten als Selektionskriterium zur Verfügung.

In den **Feldern 15** und **16** legen Sie die Zuordnung des Kontos zur Bilanz oder GuV fest. In unserem Fall ist das Konto der Position Andere Anlagen im Bereich Sachanlagen zugeordnet.

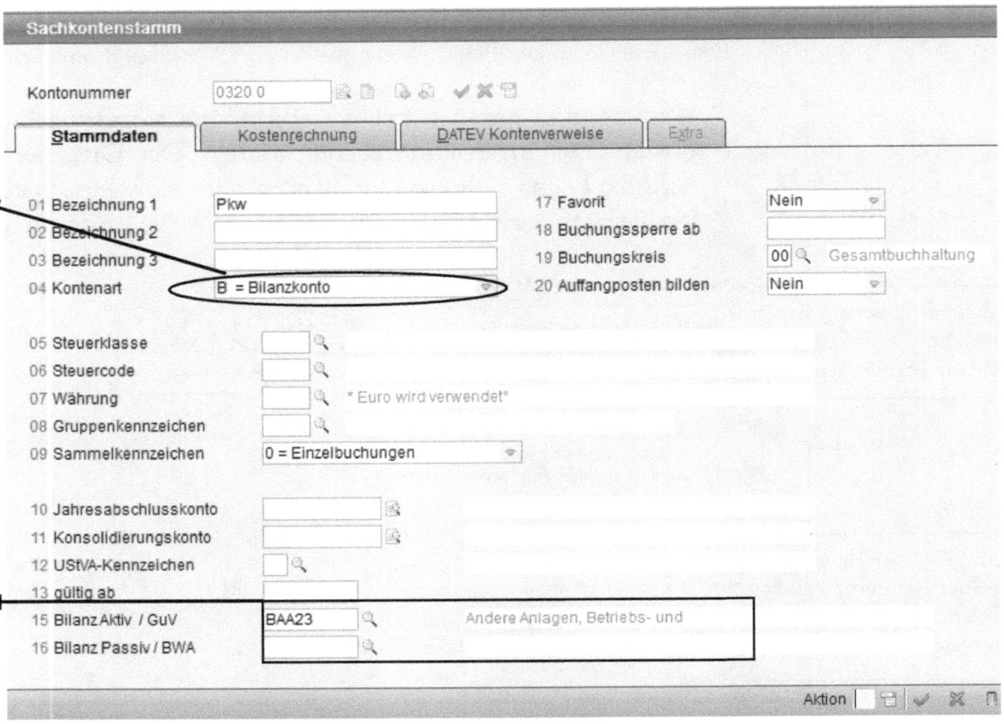

KONTENZUORDNUNG ZUR BILANZ. Im Sachkontenstamm sehen Sie hier die Zuordnung am Beispiel des Kontos PKW.

Wenn Sie Zuordnungen zur Bilanz und GuV ändern, sollten Sie sich immer mit Ihrem Steuerberater abstimmen und im Anschluss prüfen, ob die Summen Aktiva und Passiva noch übereinstimmen.

Fragen zur Lernzielkontrolle

☺ **Testen Sie Ihr Wissen**

1) Was versteht man unter einer OP-Liste?
2) Können Sie auch bereits ausgeglichene OPs drucken?
3) Was ist der Unterschied zwischen einer Saldenliste und einer OP-Liste?
4) Welche zusätzlichen Informationen finden Sie in der OP-Historie?
5) Welche Beträge werden in der Saldenliste negativ dargestellt?

6) Wo wird einem Konto die Kontenart zugeordnet?

7) Wie erfolgt die Zuordnung einzelner Konten zu einer Bilanzposition?

8) Was versteht man unter Kontennachweis?

9) Wo erfolgt die Zuordnung eines Sachkontos zu den Favoriten?

10) Was versteht man unter Forderungsabtretung?

11) Wie viele eigene Bilanzvarianten können Sie in der Sage New Classic anlegen?

12) Was kann eine mögliche Ursache für eine Differenz zwischen der Saldenliste und der OP-Liste sein?

Praktische Übungen

Tastaturübungen

1) Drucken Sie eine Saldenliste Debitoren und eine OP-Liste Debitoren und vergleichen Sie die beiden Listen.

2) Drucken Sie eine OP-Liste mit allen Posten (also auch den bereits ausgeglichenen) und der OP-Historie.

3) Drucken Sie die dazugehörigen Selektionskriterien.

4) Drucken Sie eine Bilanz und kontrollieren Sie, ob die Summe Aktiva und die Summe Passiva gleich sind.

5) Drucken Sie eine Bilanz mit Kontennachweis und stimmen Sie den Kontennachweis mit Ihrer Saldenliste Sachkonten ab.

Kapitel

7

Die Umsatzsteuer-voranmeldung (UVA)

Von der Anlage der Grundlagen über die Verprobung bis hin zum Druck des amtlichen Formulars.

Die Umsatzsteuervoranmeldung wird in der Regel monatlich abgegeben. In der Sage New Classic wird zusätzlich die vierteljährliche Anmeldung unterstützt. Wir benötigen zur Einrichtung der erforderlichen Grundlagen die Steuernummer, das Finanzamt inkl. Finanzamtsnummer, den Anmeldezeitraum und die Firmenanschrift inkl. Telefon und den zuständigen Sachbearbeiter. Wird die Umsatzsteuervoranmeldung von einem externen Dritten (Steuerberater, Buchhaltungsservice) erstellt, können diese Informationen unter der Auswahl Mitwirkende eingetragen werden.[68]

Neben dem Druck des amtlichen Formulars direkt aus der Sage New Classic, wird die elektronische Weitergabe der Umsatzsteuervoranmeldung an das Finanzamt unterstützt (Elster)[69]. Ich werde am Ende dieses Kapitels noch auf die erforderlichen Voraussetzungen eingehen.

Unabhängig von der Form der Weitergabe ist es erforderlich, die Werte der UVA vor der Weitergabe an das Finanzamt zu kontrollieren. Diese Kontrolle nennt man in der Fachsprache auch Umsatzsteuerverprobung. Hier werden die rechnerisch ermittelte Steuer und die tatsächlich gebuchte Steuer miteinander verglichen. Treten Differenzen auf, heißt es: Fehler suchen.

Sobald alle Korrekturen gebucht sind, geht es noch einmal mit der Umsatzsteuerverprobung los. Wenn die Zahlen stimmen, steht einer elektronischen Weitergabe der Meldung nichts mehr im Wege.

---

68 Wenn Sie einen Buchhaltungsservice eröffnen wollen und für andere Unternehmen eine UMSATZ-STEUERVORANMELDUNG beim Finanzamt abgeben möchten, denken Sie bitte daran, dass Sie dafür eine schriftliche Vollmacht der Firma benötigen und diese Vollmacht zur Abgabe von Steuererklärungen auch gegenüber dem Finanzamt anzuzeigen ist.

69 Die Abgabe der Umsatzsteuervoranmeldung muss seit dem 01.01.2005 in elektronischer Form erfolgen (Elster). Die Classic Line unterstützt die elektronische Meldung. Optional haben Sie mittlerweile die Möglichkeit, Ihre Daten beim Versand elektronisch zu signieren, um zu verhindern, dass nicht Berechtigte in Ihrem Namen eine Steuererklärung beim Finanzamt einreichen.

UMSATZSTEUERVORANMELDUNG: Grundlagen

Unter **Grundlagen → Grundlagen Umsatzsteuer → UStVA Grundlagen bearbeiten** können Sie die für die UVA erforderlichen Angaben erfassen.

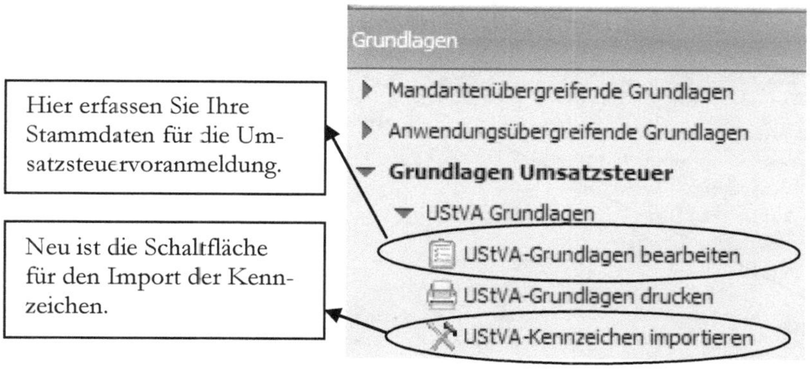

UVA GRUNDLAGEN. Hier bearbeiten Sie die Grundlagen für die Umsatzsteuervoranmeldung. Neu ist die Möglichkeit, die Kennzeichen zu importieren.

Die UStVA-Kennzeichen werden beim Updaten nicht mehr automatisch eingelesen, d.h. Sie müssen die Kennzeichen für das neue Jahr nach dem Update in die Datenbank importieren.

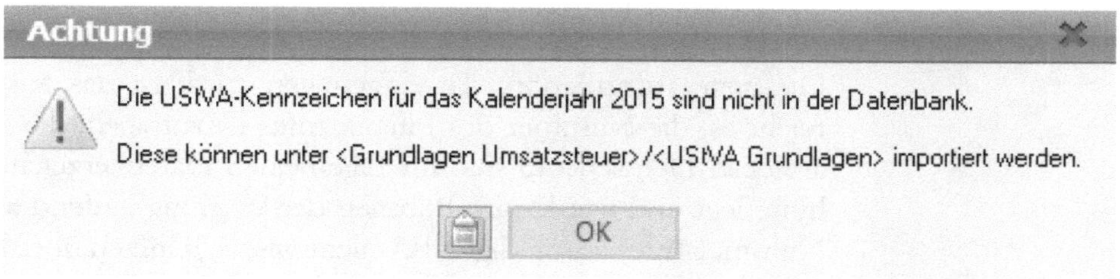

HINWEIS. Nach dem Jahreswechsel erhalten Sie beim erstmaligen Aufruf der UVA-Grundlagen den Hinweis, dass die Kennzeichen für die UVA des neuen Jahres nicht in der Datenbank sind.

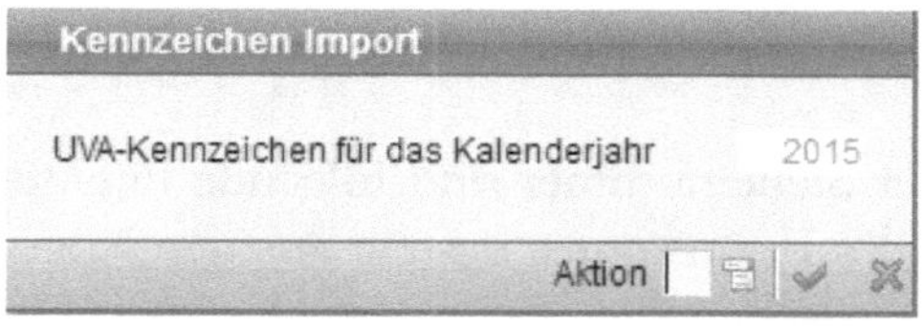

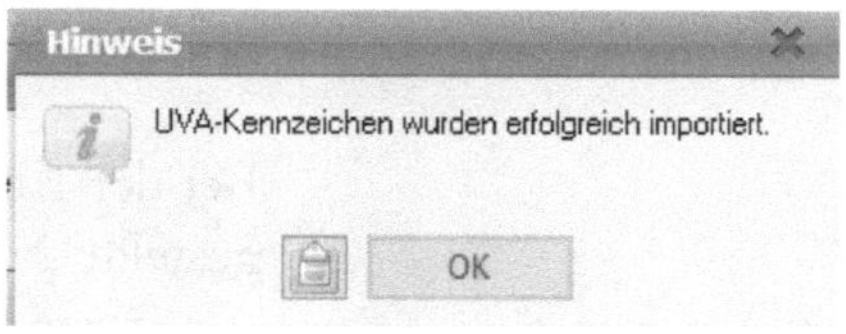

UVA KENNZEICHEN IMPORTIEREN. Hier importieren Sie nach der Installation der Jahreswechselversion die UVA-Kennzeichen in die Datenbank Ihres Mandanten.

Im Anschluss können Sie jetzt über den Menüpunkt UVA-Kennzeichen bearbeiten ihre steuerlichen Informationen erfassen[70].

[70] Sofern noch nicht eingerichtet, empfehle ich Ihnen, vorab unter Grundlagen, Anwendungsübergreifende Grundlagen, Elektronische Meldungen einen Datenlieferer anzulegen und die Eric Daten (vom Finanzamt für das Elstermodul) zu aktualisieren. Sonst kann es passieren, dass Sie Ihre Änderungen in den UVA-Grundlagen nicht speichern können.

Es reicht, die Nummer des zuständigen Finanzamtes einzugeben; die Adressdaten sind in der Sage New Classic gespeichert.

Als Abgabezeitraum wird monatlich oder vierteljährlich angeboten. Bei der Eingabe der Steuernummer bitte nur Leerzeichen als Trennzeichen benutzen, sonst kommt es zu Fehlermeldungen.

Setzen Sie die Elster-Prüfung auf ja, sonst ist die elektronische Übertragung an das Finanzamt nicht möglich.

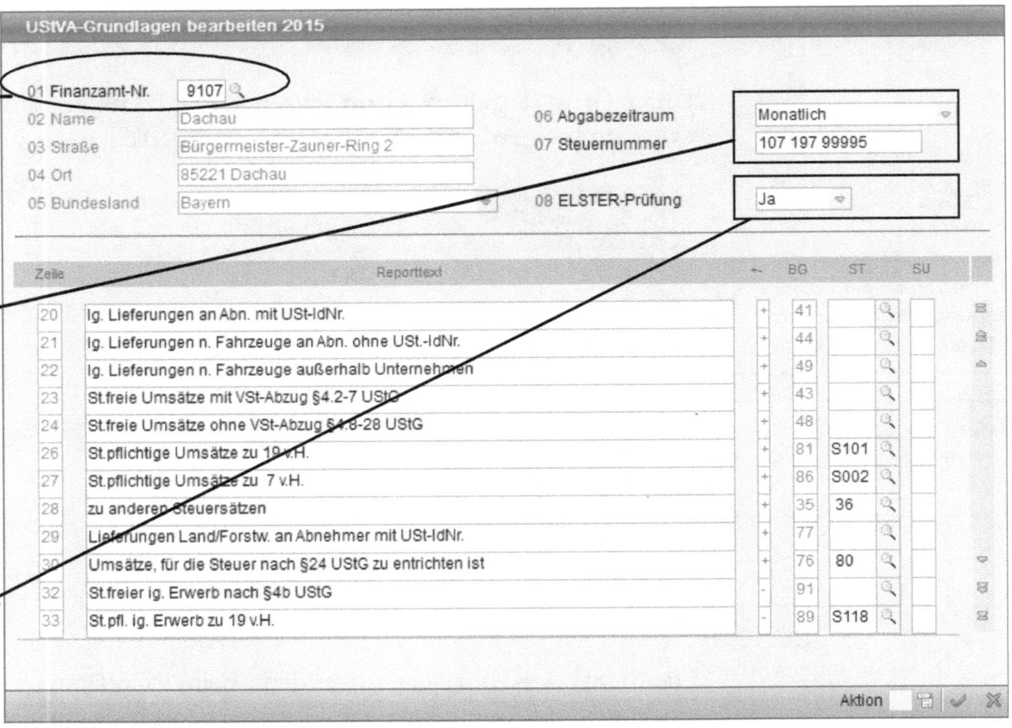

UMSATZSTEUERVORANMELDUNG GRUNDLAGEN BEARBEITEN. Hier werden alle für die Umsatzsteuervoranmeldung wichtigen Informationen hinterlegt.

Die erste Information, die eingetragen wird, ist das zuständige Finanzamt. Hier reicht es, die Nummer des Finanzamtes einzutragen; die Adressdaten aller Finanzämter in Deutschland sind im allgemeinen Datenverzeichnis der Sage New Classic hinterlegt und werden im Rahmen der Wartung laufend aktualisiert. Sollten Sie die Nummer Ihres zuständigen FA nicht wissen, einfach über **F2** suchen.

Beim Abgabezeitraum wird monatlich oder vierteljährlich angeboten. Die hier getroffene Auswahl steuert, welche Optionen beim Druck der Umsatzsteuervoranmeldung noch zur Auswahl stehen. Wir wählen hier monatlich[71], d.h. beim Druck der UVA wird uns später die Option vierteljährlich gar nicht mehr angeboten.

Bei der Eingabe der Steuernummer sind folgende Punkte zu beachten: Die vorangestellte Nummer des Finanzamtes besteht aus den letzten 3 Stellen der Nummer. Als Trennzeichen zwischen den einzelnen Nummernblöcken sind ausschließlich Leerzeichen erlaubt. Der früher gern verwendete Schrägstrich (/) ist nicht mehr zulässig. Das Format der Steuernummer ist vom ausgewählten Finanzamt abhängig.

Im **Feld 08** haben Sie noch die Möglichkeit, die Elster-Prüfung zu aktivieren[72]. Elster ist ein elektronisches Meldeverfahren, bei dem die Daten für die Umsatzsteuervoranmeldung oder die Lohnsteueranmeldung in elektronischer Form an das zu-

---

71 In der Praxis klären Sie bitte den Abgabezeitraum der UVA mit Ihrem zuständigen Finanzamt. Er ist unter anderem abhängig von Ihren erzielten Umsätzen bzw. von den zu erwartenden Umsätzen.

72 Sobald Sie den Schalter auf ja setzen, prüft das Programm beim Speichern, ob die eingegebene Steuernummer zum erfassten Finanzamt passt und gültig ist. Gibt es hier Unstimmigkeiten, kommt eine Fehlermeldung und Sie können das Programm nicht mehr verlassen. Wenn Sie keinen Fehler feststellen können, setzen Sie den Schalter auf nein und fragen Sie bei Ihrem Finanzamt nach.

ständige Finanzamt übermittelt werden. Weitere Informationen zum Thema Elster finden Sie am Ende dieses Kapitels.

In der OK-Abfrage bekommen Sie über F2 die Auswahl, welche weiteren Eingaben zur Umsatzsteuervoranmeldung gemacht werden können.

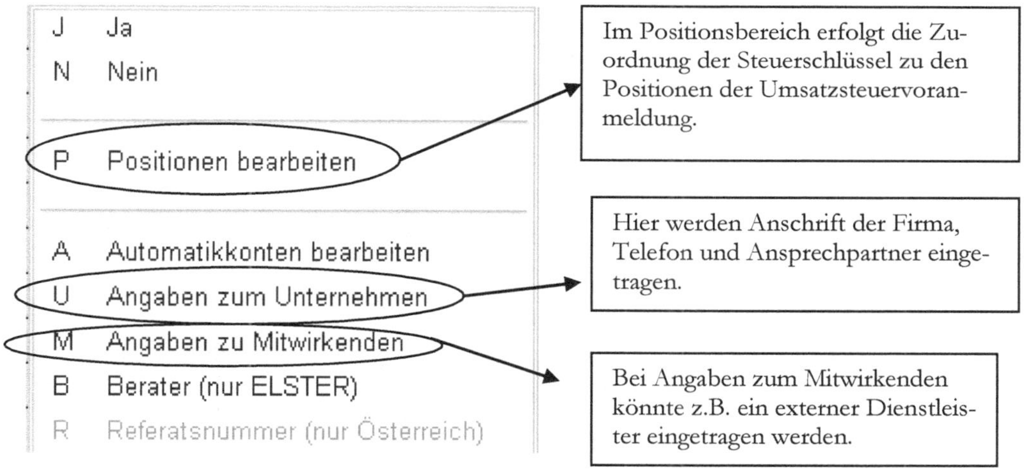

UMSATZSTEUERVORANMELDUNG GRUNDLAGEN AUSWAHL ÜBER F2.

Im Positionsbereich müssen in der Regel nur Änderungen vorgenommen werden, wenn Sie andere Steuerschlüssel angelegt haben als im Standard hinterlegt sind. Wir wollen nun an Hand des Positionsbereiches einmal erklären, wie die Steuer im Umsatzsteuervoranmeldungsformular ermittelt wird, damit Sie bei Differenzen später leichter in der Lage sind, mögliche Fehler zu finden.

S101 in der Zeile 81 bedeutet also, in der Zeile 81 werden unter Bemessungsgrenze alle Umsätze zu 19% ausgewiesen und in der Zeile Steuer aus dieser Summe die Steuer berechnet mit dem Steuersatz 101, in unserem Beispiel 19%. Die Umsatzsteuer wird also rechnerisch ermittelt.

Zeile	Reporttext	+-	BG	ST	SU
20	Ig. Lieferungen an Abn. mit USt-IdNr.	+	41		
21	Ig. Lieferungen n. Fahrzeuge an Abn. ohne USt.-IdNr.	+	44		
22	Ig. Lieferungen n. Fahrzeuge außerhalb Unternehmen	+	49		
23	St.freie Umsätze mit VSt-Abzug §4.2-7 UStG	+	43		
24	St.freie Umsätze ohne VSt-Abzug §4.8-28 UStG	+	48		
26	St.pflichtige Umsätze zu 19 v.H.	+	81	S101	
27	St.pflichtige Umsätze zu 7 v.H.	+	86	S002	
28	zu anderen Steuersätzen	+	35	36	
29	Lieferungen Land/Forstw. an Abnehmer mit USt-IdNr.	+	77		
30	Umsätze, für die Steuer nach §24 UStG zu entrichten ist	+	76	80	
32	St.freier ig. Erwerb nach §4b UStG	-	91		
33	St.pfl. ig. Erwerb zu 19 v.H.	-	89	S118	

DER POSITIONSBEREICH. Hier ist festlegt, welche Informationen in den einzelnen Positionen der UMSATZSTEUERVORANMELDUNG gedruckt werden.

🗁 **Wichtig**

Im Gegensatz zur Vorsteuer, bei der einfach der Umsatz vom Vorsteuerkonto in die Umsatzsteuervoranmeldung übernommen wird, wird die Steuer bei der Umsatzsteuer rechnerisch ermittelt. Daher ist es erforderlich, vor der Abgabe der Umsatzsteuervoranmeldung eine **Umsatzsteuerverprobung** durchzuführen. Bei der Umsatzsteuerverprobung wird die rechnerisch aus der Summe der Erlöse ermittelte Steuer dem auf dem Konto Umsatzsteuer gebuchten Steuerbetrag gegenüber gestellt. Abgesehen von ein paar Cent (Rundungsdifferenzen) müssen diese beiden Beträge gleich sein. **Bei Differenzen von mehr als einem Euro heißt es: Fehler suchen.**

Die passenden Konten können Sie über **F2** auswählen oder in der Hilfe nachlesen (**F1 = Hilfe**).

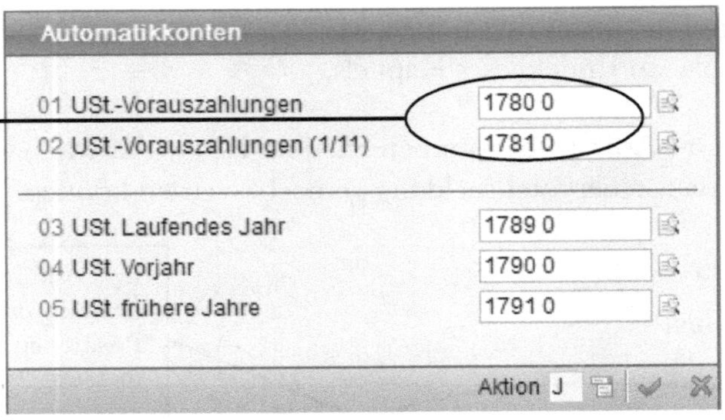

AUTOMATIKKONTEN. Mit dieser Funktion haben Sie die Möglichkeit, das Elftel Vorauszahlung automatisch in die UMSATZSTEUERVORANMELDUNG zu bringen. Außerdem können Sie nach Druck der UVA wählen, ob die ausgewiesenen Beträge sofort gebucht werden sollen.

Bei den Automatikkonten können Sie die Konten für die Umsatzsteuer Vorauszahlung[73] hinterlegen, damit der Ausweis in der Umsatzsteuervoranmeldung automatisch erfolgt.

Bitte geben Sie die Kontaktdaten inkl. Telefonnummer an (wird auch im amtlichen Formular mit angedruckt).

UNTERNEHMEN. Hier werden alle Angaben zum Steuerpflichtigen gemacht. Bitte geben Sie an dieser Stelle auch einen Ansprechpartner mit Telefon ein, falls es zu Rückfragen vom Finanzamt kommt.

Mit **U** für **Unternehmen** kommen Sie in der Maske zur Erfassung der Unternehmensdaten. Die hier gemachten Eingaben werden beim Druck der Umsatzsteuervoranmeldung auf das amtliche Formular in das Feld Unternehmen übernommen. Neben der Anschrift ist hier eine Telefonnummer für Rückfragen zur Umsatzsteuervoranmeldung anzugeben.

Die Angaben für den Mitwirkenden und den Berater sind freiwillig. Wenn die Umsatzsteuervoranmeldung von einem externen Buchhalter oder von Ihrem Steuerberater erstellt wird, tragen Sie diese Person hier ein. Wenn Sie alle Eingaben gemacht haben, speichern Sie Ihre Daten, indem Sie in der OK-Abfrage ein **J** oder **+** für Ja eingeben. Beantworten Sie die anschließende Frage, ob Sie die Änderungen im Mandantenverzeichnis speichern wollen, mit ja.

---

[73] Bei Beantragung der sogenannten Dauerfristverlängerung ist jeweils am Jahresanfang ein Elftel der Umsatzsteuerzahllast des Vorjahres zu zahlen. Im Gegenzug dürfen Sie dafür Ihre Umsatzsteuervoranmeldung jeweils einen Monat später abgeben; also die Umsatzsteuervoranmeldung für Januar statt bis 10. Februar erst bis 10. März. Am Jahresende wird die Vorauszahlung dann wieder verrechnet und für das neue Jahr eine neue (in der Regel höhere) Vorauszahlung geleistet.

UMSATZSTEUERVORANMELDUNG: Druck

Nachdem wir im Januar bereits Umsatzerlöse und Kosten gebucht haben, können wir gleich mit der Umsatzsteuervoranmeldung vom Januar prüfen, ob unsere Einträge richtig und vollständig sind. Dazu wählen Sie bitte: **Finanzbuchhaltung → Auswertungen → Umsatzsteuervoranmeldung → Sollversteuerung → Umsatzsteuervoranmeldung**.

Sollversteuerung / Istversteuerung

Bei der Sollverteuerung ist die Steuer im Monat der Rechnungsstellung fällig, unabhängig davon, ob die Rechnung bereits bezahlt ist oder nicht. D.h. eine Rechnung vom 15.01. wird bei der Sollversteuerung in der Umsatzsteuervoranmeldung vom Januar berücksichtigt. Bei der Ist-Versteuerung dagegen wird auf den Zeitpunkt der Zahlung abgestellt; d.h. wird unsere Rechnung vom 15.01. erst am 10.02. bezahlt, dann fließt sie bei der Ist-Versteuerung erst in die Umsatzsteuervoranmeldung vom Februar.

Die Sollversteuerung findet generell Anwendung bei doppelter Buchführung, so wie in unserem Beispiel bei unserer Musikladen GmbH. Die **Ist-Versteuerung** wird in der Regel bei Firmen angewendet, die eine **Einnahme-Überschuss-Rechnung**, auch **4/3 Rechnung**[74] genannt, machen. Für die Ist-Versteuerung gibt es klare Vorgaben vom Finanzamt, die sich allerdings regelmäßig ändern. Bei Bedarf wenden Sie sich bitte an Ihr zuständiges Finanzamt oder Ihren Steuerberater.

📖 **Praxistipp**

Bei der Ist-Versteuerung handelt es sich um ein Wahlrecht. Wenn Sie die Voraussetzungen für die Ist-Versteuerung erfüllen, ist es vor allem eine Rechenaufgabe, ob diese Option für Sie auch wirklich günstiger ist. Dabei spielen vor allem folgende Punkte eine tragende Rolle:

1) Kosten/Aufwand für die Buchhaltung bei Soll- oder Ist-Versteuerung.

2) Höhe der Investitionen und Zahlungsziele bei Lieferanten und Kunden.

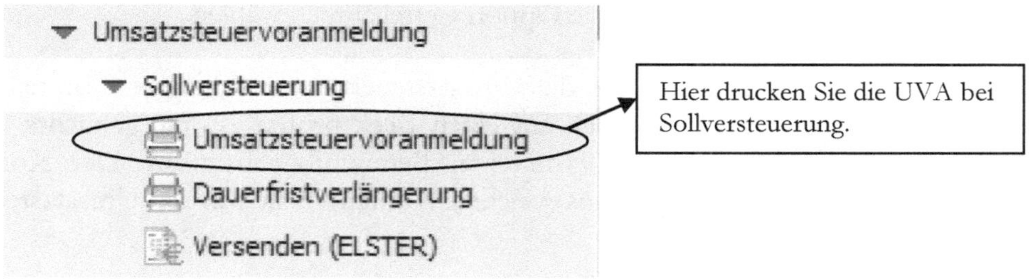

DRUCK DER UMSATZSTEUERVORANMELDUNG. Für unsere Beispielfirma gilt die Sollversteuerung.

[74] Der Name 4/3 Rechnung leitet sich aus den gesetzlichen Grundlagen ab. Die Einnahme-Überschuss-Rechnung ist definiert im Einkommenssteuergesetz (EStG) im Paragraph 4, Absatz 3, daher der Name.

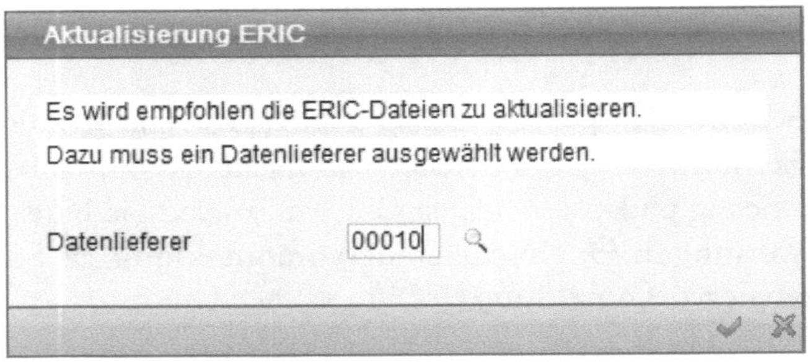

AKTUALISIERUNG ERIC. Wenn Sie Ihre UVA per Elster online verschicken wollen, empfiehlt es sich, gleich den Datenlieferer einzugeben und die Daten für das Elstermodul zu aktualisieren.

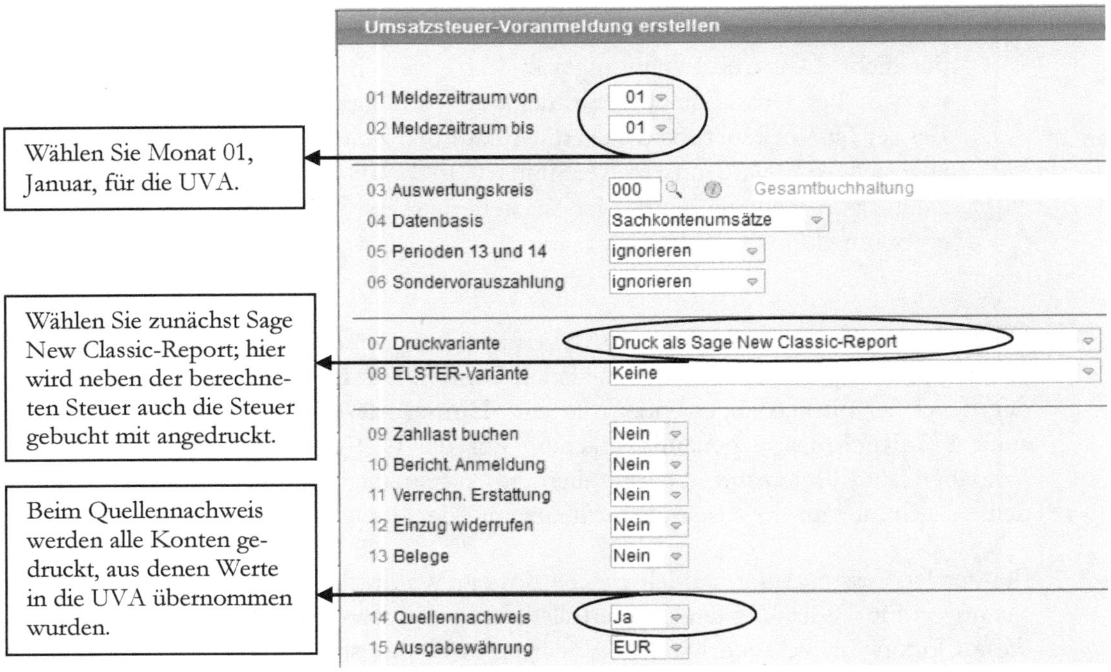

SELEKTION. Hier können Sie den gewünschten Anmeldezeitraum auswählen und einige weitere Optionen.

Für den Meldezeitraum bietet uns das Programm die einzelnen Monate und das Kalenderjahr an. Das Quartal wird nur angeboten, wenn wir in den Grundlagen UVA auch die Option vierteljährlich wählen.

📖 **Praxistipp**

Drucken Sie die Umsatzsteuervoranmeldung erst einmal als Classic Line Report. Hier lässt sich auf einen Blick prüfen, ob die gebuchte Mehrwertsteuer mit dem rechnerisch ermittelten Betrag übereinstimmt. Der Kontennachweis gibt einen Überblick, aus welchen Konten Zahlen in die Umsatzsteuervoranmeldung geflossen sind.

Bei Unstimmigkeiten ist immer der erste Schritt ein **Abgleich des Kontennachweis mit der Saldenliste Sachkonten**. Da sehen Sie sofort, ob alle Erlöskonten mit Umsatz in der Periode auch im Kontennachweis erscheinen. Sollten hier keine Fehler feststellbar sein, wird im nächsten Schritt geprüft, ob auf den einzelnen Erlöskonten auch alle Buchungen mit dem richtigen Steuerschlüssel gemacht wurden, oder ob hier Fehler zu finden sind. Das geht am einfachsten, wenn Sie sich in der Bildschirmauskunft nacheinander alle Erlöskonten anzeigen lassen und die Spalte mit dem Steuerschlüssel überprüfen.

U M S A T Z S T E U E R V O R A N M E L D U N G   D R U C K

Mandant 002 Musikladen GmbH - Fibu 21.03.2015 / 15:04 / @CL

Umsatzsteuervoranmeldung für Monat 01 2015 Datum 21.03.2015 Seite 1

Buchungskreis
Auswertungszeitraum

Finanzamt Dachau
Bürgermeister-Zauner-Ring 2
85221 Dachau

Steuernummer 107 197 99995

Nr.	Bezeichnung der Periode	KZ	Umsatz	KZ	Steuer	Steuer gebucht
20	Ig. Lieferungen an Abn. mit USt-IdNr.	41				
21	Ig. Lieferungen n. Fahrzeuge an Abn. ohne USt.-IdNr.	44				
22	Ig. Lieferungen n. Fahrzeuge außerhalb Unternehmen	49				
23	St.freie Umsätze mit VSt-Abzug §4.2-7 UStG	43				
24	St.freie Umsätze ohne VSt-Abzug §4.8-28 UStG	48				
26	St.pflichtige Umsätze zu 19 v.H.	81	14.400	S101	2.736,00	2.736,00
27	St.pflichtige Umsätze zu 7 v.H.	86		S002		
28	zu anderen Steuersätzen	35		36		
29	Lieferungen Land/Forstw. an Abnehmer mit USt-IdNr.	77				
30	Umsätze, für die Steuer nach §24 UStG zu entrichten ist	76		80		
32	St.freier ig. Erwerb nach §4b UStG	91				
33	St.pfl. ig. Erwerb zu 19 v.H.	89		S118		
34	St.pfl. ig. Erwerb zu 7 v.H.	93		S019		
35	St.pfl.ig. Erwerbe zu anderen Steuersätzen	95		98		
36	St.pfl. ig. Erwerb n. KFZ von Lief. ohne USt-IdNr.	94		96		
38	Innergemeinschaftliche Dreiecksgeschäfte	42				
39	St.pfl.Umsätze §13b Abs.5 i.V.m. Abs.2 Nr.10 UStG	68				
40	Übrige st.pfl.Umsätze §13b Abs.5 UStG	60				
41	Nicht steuerbare sonstige Leistungen §18b Satz 1 Nr. 2 UStG	21				
42	Übrige nicht steuerbare Umsätze (Leistungsort nicht Inland)	45				
43	Summe USt. zu übertragen in Zeile 45				2.736,00	
45	Summe USt. Übertrag Zeile 45				2.736,00	
48	Leistungen von im übrigen Gemeinschaftgebiet ansäss. Untern.	46		47		
49	Andere Leistungen eines im Ausland ansässigen Unternehmers	52		53		
50	Lieferungen sicherungsübereigneter Gegenstände und Umsätze	73		74		
51	Lieferungen v.Mobilfunkgeräten u.integrierten Schaltkreisen	78		79		
52	Andere Leistungen eines im Inland ansässigen Unternehmers	84		85		
53	Steuer infolge Wechsel Besteuerungsart/-form			65		
54	Umsatzsteuer				2.736,00	
56	Abziehbare VSt. aus Rechnungen anderer Unternehmer			66	980,40	980,40
57	Abziehbare VSt. aus ig. Erwerb von Gegenständen			61		
58	Entrichtete Einfuhrumsatzsteuer			62		
59	VSt. aus Leistungen im Sinne des §13b Abs.1 UStG			67		
60	VSt. nach Durchschnittsberechnung			63		
61	Berichtigung des VSt.Abzugs nach §15a UStG			64		
62	VSt.Abzug für ig. Lieferung neuer Fahrzeuge			59		
63	Summe verbleibender Betrag				1.755,60	

In diese Spalte wird der Periodenumsatz aus dem Konto Umsatzsteuer 19% übernommen.

Steuer berechnet: Umsatz aus Zeile 81 x 19%

Abziehbare Vorsteuer. Hier sehen Sie nur den Steuerbetrag, aber nicht die Umsätze dazu.

Verbleibender Zahlbetrag. Diesen Betrag müssen Sie bis zum 10. Februar an das Finanzamt überweisen.

CLASSIC LINE FORMULAR. Mit Steuer berechnet und Steuer gebucht.

Kontennachweis zur UStVA FJ 2015 Datum 21.03.2015 Seite 1

Buchungskreise: Hauptbuchhaltung
Auswertungszeitraum Januar 2015

UStVA Kz.	Sach-konto	Sachkontenbezeichnung	Saldo	Steuer
66	S 1576 0	Abziehbare VSt 19%		-980,40
		Summen		-980,40
81	S 8400 0	Erlöse 19% USt.	14.400,00	2.736,00
		Summen	14.400,00	2.736,00

Hinter der Position der UVA sind die zugeordneten Konten mit Ihrem Saldo im Auswertungszeitraum aufgelistet.

KONTENNACHWEIS. Hier sehen Sie alle Konten, aus denen Werte in Ihre Umsatzsteuervoranmeldung geflossen sind.

Im Kontennachweis sehen Sie jetzt, dass im Januar auf der Erlösseite lediglich auf dem Konto 84000 steuerpflichtige Erlöse gebucht wurden. Bei der Vorsteuer wird nur das Steuerkonto geruckt, d.h. eine Verprobung der Vorsteuer ist nur mit Hilfe der Saldenliste bzw. mit den Kontenblättern der Aufwandskonten möglich. Auf der Aufwandsseite ist es zulässig, mit Mischkonten zu arbeiten, d.h. mit Konten, auf denen mit unterschiedlichen Steuersätzen[75] gebucht wird.

Umsatzsteuerverprobung ist die Abstimmung der Steuer berechnet mit dem Wert Steuer gebucht. In unserem Fall stimmen die Werte überein. Wir kontrollieren jetzt noch den Kontennachweis und können dann unser amtliches Formular drucken.

Sie können die Beträge der Umsatzsteuervoranmeldung auch gleich automatisch buchen lassen. Achten Sie in diesem Fall darauf, dass dieser Vorgang nicht mehrfach durchgeführt wird. Nachdem die Werte in unserer UVA stimmen, werden wir aus dem amtlichen Formular einige Ausschnitte genauer ansehen und kommentieren:

Im Kopf des Formulars sind neben der Steuernummer die Jahreszahl und der Voranmeldungszeitraum eingetragen. Unter der Steuernummer folgen die Anschrift des Finanzamtes und die Angaben zum Unternehmen.

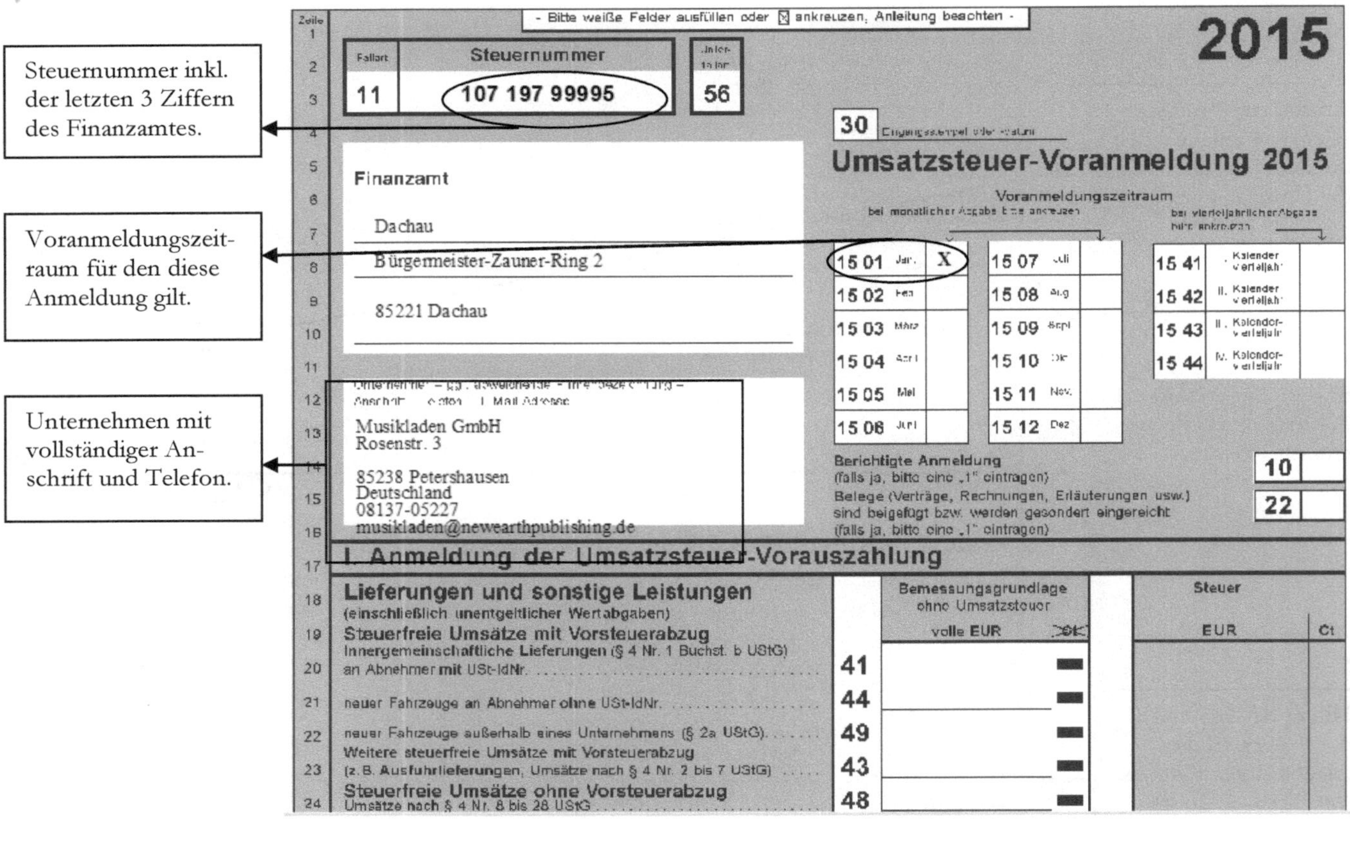

AMTLICHES FORMULAR SEITE 1/TEIL 1. Das amtliche Formular kann zusammengeheftet und an das Finanz-amt geschickt werden. Da Sie inzwischen verpflichtet sind, die UVA in elektronischer Form an das Finanzamt weiterzuleiten, sollten Sie das amtliche Formular nur noch intern verwenden.

---

[75] So gibt es im Einkauf neben 19% und 7% z.B. noch 9% für Gärtnereien. Wenn Sie jetzt für die Firma Blumen kaufen, die mit 9% MwSt. ausgewiesen sind, ist es nicht unbedingt erforderlich, hier ein neues Aufwandskonto anzulegen.

Umsatz zu 19%, ist die Basis für die Berechnung der Umsatzsteuer.

25	**Steuerpflichtige Umsätze** (Lieferungen und sonstige Leistungen einschl. unentgeltlicher Wertabgaben)				
26	zum Steuersatz von 19 %	81	14.400		2.736,00
27	zum Steuersatz von 7 %	86			
28	zu anderen Steuersätzen	35		36	
29	Lieferungen land- und forstwirtschaftlicher Betriebe nach § 24 UStG an Abnehmer mit USt-IdNr.	77			
30	Umsätze, für die eine Steuer nach § 24 UStG zu entrichten ist (Sägewerkserzeugnisse, Getränke und alkohol. Flüssigkeiten, z.B. Wein)	76		80	
31	**Innergemeinschaftliche Erwerbe**				
32	**Steuerfreie innergemeinschaftliche Erwerbe** Erwerbe nach §§ 4b und 25c UStG	91			
33	**Steuerpflichtige innergemeinschaftliche Erwerbe** zum Steuersatz von 19 %	89			
34	zum Steuersatz von 7 %	93			
35	zu anderen Steuersätzen	95		98	
36	neuer Fahrzeuge (§ 1b Abs. 2 und 3 UStG) von Lieferern ohne USt-IdNr. zum allgemeinen Steuersatz	94		96	
37	**Ergänzende Angaben zu Umsätzen**				
38	Lieferungen des ersten Abnehmers bei innergemeinschaftlichen Dreiecksgeschäften (§ 25b Abs. 2 UStG)	42			
39	Steuerpflichtige Umsätze, für die der Leistungsempfänger die Steuer nach § 13b Abs. 5 Satz 1 i.V.m. Abs. 2 Nr. 10 UStG schuldet	68			
40	Übrige steuerpflichtige Umsätze, für die der Leistungsempfänger die Steuer nach § 13b Abs. 5 UStG schuldet	60			
41	Nicht steuerbare sonstige Leistungen gem. § 18b Satz 1 Nr. 2 UStG	21			
42	Übrige nicht steuerbare Umsätze (Leistungsort nicht im Inland)	45			
43	Übertrag		zu übertragen in Zeile 45		2.736,00

USt 1 A – Umsatzsteuer-Voranmeldung 2015 – (07.14)

AMTLICHES FORMULAR SEITE 1/TEIL 2. Auf der ersten Seiten finden Sie die Umsatzerlöse und die daraus abzuführende Umsatzsteuer.

Im amtlichen Formular wird in der Zeile 27 (Kennziffer 81) neben dem Umsatz die rechnerisch ermittelte Steuer gedruckt. Eine Verprobung ist folglich mit diesem Formular nicht möglich. Als letztes bleibt noch das Feld des Mitwirkenden am Ende der 2. Seite des Formulars. Bitte nicht vergessen, dass nur ein Steuerbevollmächtigter die Umsatzsteuervoranmeldung unterschreiben darf. Das ist bei einer GmbH der Geschäftsführer. Für jede andere Person ist eine entsprechende Vollmacht erforderlich (schriftlich).

Das Elster Verfahren

Elster = Elektronisches Steuersendeverfahren der Bundesfinanzverwaltung.

Seit 2004 ist es möglich, die Umsatzsteuervoranmeldung und die Lohnsteueranmeldung aus der Sage New Classic elektronisch an das zuständige Finanzamt zu übermitteln. Dafür benötigen Sie einen Internetzugang.

Für die Übertragung der UVA ans Finanzamt ist im Programm ein Datenlieferer anzulegen, der die UVA an das zuständige Finanzamt überträgt.

Die Finanzamtsdateien werden vor dem Elsterversand vom Programm automatisch regelmäßig aktualisiert. Da die Finanzverwaltung die Sendeprogramme häufig überarbeitet, müssen die Sendeprogramme (Telemoduldateien) auch auf Ihrem Rechner aktualisiert werden.

Sind alle Voraussetzungen erfüllt, können Sie in den Grundlagen bei den UVA-Kennzeichen die Elster-Prüfung aktivieren, alle erforderlichen Stammdaten für Elster erfassen und ab sofort die Steueranmeldungen elektronisch weitergeben. Dabei haben Sie die Möglichkeit, erst einmal eine Testdatei an das zuständige Finanzamt zu übertragen, an Hand der geprüft wird, ob das Finanzamt in der Lage ist, die gesendeten Daten elektronisch zu verarbeiten.

Wichtig

Im Zuge des Elster-Verfahrens gibt seit dem 01.10.2008 eine wichtige Änderung im Steuerrecht: die bisher gewährte Kulanzfrist von 5 Tagen für die Abgabe der Umsatzsteuervoranmeldung wurde ersatzlos gestrichen. D.h. das Finanzamt ist berechtigt, ab dem ersten Tag der Verspätung entsprechende Säumniszuschläge zu berechnen.

Den Datenlieferer erfassen Sie unter: **Grundlagen → Anwendungsübergreifende Grundlagen → Elektronische Meldungen → Datenlieferer (Elster).**

Fragen zur Lernzielkontrolle

☺ Testen Sie Ihr Wissen

1) Welche Informationen sind zur Umsatzsteuervoranmeldung erforderlich?
2) Welche Anmeldezeiträume für die UVA unterstützt die Sage New Classic?
3) Was ist ein Mitwirkender?
4) Was bedeutet der Begriff "Umsatzsteuerverprobung"?
5) Was ist beim Druck der UVA der Unterschied zwischen dem Classic Line Formular und dem amtlichen Formular?
6) Dürfen Sie das amtliche Formular im Reportdesigner beliebig ändern?
7) Welche Voraussetzungen müssen für die Teilnahme am Elster-Verfahren erfüllt sein?

Praktische Übungen

Tastaturübungen

1) Erfassen Sie alle erforderlichen Grundlagen für die Umsatzsteuervoranmeldung:

   - Musikladen GmbH, Rosenstr. 3, 85238 Petershausen
   - Tel.: 08137-05227, E-Mail: musikladen@newearthpublishing.de
   - - zuständiges Finanzamt: Dachau, Steuernummer: 107 197 99995
   - Anmeldezeitraum: monatlich; Elster: ja
   - Berater: Steuerberater Pfiffig, An der Wucher 10, 85221 Dachau,
   - Tel.: 08131-058522

2) Drucken Sie die Umsatzsteuervoranmeldung für Periode 01 auf dem Classic Line Formular inkl. Kontennachweis.
3) Kontrollieren Sie die Zahlen mit Hilfe der Saldenliste Sachkonten.
4) Drucken Sie das amtliche Formular.

Alle offiziellen Informationen zu Elster finden Sie unter www.elster.de .

Kapitel

8

Besondere Buchungen

Lernen Sie in diesem Kapitel die Besonderheiten von aufgeteilten Buchungen, Buchungen über Verrechnungskonten und die Arbeit mit der Schnellerfassung kennen.

Es gibt in der Buchhaltung eine ganze Reihe von Situationen, in denen es hilfreich ist, besondere Buchungstechniken anzuwenden. Ich werde deshalb die einzelnen Buchungsvarianten im Detail mit ausgewählten Beispielen erklären.

Aufgeteilte Buchungen

Sie haben in der Buchungserfassung die Möglichkeit, mit sog. Aufteilungsbuchungen zu arbeiten, d.h. es können in einer Buchung entweder im Soll oder im Haben mehrere Konten (Sachkonten) angesprochen werden. Wichtig dabei: es kann immer nur eine Seite aufgeteilt werden. Wenn Sie im Soll und im Haben unterschiedliche Konten ansprechen möchten, ist das nur über ein **Verrechnungskonto**[76] möglich.

Bei der aufgeteilten Buchung werden **2 Varianten** unterschieden: Der **Soll-Split** und der **Haben-Split**. Beim sog. Soll-Split werden verschiedene Sollkonten angesprochen, während das Gegenkonto immer gleich bleibt. Ein typisches Beispiel dafür ist die Aufteilung einer Eingangsrechnung auf unterschiedliche Aufwandskonten.

Wir haben Büromaterial gekauft und einen Aktenvernichter und bar bezahlt; **Kassenbeleg** Nummer **2** vom **17.01.2015**

Kopierpapier, 2500 Blatt	29,50
Aktenvernichter	189,00
Summe	**218,50**

Im Betrag enthalten sind 19% MwSt. = 34,89.

Daraus ergibt sich folgende Kontierung:

[76] Ein Typisches Verrechnungskonto in diesem Sinne ist das Lohnverrechnungskonto. Es ist in jeder Buchhaltung zu finden und dient dazu, die Aufwendungen im Lohn von den unterschiedlichsten Konten aufzunehmen und auf die unterschiedlichsten Konten zur Zahlung wieder aufzuteilen.

Büromaterial (**S49300**)	29,50			
und				
Sammelkonto GWG (**S04850**)	189,00	an	Kasse (S10000)	218,50

Das **a** steht für **Aufteilung**; in unserem Fall wollen wir einen Soll-Split machen, d.h. wir geben im Soll ein a ein, im Haben das gewünschte Gegenkonto.

AUFTEILUNG (SOLL-SPLIT). Geben im Soll ein a ein. Groß- und Kleinschreibung spielt an dieser Stelle keine Rolle.

Das **a** wird vom Programm ersetzt durch **S DIV** für Sachkonten Diverse.

Als Betrag wird der Bruttobetrag eingegeben.

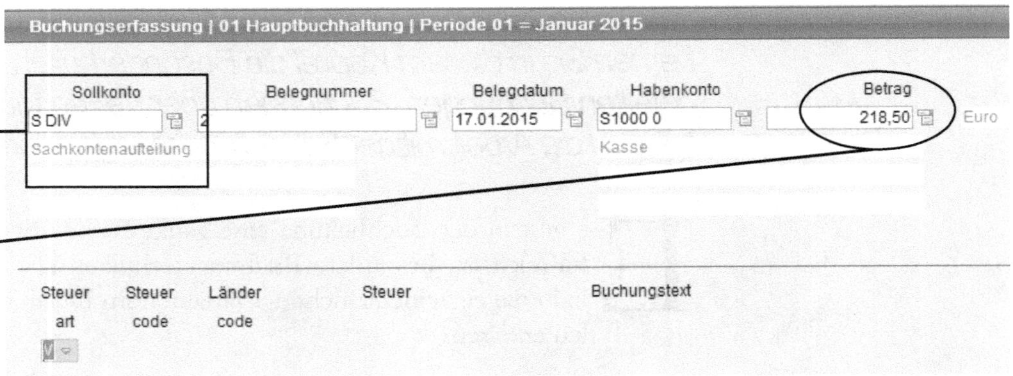

AUFGETEILTE BUCHUNG (SOLL-SPLIT). Erfassen Sie Belegnummer, Datum, Habenkonto und den Bruttobetrag.

Für die Splitbuchung wird im Feld Sollkonto ein **a** für **Aufteilung** eingegeben; nach Bestätigung des Feldes erscheint dann **S DIV** für die **Sachkontenaufteilung**. Anschließend werden, wie gewohnt, die Belegnummer, das Belegdatum, das Gegenkonto und der **Bruttobetrag** eingegeben.

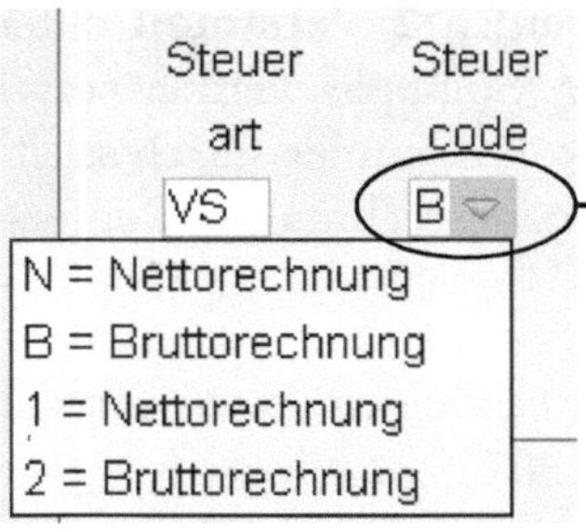

Statt einer Ziffer für die Wahl des Steuersatzes kann man jetzt beim Steuercode wählen, ob die Aufteilung brutto oder netto erfolgen soll.

AUSWAHL BRUTTO- / NETTORECHNUNG .

Im Feld **SC** (**S**teuer**c**ode) erscheint jetzt statt der gewohnten Ziffern zur Auswahl des Steuersatzes die Auswahl **Nettorechnung** oder **Bruttorechnung**. Hier legen Sie fest, ob Sie später bei der Aufteilung der Beträge auf die einzelnen Sachkonten mit dem Bruttobetrag oder mit dem Nettobetrag eingeben möchten. Am Einfachsten ist es, sich daran zu orientieren, in welcher Form die Beträge auf der einzelnen Position im Beleg angegeben sind. In unserem Beispiel sind die einzelnen **Beträge inkl. MwSt.** angegeben, daher bietet sich die **Bruttoaufteilung** an.

An dieser Stelle wird kein Steuersatz angeboten, damit wir auch Belege, die unterschiedliche Steuersätze enthalten, aufteilen können.

Steuerbetrag laut Beleg.

STEUERKONTROLLSUMME . Die Steuerkontrollsumme entspricht der im Beleg ausgewiesenen Mehrwertsteuer. Der Betrag ist manuell einzugeben.

Als nächstes wird die Steuerkontrollsumme abgefragt. Hier geben Sie den im Beleg ausgewiesenen Steuerbetrag ein. In unserem Beispiel sind das 19% aus 218,50[77], also 34,89. Wenn Sie die Steuer berechnen, prüfen Sie daher immer sorgfältig, ob es sich bei dem vorliegenden Betrag um einen Bruttobetrag inkl. MwSt. handelt oder um einen Nettobetrag zuzüglich MwSt.

Buchungstext für die Splittbuchung; bei der Aufteilung, kann später noch für jede Buchungszeile ein eigener Text eingegeben werden.

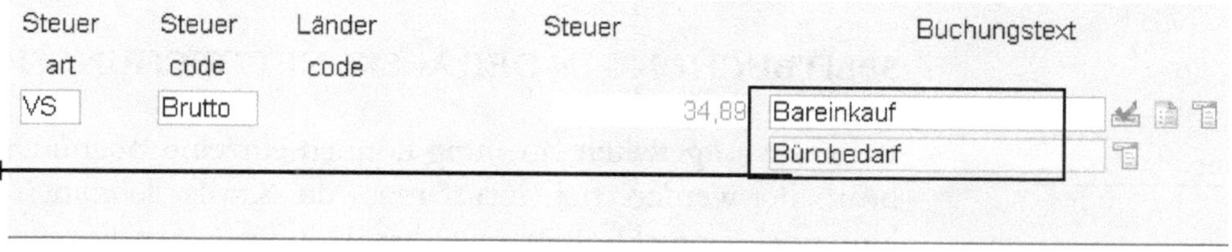

AUFGETEILTE BUCHUNG ÜBERSICHT.

Nach der Eingabe vom Buchungstext verzweigt das Programm automatisch in die Aufteilungsmaske. Hier können wir jetzt unsere Beträge auf die einzelnen Konten verteilen.

Hier werden zur Kontrolle die Betragssumme und die Steuersumme angezeigt; nur wenn der Restbetrag 0 ist, d.h. alle Beträge sind vollständig und korrekt aufgeteilt, können wir diese Maske mit bestätigen verlassen.

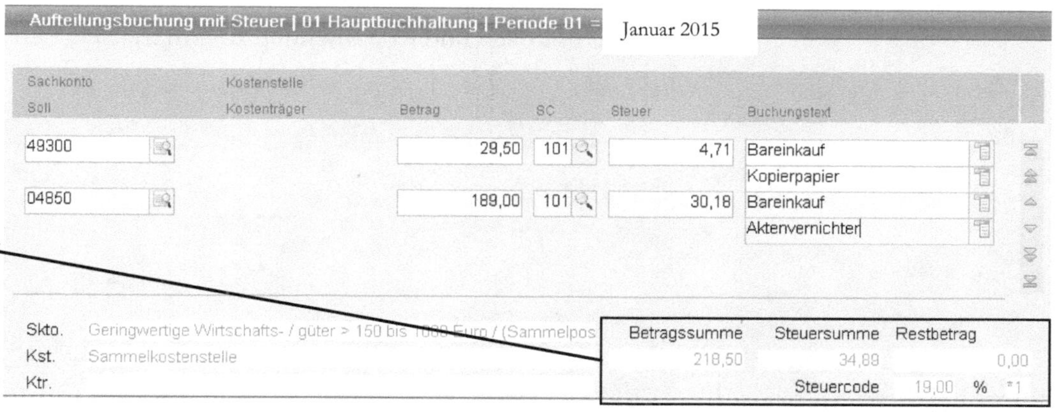

AUFTEILUNG AUF DIE EINZELNEN SACHKONTEN.

Bei der Eingabe der Sachkonten in der Aufteilungsmaske wird die Kontonummer nur 5-stellig eingegeben; da eine Aufteilung generell nur für Sachkonten möglich ist, muss in dieser Maske das **S** oder die **3** für **Sachkonto** nicht mehr eingegeben werden. Grundsätzlich schlägt das Programm in jeder Zeile automatisch den Restbetrag vor. Sie ändern diesen Betrag jeweils auf den zu buchenden Betrag ab. Eine Auftei-

[77] Hier gibt es oft ein wenig Verwirrung, wenn es um die Steuer geht und den Unterschied 19% vom Hundert oder 19% im Hundert. Vom Hundert bedeutet: Sie haben den Nettobetrag vor sich und rechnen davon 19%. Das macht bei einem Betrag von EUR 100,00 EUR 19,00. Der Bruttobetrag ist dann 119,00. Wenn aber, wie in unserem Beispiel, der Bruttobetrag angegeben ist, müssen wir im Hundert rechnen, d.h. in diesem Fall sind die 19% Steuer bereits im Betrag enthalten, der Betrag entspricht also 119%. In diesem Fall ergeben sich Bei EUR 100,-- brutto folgende Beträge: Steuer EUR 15,97, Nettobetrag EUR 84,03.

lung ist auf beliebig viele Konten möglich. Sind alle Beträge korrekt aufgeteilt, können Sie bestätigen und die Buchung ist erfolgreich abgeschlossen. In der Auskunft Buchungserfassung finden Sie 3 Buchungszeilen: Die erste mit der Summe der Buchung, und je eine Zeile für jedes angesprochene Sollkonto.

Kopfzeile der Aufteilungsbuchung

Gesamtbetrag brutto

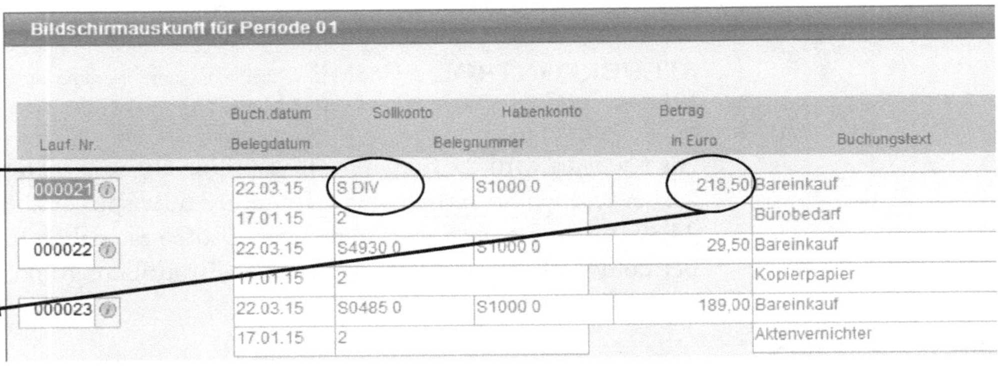

SPLITBUCHUNG IN DER AUSKUNFT BUCHUNGSERFASSUNG.

Wichtig

Bei einer aufgeteilten Buchung können einzelne Buchungszeilen nachträglich nicht bearbeitet werden. Bei Bedarf muss die Kopfzeile editiert und die gesamte Aufteilung noch einmal bestätigt werden. D.h. wenn Sie die letzte Buchung (Buchung 24) mit **ENTER** bestätigen, um sich die Details anzuzeigen, sehen Sie unten links, das diese Teilbuchung nicht löschbar ist.

Auskunft Buchungserfassung

Sie können in den unter der Buchungserfassung angezeigten Buchungen scrollen und jede Buchung zur Anzeige einfach anklicken.

In diesem Fall handelt es sich um eine Teilbuchung, die alleine nicht mehr bearbeitet werden kann. Sie können nur die 1. Zeile der aufgeteilten Buchung zur Bearbeitung öffnen und müssen dann die ganze Buchung noch einmal komplett bestätigen.

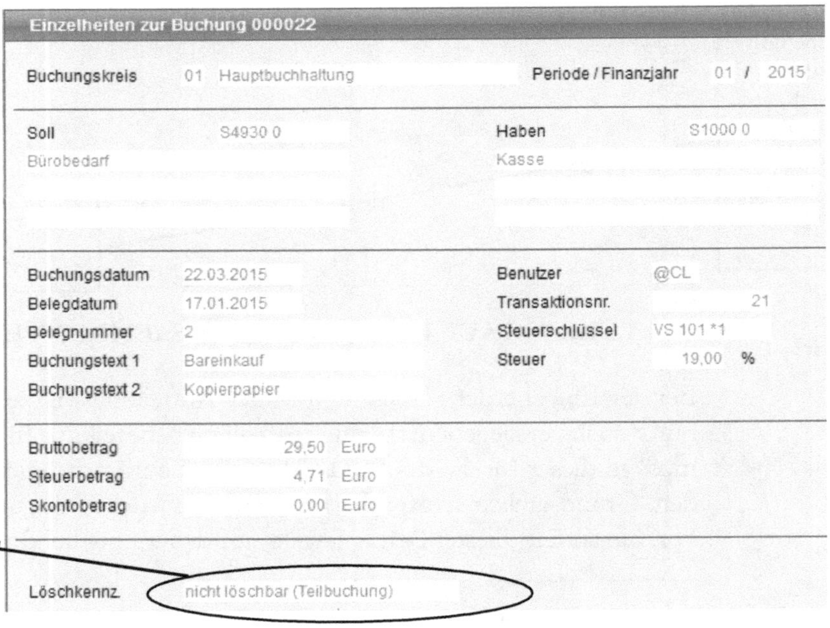

AUFGETEILTE BUCHUNG DETAILS.

Analog funktioniert die Aufteilung im Haben.

In diesem Fall ist das Sollkonto fest vorgegeben und Sie geben im Haben ein **a** für **A**ufteilung ein. Anschließend geben Sie den Gesamtbetrag ein und wählen die gewünschte Aufteilungsart (Netto oder Brutto).

Sie können bei der Aufteilungsbuchung jederzeit Konten mit unterschiedlichen Steuersätzen ansprechen. Bitte beachten Sie dabei, dass Sie in diesem Fall bei der Steuerkontrollsumme den gesamten Steuerbetrag (z.B. 7% + 19%) eingeben, sonst bekommen Sie am Ende der Aufteilung den Fehler: Steuer stimmt nicht mit der Kontrollsumme überein.

Verrechnungs- und Zwischenkonten

Für die Verwendung von Verrechnungs- und/oder Zwischenkonten gibt es unterschiedliche Gründe. Zwischenkonten werden in der Regel verwendet, um Beträge zu Parken. Das ist erforderlich, wenn:

Das Gegenkonto zum Zeitpunkt der Buchung noch nicht verändert werden darf, weil die Buchung hier erst zu einem späteren Zeitpunkt erfolgt (z.B. Bank an Kasse wird über das Konto Geldtransit gebucht).

Das Gegenkonto zum Zeitpunkt der Buchung noch nicht bekannt ist (z.B. Sie erhalten eine Zahlung, ohne Absender oder Belegnummer und können diese keiner offenen Rechnung zuordnen; Sie buchen auf durchlaufende Posten).

Die Buchung auf das Gegenkonto direkt nicht zulässig ist (z.B. Debitor an Debitor).

Ein Verrechnungskonto dagegen verwendet man, wenn Beträge im Soll und im Haben gleichzeitig auf unterschiedliche Konten aufgeteilt werden (z.B. Lohnverrechnungskonto).

🗁 Wichtig

Wichtig bei der Arbeit mit Verrechnungskonten ist: Sie dienen nur vorübergehend zur Aufnahme von Beträgen (quasi als Parkposition). Aus diesem Grund sind Verrechnungskonten regelmäßig abzustimmen und auszugleichen. Spätestens am Jahresende müssen Sie in der Lage sein, alle offenen Positionen eines Verrechnungskontos zu erklären, d.h. darstellen können, aus welchen Beträgen sich der Saldo des Kontos zusammensetzt.

Das am häufigsten verwendete Zwischenkonto ist vermutlich das Konto Geldtransit. Es dient zum Übertrag von Geldern aus der Kasse auf die Bank und umgekehrt und wird auch beim automatischen Zahlungsverkehr genutzt.

In der Theorie haben Sie den Buchungssatz Kasse an Bank kennen gelernt, wenn Sie Geld für Ihre Kasse bar abgehoben haben. In der Praxis ist dies nicht möglich, denn die Kasse muss täglich gebucht werden und die Bank wird immer nur mit den Kontoauszügen gebucht. Folglich müssen wir in der Praxis 2 Buchungen machen, um die Barabhebung in der Praxis korrekt abzubilden:

Kasse (S10000) an Geldtransit (S13600)

Geldtransit (S13600) an Bank (S12000)

Arbeiten mit verschiedenen Bankkonten

Wenn Sie mehrere Bankkonten unterhalten, bitte für jede Bank auch ein eigenes Geldtransitkonto anlegen. Das erleichtert später das Abstimmen der Konten.

Das Konto **Durchlaufende Posten (S15900)** wird verwendet für Beträge, die beim Buchen der Kontoauszüge nicht sofort zugeordnet werden können (z.B. ein Zahlungseingang ohne Kundennummer, -name oder Rechnungsnummer).

Buchung zum Zeitpunkt des Kontoauszugs:

Bank (S12000) an Durchlaufende Posten (S15900)

Buchung zu einem späteren Zeitpunkt:

Durchlaufende Posten(S15900) an Debitor (D?????)[78]

Praxistipp

Als Belegnummer für diese Umbuchung verwenden Sie wieder die Nummer des Kontoauszugs (z.B. 7/1 für Auszug Nummer 7, Seite 1), damit Sie sich später beim Abstimmen des Kontos neben dem Betrag auch an der Belegnummer orientieren können. Außerdem haben Sie dann auf dem Debitorenkonto gleich die Information, wo der Zahlungseingang herkam und können ohne Umweg über das Zwischenkonto direkt auf den dazugehörigen Kontoauszug zugreifen.

Die Umbuchung von Debitor auf Debitor ist im System gesperrt. Hintergrund: Auf dem Debitor werden Ausgangsrechnungen im Soll gebucht, Zahlungseingänge im Haben. Wäre es möglich. Debitor an Debitor zu buchen, würde ein Debitor im Soll und ein Debitor im Haben gebucht, d.h. ich würde bei einem Kunden eine Rechnung buchen, beim anderen eine Zahlung und das kann nicht stimmen. Nehmen wir zum Beispiel an, Sie haben eine Zahlung über 119,00 auf ein falsches Kundenkonto gebucht (gebucht auf D10000, richtig wäre D10001) und wollen den Betrag jetzt umbuchen:

1) S15900 an D10000- Betrag (Betrag wird mit Minus gebucht)

2) S15900 an D10001 Betrag (jetzt nur der Betrag)

Um das Ganze ein wenig zu illustrieren, die Übersicht in T-Konten:

S	D10000	H
	1) ./.119,00	

S	S15900	H
1) ./.119,00		
2) 119,00		

[78] Bitte denken Sie daran, bei allen Umbuchungen wahlweise einen Buchungsbeleg zu erstellen oder eine Buchungsliste zu schreiben. Oft ist man in der Praxis sehr bequem und bucht die Beträge einfach um; dann sollten Sie zumindest ein Infokontenblatt des betreffenden Kontos drucken, darauf kontieren und dieses Kontenblatt anschließend als Buchungsbeleg ablegen.

S	D10001		H
		2)	119,00

Nach der Umbuchung ist unser Konto S15900 wieder ausgeglichen und der Zahlungsbetrag auf dem richtigen Kundenkonto gelandet.

Ein wenig anders sieht es aus, wenn Sie einen debitorischen Kreditor haben, d.h. Ihr Kunde ist gleichzeitig auch Lieferant. Dann gibt's die Möglichkeit, die Konten (Debitor und Kreditor) gegeneinander zu verrechnen und nur noch die Differenz zu bezahlen. Auch hier ist eine direkte Buchung nicht möglich, d.h. die Umbuchung erfolgt über ein Zwischenkonto (z.B. Durchlaufende Posten). Wir haben unserem Kunden eine Rechnung geschrieben und gleichzeitig bei Ihm eingekauft. Dann ergibt sich folgende Umbuchung:

Durchlaufende Posten (S15900) an Debitor

Kreditor an Durchlaufende Posten (S15900)

Das Lohnverrechnungskonto

Eine besondere Stellung in der Buchhaltung nimmt das Lohnverrechnungskonto ein. Bei der Abrechnung der Löhne und Gehälter werden viele verschiedene Aufwandskonten angesprochen (z.B. Lohn & Gehalt, VWL, Arbeitgeberanteil zur Sozialversicherung,....) und auf der anderen Seite werden an unterschiedliche Empfänger Zahlungen geleistet (z.B. Mitarbeiter, Finanzamt, Krankenkasse,..). Wenn Sie jetzt jeden Vorgang einzeln buchen, gibt es eine Vielzahl von Buchungen und Sie verlieren sehr schnell den Überblick n. Um das Ganze zu vereinfachen, wurde das **Lohnverrechnungskonto (S17550)** eingeführt.

Jetzt können Sie alle Aufwendungen gegen das Lohnverrechnungskonto buchen und anschließend den Saldo des Lohnverrechnungskontos auf Verbindlichkeitskonten verteilen. Nach Erfassung aller Lohnbuchungen ist das Lohnverrechnungskonto wieder ausgeglichen.

In der Praxis gibt es zwei Varianten:

1) Die Lohnabrechnung wird in einem anderen Programm durchgeführt: Dann bekommen Sie einen Buchungsbeleg, den Sie manuell buchen.

2) Die Lohnabrechnung erfolgt in der Sage New Classic: Dann wird der Buchungsbeleg automatisch in die Finanzbuchhaltung übergeben.

🗁 **Wichtig**

Bei der Buchung des Lohnbeleges ist darauf zu achten, dass die Summen auf dem Lohnbeleg im Soll und im Haben gleich sind. Treten hier Differenzen auf, darf der Beleg keinesfalls gebucht werden. Es ist dann Aufgabe der Lohnbuchhaltung, die Differenzen zu klären und einen korrigierten Buchungsbeleg zu liefern, da Sie in der Buchhaltung den Fehler nicht ermitteln können.

Lernzielkontrolle

☺ **Testen Sie Ihr Wissen**

1) Was versteht man unter einer "aufgeteilten Buchung"?

2) Welche Arten von Splitbuchungen kennen Sie?

3) Was ist der Unterschied zwischen Brutto- und Nettoaufteilung?

4) Wofür ist die Steuerkontrollsumme?

5) Kann ich bei einer aufgeteilten Buchung nachträglich einzelne Buchungszeilen editieren?

6) Welche Aufgabe hat ein Zwischenkonto?

7) Was versteht man unter dem Begriff kreditorischer Debitor?

8) Welche Zwischenkonten kennen Sie? Wofür werden sie genutzt?

9) Was ist ein Lohnverrechnungskonto?

10) Warum kann ich bei meinen Lohnbuchungen nicht einfach eine Splitbuchung machen?

11) Nennen Sie ein Beispiel für einen Haben-Split.

Praktische Übungen

Tastaturübungen

1) Buchen Sie folgenden Beleg als Splitbuchung:

Wir haben Büromaterial gekauft und einen Aktenvernichter und bar bezahlt; Kassenbeleg Nummer **2** vom **17.01.2015**

Kopierpapier, 2500 Blatt	€ 29,50
Aktenvernichter	€ 189,00
Summe	€ 218,50

Im Betrag enthalten sind 19% MwSt. = € 34,89

2) Unser Vertriebsmitarbeiter war beim Tanken und hat sich auch gleich einen Stadtplan gekauft, Kassenbeleg Nummer **3** vom **18.01.2015** über **EUR 83,00.** Davon sind **EUR 65,50 für Benzin (inkl. 19% MwSt.)** und **EUR 17,50 für den Stadtplan (inkl. 7%) MwSt.)**. Berechnen Sie die Nettosumme und die Steuer und buchen Sie den Beleg als Splitbuchung.

3) Kontieren und buchen Sie den folgenden Lohnbuchungsbeleg:

Buchungsliste — **Jan 15**

Firma: **Musikladen GmbH**

Belegdatum	Belegnummer	Buchungstext	Betrag	Währung	Sollkonto	Habenkonto
31.01.2015	LG15010002	Gehalt	4850,00	EUR	4120	1755
31.01.2015	LG15019021	VWL 1 Zuschuss	20,00	EUR	4170	1755
31.01.2015	LG15019024	VWL 1 Überweisung	40,00	EUR	1755	1750
31.01.2015	LG15019031	LSt. pauschal Arbeitnehmer	474,00	EUR	1755	1741
31.01.2015	LG15019032	KiSt. pauschal Arbeitnehmer	28,44	EUR	1755	1741
31.01.2015	LG15019033	SolZ. pauschal Arbeitnehmer	26,07	EUR	1755	1741
31.01.2015	LG15019034	Umlage U1	57,79	EUR	4130	1755
31.01.2015	LG15019034	Umlage U1	57,79	EUR	1755	1742
31.01.2015	LG15019035	Umlage U2	9,43	EUR	4130	1755
31.01.2015	LG15019035	Umlage U2	9,43	EUR	1755	1742
31.01.2015	LG15019036	AG-Anteil an gesetzlicher SV	991,12	EUR	4130	1755
31.01.2015	LG15019037	Verb. aus gesetzlicher SV	1302,19	EUR	1755	1742
31.01.2015	LG15019039	Verb.aus Lohn und Gehalt	3990,42	EUR	1755	1740
31.01.2015	LG15019040	AG-Anteil an LSt,SolZ,KiSt	50,00	EUR	4199	1755
31.01.2015	LG15019042	Verb. aus einheitl. Pauschst.	50,00	EUR	1755	1742
		Summe Soll:	5.978,34	Summe Haben:	5.978,34	

4) Stimmen sie das Lohnverrechnungskonto ab und korrigieren Sie Ihre Buchungen, soweit erforderlich.

5) Drucken Sie ein Buchungserfassungsprotokoll mit Kontrollsumme für das Lohnverrechnungskonto.

Kapitel

9

Die Bildschirmauskunft

In der Bildschirmauskunft haben Sie die Möglichkeit, die Buchungserfassung, Kontoauszüge, feste Kostenbuchungen, Kostenjournal und Offene Posten einzusehen.

Die Bildschirmauskunft eignet sich hervorragend zur Recherche und zur Freigabe im Netz für Personen, die nur lesenden Zugriff auf die Daten der Buchhaltung haben sollen.

Wichtig

Bitte denken Sie daran, dass auch Sie als Benutzer @CL im Bereich der Bildschirmauskunft nur lesen können. Für Änderungen z.B. einzelner Buchungen müssen Sie nach wie vor in die Buchungserfassung wechseln.

Wir werden uns die beiden interessantesten Bereiche herausgreifen und die Funktionalität an Hand der Bildschirmauskunft Kontenblätter veranschaulichen. Wichtig wird diese Funktion besonders bei hohem Buchungsaufkommen.

Bildschirmauskunft Kontenblätter

Hier haben Sie die Möglichkeit, in einzelnen Konten gezielt nach Buchungen zu suchen oder sich über einzelne Konten einen Überblick zu verschaffen. Der Vorteil gegenüber gedruckten Kontenblättern liegt darin, dass Sie hier die Möglichkeit haben, die Auswahl der gezeigten Buchungen mit den unterschiedlichsten Filtern einzuschränken. Auf diese Weise ist es sehr einfach, ganz gezielt nach einzelnen Buchungen zu suchen. Im Unterschied zur Buchungserfassung haben Sie hier bei den Kontoauszügen nicht nur eine Periode, sondern ein ganzes Jahr im Zugriff.

Unter **Finanzbuchhaltung → Bildschirmauskunft → Kontenblätter** kommen Sie in die Auswahlmaske. Neben diversen anderen Auswahlkriterien können Sie auch das Geschäftsjahr auswählen, d.h. Sie haben hier Zugriff auf alle im System gespeicherten Geschäftsjahre. Was für Sie als Buchhalter sehr erfreulich ist, kann unter Umständen bei einer Betriebsprüfung unerwünscht sein.[79]

[79] Hier kann man allerdings Abhilfe schaffen, indem man für die Prüfung einen eigenen Benutzer anlegt und die nicht prüfungsrelevanten Geschäftsjahre über die Rechteverwaltung einfach im Zugriff sperrt.

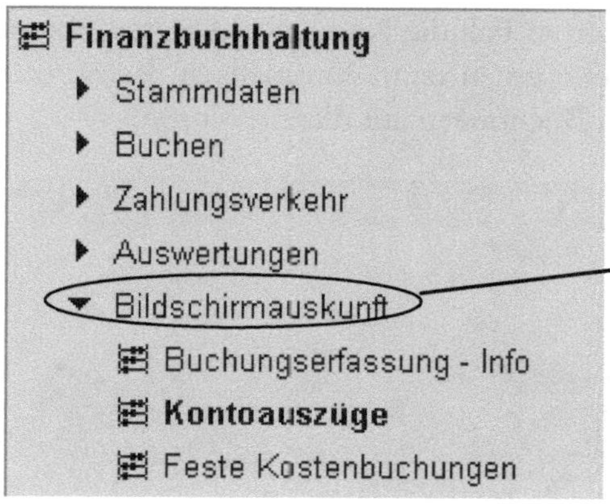

Im Bereich Bildschirmauskunft haben alle Benutzer nur die Möglichkeit, zu lesen. Änderungen sind an dieser Stelle im Programm generell nicht möglich.

AUFRUF BILDSCHIRMAUSKUNFT KONTENBLÄTTER.

Hier kann immer nur ein Konto gewählt werden; ein Blättern durch die Konten ist nicht möglich.

Mit der Auswahl eines Auswertungskreises können Sie z.B. einzelne Filialen auswerten.

Wählen Sie hier das gewünschte Buchungsjahr aus.

Zusätzlich können Sie die Auswahl nach der Buchungsperiode und anderen Kriterien eingrenzen.

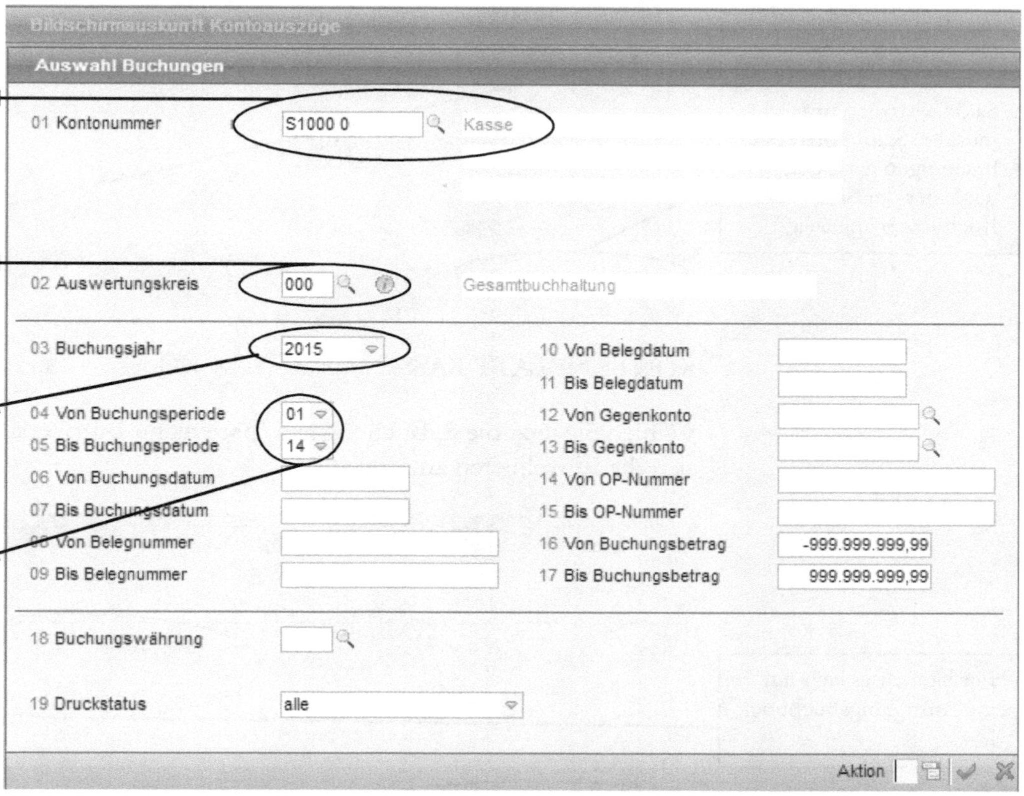

AUSWAHL BUCHUNGEN. Hier wählen Sie Konto, Buchungsjahr und Periode aus.

Sie haben hier Zugriff auf alle Konten, Debitoren, Kreditoren und Sachkonten. Nach der Auswahl des Kontos können Sie im Feld 3 das Buchungsjahr auswählen. Dabei können Sie bis zu 10 Geschäftsjahre auswählen. Anschließend grenzen Sie die Periode ein.

Neben diesen Standard Auswahlkriterien haben Sie jetzt noch eine Vielzahl von Möglichkeiten, die Auswahl der angezeigten Buchungen weiter einzuschränken. Bitte denken Sie bei Ihrer Auswahl daran, dass **alle** eingegebenen Kriterien erfüllt sein müssen; d.h. es werden nur noch die Buchungen angezeigt, auf die alle Einschränkungen gleichzeitig zutreffen.

Wir wählen in unserem Fall die Kasse, S10000 und übernehmen alle vorgeschlagenen Werte. Wir bekommen dann automatisch das Kontenblatt für das ganze Jahr angezeigt, mit allen Buchungen auf diesem Konto.

Aufgeteilte Buchung; diese Buchung kann auch vollständig angezeigt werden. Mit markieren und ENTER zeigen Sie die Details der ausgewählten Buchung an.

Aktueller Kontostand.

Saldovortrag; wurden mehrere Saldovortragsbuchungen gemacht, wird hier der Saldo aller Buchungen angezeigt.

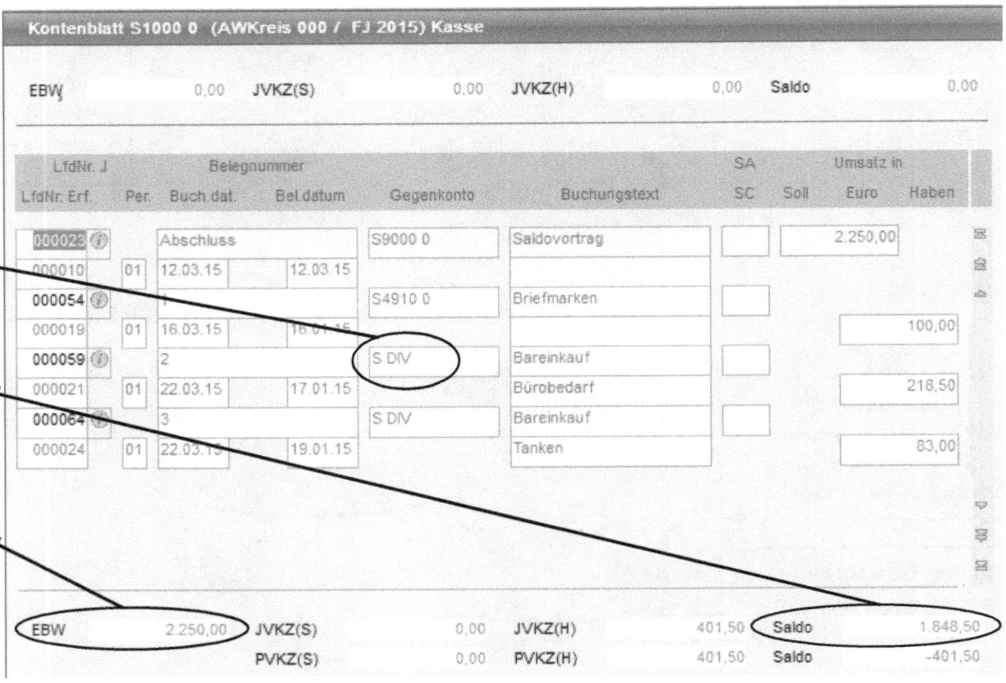

KONTENBLATT KASSE. Hier haben Sie alle Buchungen aus 2015 im Überblick.

Wählen Sie jetzt die 2. Buchung aus (Bareinkauf Bürobedarf) und bestätigen Sie, um sich die Einzelheiten anzuzeigen.

Hier handelt es sich um eine Aufteilungsbuchung.

Das Buchungsdatum zeigt an, wann die Buchung erfasst wurde.

Mit **F2** können Sie in der OK-Abfrage ein Auswahlfenster öffnen. Mit **B** für **Buchungsjournal** können Sie sich die Details anzeigen.

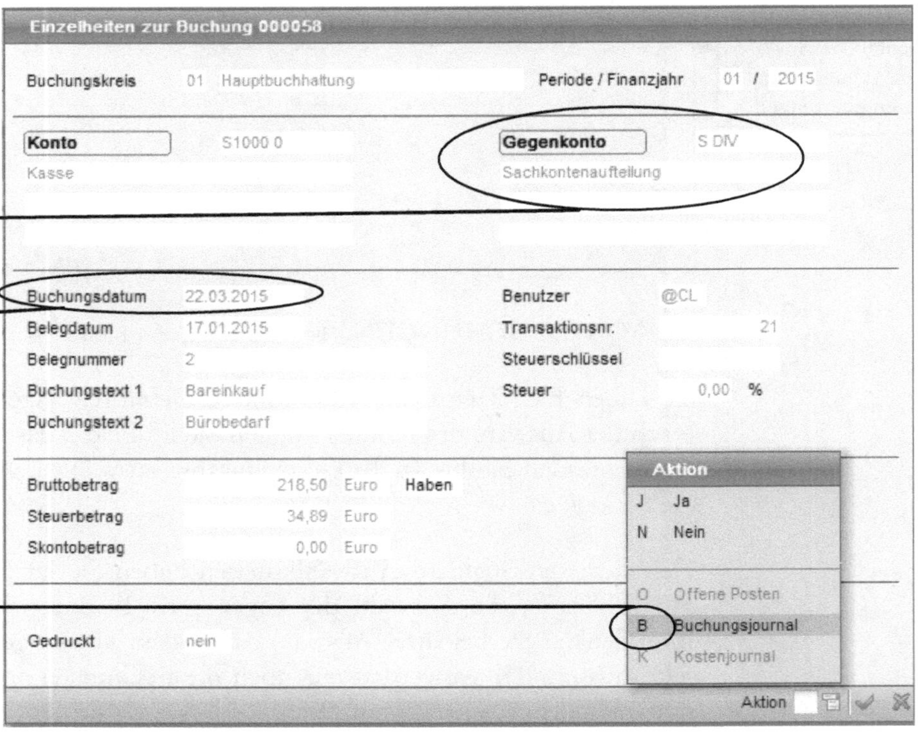

EINZELHEITEN ZUR BUCHUNG. Bei Splitbuchungen können Sie sich die komplette Aufteilung anzeigen lassen.

Bei Splitbuchungen haben Sie jetzt die Möglichkeit, sich auch die einzelnen Journalzeilen der Buchung anzuzeigen:

Einzelne Journalzeilen mit der vollständigen Aufteilung inkl. der gebuchten Vorsteuer.

In der Fußzeile sehen Sie die Kontenbezeichnung und den Buchungstext der ausgewählten Buchungszeile.

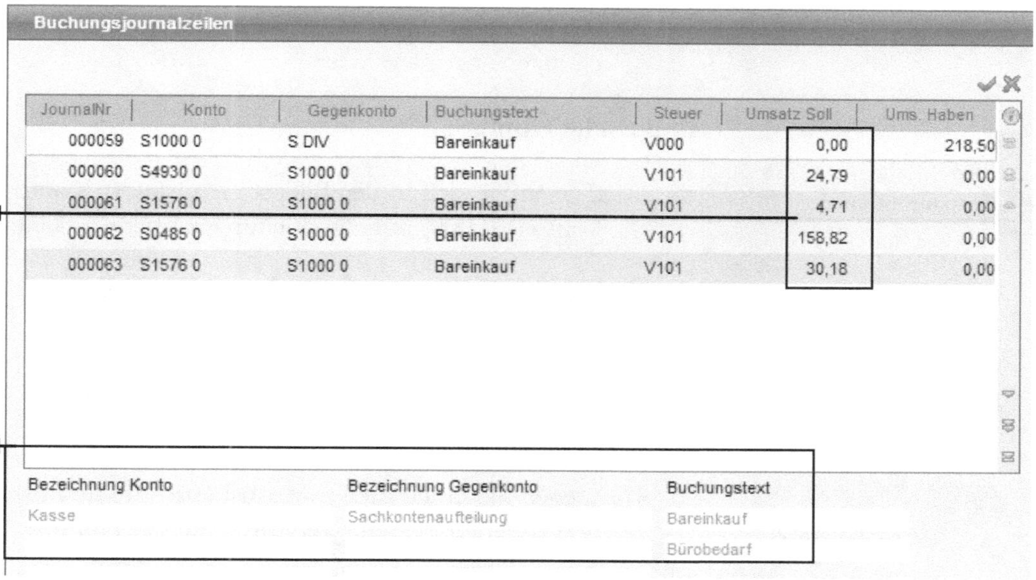

JOURNALZEILEN ZUR BUCHUNG. Hier. sehen Sie jetzt die einzelnen Journalzeilen zur Buchung.

Sofern Sie mit der Kostenrechnung arbeiten, können Sie über die Auswahl im Feld Aktion auch das Kostenjournal anzeigen lassen, um die Kostenaufteilung einer ausgewählten Buchung zu prüfen.

Ähnlich ist die Funktionalität bei der Bildschirmauskunft Offene Posten oder der Buchungserfassung Info. Aus diesem Grund und weil es für den roten Faden in der Finanzbuchhaltung nicht erforderlich ist, werden wir die anderen Möglichkeiten der Bildschirmauskunft nicht im Detail anschauen. An dieser Stelle sei auf das Handbuch zur Finanzbuchhaltung verwiesen, das auf der Sage New Classic CD als PDF Datei zu finden ist.

Lernzielkontrolle[80]

☺ **Testen Sie Ihr Wissen**

1) Auf wie viele Geschäftsjahre haben Sie in der Bildschirmauskunft Kontoauszüge Zugriff?
2) Können Sie in der Bildschirmauskunft auch Korrekturen vornehmen?
3) Wie können Sie aus der Bildschirmauskunft ein Kontenblatt drucken?
4) Warum ist oft günstiger, statt mit der Maus mit den Kurzbefehlen der Tastatur zu arbeiten?
5) Wie können Sie sich die Journalzeilen einer Buchung anzeigen?

[80] Melden Sie illegale Kopien bitte per Mail an nep@newearthpublishing.se .

6) Was ist zu beachten, wenn Sie bei der Auswahl der Buchungen mehrere Auswahlkriterien eingeben?

7) Können Sie in der Bildschirmauskunft Kontoauszüge auch die Kostenbuchungen anzeigen? Wie?

Praktische Übungen

Tastaturübungen

1) Zeigen Sie sich in der Bildschirmauskunft Kontoauszüge auf dem Kassenkonto (S10000) nur alle Buchungen über € 1.000,00 an.

2) Lassen Sie sich die Buchungsdetails einer Buchung in der Bildschirmauskunft anzeigen.

3) Wählen Sie den Kontoauszug der Deutschen Bank (S12000); drucken Sie das Kontenblatt.

4) Gehen Sie in die Bildschirmauskunft Offene Posten; suchen Sie über F3 einen Offenen Posten Kreditoren mit der Nummer 276993.

Kapitel

10

Mahnwesen

Wie verschicke ich Mahnungen oder Kontoauszüge? Welche Stammdaten müssen dafür gepflegt sein?

In der heutigen Zeit wird das Forderungsmanagement immer wichtiger. Neben der regelmäßigen Abstimmung der Konten und der Offenen Posten ist es wichtig, offene Rechnungen zeitnah zu mahnen und bei größeren Geschäften eine Kreditversicherung abzuschließen.

Bonitätsprüfung

Bereits vor einer Lieferung oder Leistung sollte die Bonität des Kunden geprüft werden. Beziehen Sie auch langjährige Kunden regelmäßig in diese Prüfung mit ein. Legen Sie für jeden Kunden ein Kreditlimit fest. Wird das Limit überschritten, tritt automatisch eine Liefersperre in Kraft, bis die offenen Rechnungen bezahlt sind. Alternativ wird nur noch auf Vorkasse geliefert.

Wir unterscheiden im Mahnwesen zwei Varianten:

1) Den **Kontoauszug**: er ist rein informell und gibt dem Kunden einen Überblick über seinen Kontostand, unabhängig von der Fälligkeit der einzelnen Rechnungen.

2) Die **Mahnung**: sie fordert den Kunden auf, seine bereits fälligen Rechnungen zu begleichen; bei jedem Mahnlauf wird die Mahnstufe entsprechend erhöht.

Kontoauszüge

Kontoauszüge können für Kunden und Lieferanten erstellt werden. Sie dienen der Information und werden häufig auch zur Kontenabstimmung mit dem Kunden oder Lieferanten verwendet.[81]

[81] In großen Firmen werden zu bestimmten Stichtagen von den Wirtschaftsprüfern Saldenbestätigungen verschickt. Der Geschäftspartner muss innerhalb einer vorgegebenen Frist die Richtigkeit der auf dem Kontoauszug/der Saldenbestätigung aufgeführten Posten bestätigen. Wird die Bestätigung (in der Regel mit bereits frankiertem Rückumschlag) nicht fristgerecht zurückgeschickt, gilt der Saldo als akzeptiert.

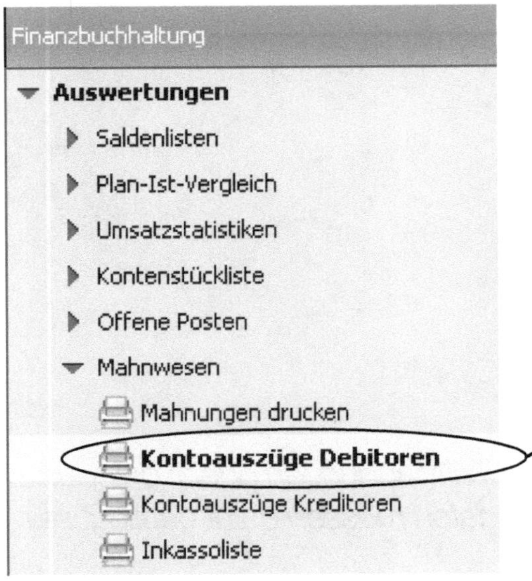

Neben der höflichen Vorstufe zur Mahnung werden Kontoauszüge auch gerne vom Wirtschaftsprüfer benutzt, um mit ausgewählten Kunden und Lieferanten den Saldo zu einem bestimmten Stichtag abzustimmen (Saldenbestätigung).

KONTOAUSZÜGE DEBITOREN.

Unter **Finanzbuchhaltung → Auswertungen → Mahnwesen** finden Sie die Kontoauszüge Debitoren und Kreditoren. Wir werden die Kontoauszüge am Beispiel eines Kunden durchspielen.

Über die Kontonummer können Sie die Auswahl auf einzelne Kunden einschränken.

Bei gebucht bis geben Sie das Datum ein, bis zu dem die Kontoauszüge gebucht sind. In der Regel liegt dieses Datum 2-3 Tage vor dem Versandtag. Das Programm setzt in beiden Feldern automatisch das Tagesdatum ein; bitte ändern.

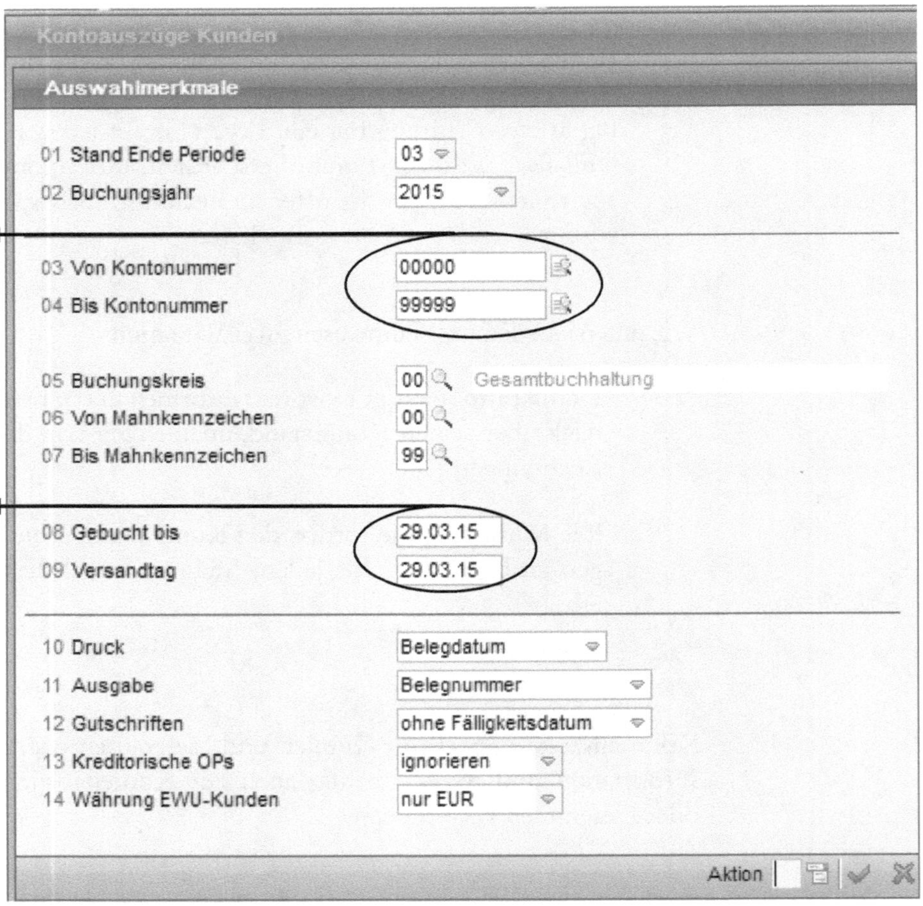

AUSWAHLMERKMALE. Sie können Kontoauszüge wahlweise für einen oder für mehrere Kunden gleichzeitig erstellen.

Wir übernehmen die vorgeschlagenen Werte und bestätigen unsere Auswahl. In der folgenden Übersicht können Sie sich mit **ENTER** die Einzelheiten des OPs anzeigen lassen, mit der Leertaste können Sie einzelne Positionen markieren oder demarkieren.

Mit der Leertaste können Sie einzelne Positionen markieren oder die Markierung entfernen.

Mit Return werden die einzelnen OPs des ausgewählten Kunden angezeigt.

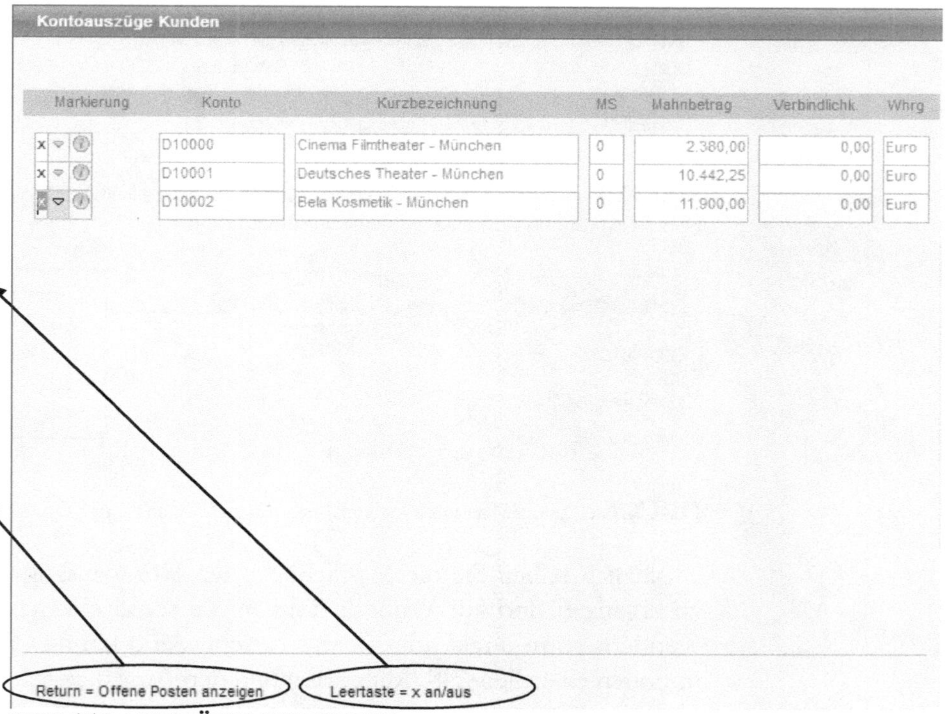

KONTOAUSZÜGE KUNDEN. Mit Return können Sie sich die einzelnen Offenen Posten anzeigen.

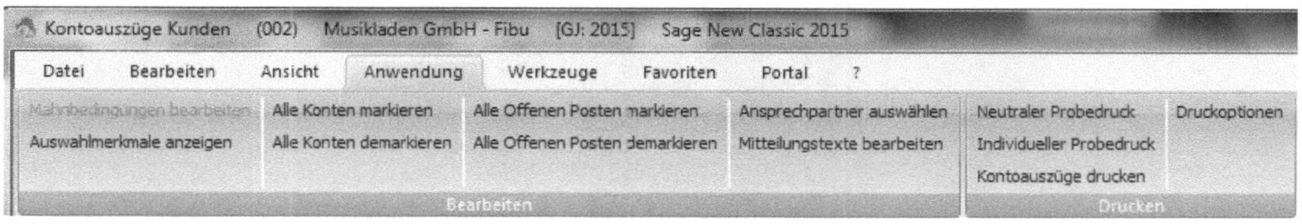

ANWENDUNG - BEARBEITEN. Hier haben Sie eine Reihe von zusätzlichen Optionen für die Bearbeitung Ihrer Kontoauszüge.

Neu

In der Sage New Classic werden die zusätzlichen Optionen, die früher in der Classic Line nur über eigene Pulldown Menüs erreichbar waren, jetzt automatisch kontextbezogen am Bildschirm über dem jeweiligen Programmfenster angezeigt.

Sobald die Auswahl der Kunde, die einen Kontoauszug bekommen sollen, abgeschlossen ist, erfassen Sie über Mitteilungstexte bearbeiten den Text, der auf dem Kontoauszug gedruckt werden soll.

Für Ihre Texte können Sie verschiedene Sprachen verwenden. Die Zuordnung erfolgt durch den im Kundenstamm hinterlegten Sprachschlüssel.

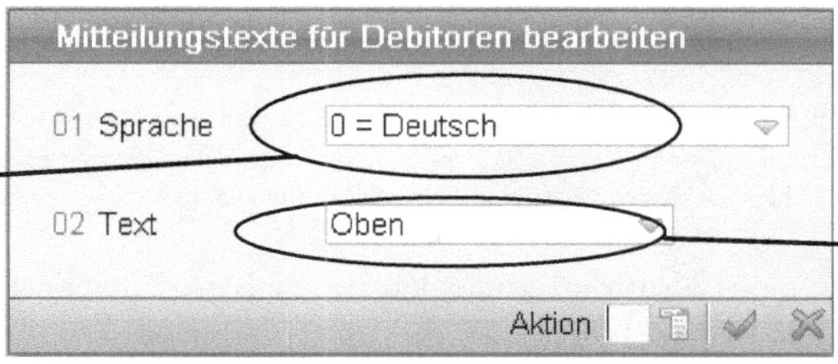

Oben heißt, der Text wird vor den offenen Posten gedruckt, also oberhalb.

MITTEILUNGSTEXTE BEARBEITEN. Hier erfassen Sie Ihren Text.

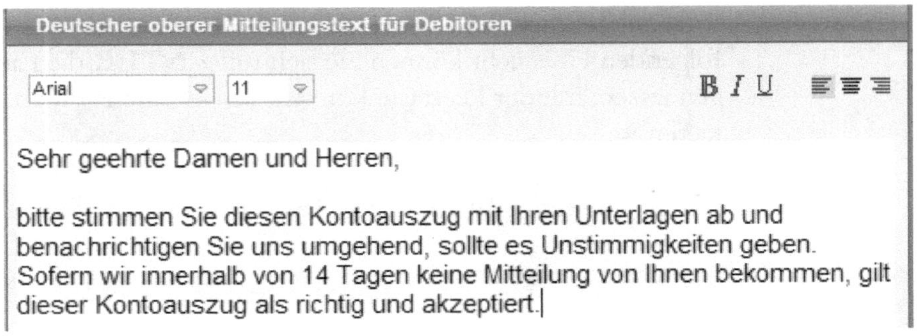

MITTEILUNGSTEXT OBEN. Sie können jetzt einen beliebigen Text erfassen und formatieren. Dieser Text wird bei allen ausgewählten Kontoauszügen gedruckt.

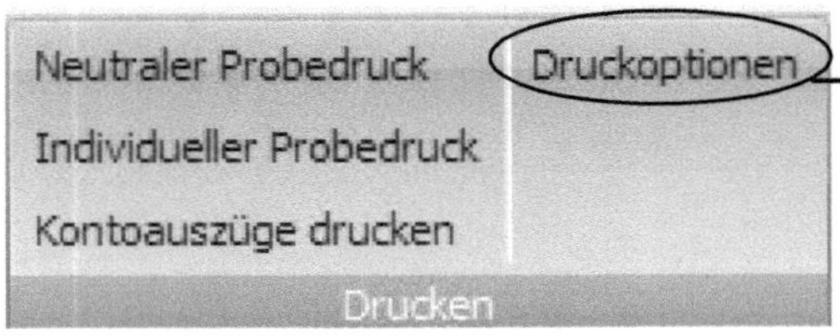

Unter Druckoptionen haben Sie die Möglichkeit, eine Mahnliste zu drucken; z.B., wenn Ihr Chef die Liste prüfen will, bevor Mahnungen verschickt werden.

DRUCK. Legen Sie hier ihre Druckoptionen fest und starten Sie den Druck.

Zusätzlich haben Sie die Möglichkeit, den Kontoauszug um einen Mitteilungstext zu ergänzen und auf Wunsch können Sie sogar einen Ansprechpartner aus dem Kundenstamm direkt adressieren. Anschließend können Sie mit **Alt-O** die Druckoptionen einstellen (z.B. Mahnliste) und den Ausdruck starten.

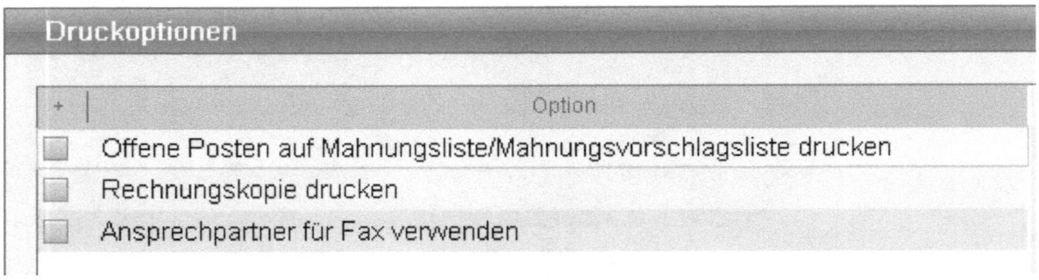

DRUCKOPTION. Wenn Sie Ihre Rechnungen in der Sage New Classic Auftragsbearbeitung schreiben, können Sie zum Kontoauszug automatisch eine Rechnungskopie ausdrucken.

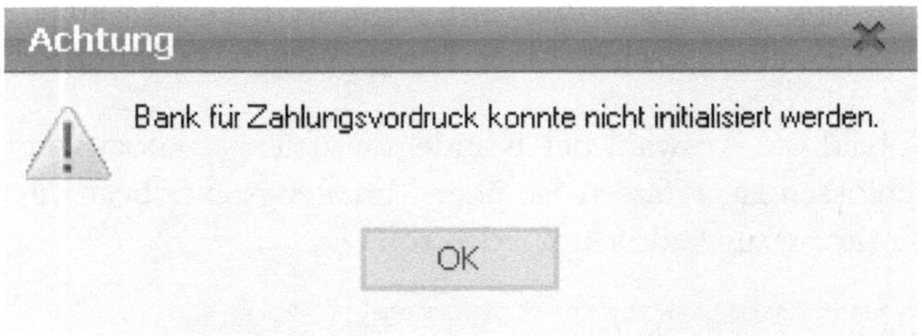

HINWEIS. Dieser Hinweis ist nur relevant, wenn Sie mit dem Kontoauszug oder der Mahnung auch gleich einen Überweisungsträger drucken und verschicken wollen. Das Programm greift dabei auf den Hausbankenstamm zu. Die Hausbank legen wir erst im Kapitel Zahlungsverkehr an.

Der Druck eines Kontoauszuges kann beliebig oft wiederholt werden. Dabei haben Sie die Möglichkeit, über die Funktion Mitteilungstexte für einzelne Kunden individuelle Texte zu erfassen. Wenn Sie in Ihrer Firma mit Außendienstmitarbeitern (Vertretern) arbeiten, leiten Sie diesen regelmäßig eine Mahnliste zur Information weiter. Dann haben Ihre Außendienstmitarbeiter die Möglichkeit, die Offenen Rechnungen bei Ihrem nächsten Kundenbesuch anzusprechen und gemeinsam mit dem Kunden eine Lösung zu finden.

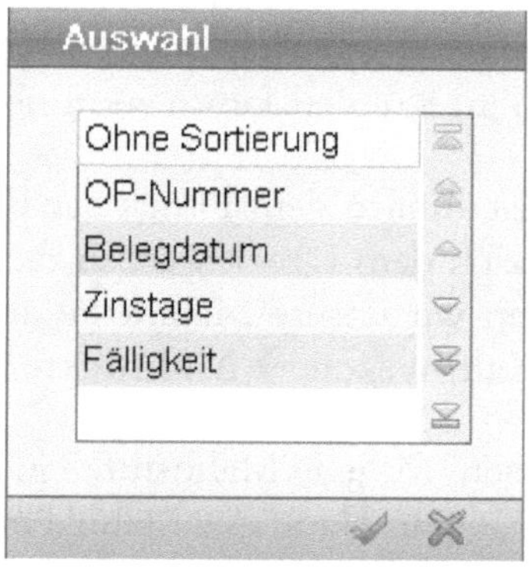

AUSWAHL SORTIERUNG. Neu seit der Version 2010 ist die Möglichkeit, die OPs in Kontoauszug und Mahnung nach unterschiedlichen Kriterien zu sortieren.

Musikladen GmbH
Rosenstr. 3
85238 Petershausen

Tel.: 08137-05227
Fax: 08137-05228

Cinema Filmtheater München
Claudia Huber

Nymphenburger Str. 31
80333 München

Kontonummer:
D10000
Kontoauszug per: 29.03.2015
Gebucht bis: 29.03.2015

Beträge in Euro
Seite: 1

Mitteilungstext.

Sehr geehrte Damen und Herren,

bitte stimmen Sie diesen Kontoauszug mit Ihren Unterlagen ab und benachrichtigen Sie uns umgehend, sollte es Unstimmigkeiten geben. Sofern wir innerhalb von 14 Tagen keine Mitteilung von Ihnen bekommen, gilt dieser Kontoauszug als richtig und akzeptiert.

Beleg-datum	Belegnummer	fällig am	Alter	Rechnung	Zahlung	Restbetrag	Mahn-stufe
07.01.15	201500001	16.02.15	81	2.380,00	0,00	2.380,00	
					Saldo:	2.380,00	Euro

Altersanalyse:	1 - 30 Tage	31 - 60 Tage	61 - 90 Tage
			2.380,00

KONTOAUSZUG. Das Aussehen des Kontoauszuges kann auf Wunsch über den Reportdesigner individuell angepasst werden.

Mit **ESC** und der Auswahl **Anwendung verlassen** beenden Sie das Programm.

Wichtig

Wenn Sie Kontoauszüge oder Mahnungen drucken, deaktivieren Sie bitte unbedingt die Druckvorschau; sonst müssen Sie jeden Kontoauszug einzeln bestätigen.

Mahnungen

In der Sage New Classic wird ein 3-stufiges Mahnwesen unterstützt, d.h. Mahnstufe 1 – 3. Außerdem gibt es die Möglichkeit eine Inkassoliste zu drucken. Diese können Sie wahlweise nach der 3. Mahnung erstellen oder ein eigenes Mahnkennzeichen anlegen und einzelnen Kunden im Kundenstamm zuordnen[82].

Der Ablauf des Mahnwesens ist ähnlich dem Druck der Kontoauszüge; nur gibt es einige weitere Optionen und nach dem Druck werden die Mahnkennzeichen automatisch erhöht. Zunächst legen wir unsere Mahntexte an unter **Finanzbuchhaltung → Auswertungen → Mahnwesen → Mahntexte** bearbeiten.

Sie können 3 Mahntexte erfassen, für jede Mahnstufe einen. Das Programm wählt dann beim Druck der Mahnungen an Hand des Mahnkennzeichens den dazugehörigen Text aus. Darüber hinaus gibt es auch die Möglichkeit, Mahntexte in verschiedenen Sprachen zu erfassen. Die Zuordnung erfolgt über den Sprachschlüssel im Kundenstamm. Wenn ich zum Beispiel einen englischen Mahntext erfasse, kann ich im Kundenstamm im Feld **Sprache** (**Feld 01 auf der 2. Seite**) die Sprache Englisch wählen. Für diesen Kunden greift das Programm dann beim Mahnlauf automatisch auf das englische Mahnformular und auf die englischen Mahntexte zu.

Wichtig

Bitte beachten Sie bei der Verwendung von mehrsprachigen Mahnungen, dass es für jede Sprache auch eine eigene Formularbibliothek gibt. Wenn Sie die Mahnformulare anpassen wollen, müssen Sie die gewünschten Anpassungen für jede Sprache einzeln vornehmen.

Über den Sprachschlüssel haben Sie die Möglichkeit, Mahntexte in verschiedenen Sprachen anzulegen. Die Zuordnung erfolgt über den Sprachschlüssel im Kundenstamm.

Wählen Sie die Mahnstufe aus, für die Sie den Mahntext erfassen wollen.

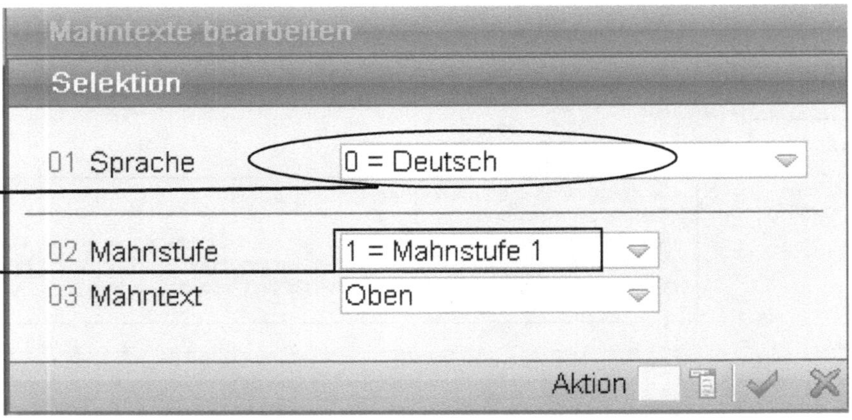

SELEKTION. Wählen Sie hier aus, für welche Sprache und für welche Mahnstufe Sie einen Text erfassen möchten.

Sie haben in der Sage New Classic die Möglichkeit, die Mahntexte im RTF[83] zu erfassen und individuell zu formatieren. Auf diese Weise können Sie einzelne Wörter unterschiedlich formatieren und der Mahnung so Ihre ganz persönliche Note geben.

---

[82] Das ist erforderlich, wenn Sie bestimmte Forderungen abgetreten haben.

[83] RTF **R**ich **T**ext **F**ormat ist ein spezielles Standardformat, das es erlaubt, in einem Textfenster verwendete Formatierungen unmittelbar an einen Drucker zu übertragen. Insgesamt nimmt dadurch allerdings insbesondere in Netzwerken die Druckgeschwindigkeit ab.

Sie können die Formatierung direkt im Mahntext vornehmen. Das ist deutlich einfacher und übersichtlicher, als in früheren Versionen.

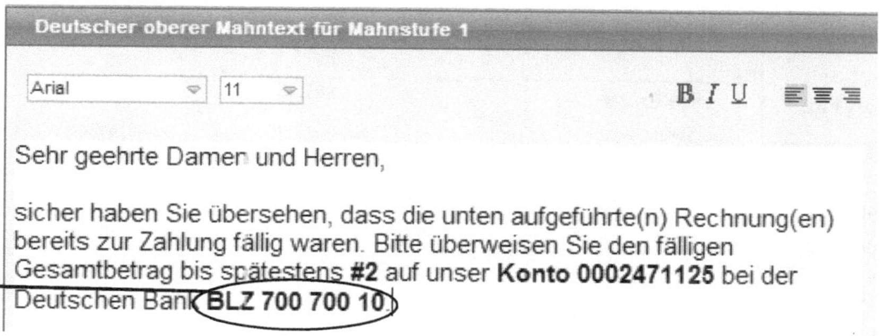

TEXT FÜR MAHNSTUFE 1. Der Text für die Mahnungen kann hier individuell erfasst werden.

Mit **ESC** können Sie für die Mahnung unterschiedliche Platzhalter[84] auswählen, die später aus dem Programm heraus mit Daten gefüllt werden. Bevor Sie Ihren Mahntext speichern, können Sie noch beliebige Formatierungen vornehmen. Neben Hervorhebungen, wie Fettdruck, Kursivdruck oder Unterstreichen, können Sie hier auch die Ausrichtung des Textes (links-, rechtsbündig oder zentriert) bestimmen und die Schriftgröße auswählen. Idealerweise fügen Sie über dem Mahntext noch eine Leerzeile ein, dann sieht das Ganze später in der Mahnung besser aus.

Die Platzhalter können Sie an jeder Stelle in der Mahnung einfügen. Sie werden dann beim Druck durch die im Mahnlauf eingegebenen Werte ersetzt. Die #2 steht für das Fristsetzungsdatum.

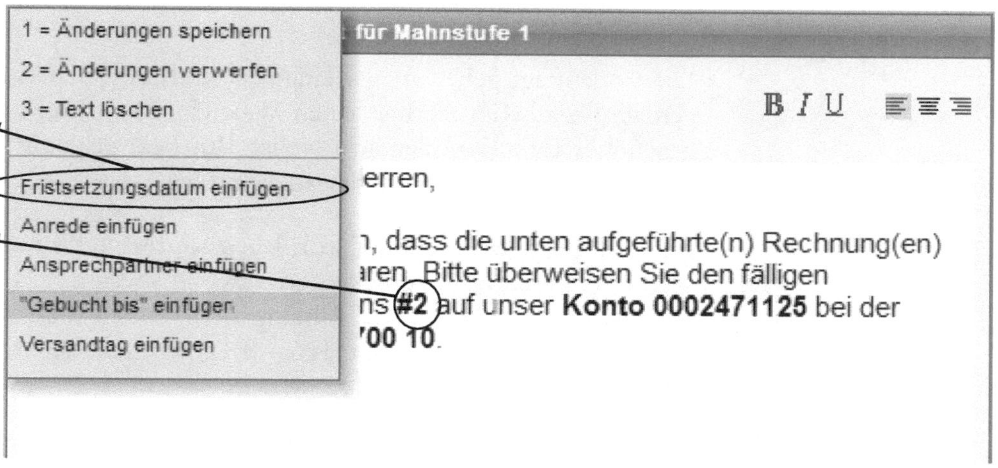

MAHNTEXT MIT PLATZHALTER. Ergänzen Sie Ihren Mahntext mit den erforderlichen Platzhaltern.

Wenn Sie alle gewünschten Eingaben gemacht haben, speichern Sie den Text und erfassen die nächste Mahnstufe. In der Regel werden Sie die erste Mahnung sehr freundlich formulieren, die 2. Mahnung sollte schon sehr bestimmt sein und bei der 3. Mahnung kommt in der Regel dann der Hinweis, dass die Angelegenheit an den Anwalt weitergeleitet wird, sollte der Zahlungseingang nunmehr nicht innerhalb der gesetzten Frist erfolgen.

Jetzt können Sie unter **Finanzbuchhaltung → Auswertungen → Mahnwesen → Mahnungen drucken** Ihren Mahnlauf starten.

---

[84] Ein Platzhalter ist ein Feld im Programm, das man an Stelle des Inhaltes in ein Formular setzt. Der Platzhalter übernimmt beim Druck dann den im dazugehörigen Eingabefeld erfassten Inhalt. In unserem Beispiel tragen wir einen Platzhalter für das Datum der Fristsetzung ein (#2). Dieses Datum wird dann beim Druck aus der Maske zum Start des Mahnlaufes übernommen.

Geben Sie hier das Datum des letzten gebuchten Kontoauszuges ein.

Mit dem Datum Letzte Mahnung legen Sie fest, wie viele Tage seit der letzten Mahnung verstrichen sein müssen.

Wenn Sie selbst eigene Mahnkennzeichen vergeben haben (z.B. für eine Inkassoliste) können Sie die Auswahl individuell ändern.

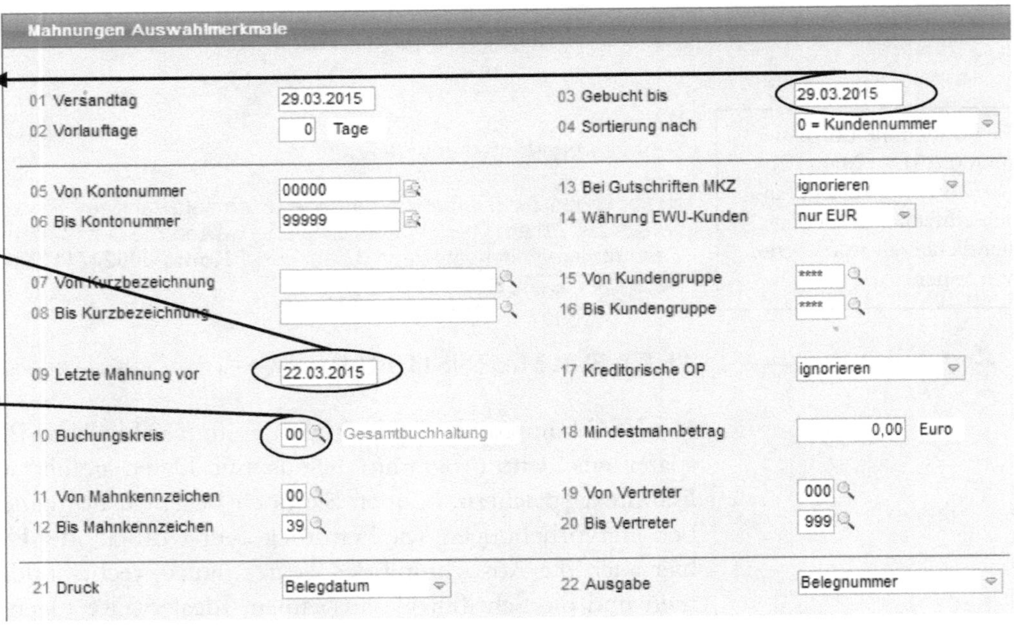

MAHNUNGEN AUSWAHLMERKMALE. Hier wählen Sie aus, welche Kunden und welche offenen Rechnungen gemahnt werden sollen.

Die Vorlauftage geben an, wie lange die Rechnung bereits fällig sein muss, damit Sie gemahnt wird. Ob Sie hier einen Wert eingeben, hängt davon ab, wie kulant Sie gegenüber Ihren Kunden sein wollen. Im Feld gebucht bis geben Sie das Datum des letzten gebuchten Kontoauszuges ein.

Im **Feld 09**, letzte Mahnung vor, legen Sie fest, bis zu welchem Datum die letzte Mahnung mindestens zurückliegen muss. Postweg der Mahnung: ca. 2 Tage; Laufzeit beim Kunden 1-2 Tage. Zahlung 1-3 Tage. Es wäre also reine Geldverschwendung, in kürzeren Abständen als 6 – 8 Tage zu mahnen. Für weitere Informationen nutzen Sie bitte die Hilfe (**F1**).

Auf der nächsten Seite kommen die Mahnbedingungen. Hier legen Sie fest, ob und in welcher Höhe in der Mahnung automatisch Mahngebühren berechnet werden sollen. Hierbei handelt es sich nur um den Ausweis in der Mahnung. Sie können im Feld 07 festlegen, ob die Zinsen und Mahngebühren auch sofort automatisch gebucht werden[85].

[85] Wenn Sie die berechneten Zinsen und Mahngebühren automatisch buchen wollen, sollten Sie prüfen, ob die Berechung auch dann noch passt, wenn der Kunde wiederholt gemahnt wird.

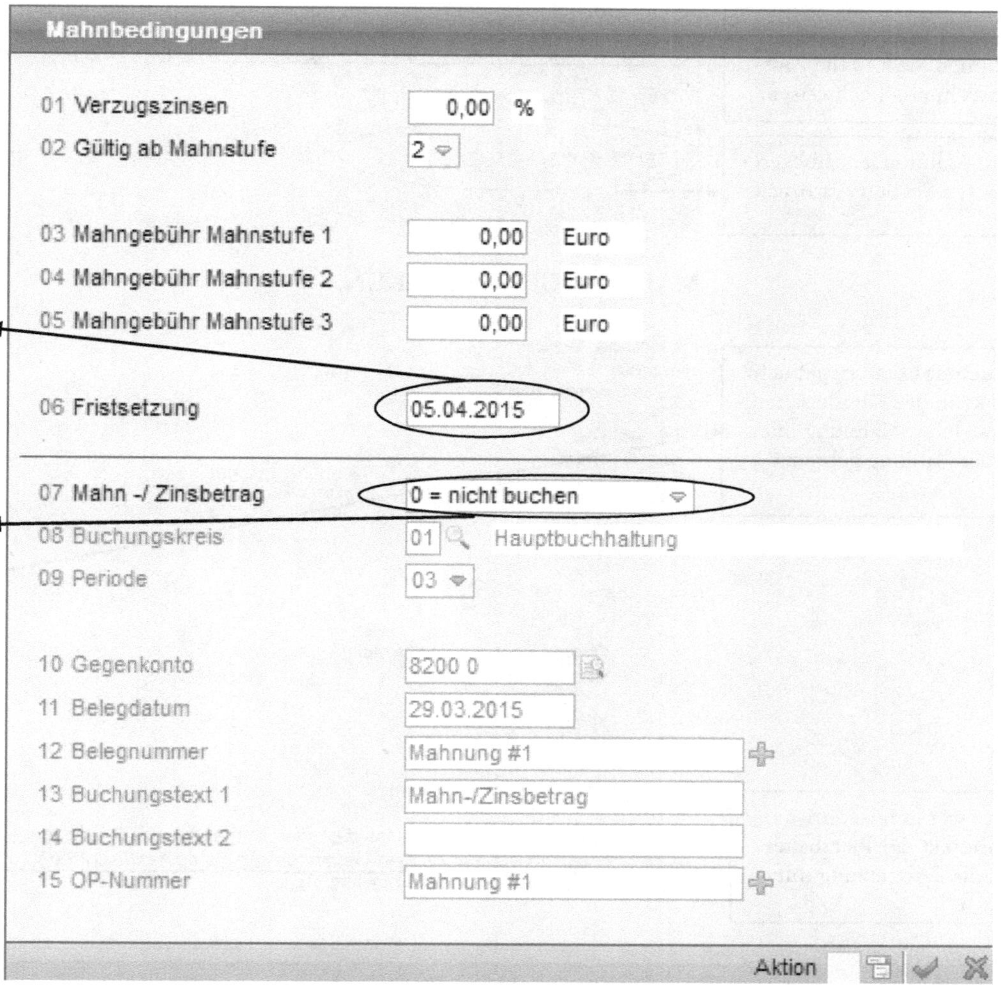

Das Datum Fristsetzung wird in der Mahnung jetzt statt unserem im Mahntext hinterlegten Platzhalter gedruckt.

Sie können die Mahngebühren und Zinsen gleich automatisch buchen. Das ist allerdings nur sinnvoll, wenn der Kunde diese Beträge tatsächlich bezahlt.

MAHNBEDINGUNGEN. Hier legen Sie Zinsen und Mahngebühren fest.

Wenn Sie in der Übersicht einzelne Kunden aus dem Mahnlauf rausnehmen möchten, können Sie mit der Leertaste die Markierung entfernen und der Kunde wird nicht gemahnt. Mit ENTER auf einem Kunden sehen Sie alle Offenen Posten des Kunden und können auch einzelne Rechnungen aus der Mahnung rausnehmen, d.h. Sie können wirklich auf Belegebene mahnen.

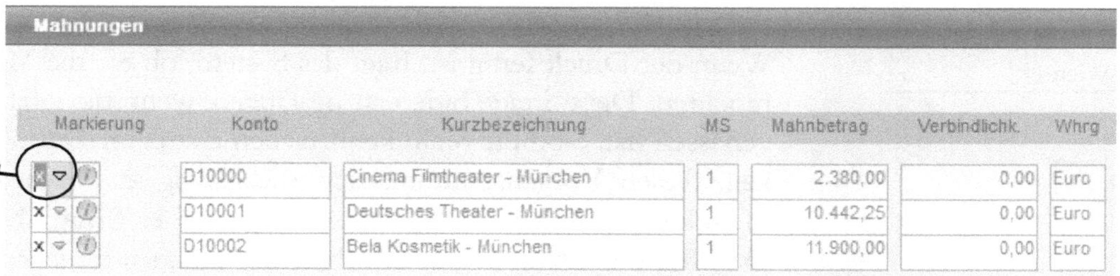

Mit der Leertaste können Sie Markierungen entfernen oder erneut setzen.

MAHNUNGEN. Übersicht – Mit der Leertaste können Sie einzelne Kunden demarkieren, d.h. aus diesem Mahnlauf rausnehmen.

Wenn die Auswahl ihren Wünschen entspricht, können Sie über **Alt-R** oder mit der Maus über Druck in der Menüleiste die Mahnungen drucken und auf Wunsch die Zinsberechnung in der Mahnung nachweisen (über die Druckoptionen).

Unter Druckoptionen können Sie z.B. die Zinsberechnung nachweisen.

Mit Mahnungen drucken starten Sie den Ausdruck.

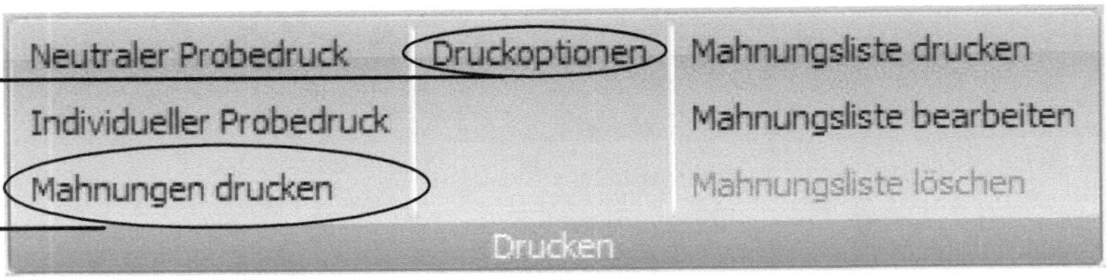

MAHNUNGEN DRUCKEN.

Durch das Datum gebucht bis kann der Kunde sehen, ob sich die Mahnung mit seiner Zahlung gekreuzt hat.

Musikladen GmbH
Rosenstr. 3
85238 Petershausen

Tel.: 08137-05227
Fax: 08137-05228

Kundennummer
D 10000
Mahnung per: 29.03.2015
Gebucht bis: 29.03.2015

Cinema Filmtheater München
Claudia Huber
Nymphenburger Str. 31
80333 München

Beträge in Euro
Seite: 1

Hier war in unserem Mahntext der Platzhalter für die Fristsetzung mit #2.

Sehr geehrte Damen und Herren,

sicher haben Sie übersehen, dass die unten aufgeführte(n) Rechnung(en) bereits zur Zahlung fällig waren. Bitte überweisen Sie den fälligen Gesamtbetrag bis spätestens **05.04.2015** auf unser **Konto 0002471125** bei der Deutschen Bank **BLZ 700 700 10**.

Beleg-datum	Belegnummer	fällig am	Zins-tage	Rechnung	Zahlung	Restbetrag	Verzugs-zinsen	Mahn-stufe
07.01.15	201500001	16.02.15	43	2.380,00	0,00	2.380,00		1
		Gesamtsumme:				**2.380,00 Euro**		

Fälligkeitsanalyse: Mahnstufe 1
2.380,00

MAHNUNGEN. So sieht die Mahnung im Standard aus; Sie haben jederzeit die Möglichkeit, das Formular im Formulargestalter nach Ihren Wünschen anzupassen.

Wichtig

Wenn der Druck fertig ist, fragt das System, ob Sie die Mahnkennzeichen erhöhen möchten. Diese Frage bitte erst bestätigen, wenn die letzte Mahnung den Drucker verlassen hat. Sind die Mahnkennzeichen erst einmal erhöht, gibt es keine Möglichkeit, diesen Vorgang automatisch rückgängig zu machen. Dann bleibt nur, das Mahnkennzeichen in der OP-Bearbeitung unter **Finanzbuchhaltung → Buchen → Offene Posten → OP-Bearbeitung** manuell für jeden einzelnen Offenen Posten zurückzusetzen. Das ist bei größeren Datenbeständen eine sehr mühsame Arbeit.

Nach dem Druck und der Bestätigung landen Sie wieder in der Übersicht der zu mahnenden OPs. Drücken Sie **ESC** und wählen Sie **Anwendung verlassen**, um das Programm zu beenden.

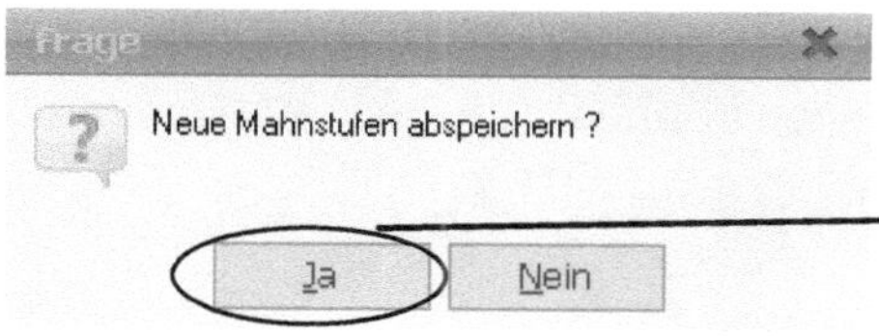

Wählen Sie ja, um die neuen Mahnstufen zu speichern.

NEUE MAHNSTUFEN SPEICHERN? Mit ja bestätigen, um die Mahnstufen in der OP zu erhöhen.

Anschließend können sie unter **Finanzbuchhaltung → Bildschirmauskunft → Offene Posten** kontrollieren, welche Einträge das Programm gemacht hat. Wählen Sie mit Eingabe der Kontonummer (z.B. D10000) den gewünschten Kunden aus und bestätigen Sie mit allen Voreinstellungen. In der Übersicht sehen Sie jetzt alle OPs dieses Kunden. Mit ENTER oder RETURN können Sie sich die Einzelheiten des OPs anzeigen. Hier sehen Sie im **Feld Mahnkennzeichen** eine **10** für **1. Mahnung** und darunter das Datum der letzten Mahnung.

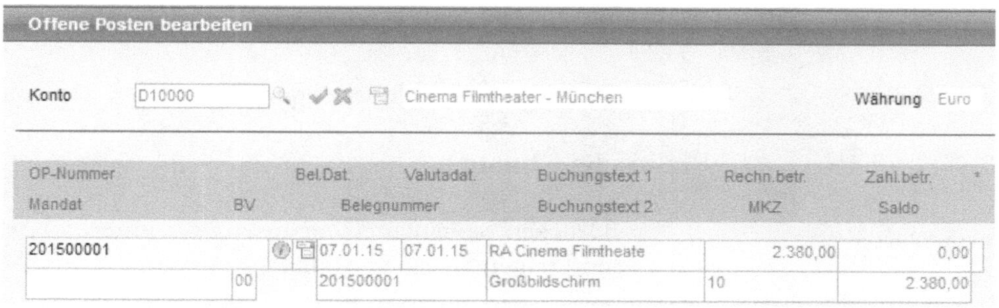

OFFENE POSTEN BEARBEITEN. Unter OP-Bearbeiten können Sie die Mahnkennzeichen kontrollieren und, soweit erforderlich, zurücksetzen.

Nach Bestätigung des Drucks sehen Sie hier die neue Mahnstufe und das Datum der letzten Mahnung.

BILDSCHIRMAUSKUNFT OP, EINZELHEITEN.

Denken Sie daran, dass Sie die offenen Posten in der Bildschirmauskunft nur anzeigen, aber nicht bearbeiten können.

Lernzielkontrolle

☺ Testen Sie Ihr Wissen

1) Was ist der Unterschied zwischen Mahnung und Kontoauszug?
2) Können Sie Kontoauszüge auch für Lieferanten drucken?
3) Können Zinsen und Mahngebühren automatisch gebucht werden?
4) Wie viele Mahnstufen werden in der Sage New Classic unterstützt?
5) Was ist eine Inkassoliste?
6) Wie können Sie ein Mahnkennzeichen zurücksetzen?
7) Was ist eine Saldenbestätigung? Von wem wird Sie in der Regel verschickt?

Praktische Übungen

Tastaturübungen

1) Drucken Sie einen Kontoauszug für unseren Kunden Cinema Filmtheater und tragen Sie einen Mitteilungstext ein.
2) Erfassen Sie die Mahntexte für die Mahnstufen 1, 2 und 3.
3) Drucken Sie für unseren Kunden D10000 die 1. Mahnung und erhöhen Sie das Mahnkennzeichen.
4) Drucken Sie einen Kontoauszug für einen Lieferanten.
5) Prüfen Sie das neue Mahnkennzeichen über die Bildschirmauskunft Offene Posten.

Kapitel

11

Zahlungsverkehr

In diesem Kapitel erhalten Sie einen Überblick über die Möglichkeiten, die Voraussetzungen und die Funktionsweise des Zahlungsverkehrs, inkl. SEPA.

In der Sage New Classic werden eine Reihe von Möglichkeiten für den Zahlungsverkehr unterstützt. Bevor wir uns mit einzelnen Zahlungsformen im Detail beschäftigen, vorab ein kurzer Überblick:

Barzahlungsliste: In der Liste der Zahlungsvorschläge kann das Kennzeichen Barzahlung eingetragen werden. Diese Art der Zahlung tritt heute zunehmend in den Hintergrund und findet in erster Linie noch für Bezahlung von Aushilfen und Komparsen Anwendung.

Scheck: vor allem im Investitionsgüterbereich und in der Baubranche wird heute noch regelmäßig per Scheck bezahlt. Vorteil: Es dauert ein bis vier Tage, bis der Scheck auf Ihrem Konto belastet wird. Dazu kommt noch einmal die Zeit bis zur Einreichung des Schecks. Diese Variante ist vor allem bei hohen Beträgen interessant.

Überweisung: Voraussetzung hierfür ist eine gültige Bankverbindung des Empfängers. Eine Überweisung kann wahlweise auf ein Überweisungsformular gedruckt oder elektronisch weiterverarbeitet werden (Clearing).

SEPA: Sie können in der Sage New Classic SEPA Überweisungen in alle Länder machen, die an SEPA (**S**ingle **E**uro **P**ayments **A**rea) teilnehmen. Dazu ist es allerdings erforderlich, die BIC[86] und IBAN[87] des Lieferanten zu erfassen. Die Höchstgrenze liegt im Moment bei EUR 50.000,00[88] je Überweisung. Heute gibt es auch Banken, die Überweisungen ohne Limit entgegen nehmen.

Lastschriften: Es wird vom Programm auch die Möglichkeit der Lastschrift beim Kunden unterstützt; die Funktionalität ist mit den Überweisungen vergleichbar. Auch hier ist eine elektronische Weiterverarbeitung (Clearing) möglich. Bitte beachten Sie die für SEPA Lastschriften erforderlichen Fristen bei der Einreichung.

---

[86] **BIC** **B**ank **I**dentifier **C**ode, siehe auch www.zahlungsverkehrsfragen.de/swift.html

[87] **IBAN** **I**nternational **B**ank **A**ccount **N**umber; weitere Infos dazu unter www.iban.de

[88] Bitte beachten Sie die Meldepflicht in Höhe von EUR 12.500,00 je Überweisung.

Auslandsüberweisung[89]: Voraussetzung hierfür sind eine gültige Bankverbindung des Empfängers und eine entsprechende Freigabe Ihres Bankkontos für Auslandszahlungen. Eine Überweisung kann wahlweise auf ein Überweisungsformular gedruckt oder elektronisch weiterverarbeitet werden (Clearing).

Bevor Sie mit der Erfassung der für den Zahlungsverkehr erforderlichen Grundlagen beginnen, stellen Sie bitte fest, welche Zahlungsarten zur Zeit in Ihrer Firma verwendet werden. Natürlich können Sie jederzeit Änderungen vornehmen, einfacher ist es aber, den Zahlungsverkehr gleich vollständig einzurichten. Wir wollen uns im Folgenden auf die Überweisung, die häufigste Form der Zahlung, konzentrieren.

Wichtig

Beim Zahlungsverkehr gibt es seit der Classic Line 2009 einige Neuerungen. Auf Grund der Harmonisierung des Zahlungsverkehrs im Eurozahlungsraum (SEPA[90]) wird zukünftig auch der Inlandszahlungsverkehr auf IBAN und BIC umgestellt, so dass es von der Form her keinen Unterschied mehr gibt, zwischen einer Inlands- und EU Auslandsüberweisung.

Ausführliche Informationen zu SEPA finden Sie auch unter www.bundesbank.de oder mit einer Stichwortsuche im Internet mit dem Suchbegriff SEPA.

Im Folgenden werden wir alle Daten erfassen, die für die Durchführung eines Zahlungslaufes erforderlich sind.

---

[89] Bitte beachten Sie bei Auslandszahlungen die entsprechenden Meldepflichten von der Deutschen Bundesbank. Neben der Anschrift des Empfängers benötigen Sie für Auslandszahlungen auch die Anschrift der Empfängerbank.

[90] Der Begriff **Single Euro Payments Area** (Einheitlicher Euro-Zahlungsverkehrsraum, abgekürzt **SEPA**) (fälschlicherweise auch *Single European Payments Area*) bezeichnet im Bankwesen das Projekt eines europaweit einheitlichen Zahlungsraums. In diesem Zahlungsraum sollen für Kunden keine Unterschiede mehr zwischen nationalen und grenzüberschreitenden Zahlungen bestehen.
Voraussichtlich werden 31 Länder an SEPA teilnehmen. Hierzu gehören die 27 Mitglieder der Europäischen Union und die vier Mitglieder der Europäischen Freihandelszone (EFTA). Unabhängig vom teilnehmenden Land und seiner Währung werden SEPA-Zahlungen nur in Euro ausgeführt.

Grundlagen für den Zahlungsverkehr

Für die Nutzung des Zahlungsverkehrs benötigen wir eine Hausbank. Das ist eine Bank, bei der wir ein Konto unterhalten, von dem wir Zahlungen leisten. Diese Hausbank wird einem Bankkonto in unserer Finanzbuchhaltung zugeordnet. In unserem Beispiel nehmen wir unser Konto bei der Deutschen Bank.

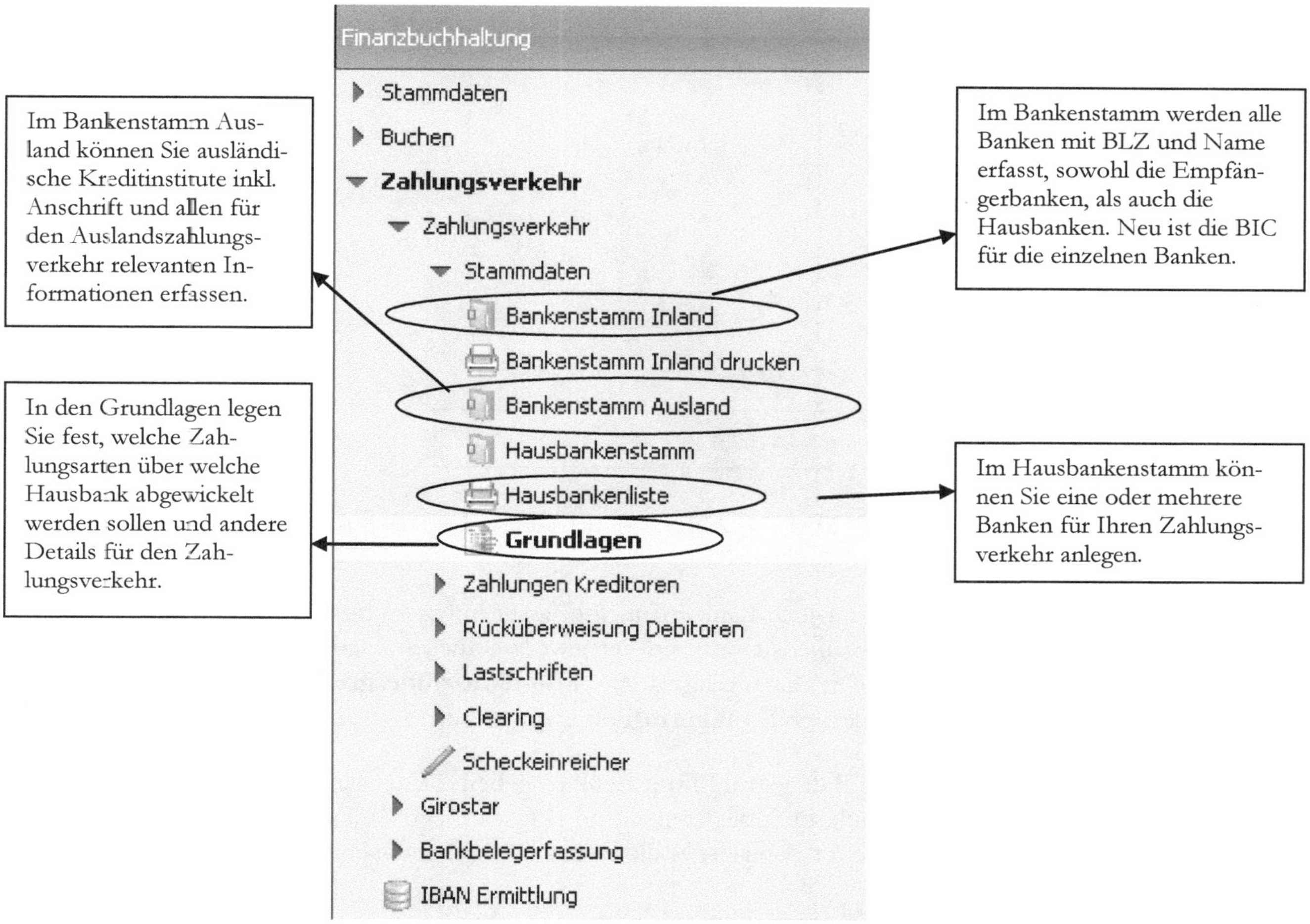

ZAHLUNGSVERKEHR. Hier werden alle erforderlichen Stammdaten erfasst und auch gleich die Zahlungen erstellt.

Die Hausbank wird in den Grundlagen später den einzelnen Zahlungsmöglichkeiten zugeordnet. Allerdings können wir im Hausbankenstamm nur eine Bank verwenden, die bereits im Bankenstamm angelegt ist[91]. Zunächst prüfen wir, ob unsere Deutsche Bank AG im Bankenstamm[92] unter: **Finanzbuchhaltung → Zahlungsverkehr →Zahlungsverkehr → Stammdaten → Bankenstamm Inland** angelegt ist.

---

[91] Der Bankenstamm wird von Sage mit der neuen Programmversion ausgeliefert. Zusätzlich gibt es im Programm die Möglichkeit, den Bankenstamm automatisch zu aktualisieren. Da es durch Fusionen im Bankenbereich und die Schließung von Filialen in diesem Bereich häufiger zu Änderungen kommt, sollten Sie regelmäßig eine Aktualisierung durchführen.

[92] Die unterschiedlichen Filialen einer Bank an einem Ort haben unter Umständen dieselbe Bankleitzahl, unterscheiden sich aber durch die letzten 3 Stellen des BIC, in denen die Filiale verschlüsselt ist.

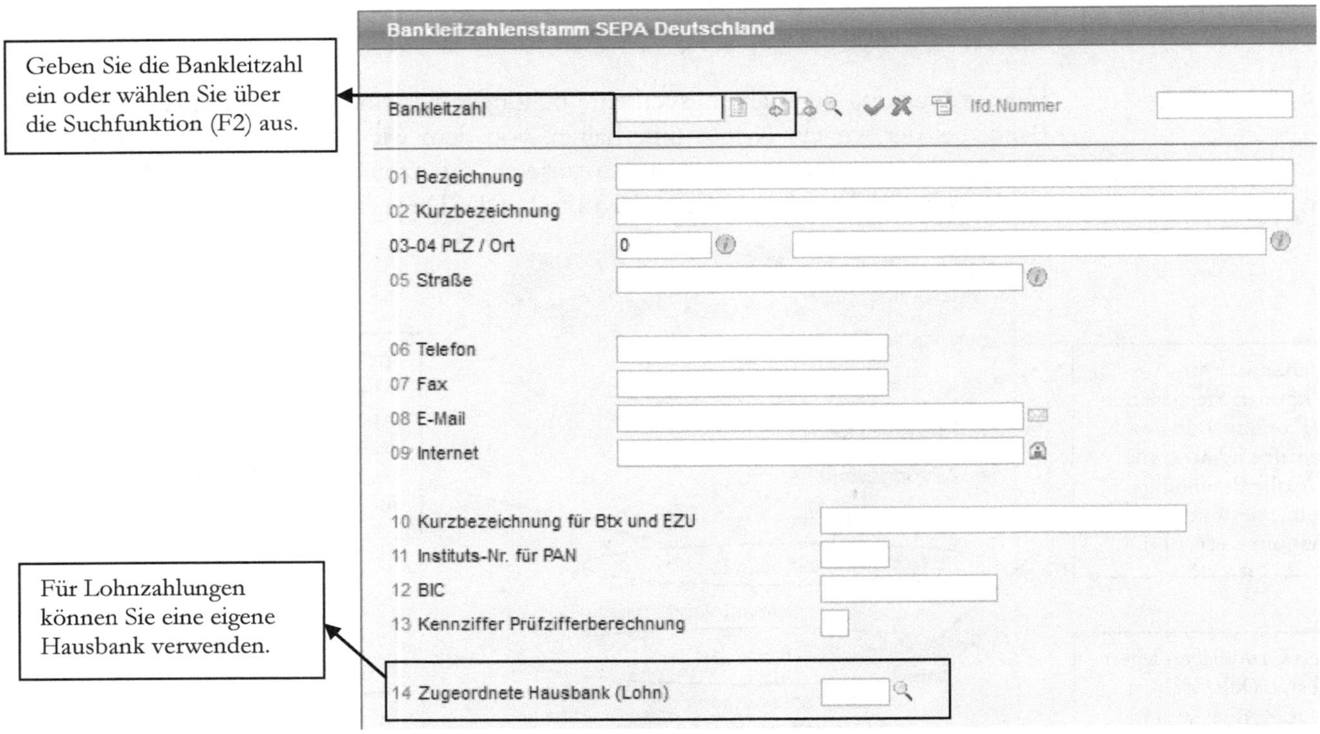

BANKENSTAMM INLAND. Der Bankenstamm enthält eine Reihe von zusätzlichen Feldern, die für den SEPA Zahlungsverkehr erforderlich sind.

Praxistipp

Damit Sie nicht jede Bank manuell erfassen müssen, besteht die Möglichkeit, den kompletten Bankenstamm von der jeweils aktuellen Sage New Classic CD zu importieren unter: **Grundlagen → Mandantenübergreifende Grundlagen → Bankleitzahlen → Bankleitzahlen importieren**.

Wenn Sie die Bankleitzahl Ihrer Bank eingeben, öffnet sich eine Auswahl aller Filialen dieser Bank, die über eine eigene BIC verfügen. Wählen Sie hier „Ihre" Filiale aus. In unserem Beispiel ist es die Deutsche Bank in Dachau.

Bankleitzahlenstamm Deutschland

Schlüsselauswahl

BLZ	Ort	BIC
70070010	Rosenheim, Oberbay	DEUTDEMM705
70070010	Germering, Oberbay	DEUTDEMM713
70070010	Garmisch-Partenkirchen	DEUTDEMM701
70070010	Fürstenfeldbruck	DEUTDEMM708
70070010	Landshut, Isar	DEUTDEMM703
70070010	Starnberg	DEUTDEMM709
70070010	München	
70070010	Dachau	DEUTDEMM706
70070010	Landsberg am Lech	DEUTDEMM702

BANKENSTAMM INLAND - SCHLÜSSELAUSWAHL. Wählen Sie nach Eingabe der Bankleitzahl Ihre Filiale aus.

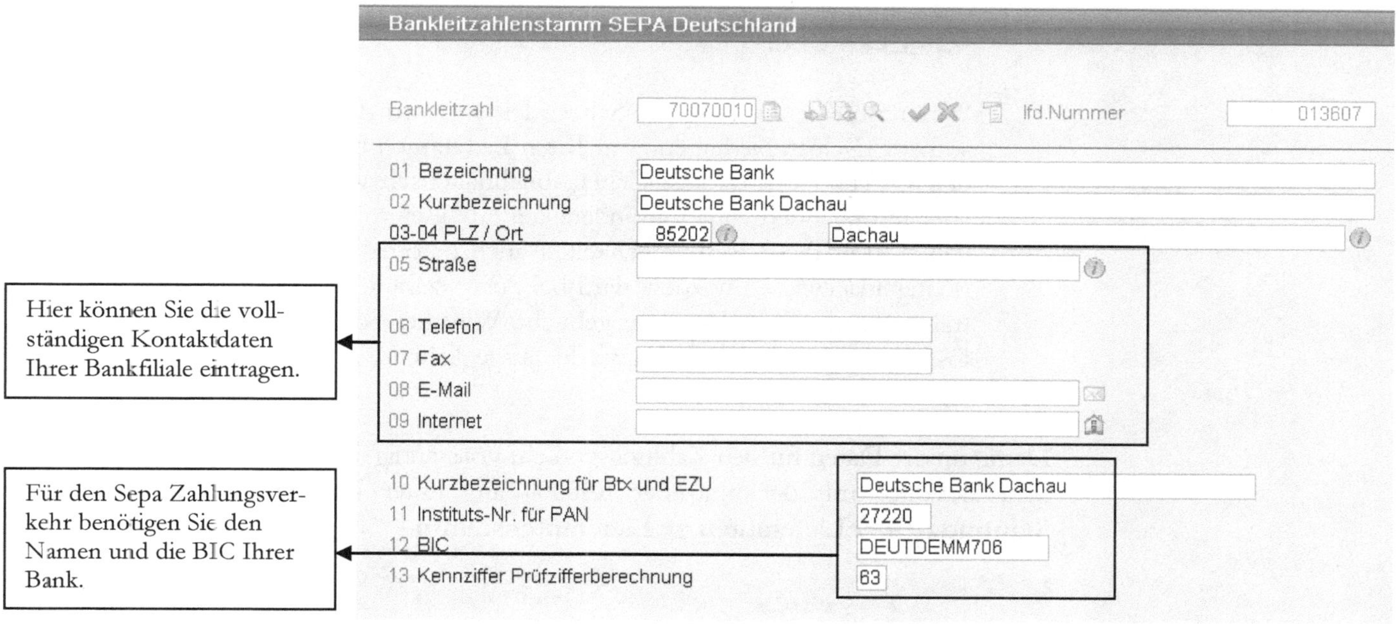

BANKENSTAMM INLAND – MIT ALLE DATEN. Neben den aus dem Bankenstamm zur Verfügung gestellten Informationen zur Bank können Sie, falls gewünscht, noch die vollständigen Adress- und Kommunikationsdaten Ihrer Bankfiliale erfassen.

Neben den über den Bankenstamm der Bundesbank zur Verfügung gestellten Informationen haben Sie die Möglichkeit, die vollständige Anschrift und die Kontaktdaten Ihrer Bankfiliale zu erfassen und eine Hausbank für die Lohnabrechnung einzutragen, sofern Sie Ihre Lohnbuchhaltung ebenfalls in der Sage New Classic machen.

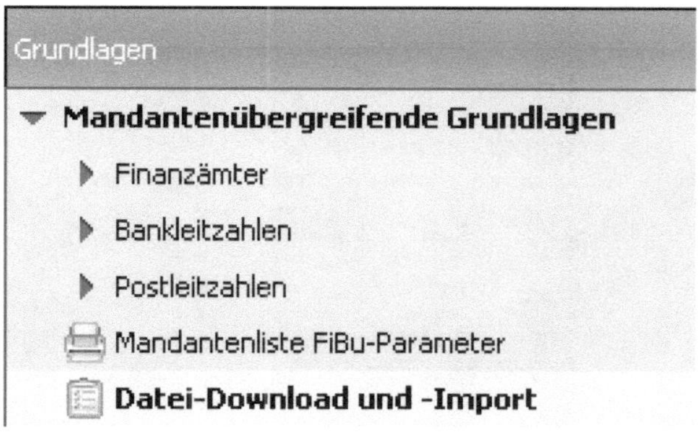

DATEI-DOWNLOAD UND -IMPORT. Über diese Funktion haben Sie die Möglichkeit, Ihren Bankenstamm jederzeit online aktualisieren. Details dazu finden Sie am Ende dieses Buches im Kapitel Tipps und Tricks.

Wenn Sie jetzt den Hausbankenstamm aufrufen, können Sie eine 5-stellige alphanumerische Kennung für Ihre Hausbank eingeben. Hier bietet sich an, ein aussagekräftiges Kürzel zu verwenden, z.B. DBDAH für Deutsche Bank, Dachau.

Bevor wir die Hausbank anlegen, empfiehlt es sich, einen Scheckkreditor anzulegen, damit wir die Hausbank vollständig anlegen können.

Scheckkreditor

Wenn Sie eine Zahlung per Scheck leisten, wird dieser Scheck nicht sofort eingelöst. Sie haben zwar Ihren Lieferanten bezahlt und wollen den Offenen Posten ausgleichen, buchhalterisch gesehen haben Sie aber immer noch eine Verbindlichkeit aus Lieferungen und Leistungen. Damit diese Verbindlichkeiten auch automatisch in der Bilanz richtig ausgewiesen werden, wird bei Scheckzahlungen der Scheckbetrag auf einen Scheckkreditor gebucht. Wird der Scheck später eingelöst, wird der Scheckkreditor wieder ausgeglichen.

Damit unsere Daten für den Zahlungsverkehr vollständig sind, legen wir noch einen Scheckkreditor mit der Nummer **K90000** an[93] unter **Finanzbuchhaltung → Stammdaten →Lieferanten → Lieferantenstamm**.

Die Kreditorennummer wird in den Grundlagen im Zahlungsverkehr im Feld Scheckkreditor eingetragen.

Geben Sie in der Kurzbezeichnung die Währung mit anzugeben, falls Sie später noch mit anderen Währungen arbeiten wollen.

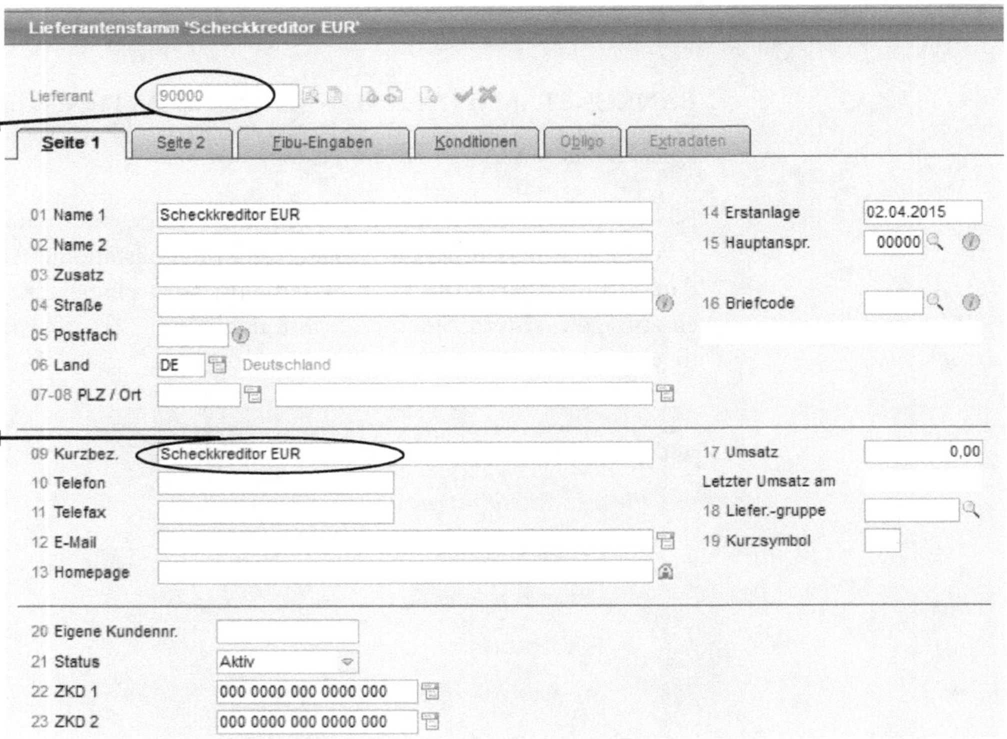

SCHECKKREDITOR. Bei der Anlage des Scheckkreditors bitte immer die Währung in der Namenszeile mit eintragen, vor allem, wenn Sie in unterschiedlichen Währungen Zahlungen leisten.

Als Information genügt der Name und die Währung (Kurzbezeichnung korrigieren!), alle anderen Felder werden einfach bestätigt. Am Ende speichern und zurück in unseren Hausbankenstamm. Nachdem wir unseren Scheckkreditor und unser Bankkonto eingetragen haben, öffnet sich automatisch ein Fenster für die Zuordnung der Formulare. Hier haben Sie jetzt die Möglichkeit, für Schecks, Überweisungen und Lastschriften die gewünschten Formulare zuzuordnen.

[93] Das können Sie auch parallel im Hintergrund machen, ohne den Hausbankenstamm zu verlassen.

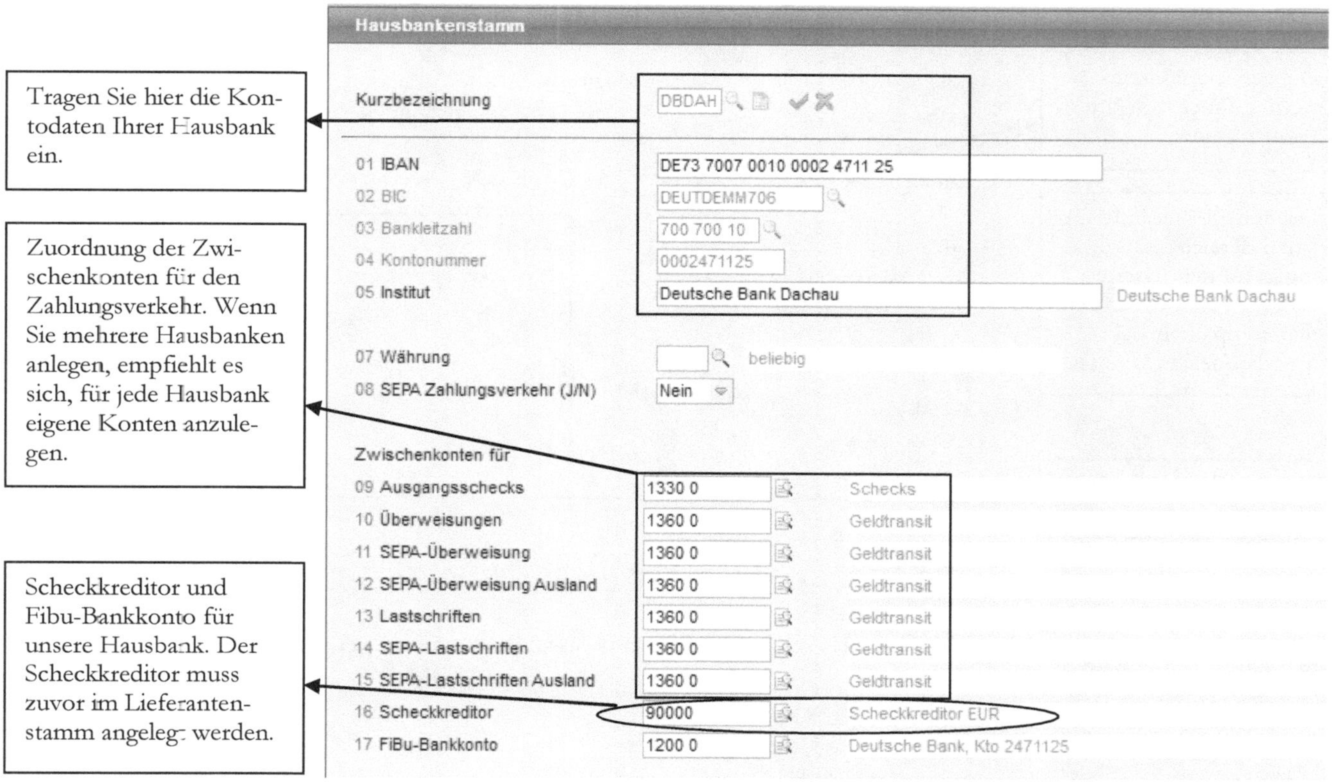

HAUSBANKENSTAMM. Im Hausbankenstamm werden die Zwischenkonten für den Zahlungsverkehr zugeordnet.

Mit der Eingabe der Bankleitzahl wird automatisch wieder die Auswahl aus dem Bankenstamm eingeblendet. Wählen Sie Ihre Bank aus und geben Sie Ihre Kontonummer ein. Anschließend können Sie die IBAN eintragen, oder vom Programm ermitteln lassen. Im Feld Währung wird automatisch EUR vorgeschlagen. Die Währung kann nur geändert werden, solange noch kein Zahlungslauf mit dieser Hausbank ausgeführt wurde. Im Feld 7 legen Sie fest, ob Sie mit dieser Bank den Zahlungsverkehr mit SEPA nutzen wollen.

🗁 **Wichtig**

Wenn Sie im Zahlungsverkehr unterschiedliche Währungen verwenden möchten, ist für jede Währung eine eigene Hausbank mit allen dazugehörigen Konten in der entsprechenden Währung anzulegen. Grundsätzlich gilt in der Sage New Classic an dieser Stelle: **Ein Konto - eine Währung.**

Jetzt tragen Sie die erforderlichen Zwischenkonten ein und am Schluss das Fibu-Konto der Bank. Wenn Sie im Zahlungsverkehr mit mehreren Hausbanken arbeiten, legen Sie für jede Hausbank ein eigenes Zwischenkonto an.

Die Formulare bekommen Sie wahlweise bei Ihrer Bank oder Ihrem Sage Fachhändler. Wenn Sie nur mit dem elektronischen Zahlungsverkehr (Clearing) arbeiten wollen, ist keine spezielle Zuordnung erforderlich. In diesem Fall die Seite mit den Formularen einfach bestätigen und speichern und dann die Hausbank speichern.

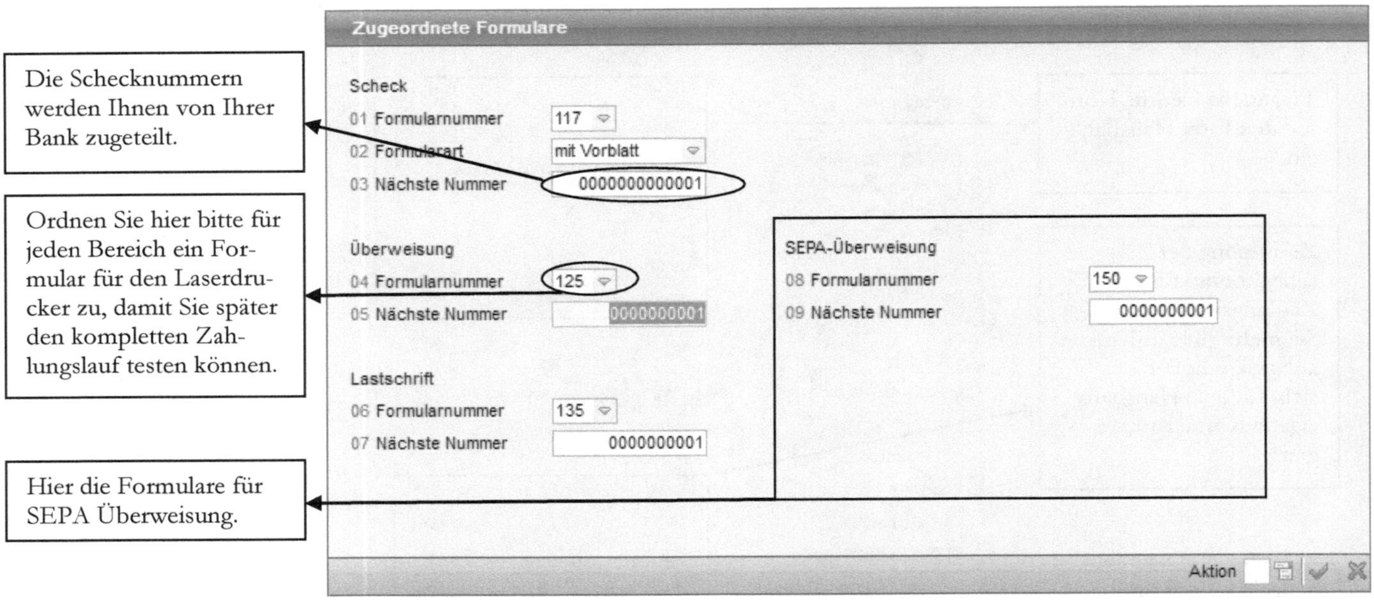

FORMULARE ZUORDNEN. Ordnen Sie hier die passenden Formulare für den Druck zu.

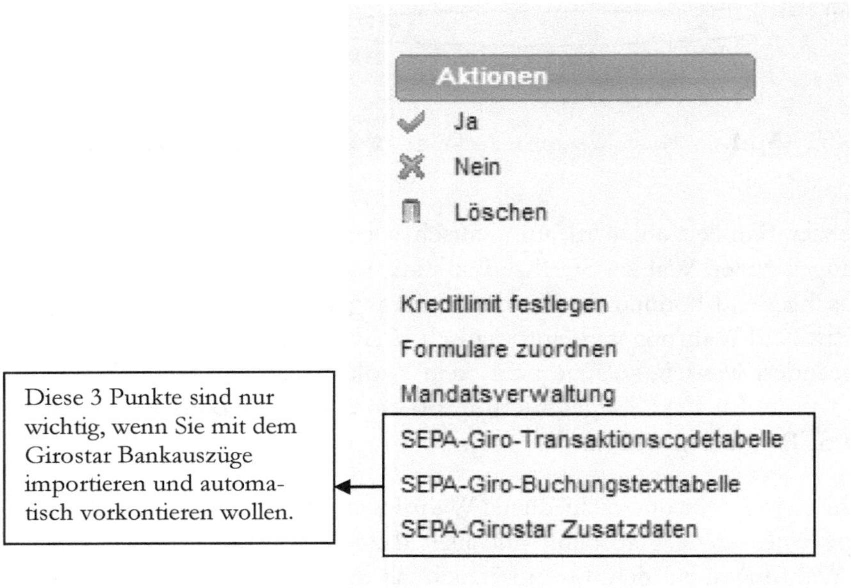

ZUSÄTZLICHE INFORMATIONEN ZUR HAUSBANK[94]. Neben der Möglichkeit der Formularzuordnung können Sie zu jeder Hausbank ein Kreditlimit eintragen, Ein SEPA-Mandat verwalten und Transactionscodes der Bank vorkontieren.

Nach diesen Vorarbeiten geht es weiter mit den Grundlagen Zahlungsverkehr.

Da mir für meine Übungsfirma aktuell kein gültiges SEPA Mandat vorliegt, werde ich im Folgenden den Zahlungsverkauf mit einem normalen Überweisungslauf durchspielen. Der läuft im Grunde genauso ab, wie eine SEPA Überweisung, nur dass dort zusätzlich geprüft wird, ob ein gültiges SEPA Mandat hinterlegt ist.

---

[94] Details zum Zahlungsverkehr finden Sie in den Handbüchern.

Mit diesem Eintrag legen sie fest, ab welcher Summe die Zahlung automatisch per Scheck erfolgen soll. Da wir alle Rechnungen überweisen, ist es sinnvoll, hier einen hohen Betrag einzusetzen.

Bei SEPA können Sie nur eine Hausbank spreichern, für die ein gültiges SEPA Mandat vorliegt.

Tragen Sie hier Ihre Anschrift und einen Ansprechpartner für die Bank ein.

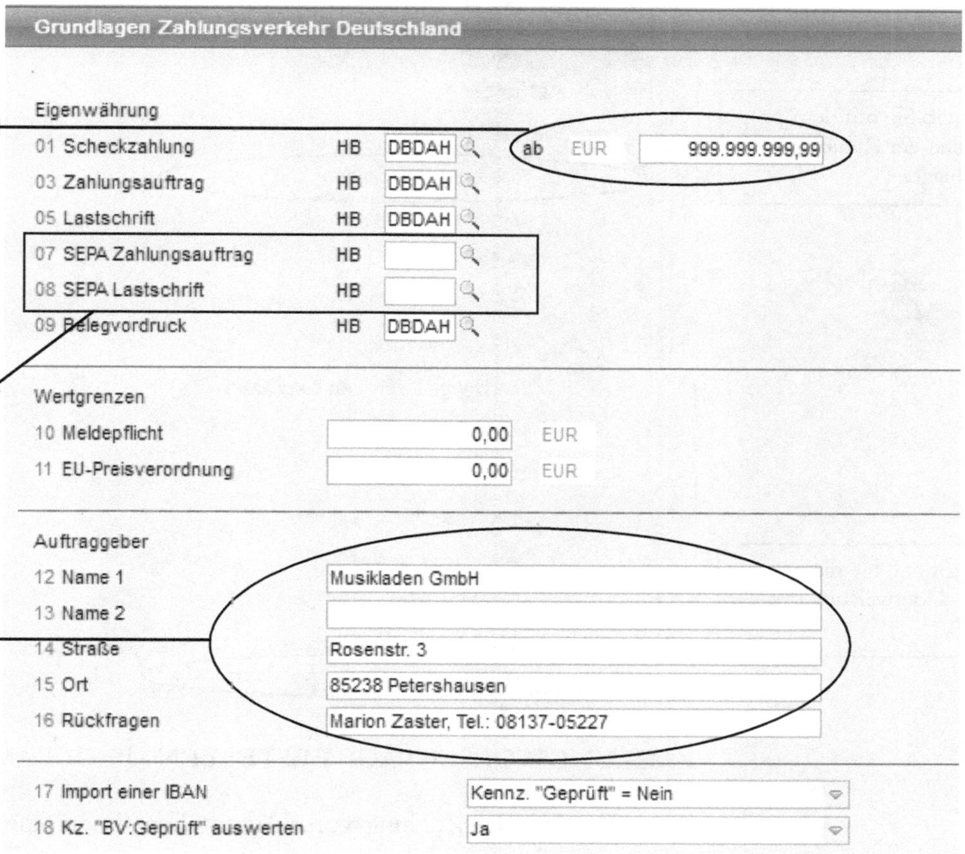

GRUNDLAGEN ZAHLUNGSVERKEHR. Ordnen Sie hier die gewünschten Banken zu.

In unserem Beispiel wollen wir nur mit einer Hausbank arbeiten. Deshalb tragen wir in allen Feldern unsere Deutsche Bank ein. Im Feld Scheckzahlung wird gefragt, ab welchem Betrag Sie per Scheck zahlen möchten. Wenn Sie nie per Scheck zahlen wollen, geben hier einen sehr hohen Betrag ein, sonst werden bei der Erstellung von Zahlungsvorschlägen automatisch alle Zahlungen als Scheckzahlungen vorgeschlagen.

🗁 **Wichtig**

Meldepflichtig sind EU Zahlungen von mehr als EUR 12.500,00 nach **§§59ff AWV** (**Au**ßen**w**irtschafts**v**erordnung). Zulässig für Überweisungen ins EU-Ausland sind für den elektronischen Zahlungsverkehr aktuell EUR 50.000,00.

Zahlungen Kreditoren

Der Zahlungslauf teilt sich in drei Schritte auf:

Zahlungsvorschläge erstellen

Zahlungsvorschläge bearbeiten

Überweisungen/Schecks drucken oder Clearing

Dazu wählen Sie: **Finanzbuchhaltung → Zahlungsverkehr → ZA erstellen → Vorschläge Kreditoren (ZA)**.

Beginnen Sie mit dem Erstellen der Zahlungsvorschläge.

Hier können Sie die neue SEPA-Überweisung drucken.

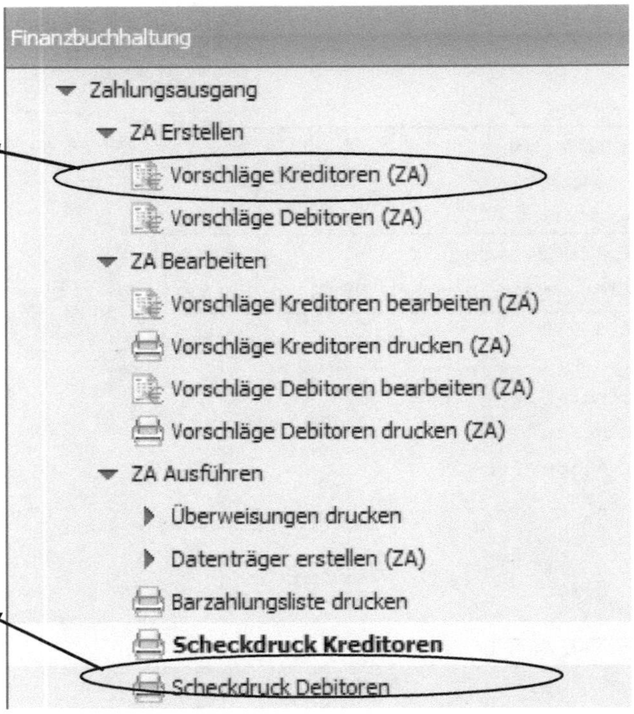

ZAHLUNGSVORSCHLÄGE ERSTELLEN - PROGRAMMAUFRUF.

Zum Erstellen der Zahlungsvorschläge stehen Ihnen eine ganze Reihe von Optionen zur Verfügung. Viele Firmen zahlen nur einmal die Woche, weil sich der Aufwand eines täglichen Zahlungslaufes nicht lohnt. In diesem Fall wählen Sie die fälligen Rechnungen bis zum Ende der Woche aus, da ja erst in einer Woche wieder ein neuer Zahlungslauf stattfindet.

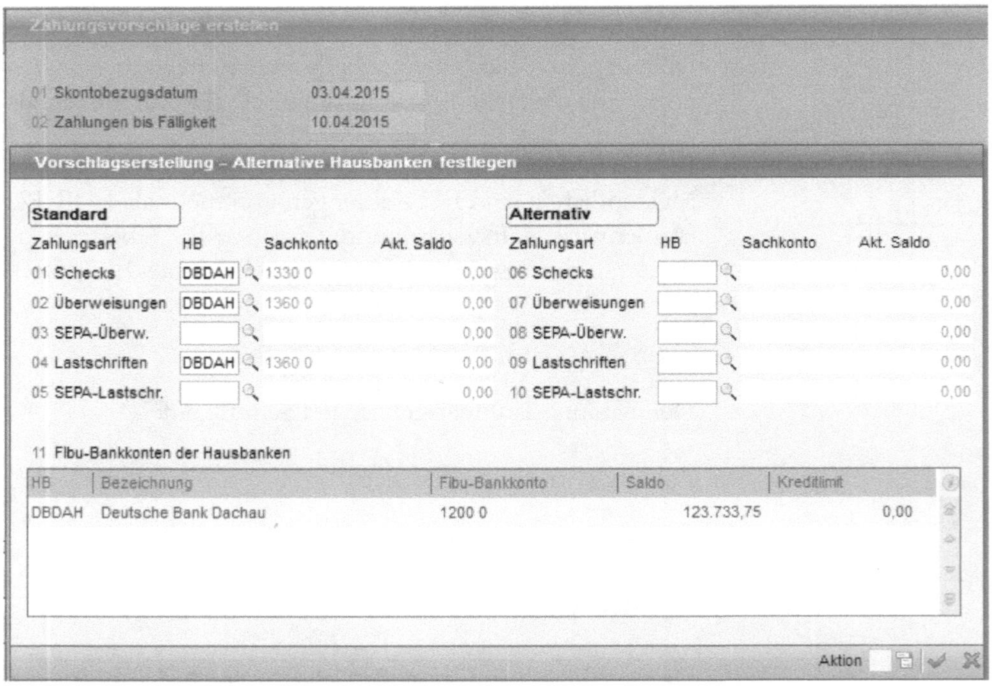

ALTERNATIVE HAUSBANKEN FESTLEGEN. Neu ist die Möglichkeit, alternative Hausbanken für den Zahlungslauf festzulegen. In unserem Beispiel die Meldung einfach mit ja bestätigen.

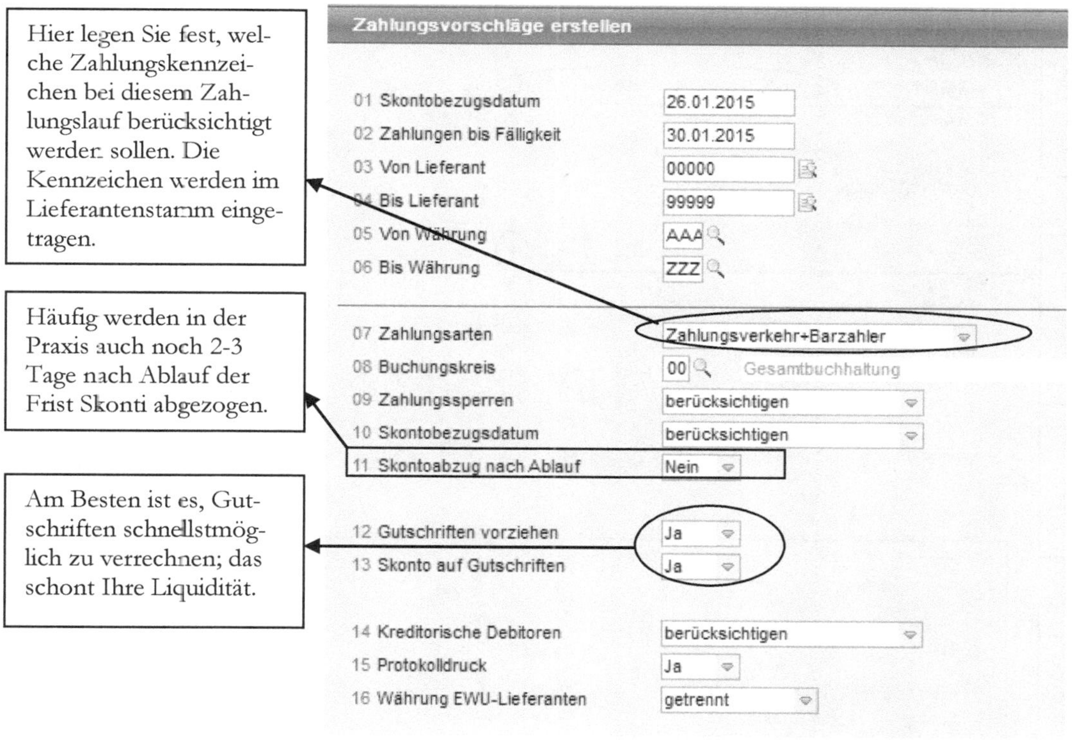

ZAHLUNGSVORSCHLÄGE ERSTELLEN. Geben Sie hier die gewünschten Optionen ein.

Neben der Fälligkeit können Sie die Zahlungsvorschläge über die Lieferantennummer, die Währung und die Zahlungsart einschränken. Sie können die Zahlungsvorschlagsliste drucken, können den Druck auslassen und die Zahlungsvorschläge gleich bearbeiten.

Im nächsten Schritt sind Sie automatisch bei Zahlungsvorschläge bearbeiten gelandet. Hier können Sie Einzelheiten der Zahlungsvorschläge ändern (z.B. die Zahlungsart,...). Sie können einzelne Rechnungen aus dem Zahlungslauf entfernen (**F4**) oder weitere Positionen zur Zahlung ergänzen (**F3**).

Sie sehen hier bei jeder Rechnung, über welche Hausbank gezahlt werden soll und wie. Das B unter der Zahlungsart steht für Überweisung, das P für SEPA-Überweisung.

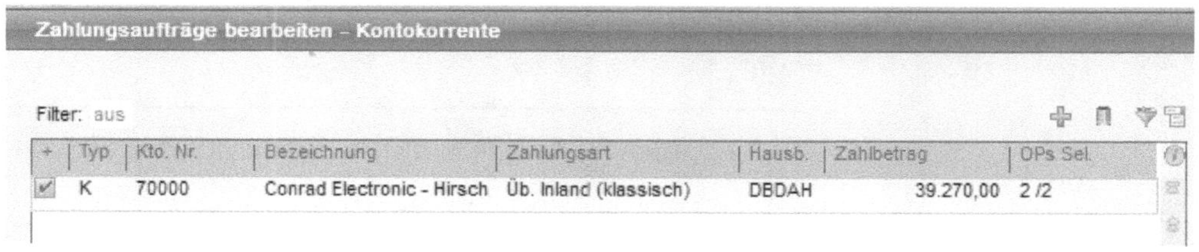

ZAHLUNGSAUFTRÄGE BEARBEITEN. Hier sehen Sie die Summe der Zahlungen je Kreditor und am Ende unter OPs Selektiert, wie viele OPs ausgewählt wurden. Mit der Maus oder der Leertaste können Sie das Häkchen vor dem Lieferanten entfernen und so einen Lieferanten komplett aus dem Zahlungslauf nehmen.

Über die Auswahl OPs / Zahlungsart bearbeiten können Sie sich die einzelnen OPs der jeweiligen Lieferanten anzeigen und bearbeiten.

Wählen Sie zunächst die gewünschte Zahlungsart aus. In unserem Beispiel Überweisung Inland.

Das F steht für Freigabe, das S darunter für Skonti. Sobald Skonto gezogen wird, sehen Sie den Skontobetrag.

Hier können Sie einzelne OPs auswählen oder aus dem Zahlungslauf entfernen.

Hier sehen Sie die Einzelheiten zum ausgewählten OP.

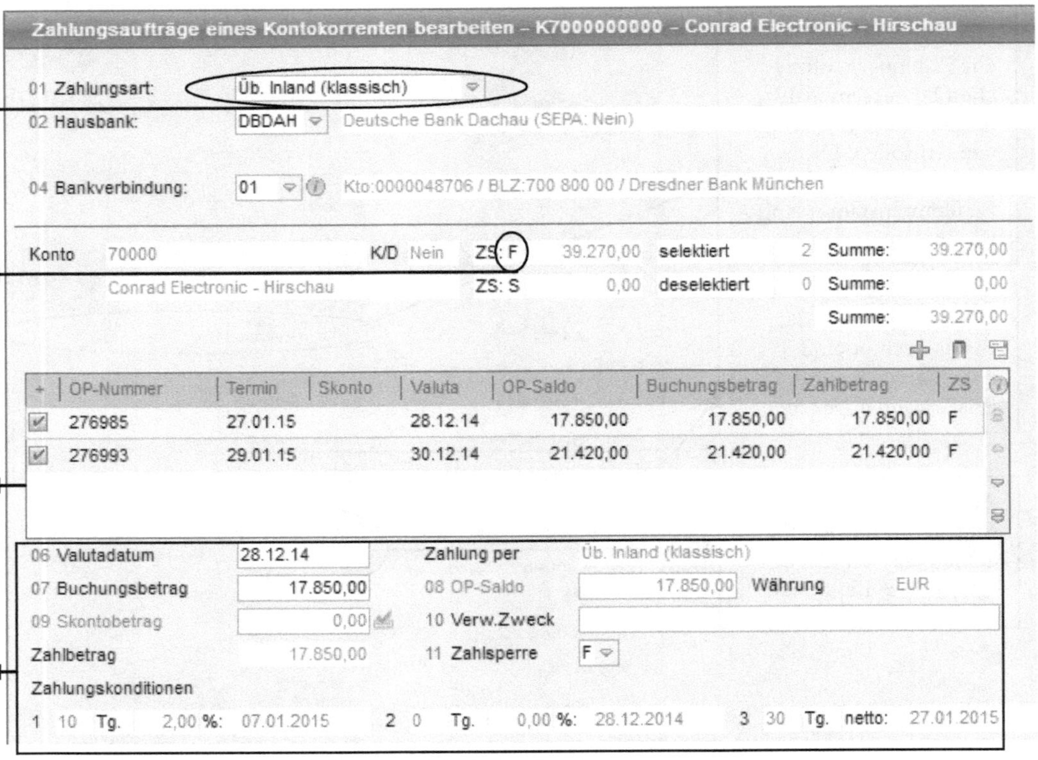

ZAHLUNGSVORSCHLÄGE BEARBEITEN. Geben Sie hier die gewünschten Optionen ein.

In unserem Beispiel überweisen wir die 3 Rechnungen der Firma Conrad Electronic und speichern die Zahlungsvorschläge unverändert.

<u>**Exkurs**</u>

📖 **Praxistipp**

Soweit es Ihre Liquidität erlaubt, sollten Sie angebotene Skonti generell nutzen. Wir wollen einmal den effektiven Jahreszins der folgenden Zahlungskondition ermitteln:**10 Tage 2%, 30 Tage netto**. Das hört sich nicht sehr teuer an. Bei genauerer Betrachtung allerdings ist man meist überrascht, wie teuer der Lieferantenkredit ist, wenn man auf den Skonto verzichtet. Wenn Sie erst nach 30 Tagen zahlen, verlieren Sie 2% Skonto, d.h. anders betrachtet bezahlen Sie für 20 Tage (30 – 10) 2% Zinsen.

$$\frac{360}{20} = 18; \qquad 18 \times 2\% = 36\% \text{ effektiver Jahreszins}$$

D.h. Sie zahlen 36% Zinsen p.a., wenn Sie auf den Skonto verzichten.

Bestätigen Sie beide Masken mit ja, um die Aufträge zu speichern.

Sie können jetzt für die erstellten Zahlungsaufträge Überweisungen drucken oder die Zahlungen in elektronischer Form weiter verarbeiten (Clearing). Beim **Clearing** wird vom Programm eine Datei erzeugt (**DTAUS.001**). Diese Datei können Sie per Diskette zur Bank geben oder online weiterverarbeiten, mit jedem beliebigen Programm für Online-Banking.

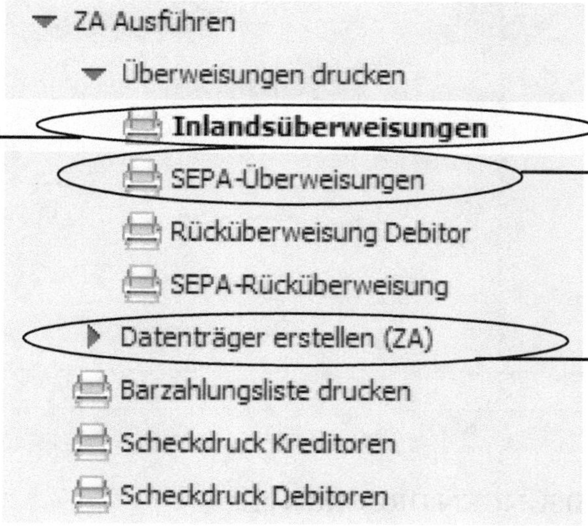

Hier können Sie Standard Überweisungen drucken.

Alternativ können Sie eine SEPA-Überweisung drucken.

Die beim Clearing erzeugte Datei (DTAUS.001) ist eine Standard Datei, d.h. Sie kann von jeder Bank gelesen und weiterverarbeitet werden.

ZAHLUNGEN KREDITOREN.

Damit wir den Buchungsvorgang sehen, werden wir eine Überweisung drucken und anschließend buchen.

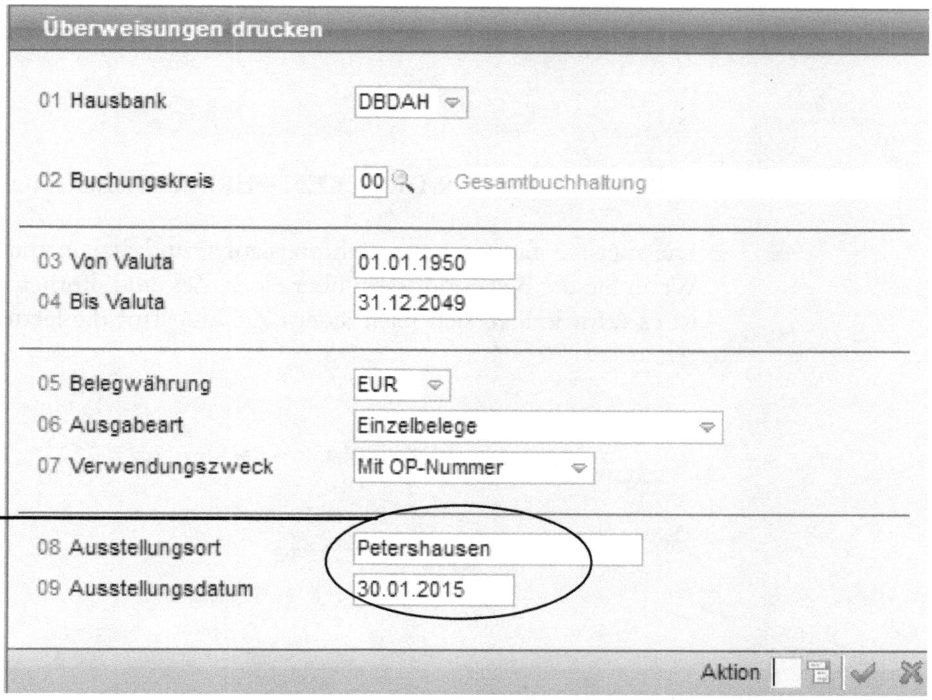

Geben Sie hier den Ausstellungsort und das gewünschte Datum für die Überweisungen ein.

SEPA-ÜBERWEISUNGEN DRUCKEN 1/2.

In der Selektionsmaske müssen wir nur noch den Ausstellungsort ergänzen, das Ausstellungsdatum kontrollieren und mit **J** für ja (oder **+**) bestätigen. Anschließend die Überweisungen drucken und zur Buchung freigeben und unsere Rechnungen sind ausgeglichen.

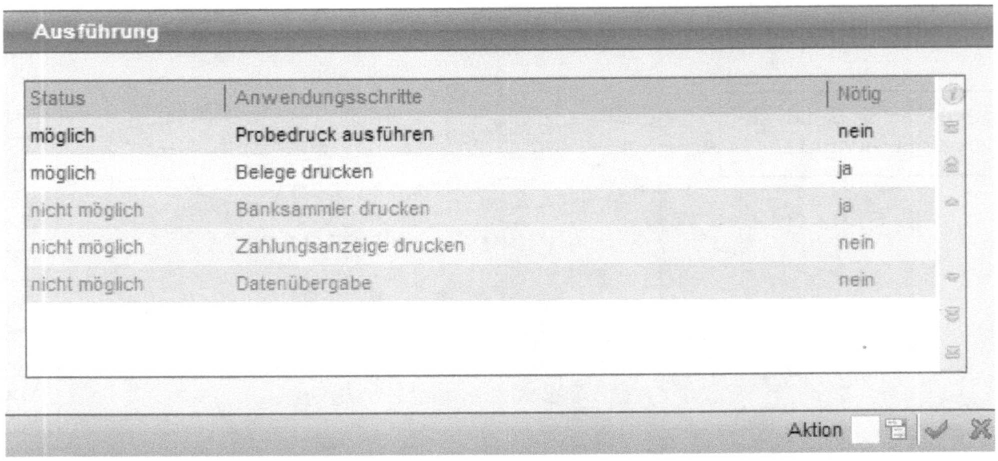

ÜBERWEISUNGEN DRUCKEN 2/2.

Sie können vorab einen Probedruck ausführen, um zu prüfen, ob das Formular und die Einstellungen am Drucker passen. Das ist vor allem beim Einsatz von Nadeldruckern sinnvoll.

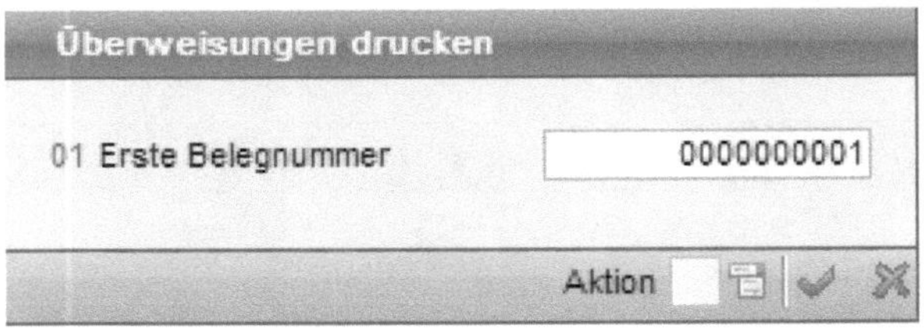

ÜBERWEISUNGEN DRUCKEN – ERSTE BELEGNUMMER.

Die meisten fangen beim Zahlungslauf grundsätzlich mit der Belegnummer 1 an. Wenn Sie die Belegnummern über einen Zeitraum immer fortlaufend haben wollen, ist es erforderlich, sich nach jedem Zahlungslauf die letzte Belegnummer zu notieren.

ÜBERWEISUNGSFORMULAR. Neben der Auswahl verschiedener Formularvorlagen im Hausbankenstamm haben Sie jederzeit die Möglichkeit, das Überweisungsformular im Reportdesigner individuell anzupassen.

Mandant 002 Musikladen GmbH - Fibu | Druck 03.04.2015 / 12:39 / @CL

Banksammler zur Sammelüberweisung | Datum 03.04.2015 | Seite 1

Hausbank: DBDAH Bankinstitut: Deutsche Bank Dachau | BLZ: 700 700 10 | Kontonummer: 0002471125

Belegnummer	BLZ	Bankbezeichnung	Kontonr.	Zahlungspflichtiger	Betrag EUR
0000000001	70080000	Dresdner Bank München	0000048706	Conrad Electronic - Hirschau	17.850,00
0000000002	70080000	Dresdner Bank München	0000048706	Conrad Electronic - Hirschau	21.420,00
**********		Gesamtbetrag			39.270,00

BANKSAMMLER.

Das letzte Formular in dieser Serie ist die Zahlungsanzeige. Sie wird an den Lieferanten verschickt, insbesondere, wenn mehrere Rechnungen mit einer Überweisung ausgeglichen werden, damit der Lieferant die Offenen Posten in seiner Buchhaltung entsprechend ausgleichen kann.

Musikladen GmbH
Rosenstr. 3
85238 Petershausen

Tel.: 08137-05227
Fax: 08137-05228

Musikladen GmbH - Fibu
Conrad Electronic SE

Klaus-Conrad-Str. 1

92242 Hirschau / Oberpf

ZAHLUNGSANZEIGE

Datum : 03.04.2015
Seite: 1
Kundennr.: 526732

OP - Nummer	OP - Datum	Betrag	Skontoabzug	Zahlbetrag
276985	31.12.2014	17.850,00	0,00	17.850,00
Zahlbetrag total		EUR		17.850,00

Bankinstitut: Dresdner Bank München
Bankleitzahl: 70080000
Kontonummer: 0000048706

ZAHLUNGSANZEIGE. Sie kann an den Lieferanten verschickt werden.

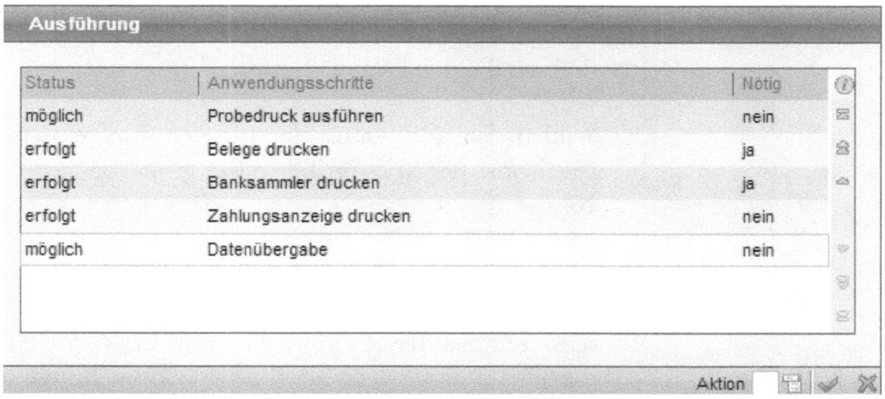

AUSFÜHRUNG - DATENÜBERGABE. Mit der Datenübergabe erfolgt erst die Buchung in der Finanzbuchhaltung.

Zur Kontrolle wird jetzt vom Programm ein Zahlungsprotokoll gedruckt, in dem nochmals alle Zahlungen ausgewiesen sind. Wir geben die Zahlungen frei und buchen in Periode 10.

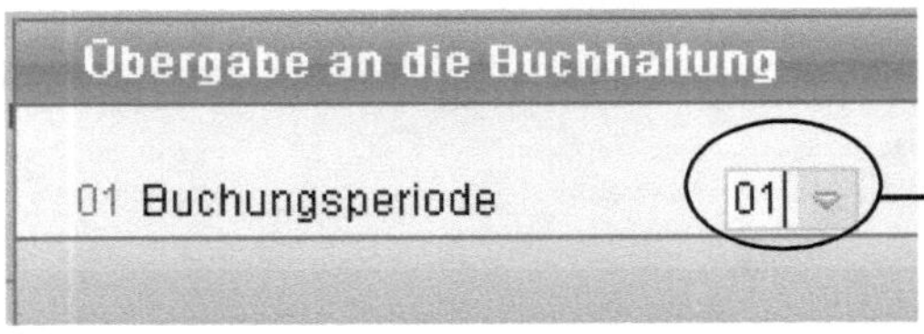

Wählen Sie hier aus, in welcher Periode die Zahlungen gebucht werden sollen.

ÜBERGABE AN DIE BUCHHALTUNG. Die Zahlungen werden gebucht.

Nach Abschluss des Zahlungslaufes sind unsere OPs auf dem Kreditorenkonto ausgeglichen und der Zahlungsbetrag steht auf dem Konto Geldtransit (S13600). Die Gegenbuchung erfolgt, sobald die Überweisung auf unserem Kontoauszug belastet wird.

Lernzielkontrolle

☺ **Testen Sie Ihr Wissen**

1) Welche Zahlungsarten werden in der Sage New Classic unterstützt?
2) Was versteht man unter dem Begriff "Hausbank"?
3) Wie viele Währungen können Sie mit einer Hausbank bezahlen?
4) Was versteht man unter dem Begriff "Clearing"?
5) Was müssen Sie beachten, wenn Sie alle Rechnungen per Überweisung bezahlen wollen?
6) Warum benötigen Sie für Scheckzahlungen einen Scheckkreditor?
7) Wofür steht die Abkürzung SEPA?
8) Welche Daten müssen in der Sage New Classic ergänzt werden, damit Sie SEPA-Überweisungen erstellen können?

Praktische Übungen

Tastaturübungen

1) Legen Sie einen Scheckkreditor mit der Nummer 90000 an.
2) Richten Sie den kompletten Zahlungsverkehr ein.
3) Zahlen Sie am 30.01. die offenen Lieferantenrechnungen von Conrad Electronic per SEPA-Überweisung und buchen Sie die Zahlung in Periode 10.
4) Erfassen Sie eine neue Ausgangsrechnung für unseren Kunden Cinema. Das Kino hat bald eine große Filmpremiere und kauft 800 DVDs mit Ausschnitten aus dem Film im Gesamtwert von EUR 14.975,00 brutto, Rechnung 201500004 vom 30.01.2015. Übernehmen Sie die Zahlungsbedingungen aus dem Kundenstamm.
5) Drucken Sie eine aktuelle OP-Liste Debitoren.

Kapitel

12

Der Monatsabschluss und monatliche Auswertungen

Welche Möglichkeiten bietet die Sage New Classic, einen Monatsabschluss durchzuführen?

Der Monatsabschluss hat im Laufe der Zeit zunehmend an Bedeutung verloren. In der Vergangenheit gab es in der Classic Line das Problem, dass der neue Monat erst gebucht werden konnte, wenn der Vormonat abgeschlossen war. Heute ist es möglich, 10 Jahre a 14 Perioden gleichzeitig zu buchen.

Bei der DATEV war der Monatsabschluss sehr wichtig, weil der Kunde in der Regel keinen direkten Zugriff auf seine Daten hatte (die ja beim Steuerberater verarbeitet wurden) und deshalb auf die monatlichen Auswertungen angewiesen war.

Generell ist es möglich, in der Sage New Classic regelmäßig einen Monatsabschluss durchzuführen und, soweit gewünscht, auch monatliche Auswertungen zu drucken. Durch den Zwang der neuen **Abgabenordnung (AO)**, die Daten der elektronischen Buchhaltung seit dem 01.01.2004 auch elektronisch zu archivieren und den Prüfern in elektronischer Form zugänglich zu machen, können Sie heute den Druck von Auswertungen und Listen auf ein Minimum reduzieren. Im Gegensatz dazu gewinnt die Datensicherung und Datenarchivierung zunehmend an Bedeutung.

Wichtig

Erstellen Sie vor jedem Abschluss eine Datensicherung.

Buchungsjournal und Periodenabschluss

Mit dem Druck des Buchungsjournals werden die Buchungen journalisiert, d.h. eine Änderung ist nicht mehr möglich. Prüfen Sie deshalb vor dem Druck des Buchungsjournals, ob alle Belege für die laufende Periode erfasst und alle erforderlichen Korrekturen ausgeführt sind.

Praxistipp

Es gibt in der Sage New Classic für alle wichtigen Auswertungen (Buchungsjournal, Kontenblätter,...) die Möglichkeit eines Info-Drucks; hier wird die gewünschte Auswertung mit dem aktuellen Stand der Buchhaltung gedruckt, ohne vorher zu journalisieren. Nach dem Info-Druck sind nach wie vor Buchungen und/oder Korrekturen möglich.

Es gibt zwei verschiedene Möglichkeiten, das Buchungsjournal zu drucken:

Mit Buchungen journalisieren drucken Sie das Buchungsjournal; im Journal ausgewiesene Buchungen können nicht mehr verändert werden. Es ist nur noch die manuelle Stornierung möglich.

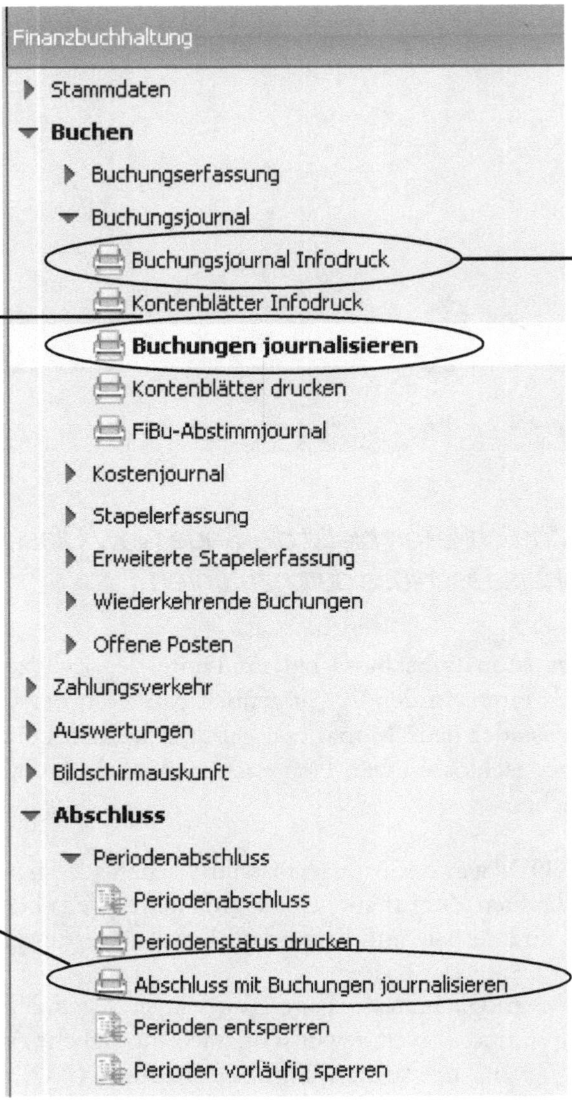

Der Buchungsjournal Infodruck ist rein informativ und hat keinerlei Auswirkungen auf die erfassten Buchungen.

Alternativ können Sie in einem Arbeitsgang die Periode abschließen und gleichzeitig das Buchungsjournal drucken. Da Sie das Journal nur monatlich benötigen ist diese Variante die Sinnvollste.

AUFRUF BUCHUNGSJOURNAL Sie haben 2 verschiedene Möglichkeiten, das Buchungsjournal zu drucken.

Die erste Möglichkeit finden Sie unter **Finanzbuchhaltung → Buchen → Buchungsjournal.** Hier können Sie wahlweise das Buchungsjournal drucken oder einen Infodruck starten.

Buchungsjournal Infodruck

Der Buchungsjournal Infodruck ersetzt nicht den endgültigen Journaldruck. Er dient nur der Information und als Hilfe zum Abstimmen der laufenden Buchhaltung.

Wichtig

Das Buchungsjournal ist ein Buchhaltungsdokument und muss 10 Jahre archiviert werden, ebenso, wie Kontenblätter, Saldenlisten und Bilanzen. Achten Sie deshalb bitte darauf, ob das Journal wirklich vollständig ist. Alternativ können Sie heute Ihre Daten komplett elektronisch archivieren.

Wenn Sie eine Periode abschließen, können in dieser Periode keine Buchungen mehr erfasst werden. Gerade in großen Firmen werden die Perioden nach der Abgabe der Umsatzsteuervoranmeldung gesperrt, um zu vermeiden, dass jetzt noch steuerlich relevante Buchungen erfasst werden. Es ist in der Praxis nicht üblich, noch Monate später Buchungen zu editieren. Vielmehr buchen Sie dann in der aktuellen Periode die entsprechenden Korrekturen. Wenn Sie einen Periodenabschluss machen, sollten Sie folgende Auswertungen drucken:

Buchungsjournal
Summen- und Saldenlisten Debitoren, Kreditoren und Sachkonten
Offene Posten Debitoren und Kreditoren
Kostenvergleich Sachkonten

Wählen Sie Abschluss mit Buchungen journalisieren. Dabei wird automatisch ein Buchungsjournal für die entsprechende Periode geduckt.

Mandant 002 Musikladen GmbH - Fibu — Druck 03.04.2015 / 16:22 / @CL

Buchungsjournal 2015 — Periode 01 — Datum 03.04.2015 Seite 1

Buch.Dat. PE BK	Journalnr.	Kontonummer Gegenkonto	Buchungstext	Belegdatum Belegnummer	Steuerart	Steuerbetrag	Umsatz Soll	Umsatz Haben
12.03.15 01 01	0000001	D10000 S9008 0	Saldovortrag	12.03.15 Abschluss			2.261,00	
12.03.15 01 01	0000002	S9008 0 D10000	Saldovortrag	12.03.15 Abschluss				2.261,00
12.03.15 01 01	0000003	S1400 0 S9008 0	Saldovortrag	12.03.15 Abschluss			2.261,00	
12.03.15 01 01	0000004	D10001 S9008 0	Saldovortrag	12.03.15 Abschluss			7.586,25	
12.03.15 01 01	0000005	S9008 0 D10001	Saldovortrag	12.03.15 Abschluss				7.586,25
12.03.15 01 01	0000006	S1400 0 S9008 0	Saldovortrag	12.03.15 Abschluss			7.586,25	
12.03.15 01 01	0000007	S9009 0 K70000	Saldovortrag	12.03.15 Abschluss			39.270,00	
12.03.15 01 01	0000008	K70000 S9009 0	Saldovortrag	12.03.15 Abschluss				39.270,00

BUCHUNGSJOURNAL Im Buchungsjournal werden alle erfassten Buchungen chronologisch aufgeführt.

Bestätigen Sie die Abfrage mit Ja, um die Periode abzuschließen.

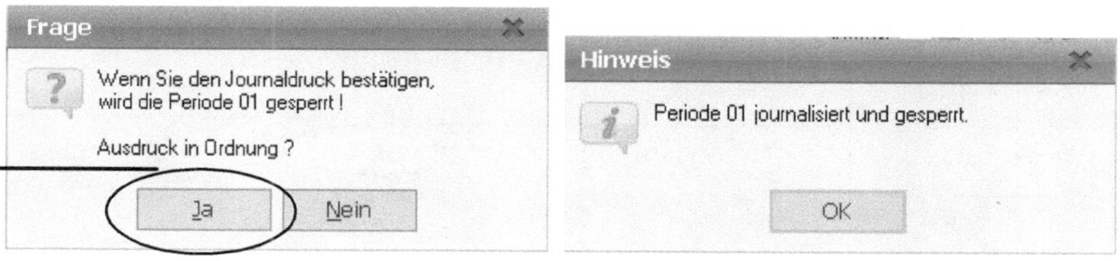

BUCHUNGSJOURNAL Im Buchungsjournal werden alle erfassten Buchungen chronologisch aufgelistet.

Sie können abgeschlossene Perioden bei Bedarf auch wieder entsperren. Bitte beachten Sie dabei, dass dann bei erneutem Periodenabschluss alle monatlichen Auswertungen neu gedruckt werden müssen, insbesondere das Buchungsjournal.

Der Kostenvergleich

Der Kostenvergleich ist so etwas wie eine Gewinn- und Verlustrechnung, nur ein wenig übersichtlicher. Sie finden ihn unter **Finanzbuchhaltung → Auswertungen → Kostenvergleich Sachkonten**.

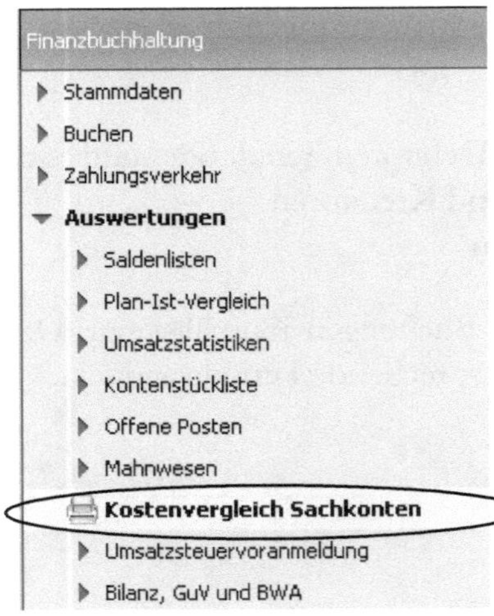

Der Kostenvergleich gibt einen besseren Überblick über das Ergebnis der Firma, als die Guv. Hier sieht man gleich die Entwicklung der einzelnen Positionen im Vergleich zum Gesamtjahr und das Verhältnis der Kosten zueinander.

KOSTENVERGLEICH SACHKONTEN.

Achten Sie bei der Selektion darauf, die richtige Periode auszuwählen (bei uns Periode 01) und im Feld 05 Ausgabeart die Auswahl auf detailliert einzustellen, damit die einzelnen Konten gedruckt werden.

Sie können in den Stammdaten beliebige eigene Kennzeichen anlegen, um Sachkonten für Auswertungen zusammenzufassen, wie z.B. die Personalkosten.

Wählen Sie detailliert, damit die einzelnen Konten gedruckt werden.

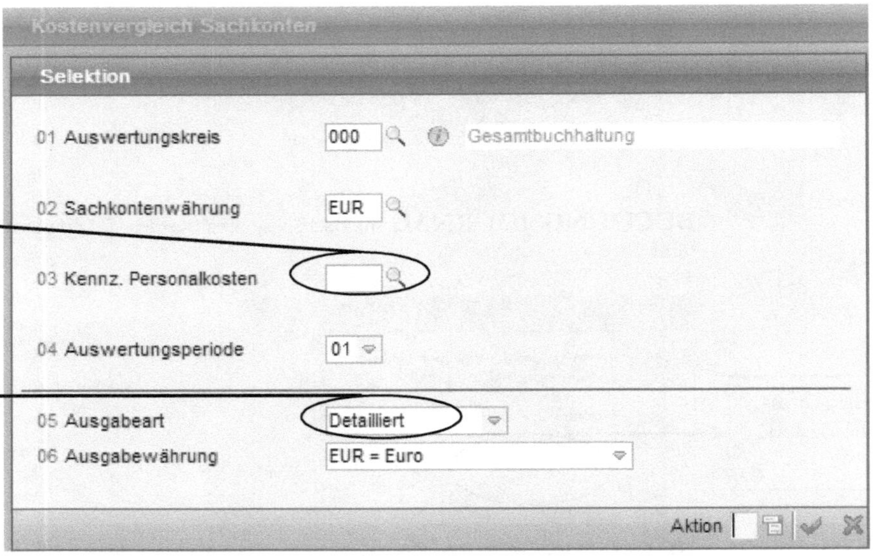

KOSTENVERGLEICH SELEKTION: Wählen Sie die Periode und die gewünschte Art der Darstellung.

Mandant 002 Musikladen GmbH - Fibu | Druck 03.04.2015 / 16:36 / @CL

Kostenvergleich Periode 01 2015 | Datum 03.04.2015 | Seite 1

Auswertungskreis : 000 Gesamtbuchhaltung | Währung: EUR

Buchungskreise: Hauptbuchhaltung

Konto	Bezeichnung	Periodenumsatz	Anteil Gruppe	Anteil zu VK	Anteil zu EK	Jahresumsatz	Anteil Gruppe	Anteil zu VK	Anteil zu EK
S8400 0	Erlöse 19% USt.	26.984,03	100,00	100,00	522,95	26.984,03	100,00	100,00	522,95
	Summe Verkauf	26.984,03	100,00	100,00	522,95	26.984,03	100,00	100,00	522,95
S3400 0	Wareneingang 19% VSt.	-5.160,00	100,00	19,12	100,00	-5.160,00	100,00	19,12	100,00
	Summe Einkauf	-5.160,00	100,00	19,12	100,00	-5.160,00	100,00	19,12	100,00
	Roherlös	21.824,03	100,00	80,88	422,95	21.824,03	100,00	80,88	422,95
	Summe Personalkosten	0,00	0,00	0,00	0,00	0,00	0,00	0,00	0,00
S4120 0	Gehälter	-4.850,00	78,55	17,97	93,99	-4.850,00	78,55	17,97	93,99
S4130 0	Gesetzliche soziale Aufwendungen	-1.058,34	17,14	3,92	20,51	-1.058,34	17,14	3,92	20,51
S4170 0	Vermögenswirksame Leistungen	-20,00	0,32	0,07	0,39	-20,00	0,32	0,07	0,39
S4199 0	Lohnsteuer für Aushilfen	-50,00	0,81	0,19	0,97	-50,00	0,81	0,19	0,97
S41********	Zwischensumme	-5.978,34	96,82	22,16	115,86	-5.978,34	96,82	22,16	115,86
S4530 0	Laufende Kfz-Betriebskosten	-55,04	0,89	0,20	1,07	-55,04	0,89	0,20	1,07
S45********	Zwischensumme	-55,04	0,89	0,20	1,07	-55,04	0,89	0,20	1,07
S4910 0	Porto	-100,00	1,62	0,37	1,94	-100,00	1,62	0,37	1,94
S4930 0	Bürobedarf	-24,79	0,40	0,09	0,48	-24,79	0,40	0,09	0,48
S4940 0	Zeitschriften, Bücher	-16,36	0,26	0,06	0,32	-16,36	0,26	0,06	0,32
S49********	Zwischensumme	-141,15	2,29	0,52	2,74	-141,15	2,29	0,52	2,74
	Summe Sonstige Kosten	-6.174,53	100,00	22,88	119,66	-6.174,53	100,00	22,88	119,66
	Betriebsgewinn	15.649,50	100,00	58,00	303,28	15.649,50	100,00	58,00	303,28
	Summe Neutrale A+E	0,00	0,00	0,00	0,00	0,00	0,00	0,00	0,00
	BETRIEBSERGEBNIS	**15.649,50**	**0,00**	**58,00**	**303,28**	**15.649,50**	**0,00**	**58,00**	**303,28**

Um die Summe Personalkosten separat auszuweisen, muss im Sachkontenstamm ein eigenes Kennzeichen zugeordnet werden.

In unserem Beispiel ein positives Ergebnis für den Januar. Allerdings sind noch nicht alle Kosten gebucht, so dass es hier noch Veränderungen geben wird.

KOSTENVERGLEICH. Hier haben Sie die Erlöse und Kosten auf einen Blick. Die Werte beinhalten automatisch alle bis zum Zeitpunkt des Drucks erfassten Buchungen. Eine separate Verarbeitung ist nicht erforderlich.

Um die Summe Personalkosten als eigene Position auszuweisen, müssen Sie folgende Vorarbeiten leisten:

1) Legen Sie ein Kennzeichen Pers für Personalkosten an unter: **Finanzbuchhaltung → Stammdaten → Sachkonten → Gruppenkennzeichen → Gruppenkennzeichen bearbeiten.**

2) Tragen Sie dieses Kennzeichen im Sachkontenstamm bei allen Aufwandskonten ein, die zu den Personalkosten gehören. Das geht am schnellsten mit Hilfe einer Sachkontenschnelländerung unter: **Finanzbuchhaltung → Stammdaten → Sachkonten → Sachkontenschnelländerung → Gruppenkennzeichen.**

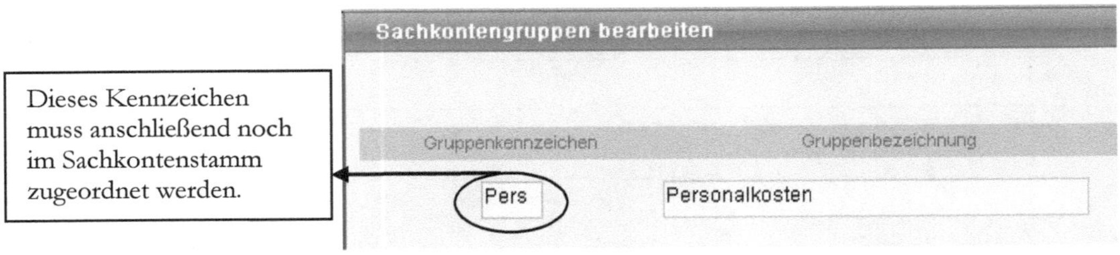

SACHKONTENGRUPPE BEARBEITEN: Tragen Sie im Feld Gruppenkennzeichen Pers ein und in der Bezeichnung Personalkosten.

Die Zuordnung im Sachkontenstamm kann jetzt manuell oder mit Hilfe einer Schnelländerung erfolgen. Oder mit einer Kombination aus Beidem.

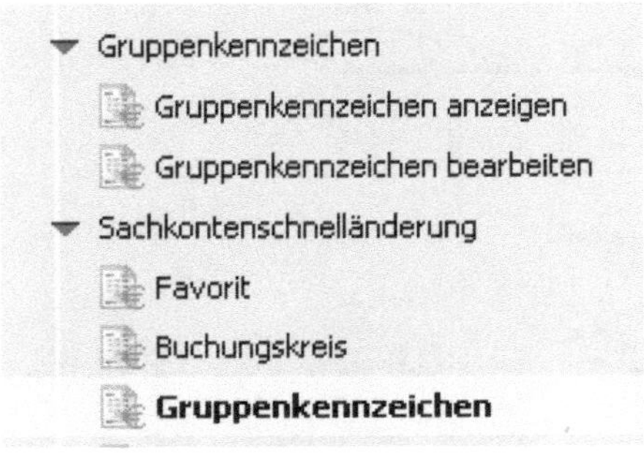

SACHKONTENSCHNELLÄNDERUNG: Die Schnelländerung für die Gruppenkennzeichen finden Sie direkt unter der Anlage der Gruppenkennzeichen.

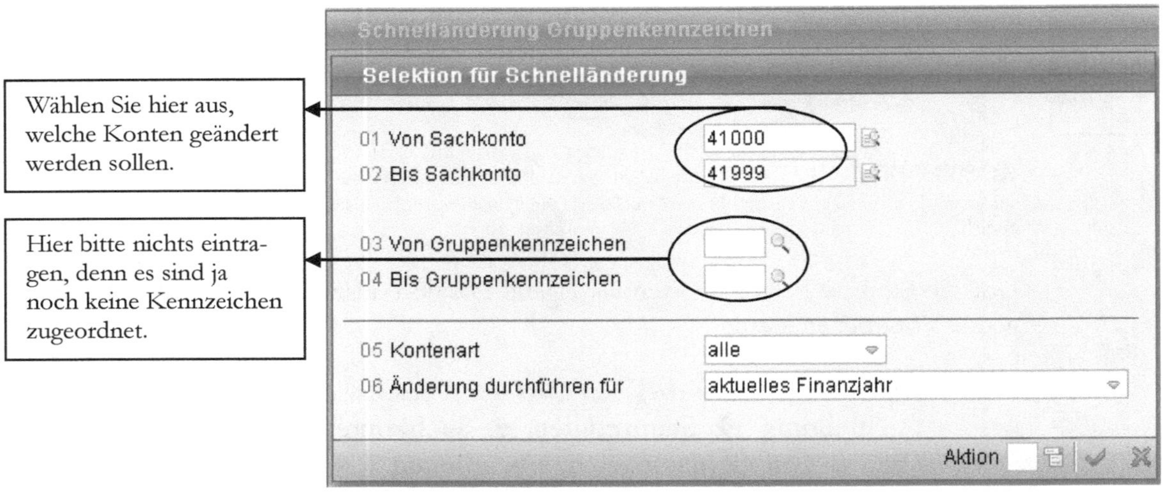

SELEKTION FÜR SCHNELLÄNDERUNG: Wählen Sie aus, welche Konten geändert werden sollen.

In der Schnelländerungsmaske können Sie jetzt manuell ein neues Kennzeichen eintragen oder (und das ist die schnellere Variante) Sie wählen über **Alt+O** für **Optionen** aus: Wert automatisch ändern. Tragen sind dann in der Maske **Pers** ein und bestätigen Sie. Mit **ESC** und der Auswahl Änderungen übernehmen werden die neuen Werte im Sachkontenstamm bei allen ausgewählten Konten eingetragen.[95]

---

[95] Achtung: eine Schnelländerung kann nicht rückgängig gemacht werden. Wenn Sie später im Betrieb mit Schnelländerungen arbeiten, erstellen bitte **immer vorher** eine aktuelle Datensicherung.

SCHNELLÄNDERUNG: Wählen Sie Werte automatisch ändern.

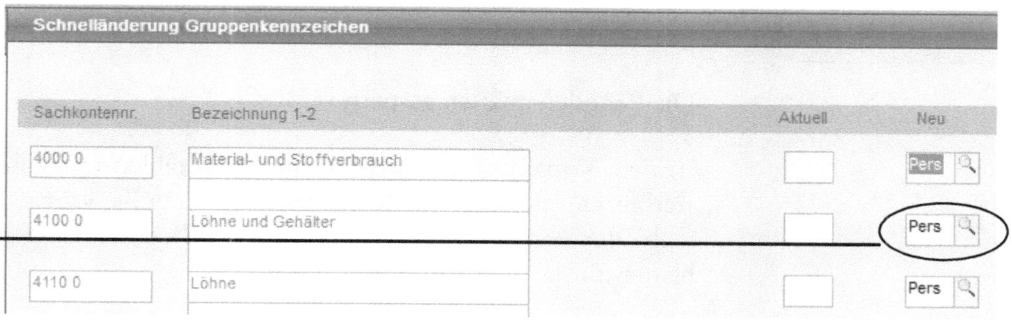

Hier steht der neue Wert, der anschließend in den Sachkontenstamm übernommen wird.

SCHNELLÄNDERUNG GRUPPENKENNZEICHEN: Tragen Sie das neue Kennzeichen manuell ein oder verwenden Sie über Optionen die automatische Änderung.

Machen Sie nach der Schnelländerung Stichproben im Sachkontenstamm, ob der neue Wert korrekt übernommen wurde. Alternativ können Sie für die ausgewählten Konten eine Sachkontenliste drucken und das Ergebnis prüfen. Wenn Sie mit unterschiedlichen Gruppenkennzeichen arbeiten, ist es am Anfang erforderlich, die Werte mit Hilfe der Saldenliste Sachkonten (siehe Kapitel Saldenlisten) abzustimmen. Die Schnelländerung erfolgt am Besten blockweise von Kontonummer bis Kontonummer. Drucken Sie anschließend zur Kontrolle noch einmal Ihren Kostenvergleich und prüfen Sie, ob die Personalkosten korrekt ausgewiesen werden.

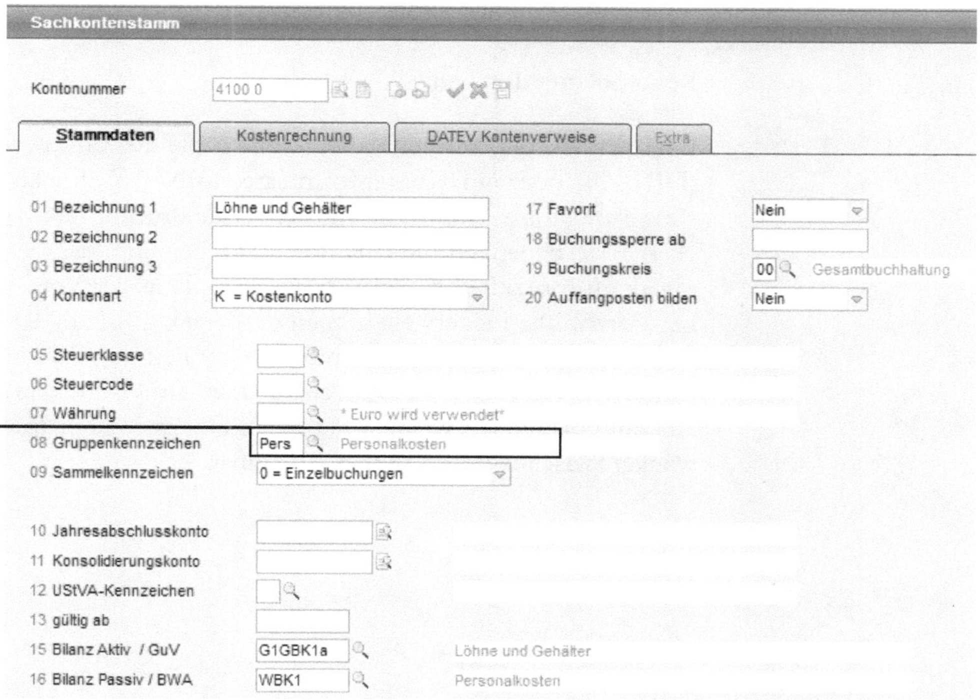

Zur Kontrolle hier das neu zugeordnete Gruppenkennzeichen.

SACHKONTENSTAMM: Hier sehen Sie jetzt beim Konto Löhne und Gehälter im Feld Gruppenkennzeichen den neuen Wert.

Kontenblätter

Beim Druck der Kontenblätter haben Sie, wie beim Buchungsjournal, die Möglichkeit, einen Infodruck durchzuführen. Dieser Infodruck kann beliebig wiederholt werden und hat im Programm keinerlei Auswirkungen.

Der endgültige Druck der Kontenblätter erfordert folgende Voraussetzungen:

🗁 Wichtig

Das Buchungsjournal muss gedruckt sein.

Die Perioden müssen gesperrt sein.

In den Kontenblättern werden die Seitenzahlen mitgedruckt und die Buchungen sind in chronologischer Reihenfolge. Würden Sie jetzt nach dem Druck der Kontenblätter noch in einer früheren Periode Buchungen erfassen, wären die Kontenblätter für die betroffenen Konten falsch.

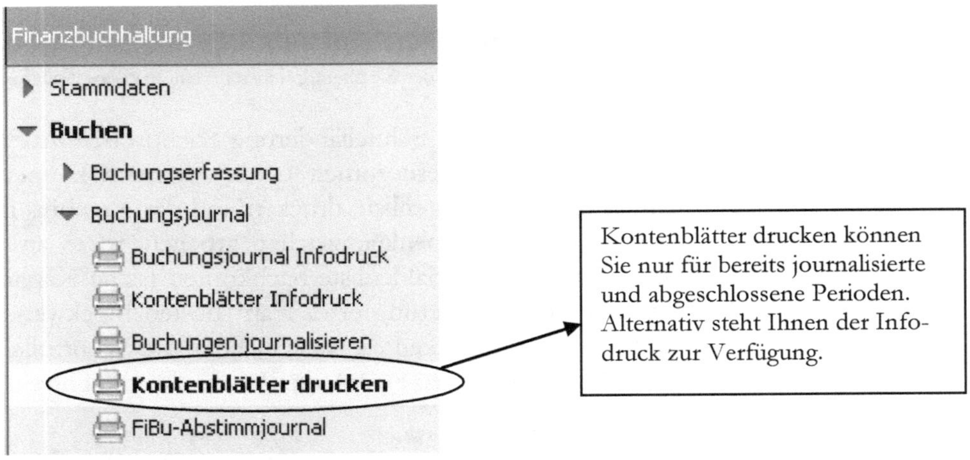

Kontenblätter drucken.

Beim Druck der Kontenblätter können Sie auswählen, ob Sie auf weißes Papier (DIN A4) oder auf Kontenformulare (DIN A5) drucken möchten. Die Kontenformulare gibt es wahlweise für den Nadeldrucker (endlos) oder für den Laserdrucker. Bitte bedenken Sie bei Ihrer Entscheidung, dass auf den Kontenformularen nur die Informationen gedruckt werden, die in der Version 2.x auch schon verfügbar waren. Die Felderweiterungen der Version 3 (z.B. 10-stellige Kontonummer, 3 Zeilen für die Kontenbezeichnung,...) können aus Platzgründen auf dem Kontenformular nicht dargestellt werden. Aus diesem Grund werden die Kontenblätter bei Auswahl blanko auf weißem Papier im Querformat gedruckt. Alternativ können Sie wählen zwischen Quer- und Hochformat.

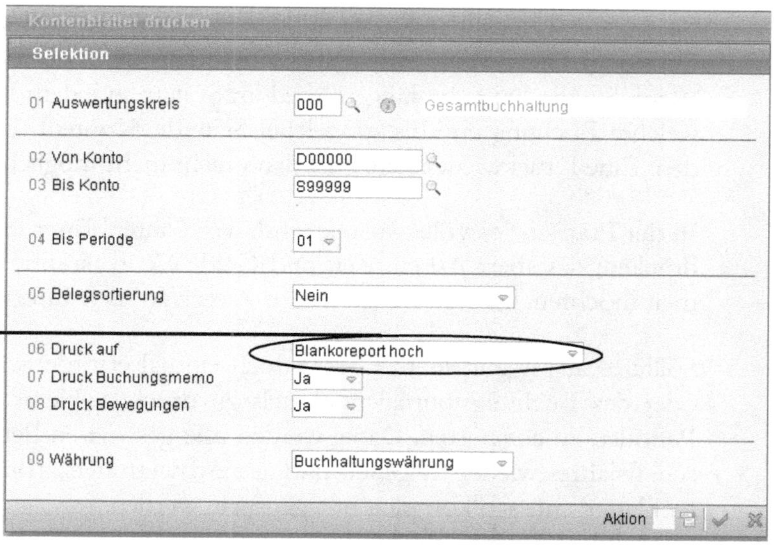

Mit der Auswahl Kontenformulare haben Sie auch die Möglichkeit, DIN A5 Formulare zu bedrucken, wie Sie bei der DATEV üblich sind. Ansonsten stehen Blankoreport quer oder hoch zur Auswahl.

SELEKTION. Wählen Sie aus, für welchen Bereich und bis zu welcher Periode Sie die Kontenblätter drucken möchten.

Seitenzahl des Kontenblatts; wird im Programm gespeichert.

Hier sehen Sie die Kontonummer, gefolgt von der Kontenbezeichnung.

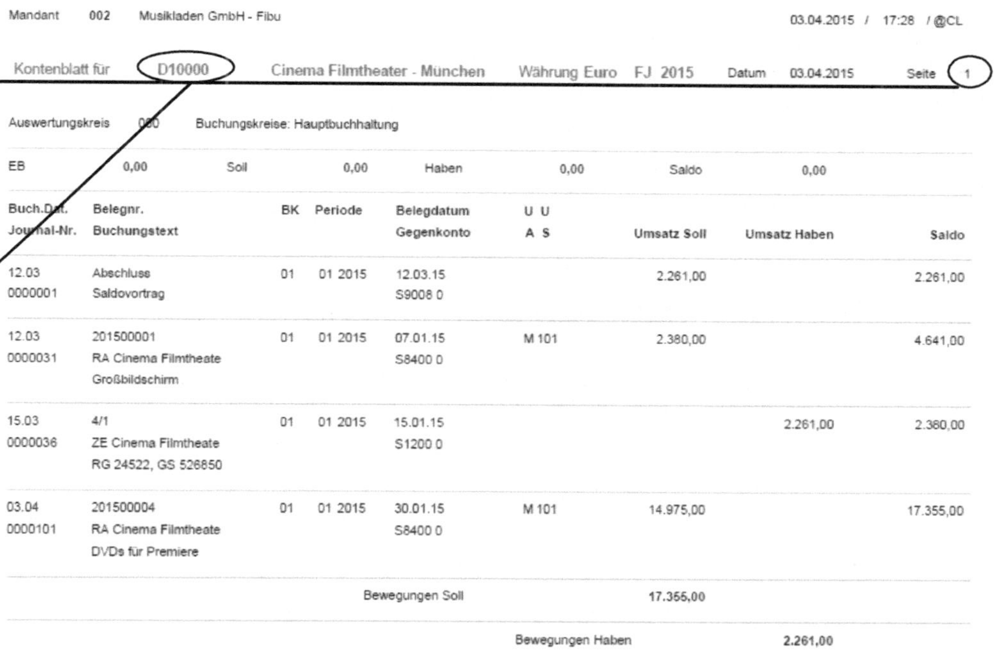

Mandant 002 Musikladen GmbH - Fibu 03.04.2015 / 17:28 / @CL

Kontenblatt für D10000 Cinema Filmtheater - Munchen Währung Euro FJ 2015 Datum 03.04.2015 Seite 1

Auswertungskreis 000 Buchungskreise: Hauptbuchhaltung

EB 0,00 Soll 0,00 Haben 0,00 Saldo 0,00

Buch.Dat. / Journal-Nr.	Belegnr. / Buchungstext	BK	Periode	Belegdatum / Gegenkonto	U A	U S	Umsatz Soll	Umsatz Haben	Saldo
12.03 / 0000001	Abschluss / Saldovortrag	01	01 2015	12.03.15 / S9008 0			2.261,00		2.261,00
12.03 / 0000031	201500001 / RA Cinema Filmtheate / Großbildschirm	01	01 2015	07.01.15 / S8400 0	M	101	2.380,00		4.641,00
15.03 / 0000036	4/1 / ZE Cinema Filmtheate / RG 24522, GS 526850	01	01 2015	15.01.15 / S1200 0				2.261,00	2.380,00
03.04 / 0000101	201500004 / RA Cinema Filmtheate / DVDs für Premiere	01	01 2015	30.01.15 / S8400 0	M	101	14.975,00		17.355,00
				Bewegungen Soll			17.355,00		
				Bewegungen Haben				2.261,00	

KONTENBLÄTTER. Der Tabelliereffekt kann auf Wunsch im Reportdesigner abgeschaltet werden (je Formular).

Wenn Sie die Kontenblätter auf Blanko Formulare drucken, werden die Beschriftungen mitgedruckt.

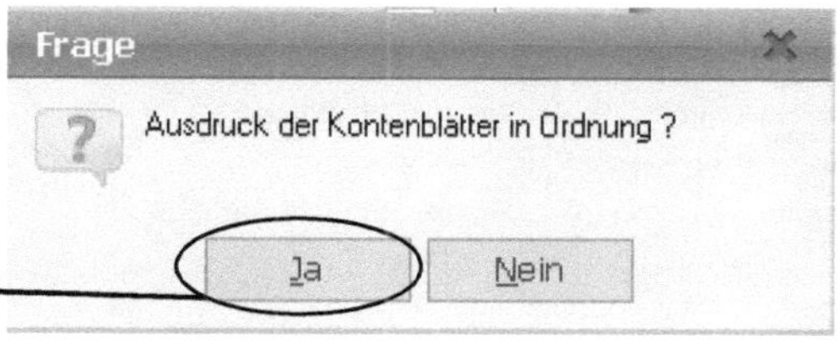

Bitte bestätigen Sie die Frage erst, wenn der Druck wirklich fertig ist. Nach Bestätigung ist eine Druckwiederholung nicht mehr möglich.

ABFRAGE: Ausdruck Kontenblätter in Ordnung? Bestätigen Sie bitte erst, wenn der Druck fertig ist.

Nach dem Druck der Kontenblätter erscheint die Abfrage: Ist der Ausdruck in Ordnung? Diese Frage bitte erst beantworten, wenn der Druckvorgang beendet ist. Wenn Sie die Frage bestätigen, wird im System in jedem Konto eingetragen, bis zu welcher Buchung und bis zu welcher Seite die Kontenblätter bereits gedruckt wurden. Eine Druckwiederholung ist dann nicht mehr möglich.

Praxistipp

In der Praxis ist es völlig ausreichend, die Kontenblätter einmalig am Jahresende zu drucken; das spart Arbeit, Zeit und Geld. Wenn Sie nur einzelne Konten abstimmen möchten, können Sie für diesen Zweck auf den Infodruck zurückgreifen.

Sollte es aus irgendeinem Grund doch einmal erforderlich sein, die Kontenblätter oder das Buchungsjournal nochmals zu drucken, bleibt nur die Möglichkeit, die Perioden zu entsperren. Dabei werden **alle** gesperrten Perioden des laufenden Geschäftsjahres wieder freigeben und alle Auswertungen (Buchungsjournal und Kontenblätter) müssen komplett neu gedruckt werden.

Wichtig

Ein Entsperren von einzelnen Perioden oder Perioden aus früheren Geschäftsjahren ist generell nicht möglich.

Mit Perioden entsperren setzen Sie automatisch alle Periodenabschlüsse des aktuellen Geschäftsjahres zurück.

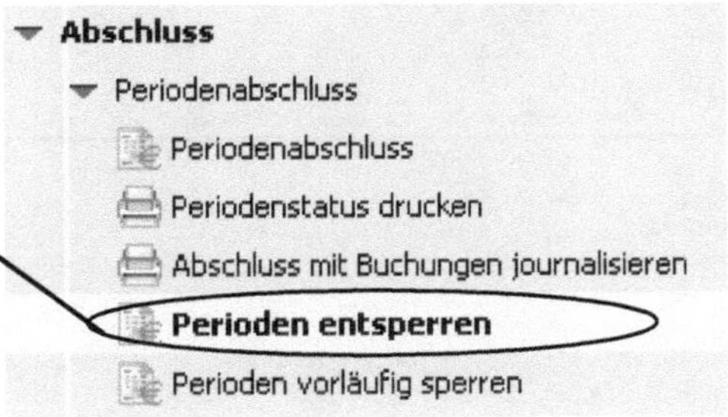

PERIODEN ENTSPERREN.

Wenn Sie Perioden entsperren wählen, kommt zunächst ein Hinweis, was passiert, wenn Sie dieses Programm starten. Erst mit Bestätigung des Hinweises werden die Periodenabschlüsse wirklich zurückgesetzt.

Wenn Sie die Perioden entsperren, sind anschliessend alle Auswertungen (insbesondere Journal und Kontenblätter) neu zu drucken.

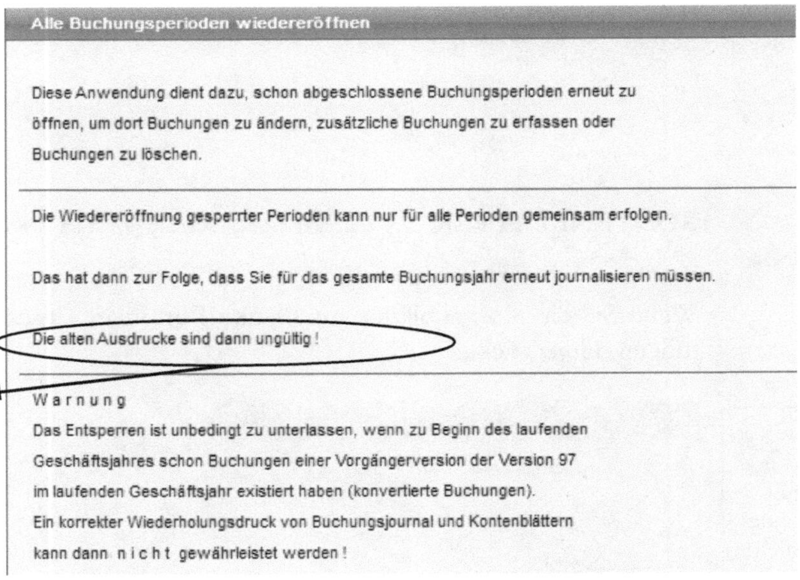

PERIODEN ENTSPERREN. Bitte beachten Sie die Hinweise und fertigen Sie vorher eine Datensicherung an.

Wenn Sie die Abfrage jetzt mit ja bestätigen, müssen Sie alle Auswertungen erneut drucken, inkl. Buchungsjournal. Aus diesem Grund erstellen Sie unbedingt vor dem Entsperren eine Datensicherung.

Bitte beachten Sie, dass ein Entsperren von Perioden nicht möglich ist, wenn im Laufenden Geschäftsjahr die Daten aus einer älteren Version der Classic Line übernommen wurden.

Lernzielkontrolle

☺ Testen Sie Ihr Wissen

1) Welche Auswirkung hat der Druck des Buchungsjournals in der Sage New Classic?

2) Welche vorbereitenden Arbeiten müssen erledigt werden, damit Sie Ihre endgültigen Kontenblätter drucken können?

3) Welche Gründe können dafür sprechen, Buchungsperioden zu sperren?

4) Wie oft können Sie einen Kontenblätter Infodruck durchführen?

5) Was versteht man unter: "Perioden entsperren"?

6) Seit wann reicht es aus, die Buchhaltungsdaten elektronisch zu archivieren?

7) Welche Informationen finden Sie im Kostenvergleich Sachkonten?

8) Was müssen Sie tun, damit die Summe Personalkosten als eigene Position ausgewiesen wird?

Praktische Übungen

Tastaturübungen

1) Drucken Sie den Kostenvergleich konsolidiert.

2) Drucken Sie den Kostenvergleich detailliert.

3) Legen Sie ein Kennzeichen Pers für Personalkosten an.

4) Ordnen Sie dieses Kennzeichen im Sachkontenstamm bei allen Konten zu, die Sie in der Summe Personalkosten berücksichtigen wollen.

5) Drucken Sie erneut den Kostenvergleich.

6) Drucken Sie das Buchungsjournal bis Periode 01 und sperren Sie die Perioden.

7) Drucken Sie das endgültige Kontenblatt für die Deutsche Bank (S12000).

8) Entsperren Sie die Perioden.

Kapitel

13

Tipps und Tricks

Zum Abschluss noch ein paar Tipps, die Ihnen die Arbeit in der Sage New Classic 2015 erleichtem.

Es gibt eine ganze Reihe von Einstellungen im Programm, die ein schnelleres und bequemeres Arbeiten ermöglichen. Einige davon stelle ich Ihnen in diesem Kapitel vor.

Arbeiten mit Favoriten

Favoriten sind bevorzugte Programme, mit denen Sie häufig arbeiten. Um diese Programme schneller aufrufen zu können ohne jedes Mal im Menü zu suchen, haben Sie die Möglichkeit, jedes beliebige Programm als Favorit zu kennzeichnen. Dazu wählen Sie das gewünschte Programm im Menübaum aus, drücken die rechte Maustaste und markieren Favorit.

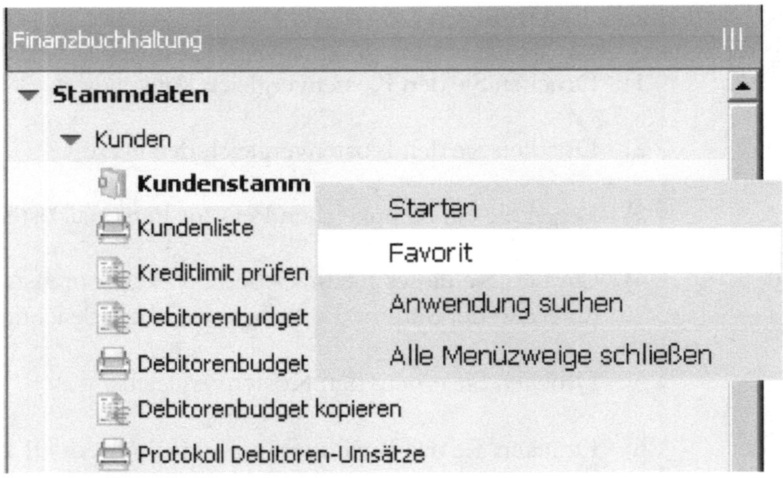

FAVORIT. Sie können jedes beliebige Programm aus dem Menü Ihren Favoriten zuordnen.

Jetzt haben Sie die Möglichkeit, alle als Favoriten gekennzeichneten Programme über den Reiter Favoriten aufzurufen. Wenn Sie ein Programm aus den Favoriten entfernen möchten, nehmen Sie die Markierung auf dem gleichen Weg wieder raus.

Das ausgewählte Programm finden Sie jetzt im Ordner Favoriten. Hier können Sie Programmaufrufe aus allen Modulen beliebig zusammenfassen.

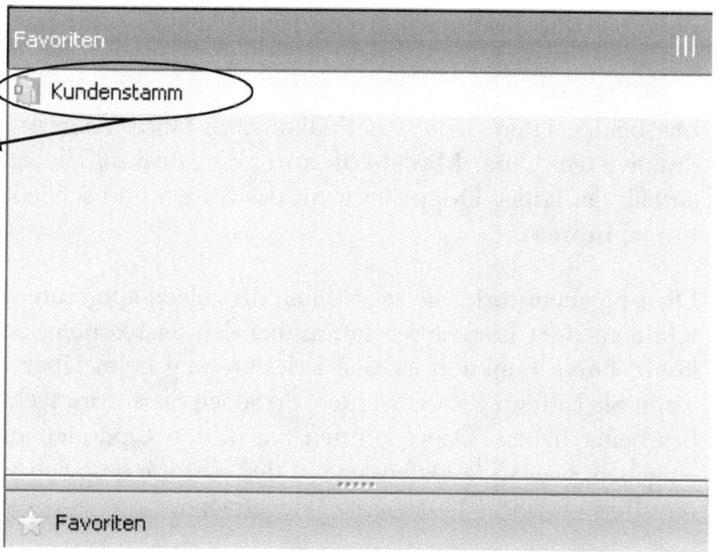

Auswahl Favoriten.

Alternativ dazu können Sie die Favoriten oben in der Menüleiste anzeigen, indem Sie dort den Reiter Favoriten öffnen.

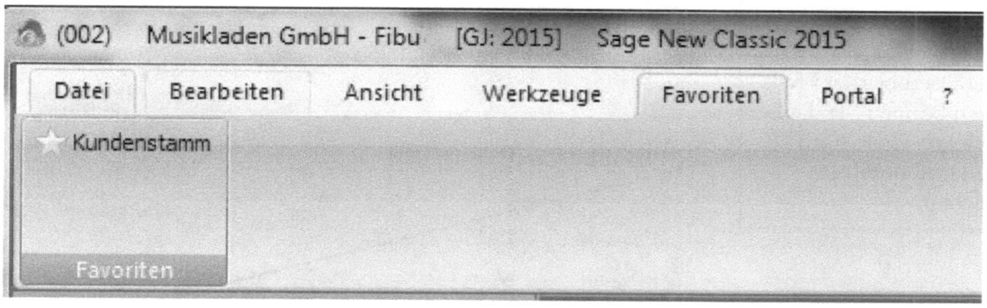

FAVORITEN IN DER MENÜLEISTE. Sie können ihre Favoriten auch in der Menüleiste anzeigen.

Anpassen der Optionen

Hilfreich ist es auch, die Optionen für die Anzeige am Bildschirm anzupassen. Über **Werkzeuge → Optionen** kommen Sie in das entsprechende Menü.

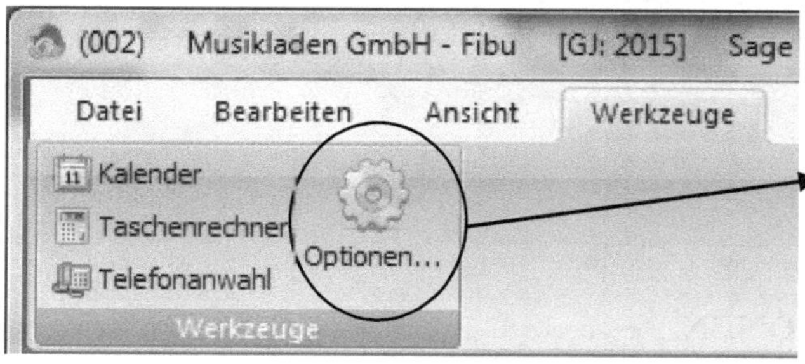

Unter Optionen können Sie z.B. einstellen, ob Tipps beim Programmstart angezeigt werden sollen, oder wie viele Datensätze in der Historie gespeichert werden.

Aufruf Optionen

In den Optionen können Sie einstellen, was alles am Bildschirm angezeigt werden soll. Darüber hinaus können Sie die Maussteuerung innerhalb der Sage New Classic einstellen und festlegen, ob ihre Einstellungen beim Beenden gespeichert werden sollen.

Die beiden interessantesten Punkte sind: Unter **Allgemein** die Tipps und Tricks deaktivieren. Unter **Mausbedienung** die Auswahl Einfach-Klick markieren. Dann entfällt der lästige Doppelklick für das öffnen und schließen von Ordnern und den Programmstart.

Die Eingabehistorie: Sie zeigt Ihnen die zuletzt aufgerufenen Datensätze, egal ob im Kunden- oder Lieferantenstamm, bei den Sachkonten, oder in der Bildschirmauskunft. Diese Funktion ist eine Erleichterung beim Überarbeiten von Stammdaten, wenn Sie laufend gestört werden. So sehen Sie sofort, welchen Datensatz Sie zuletzt bearbeitet haben. Dabei können Sie in den Optionen unter Anwendungshistorie eingeben, wie viele Datensätze in der Historie gespeichert werden sollen. In unserem Beispiel sind 10 Datensätze eingetragen.

Hier können Sie die Tipps und Tricks ausblenden.

Mit diesen beiden Pfeiltasten können Sie die markierte Zeile nach oben und unten verschieben.

Wählen Sie den Einfachklick, um Menüs und Programme schneller zu öffnen.

Hier legen Sie fest, wie viele Datensätze in der Historie gespeichert werden sollen.

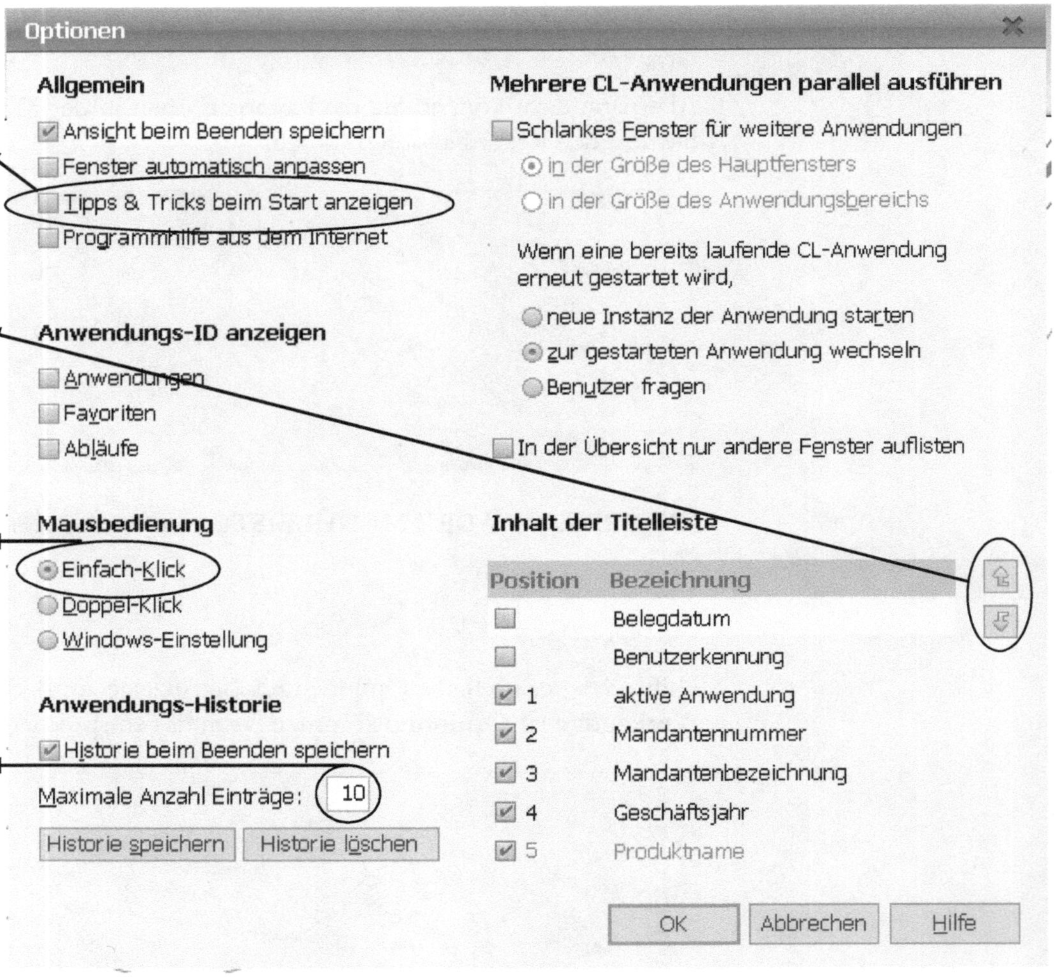

OPTIONEN. Hier können Sie die Sage New Classic für jeden Benutzer individuell konfigurieren.

Sie können die gewählten Einstellungen jederzeit wieder ändern.

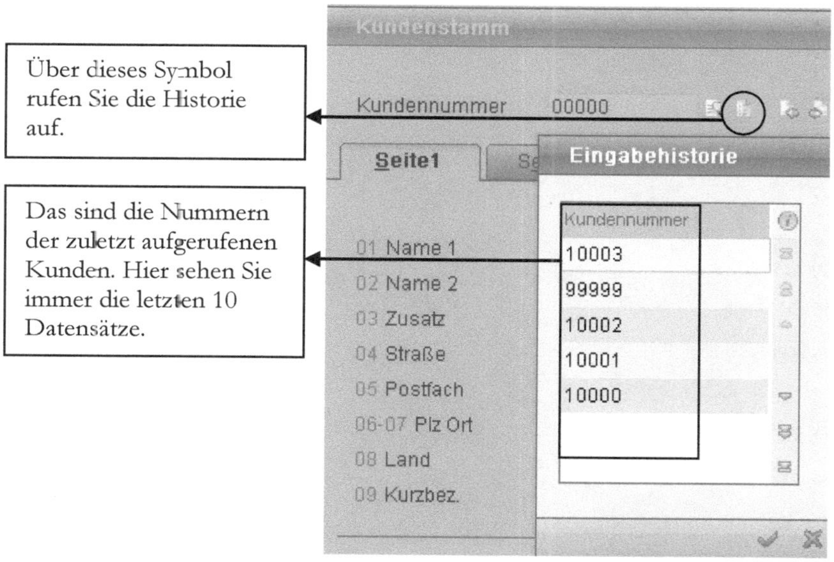

EINGABEHISTORIE. Hier sehen Sie die letzen 10 aufgerufenen Datensätze.

Abläufe

Unter Abläufe haben Sie die Möglichkeit, alle für eine bestimmte Tätigkeit erforderlichen Programmaufrufe in der gewünschten Reihenfolge zusammenzustellen, um auf diese Weise dem Anwender die Arbeit zu erleichtern. Sie finden hier einige vom Hersteller, Sage, vorbereitete Abläufe, die Sie bei Bedarf der Reihe nach abarbeiten oder als Muster verwenden können.

Wenn Sie individuelle Abläufe für Ihren Betrieb erstellen wollen, unterstütze ich Sie gerne.[96] Vordefinierte Abläufe erleichtern insbesondere Tätigkeiten, die Sie selten ausführen, wie z.B. den Jahresabschluss in den einzelnen Anwendungen oder den IDEA-Datenexport. Ebenso bieten sich Abläufe für Aushilfen an, die nicht regelmäßig in Ihrem Betrieb arbeiten und denen dadurch die Routine fehlt.

---

[96] Schicken Sie einfach eine Mail mit Angabe Ihrer Classic Line Version und Ihren Wünschen an nep@newearthpublishing.se und ich setze mich mit Ihnen in Verbindung und mache Ihnen ein entsprechendes Angebot.

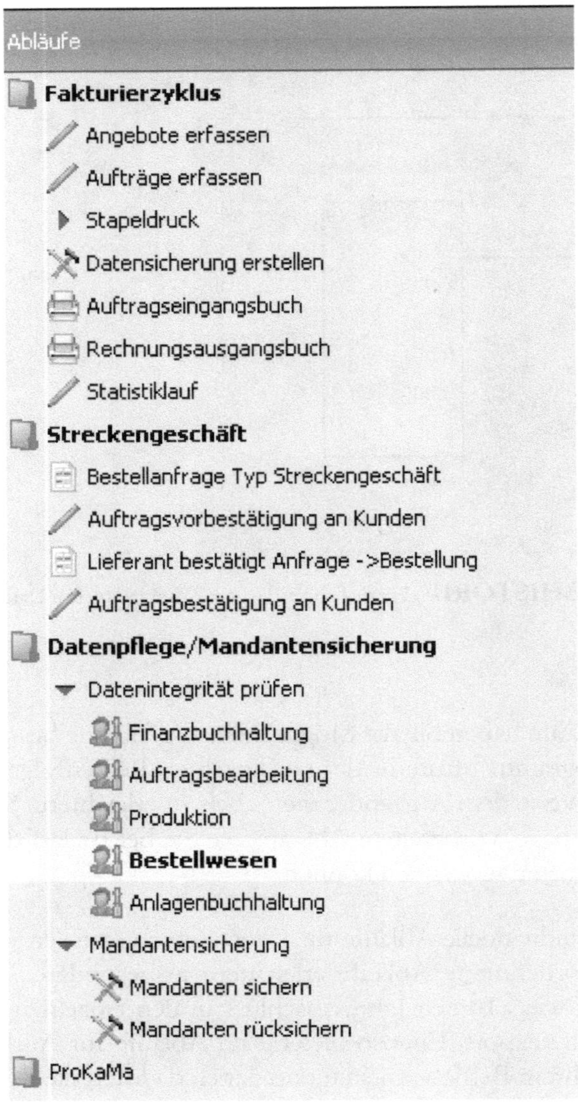

ABLÄUFE. Hier können Sie einzelne Programmaufrufe zu Arbeitsabläufen zusammenfassen.

Arbeiten mit Kopiervorlagen

Sie haben in verschiedenen Bereichen der Stammdaten die Möglichkeit, mit Kopiervorlagen zu arbeiten, insbesondere im

- Kundenstamm
- Lieferantenstamm
- Artikelstamm

Mit Hilfe einer Kopiervorlage können Sie sicherstellen, dass alle bei der Eingabe erforderlichen Kennzeichen korrekt erfasst werden. In diesem Fall wird dann für die Neuanlage eines Datensatzes zunächst die entsprechende Kopiervorlage aufgerufen und in die Zwischenablage kopiert. Dann erfassen Sie den neuen Datensatz, indem Sie die Kopiervorlage aus der Zwischenablage übernehmen und entsprechend ergänzen.

Ein Beispiel aus dem Kundenstamm. Unter F2 Suche finden Sie im Kundenstamm die folgenden Vorlagen:

99995	Einmalkunde
99996	Kunde Zahlungskondition
99997	Kunde Inland ohne OP
99998	Kunde Inland OP Verwaltung
99999	Kunde Inland Mahnwesen OP

AUSWAHL VORLAGEN IM KUNDENSTAMM. Mit den Nummern 99995 – 99999 wurden vom Hersteller, Sage, einige Mustervorlagen angelegt.

Wie Sie an Hand der Beispiele sehen, ist es am Einfachsten, die Vorlagen in der Kurzbezeichnung so benennen, dass eine eindeutige Unterscheidung möglich ist. Ich werde als Beispiel die Vorlage für einen Einmalkunden verwenden. Dafür rufe ich zunächst den Einmalkunden im Kundenstamm auf.

Wählen Sie im Kundenstamm im Feld Aktion **Z** für **Z**wischenablage aus.

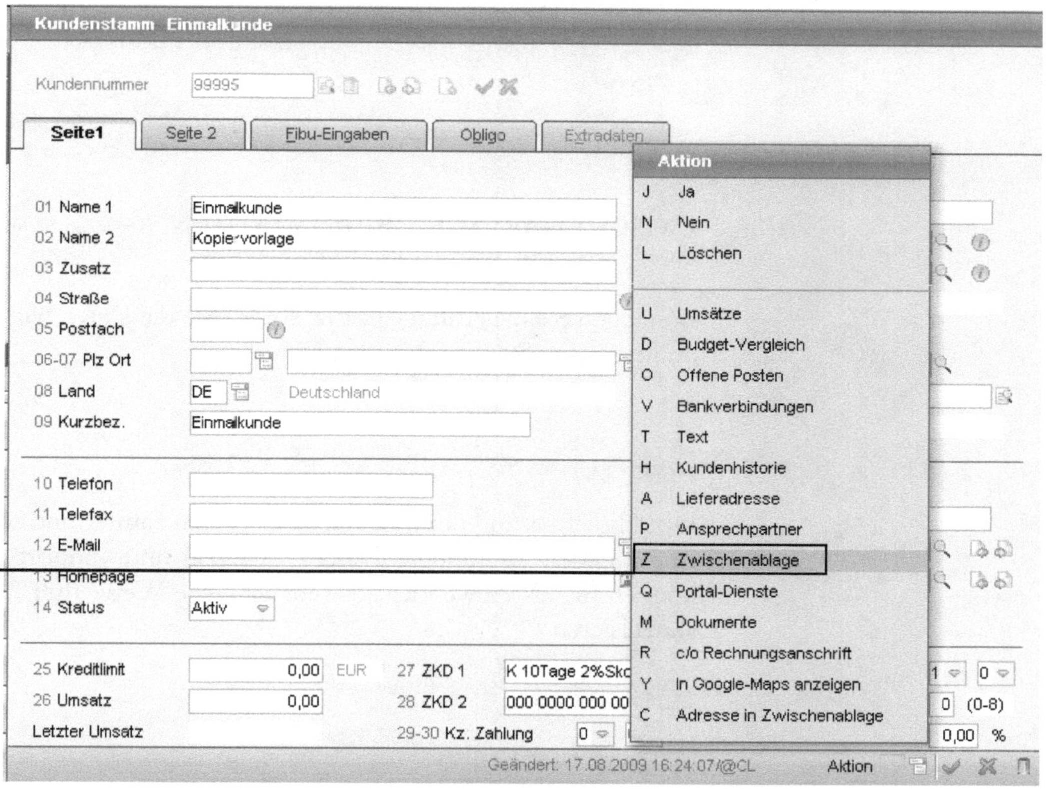

KUNDEN IN ZWISCHENABLAGE KOPIEREN. Mit **Z** für **Z**wischenablage kopieren Sie zunächst den Kunden, den Sie als Vorlage nutzen wollen.

Es erfolgt ein Hinweis, dass die Daten in die Zwischenablage übernommen wurden.

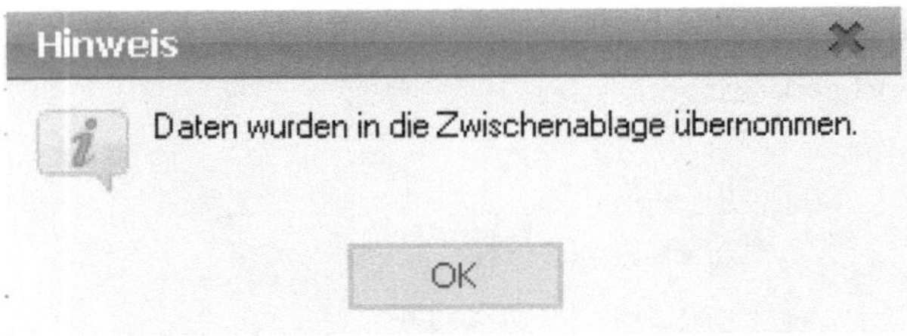

HINWEIS. Bestätigen Sie den Hinweis mit OK, um fortzufahren.

Verlassen Sie den ausgewählten Kunden und geben Sie die neue Kundennummer ein. Es kommt jetzt die Abfrage, ob Sie die Daten aus der Zwischenablage übernehmen wollen.

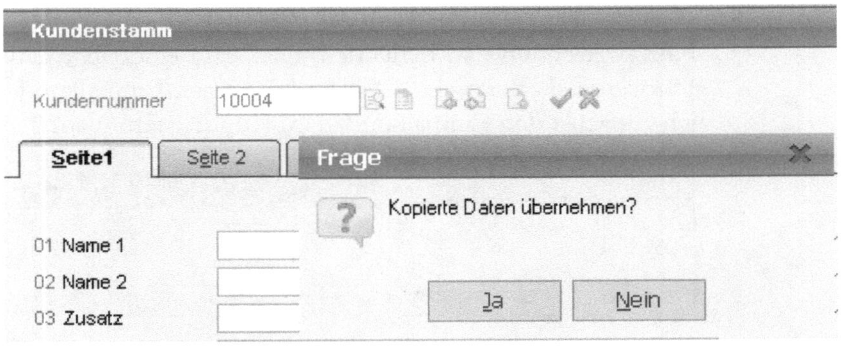

ZWISCHENABLAGE ÜBERNMEHMEN. Bestätigen Sie mit ja, um die Daten aus der Zwischenablage für die neue Kundennummer zu übernehmen.

Bestätigen Sie die Abfrage mit Ja, sofern Sie die Daten wirklich übernehmen wollen, und ergänzen Sie die fehlenden Daten.

Datei-Download und –import

Die Aktualisierung der Bankleitzahlen, Finanzämter und weiteren Dateien wurde in einem neuen Menüpunkt Datei-Download und –import zusammengefasst. Damit können Sie als Anwender auf sehr einfache Weise Ihre Datenbestände regelmäßig aktualisieren.

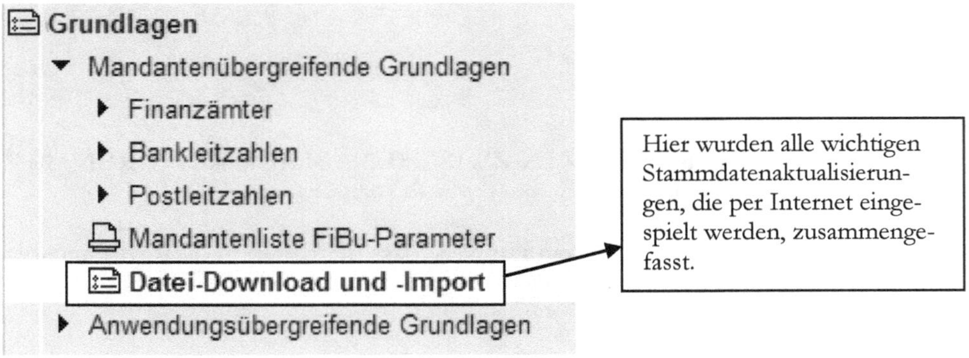

DATEI-DOWNLOAD. Unter diesem Programmpunkt wird die Aktualisierung verschiedener Stammdaten zusammengefasst.

Markieren Sie die Daten, die Sie aktualisieren wollen. Neben der Datenbeschreibung sehen Sie das Datum der letzten Aktualisierung, den Namen der Datei, die für die Aktualisierung erforderlich ist und den internen Programmaufruf der Anwendung.

+	Beschreibung	Datum	Datei	Anwendung	Download	Entpacken	Import
✓	Finanzämter		fadat.txt	FINAMT /09000			
✓	Bankleitzahlen	21.05.2013	blz.txt	BANKLZ /09000			

DATEI-DOWNLOAD. Markieren Sie die Dateien, die aktualisiert werden sollen

Nach der Aktualisierung sehen Sie in unter Status, welche Arbeitsschritte erfolgreich ausgeführt wurden.

+	Beschreibung	Datum	Datei	Anwendung	Download	Entpacken	Import
☐	Finanzämter	03.04.2015	fadat.txt	FINAMT /09000	Erfolg	Erfolg	Erfolg
☐	Bankleitzahlen	03.04.2015	blz.txt	BANKLZ /09000	Erfolg	Erfolg	Erfolg

DATEI-DOWNLOAD. Rechts unter Status sehen Sie, welche Aktualisierungen erfolgreich waren.

Arbeiten mit Plug-ins

Plug-ins sind eigenständige Programme, die über eine Schnittstelle in die Sage New Classic integriert werden. Diese Technik hat gegenüber einer Anpassung im Quellcode des Programms den Vorteil, dass nicht bei jedem Update des Programms durch den Hersteller eine aufwendige Anpassung erforderlich wird. Aktuell sind im Standard unter anderem Plug-ins für die Übergabe von Adressdaten in die Windows Zwischenablage vorhanden und ein neues Plug-in für die Anzeige einer Anschrift direkt in Google Earth.

Um Plugins in der Sage New Classic nutzen zu können, ist eine einmalige Integration (Freigabe) der entsprechenden Plug-ins erforderlich. Diese erfolgt unter:

Administration → Konfiguration System → Plug-in Administrator

Geben Sie zunächst die Verwendung von Plug-ins frei.

Mit dem Pluszeichen öffnen Sie die Auswahl der verfügbaren Plug-ins.

Hier sehen Sie, welche Plug-ins für die Verwendung in der Sage New Classic bereits freigegeben sind.

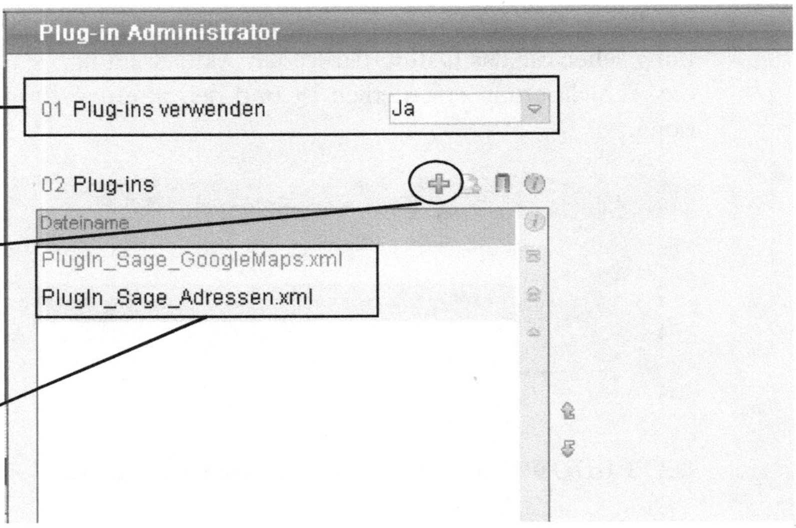

PLUG-IN ADMINSITRATOR. Neben der generellen Freigabe von Plug-ins im Programm können Sie hier einzeln ergänzen, welche Plug-ins in der Sage New Classic ausgeführt werden dürfen.

Jetzt stehen Ihnen die eingetragenen Plug-ins im Programm zur Verfügung, d.h. Sie können beispielsweise im Kundenstamm die Anschrift in die Zwischenablage kopieren (z.B. zur Verwendung für einen Adressaufkleber oder ein Worddokument) oder sich die Kundenadresse in Google Earth direkt anzeigen lassen.

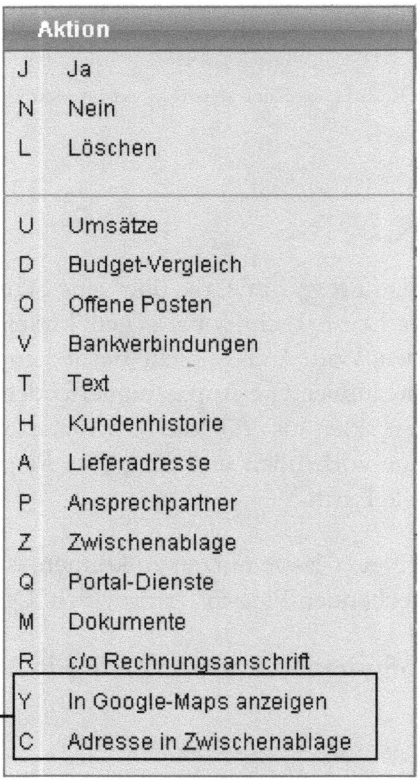

Diese beiden Programmfunktionen werden über ein Plug-in ausgeführt und stehen dem Anwender jetzt zur Verfügung.

PLUG-IN AUSWAHL IM KUNDENSTAMM. Im Feld Aktion finden Sie die im Kundenstamm verfügbaren Plug-ins.

Periode an Belegdatum anpassen

Neu seit der Sage New Classic 2011 ist die Möglichkeit, die Buchungserfassung so einzustellen, dass die Buchungsperiode automatisch an das eingegebene Belegdatum angepasst wird. Mit Hilfe dieser Einstellung sparen Sie sich vor allem am Monatsanfang den laufenden Wechsel zwischen 2 Buchungsperioden.

Öffnen Sie zunächst die Buchungserfassung. Über der Buchungserfassung finden Sie im Bereich Bearbeiten Einstellungen die Auswahl Periode an Belegdatum anpassen. Sobald Sie diese Option auswählen, erscheint in der Buchungserfassung ein entsprechender Hinweis.

Zur Auswahl die gewünschte Option einfach mit der Maus anklicken.

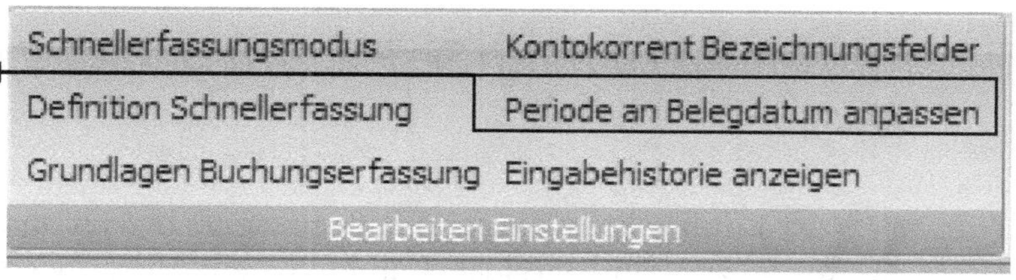

BEARBEITEN EINSTELLUNGEN. Hier können Sie einstellen, dass die Buchungsperiode generell an das erfasste Belegdatum angepasst wird.

Hier sehen Sie den Hinweis auf die automatische Anpassung der Buchungsperiode.

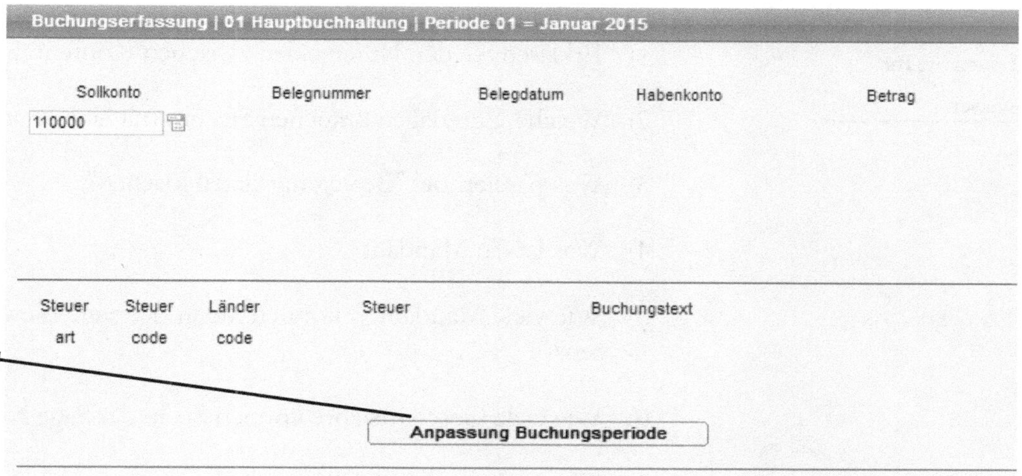

BEARBEITEN EINSTELLUNGEN (2). In der Buchungserfassungsmaske wird jetzt ein entsprechender Hinweis angezeigt.

Sobald Sie jetzt ein abweichendes Belegdatum eingeben und das Datumsfeld bestätigen, wird die Buchungsperiode automatisch angepasst.

Die Option bleibt aktiv, bis sie wieder manuell deaktiviert wird.

Kapitel

15

Fragen und Aufgaben

In diesem Kapitel finden Sie Fragen und praktische Übungen zur Vertiefung.

Wir haben im Folgenden noch einige Fragen und Übungsaufgaben für Sie zusammengestellt. Führen sie alle Buchungen periodengerecht in den Perioden 02 und 03 des Jahres 2015 durch. Achten Sie jeweils auf das korrekte Belegdatum.

Lernzielkontrolle

☺ **Testen Sie Ihr Wissen**

1) Erklären Sie den Unterschied zwischen Kontenrahmen und Kontenplan.
2) Welche Unterlagen brauchen Sie, um mit einer Buchhaltung zu beginnen?
3) Was passiert bei "Bewegungsdaten löschen"?
4) Was ist ein Mandant?
5) Wie viele Mandanten können Sie in der Sage New Classic maximal verwalten?
6) Wie viele Geschäftsjahre können Sie in der Sage New Classic verwalten?
7) Was bedeutet ELSTER?
8) Welche Informationen brauchen Sie für die Umsatzsteuervoranmeldung?
9) Wie können Sie eine Buchung editieren?
10) Was passiert beim Periodenabschluss?
11) Wofür steht die Abkürzung SEPA?
12) Was ändert sich durch SEPA im Inlandszahlungsverkehr?
13) Was ist zu beachten, wenn Sie einen Jahresabschluss machen?

Praktische Übungen für Periode 02/2015

Tastaturübungen

1) Legen Sie in der Sage New Classic einen neuen Drucker an mit der Bezeichnung "Rand"; wählen Sie einen linken Seitenrand von 7mm und einen oberen Rand von 5mm.

2) Erstellen Sie eine Datensicherung.

3) Legen Sie folgenden Kunden neu an:

   D10004 **f&s Computer und Software Vertriebs GmbH**

   Lange Straße 13
   15366 Neuenhagen bei Berlin
   Telefon: 03342 2122 0
   Fax: 03342 2122 19
   eMail: info@fs-soft.com
   Internet: www.fs-soft.com
   Zahlungskonditionen: sofort fällig
   Ansprechpartner: Ekkehardt Erler

   Erstellen unter Fibu-Eingaben eine Verknüpfung zum gleichnamigen Lieferanten.

4) Legen Sie folgenden Lieferanten mit der Nummer **70004** an:

   rombus International GmbH
   Oberer Westring 33
   33142 Büren
   Telefon: 02951 - 606-0
   Fax: 02951 - 606-210
   E-Mail: info@rombus.de
   eMail: www.rombus.de
   Unsere Kundennummer beim Lieferanten: 52820
   Ust.-Id Nr.: DE 236204278
   Ansprechpartner: Marc Thüme
   Zahlungsvereinbarung: Bankeinzug
   Zahlungskonditionen: sofort fällig

5) Legen Sie folgenden Lieferanten neu an:

   K70005 Wolfgang Arendt GmbH
   Pfaffenrieder Str. 18
   82515 Wolfratshausen
   Tel: 08171/4202-0
   Fax: 08171/4202-34
   Mail: info@arendtwaescht.de
   Internet: www.arendtwaescht.de
   Ansprechpartner: Sieglinde Menzel
   Unsere Kundennummer beim Lieferanten: 32650
   Zahlungskonditionen: 10 Tage netto

6) Auf unserem Kontoauszug 6/1 vom 01.02.2015 finden sich folgende Belastungen: ZA Conrad Electronic, EUR 17.850,00 und 21.420,00.

7) Wir verkaufen an unseren Kunden f&s Computer und Vertriebs GmbH, Neuenhagen (D10004) ein komplettes high end HiFi-Studio zum Preis von € 22.500,00 inkl. MwSt., Rechnung 201500005 vom 05.02.15, 30 Tage 2%, 60 Tage netto.

8) Wir kaufen bei unserem Lieferanten Lexware (K70002) 5 Lexware financial office für zum Wiederverkauf mit Rechnung 25687 vom 06.02.2015 über brutto 3.995,00

9) Wir kaufen Briefmarken für € 55,00, Kassenbeleg 1 vom 06.02.2015

10) Wir verkaufen CDs an unseren Kunden Cinema Filmtheater (D10000) mit Rechnung 201500006 vom 16.02.2015 über brutto € 1.190,00; es gelten die vereinbarten Zahlungskonditionen.

11) Unserer Abrechnung der Ladenkasse für Februar ergibt einen Erlös in Höhe von EUR 52.585,39 brutto, Kassenbeleg 2 vom 28.02.2015

12) Wir entnehmen EUR 50.000,00 aus der Kasse und zahlen das Geld auf unser Konto bei der Deutschen Bank ein, Kassenbeleg 3 vom 28.02.2015

13) Buchen Sie den folgenden Beleg aus unserer Lohnbuchhaltung:

			Buchungsliste			**Feb 15**
Firma:	**Musikladen GmbH**					
Belegdatum	**Belegnummer**	**Buchungstext**	**Betrag**	**Währung**	**Sollkonto**	**Habenkonto**
28.02.2015	LG15020002	Gehalt	8350,00	EUR	4120	1755
28.02.2015	LG15020024	Reisekosten pauschal	250,00	EUR	4145	1755
28.02.2015	LG15020920	Altersvorsorge Zusatzleistung	300,00	EUR	4120	1755
28.02.2015	LG15026908	Altersvorsorge Vertrag 1	300,00	EUR	1755	1748
28.02.2015	LG15029011	Dienstwagen	220,00	EUR	4120	1755
28.02.2015	LG15029011	Dienstwagen, USt.pflichtig	220,00	EUR	1755	8611
28.02.2015	LG15029012	Dienstwagen (KM)	79,20	EUR	4120	1755
28.02.2015	LG15029012	Dienstwagen (KM)	79,20	EUR	1755	8611
28.02.2015	LG15029021	VWL 1 Zuschuss	20,00	EUR	4170	1755
28.02.2015	LG15029024	VWL 1 Überweisung	40,00	EUR	1755	1750
28.02.2015	LG15029034	Umlage U1	122,38	EUR	4130	1755
28.02.2015	LG15029034	Umlage U1	122,38	EUR	1755	1742
28.02.2015	LG15029035	Umlage U2	18,93	EUR	4130	1755
28.02.2015	LG15029035	Umlage U2	18,93	EUR	1755	1742
28.02.2015	LG15029036	AG-Anteil an gesetzlicher SV	1451,77	EUR	4130	1755
28.02.2015	LG15029037	Verb. aus gesetzlicher SV	2306,74	EUR	1755	1742
28.02.2015	LG15029038	Verb. aus LSt,SolZ,KiSt	1153,78	EUR	1755	1741
28.02.2015	LG15029039	Verb. aus Lohn und Gehalt	6640,93	EUR	1755	1740
28.02.2015	LG15029040	AG-Anteil an LSt,SolZ,KiSt	119,68	EUR	4199	1755
28.02.2015	LG15029042	Verb. aus einheitl. Pauschst.	50,00	EUR	1755	1742
			Summe Soll:	10.931,96	Summe Haben	10.931,96

14) Drucken Sie die Umsatzsteuervoranmeldung für Februar 2015.

Praktische Übungen für Periode 03/2015

15) Legen Sie folgenden Kunden neu an:

    D10005 rombus International GmbH
    rombus International GmbH
    Oberer Westring 33
    33142 Büren
    Telefon: 02951 - 606-0
    Fax: 02951 - 606-210
    E-Mail: info@rombus.de
    eMail: www.rombus.de
    Unsere Kundennummer beim Lieferanten: 52820
    Ust.-Id Nr.: DE 236204278
    Ansprechpartner: Marc Thüme
    Zahlungskonditionen: 14 Tage 2%, 30 Tage netto

    Erstellen Sie eine Verknüpfung zum gleichnamigen Lieferanten.

16) Legen Sie folgenden Lieferanten neu an:

    K70006 Sage Software GmbH
    Emil-von-Behring-Str. 8-14
    60439 Frankfurt am Main
    Tel. 069 50007-0
    Fax 069 50007-1110
    Mail: info@sage.de
    Internet: www.sage.de
    Ansprechpartner: Achim Hubert
    Zahlungskonditionen: 10 Tage 2%, 30 Tage netto
    Bankeinzug

17) Legen Sie folgenden Lieferanten mit der Nummer **70007** an:

    G.R. Factoring GmbH
    Kronprinzstr. 54
    40764 Langenfeld
    Telefon: 02173 1094-0
    Telefax: 02173 1094-22
    Mail: info@gr-factoring.de
    Internet: www.gr-factoring.de
    Ansprechpartner 1: Gert Rees
    Ansprechpartner 2: Walter Solder
    Ansprechpartner 3: Martina Dumke
    UST-ID: DE 159864076
    Zahlungskonditionen: sofort fällig
    Bankeinzug

18) Wir haben am 01.03.2015 auf unserem Kontoauszug 7/1 (Deutsche Bank) eine Bareinzahlung von EUR 50.000,00.

19) Auf unserem Kontoauszug 7/2 der Deutschen Bank vom 01.03.2015 haben wir folgende Bewegungen:
Zahlungsausgang über EUR 3.995,00, Zahlungsempfänger Lexware.
Zahlungseingang Cinema Filmtheater, Rg. 201500002 über EUR 2.380,00
Zahlungseingang Deutsches Theater, EUR 7.586,25
Zahlungseingang f&s Computer, EUR 22.500,00.

20) Wir verkaufen an unseren Kunden rombus International GmbH (D10005) eine komplette HiFi-Anlage mit Boxensystem für 2 Etagen zum Preis von € 10.000,00 zuzüglich MwSt., Rechnung 201500007 vom 03.03.2015, 30 Tage netto.

21) Wir tanken für € 75,00 brutto, Kassenbeleg 1 vom 06.03.2015

22) Wir kaufen Briefmarken für unsere Weihnachtskarten, EUR 550,00, Kassenbeleg 2 vom 11.03.2015.

23) Wir verkaufen DVDs an unseren Kunden Cinema (D10000) mit Rechnung 201500008 vom 16.03.2015 über brutto € 9.990,00; es gelten die vereinbarten Zahlungskonditionen.

24) Wir hatten ein sehr gutes Geschäft und unsere Kassenabrechnung per 31.03.2015 weist einen Umsatzerlös von EUR 68.256,25 brutto aus (inkl. 19% MwSt.). Kassenbeleg 3.

25) Wir bringen aus der Kasse am 31.03.2015 EUR 75.000,00 zur Bank, Kassenbeleg 4.

26) Buchen Sie den Lohnbeleg vom März 2015:

			Buchungsliste			Mrz 15
Firma:	Musterfirma					
Belegdatum	Belegnummer	Buchungstext	Betrag	Währung	Sollkonto	Habenkonto
31.03.2015	LG15030002	Gehalt	8450,00	EUR	4120	1755
31.03.2015	LG15030024	Reisekosten pauschal	250,00	EUR	4145	1755
31.03.2015	LG15030920	Altersvorsorge Zusatzleistung	300,00	EUR	4120	1755
31.03.2015	LG15036908	Altersvorsorge Vertrag 1	300,00	EUR	1755	1748
31.03.2015	LG15039011	Dienstwagen	220,00	EUR	4120	1755
31.03.2015	LG15039011	Dienstwagen, USt.pflichtig	220,00	EUR	1755	8611
31.03.2015	LG15039012	Dienstwagen (KM)	79,20	EUR	4120	1755
31.03.2015	LG15039012	Dienstwagen (KM)	79,20	EUR	1755	8611
31.03.2015	LG15039021	VWL 1 Zuschuss	20,00	EUR	4170	1755
31.03.2015	LG15039024	VWL 1 Überweisung	40,00	EUR	1755	1750
31.03.2015	LG15039031	LSt. pauschal Arbeitnehmer	474,00	EUR	1755	1741
31.03.2015	LG15039032	KiSt. pauschal Arbeitnehmer	28,44	EUR	1755	1741
31.03.2015	LG15039033	SolZ. pauschal Arbeitnehmer	26,07	EUR	1755	1741
31.03.2015	LG15039034	Umlage U1	124,08	EUR	4130	1755
31.03.2015	LG15039034	Umlage U1	124,08	EUR	1755	1742
31.03.2015	LG15039035	Umlage U2	19,18	EUR	4130	1755
31.03.2015	LG15039035	Umlage U2	19,18	EUR	1755	1742
31.03.2015	LG15039036	AG-Anteil an gesetzlicher SV	1463,90	EUR	4130	1755
31.03.2015	LG15039037	Verb. aus gesetzlicher SV	2286,74	EUR	1755	1742
31.03.2015	LG15039038	Verbindlichkeiten aus LSt,SolZ,KiSt	860,49	EUR	1755	1741
31.03.2015	LG15039039	Verb. aus Lohn und Gehalt	6537,84	EUR	1755	1740
31.03.2015	LG15039040	AG-Anteil an LSt,SolZ,KiSt	119,68	EUR	4199	1755
31.03.2015	LG15039042	Verb. aus einheitl. Pauschst.	50,00	EUR	1755	1742
			Summe Soll:	11046,04	Summe Haben:	11046,04

27) Drucken Sie die Umsatzsteuervoranmeldung für März 2015.

28) Wir haben am **2.4.2015** auf unserem Kontoauszug 8 eine Bareinzahlung in Höhe von EUR 75.000,00 (Bitte in Periode 04/2015 buchen).

29) Erstellen Sie eine Datensicherung.

30) Berechnen Sie den effektiven Jahreszins auf folgenden Zahlungszielen:
a) 20 Tage 3%, 60 Tage netto
b) 10 Tage 2% 20 Tage netto

Glossar

BIC: Bank **I**dentifier **C**ode. Ausführliche Informationen dazu finden Sie unter www.zahlungsverkehrsfragen.de/swift.html

Elektronische Signatur: Unter einer elektronischen Signatur versteht man mit elektronischen Informationen verknüpfte Daten, mit denen man den Unterzeichner bzw. Signaturersteller identifizieren und die Integrität der signierten elektronischen Informationen prüfen kann. In der Regel handelt es sich bei den elektronischen Informationen um elektronische Dokumente. Die elektronische Signatur erfüllt somit technisch gesehen den gleichen Zweck wie eine eigenhändige Unterschrift auf Papierdokumenten. (Quelle: www.wikipedia.de)

Delkredere: Das **Delkredere** (von ital. *del credere* „des Glaubens“) ist eine Garantie für die Zahlungsfähigkeit eines Schuldners. Dabei übernimmt der Delkrederegeber gegenüber dem Gläubiger (Kreditgeber) die Haftung für den Fall der Zahlungsunfähigkeit des Schuldners.

DMS: Das Dokumenten-Managemet-System ist ein System zur elektronische Verwaltung von Dokumenten jeglicher Art, das zunehmend die Papier gebundene Verwaltung und Archivierung von Dokumenten ablöst.

Elster: Die elektronische Steuererklärung ELSTER (elektronische Steuererklärung) ist ein Projekt der deutschen Steuerverwaltungen aller Länder und des Bundes zur Abwicklung der Steuererklärungen und Steueranmeldungen über das Internet. Bundesweiter Koordinator des Projektes ist das Bayerische Landesamt für Steuern in München. ELSTER ist Teil von **KONSENS**.

Das Projekt ELSTER umfasst Software auf drei Ebenen. Einer Clientbibliothek (ERiC), die in Buchhaltungssoftware von Drittanbietern eingebunden werden kann. Dazu gehörige Serversoftware befindet sich in einer Serverfarm, der sogenannten Clearingstelle, in Nürnberg. Daneben gibt es das Programm ElsterFormular, ein kostenloses Steuerverwaltungsprogramm, welches die **ELSTER-Clientbibliothek ERiC** benutzt. Mit ElsterOnline stellt das Projekt ein Portal zur Verfügung, über das man die Steuererklärung auch webbasiert erfassen kann.

Eric: ELSTER-Clientbibliothek

Elektronische Signatur: Unter einer elektronischen Signatur versteht man mit elektronischen Informationen verknüpfte Daten, mit denen man den Unterzeichner bzw. Signaturersteller identifizieren und die Integrität der signierten elektronischen Informationen prüfen kann. In der Regel handelt es sich bei den elektronischen Informationen um elektronische Dokumente. Die elektronische Signatur erfüllt somit technisch gesehen den gleichen Zweck wie eine eigenhändige Unterschrift auf Papierdokumenten. (Quelle: www.wikipedia.de)

FTP: Das **File Transfer Protocol** (engl. für „Dateiübertragungsverfahren“, kurz *FTP*), ist ein Netzwerkprotokoll zur Übertragung von Dateien über IP-Netzwerke. Es wird benutzt, um Dateien vom Server zum Client (Herunterladen), vom Client zum Server (Hochladen) oder clientgesteuert zwischen zwei Endgeräten zu übertragen. Außerdem können mit FTP Verzeichnisse angelegt und ausgelesen sowie Verzeichnisse und Dateien umbenannt oder gelöscht werden.

GoB: Grundsätze **o**rdnungsgemäßer **B**uchführung

IBAN: International **B**ank **A**ccount **N**umber. Ausführliche Informationen dazu finden Sie unter www.iban.de

MOSS: Damit Unternehmen sich nicht in jedem einzelnen EU-Mitgliedstaat einzeln zu Umsatzsteuer anmelden müssen, soll das sogenannte "**M**ini-**O**ne-**S**top-**S**hop-Verfahren" (**MOSS**) die Besteuerung erleichtern. In Deutschland lautet die offizielle Abkürzung für die zentrale Anlaufstelle **KEA** ("**K**leine **e**inzige **A**nmeldestelle"). Die Anmeldestelle ist dem Bundeszentralamt für Steuern (BzSt) angegliedert. Bei dieser Stelle registrieren sich Unternehmen, die elektronische Dienstleistungen für Privatpersonen im EU-Ausland erbringen. Der **MOSS** (die **KEA** in Deutschland) führt für den Unternehmer die Steuer im Empfängerland ab.

Paginierstempel: Ein Paginierstempel ist ein Metallstempel mit automatisch schaltenden Zahlen zur Erzeugung fortlaufender Seitenzahlen bzw. für eine fortlaufende oder wiederholende Nummerierung, d.h. er zählt aufgrund seiner inneren Mechanik nach jedem Abstempeln die Zahl hoch. Er wird in der Buchhaltung verwendet, um Eingangsrechnungen für die Erfassung im Rechnungseingangsbuch fortlaufend zu nummerieren. Auf diese Weise ist es einfacher, den Rücklauf der Rechnungen in die Buchhaltung auf Vollständigkeit zu kontrollieren.

PDF: Portable **D**ocument **F**ormat (auf deutsch: (trans)portables Dokumentenformat) ist ein plattformunabhängiges Dateiformat für Dokumente, das von der Firma Adobe Systems entwickelt und 1993 veröffentlicht wurde.

Plug-in: Softwarehersteller definieren oft Schnittstellen zu ihren Produkten, mit deren Hilfe Dritte (Programm-)Erweiterungen (Plug-ins) für diese Softwareprodukte programmieren können.

SEPA: Der Begriff **S**ingle **E**uro **P**ayments **A**rea (Einheitlicher Euro-Zahlungsverkehrsraum, abgekürzt SEPA) (fälschlicherweise auch Single European Payments Area) bezeichnet im Bankwesen das Projekt eines europaweit einheitlichen Zahlungsraums. In diesem Zahlungsraum sollen für Kunden keine Unterschiede mehr zwischen nationalen und grenzüberschreitenden Zahlungen bestehen. Voraussichtlich werden 31 Länder an SEPA teilnehmen. Hierzu gehören die 27 Mitglieder der Europäischen Union und die vier Mitglieder der Europäischen Freihandelszone (EFTA). Unabhängig vom teilnehmenden Land und seiner Währung werden SEPA-Zahlungen nur in Euro ausgeführt. (Quelle: www.wikipedia.de)

Taxonomie: Eine Taxonomie (altgr. táxis ‚Ordnung' und nómos ‚Gesetz') oder Klassifikationsschema ist ein einheitliches Verfahren oder Modell, um Objekte eines gewissen Bereichs (ggf. unter Zuhilfenahme eines Klassifikationsinstruments) nach bestimmten Kriterien zu klassifizieren, das heißt sie in bestimmte Kategorien oder Klassen (auch Taxa genannt) einzuordnen. (Quelle: www.wikipedia.de). Das Ziel der Taxonomie bei der E-Bilanz ist es, die Daten unterschiedlicher Unternehmen elektronisch auswertbar und vergleichbar zu machen.

Nachwort

Wir haben diese Seminarunterlagen mit sehr viel Freude und Sorgfalt erstellt. Sollten sich Fehler eingeschlichen haben, so freuen wir uns über Ihre Hinweise unter:

nep@newearthpublishing.de

Selbstverständlich freuen wir uns auch über Lob, Anregungen, Wünsche und Kritik. Wir werden Ihre Wünsche und Anregungen dann, soweit möglich, in der nächsten überarbeiteten Auflage umsetzen.

Folgende Titel wird es für die Sage New Classic 2015 geben:

Sage New Classic 2015 Finanzbuchhaltung
ISBN 978-3-945827-10-9

Sage New Classic 2015 Warenwirtschaft Verkauf
ISBN 978-3-945827-12-3

Sage New Classic 2015 Warenwirtschaft Einkauf
ISBN 978-3-945827-14-7

Folgende Titel gibt es für Lexware 2015:

Lexware 2015 buchhalter pro
ISBN 978-3-945827-00-0

Lexware 2015 warenwirtschaft pro
ISBN 978-3-945827-02-4

Lexware 2015 lohn+gehalt pro
ISBN 978-3-945827-04-8

Eine neue Internetpräsenz ist in Vorbereitung.

Folgende Titel sind in Vorbereitung:

SCHUFA – Fluch oder Segen?
ISBN 978-3-945827-06-2

DATEV Schnittstelle
978-3-945827-08-6

Alle Titel können direkt beim Verlag per Mail an nep@newearthpublishing.de , oder bei Amazon www.amazon.de bestellt werden.

Kopierlizenzen (für Fachhändler und Schulen) gibt es nur direkt über den Verlag per Mail an nep@newearthpublishing.de .

Die CD mit den Datenbeständen für alle Titel erhalten Sie aktuell nur direkt über den Verlag.